Waltraud Voss
Lieselott Herforth

Gender Studies

Waltraud Voss (Dr. rer. nat. et phil. habil.), geb. 1944, Mathematikerin, arbeitet und veröffentlicht hauptsächlich zur Mathematikgeschichte und zur Geschichte der TU Dresden, zuletzt als wissenschaftliche Mitarbeiterin am Universitätsarchiv.

Waltraud Voss

Lieselott Herforth

Die erste Rektorin einer deutschen Universität

[transcript]

Bibliografische Information der Deutschen Nationalbibliothek
Die Deutsche Nationalbibliothek verzeichnet diese Publikation in der Deutschen Nationalbibliografie; detaillierte bibliografische Daten sind im Internet über http://dnb.d-nb.de abrufbar.

transcript Verlag | Hermannstraße 26 | D-33602 Bielefeld | live@transcript-verlag.de

Umschlagkonzept: Kordula Röckenhaus, Bielefeld
Umschlagabbildung: Bundesarchiv, Bild 183-J0619-0208-001 / Koard, Peter / CC-BY-SA 3.0
Satz: Heinz-Jürgen Voss
Printed in Germany
Print-ISBN 978-3-8376-3545-4
PDF-ISBN 978-3-8394-3545-8

Gedruckt auf alterungsbeständigem Papier mit chlorfrei gebleichtem Zellstoff.
Besuchen Sie uns im Internet: *http://www.transcript-verlag.de*
Bitte fordern Sie unser Gesamtverzeichnis und andere Broschüren an unter: *info@transcript-verlag.de*

Inhalt

Einleitende Bemerkungen

Die Wissenschaftsgeschichte hat viele Facetten. Dem Leben und Wirken der einzelnen Wissenschaftler/innen nachzuspüren, gehört unbedingt dazu. In diesem Buch wird der Werdegang von Frau Professor Dr.-Ing. habil. Dr. hc. Lieselott Herforth (1916-2010) beleuchtet, deren 100. Geburtstag bevorsteht. Die Kernphysikerin war eine der bemerkenswertesten Frauen in der DDR – als Wissenschaftlerin, Hochschullehrerin, Politikerin, als erste Rektorin einer deutschen Universität. Ihre Persönlichkeit ist auch für das geeinte Deutschland von Interesse, sowohl vom Gesichtspunkt einer unvoreingenommenen Betrachtung der Geschichte und Wissenschaftsgeschichte der DDR aus, als auch unter Aspekten der Geschlechterforschung und der Frauenbewegung. Für Leserinnen und Leser aus diesen Bereichen ist das Buch bestimmt, aber auch für Studierende und solche, die es bald sein werden. Lieselott Herforth weist Züge auf, die sich zu widersprechen scheinen, verband sie doch erfolgreich wissenschaftliches Arbeiten und politisches Wirken. Immerhin gehörte sie den höchsten staatlichen Gremien der DDR an, der Volkskammer und dem Staatsrat. Das sollte aber nicht dazu verleiten, vorschnell ein Urteil zu fällen über eine Frau, die unter bestimmten politischen Verhältnissen als Naturwissenschaftlerin Karriere machte. Daher soll in diesem Buch – als „Bestandsaufnahme" – ihrem Werden als Wissenschaftlerin und Politikerin nachgegangen werden, beginnend mit dem Elternhaus über Studium und Promotion bei bedeutenden und sie prägenden Lehrern, über den turbulenten Berufseinstieg in den Kriegsjahren und das frühe interdisziplinäre und industrieverbundene Wirken an einem Akademieinstitut, über die Habilitation und die Etappen ihrer Laufbahn als Hochschullehrerin, die sie schließlich 1960 an die TH/TU Dresden führte. Ihr Interessen- und Hauptarbeitsgebiet hatte sich bereits im Studium an der TH Berlin-Charlottenburg gezeigt und dann während der Promotionszeit am KWI für Physikalische Chemie und Elektrochemie endgültig gefestigt: ionisierende Strahlung, ihre Anwendung, ihre Messung und die Entwicklung dafür geeigneter Messgeräte. Bis zu ihrer Emeritierung 1977 stand sie an der TU Dresden für viele Jahre an der Spitze des Instituts für Anwendung radioaktiver Isotope und später eines Wissenschaftsbereichs der Sektion Physik. Bereits Mitte der 1960er Jahre konnte ihr Institut bei der Anwendung von radioaktiven Isotopen in der Industrie und bei der Entwicklung von Dosismessgeräten für medizinisch-radiologische Kliniken auch international anerkannte Erfolge aufweisen. Aus Lieselott Herforths Schule gingen mehr als 120 Diplomanden, dazu eine Vielzahl von Promovenden und Habilitanden hervor, – unter all diesen waren auch Frauen, die an verantwortungsvoller Stelle in Wissenschaft und Gesellschaft, an Universitäten und Hochschulen, in Akademie-Instituten und in Industriebetrieben wirkten und wirken. Die Frauenförderung überhaupt und insbesondere die Gewinnung von Frauen für mathematisch-naturwissenschaftliche und technische Berufe war ihr ein ständiges Anliegen, das sie nicht nur auf Frauenkonferenzen thematisierte, sondern in der eigenen Arbeit als Wissenschaftlerin, Institutsdirektorin und Wissenschaftsbereichsleiterin auch selbst umzusetzen trachtete. Eine ihrer Schülerinnen, Birgit Dörschel, wurde später ihre Nachfolgerin und war auch im vereinigten Deutschland eine der wenigen Professorinnen an der TU Dresden. Mit dem Mandat des FDGB gehörte Lieselott Herforth seit 1963 der Volkskammer und dem Staatsrat der DDR an. Von 1965 bis 1968 stand die Wissenschaftlerin an der Spitze der TU Dresden, als erste Rektorin einer deutschen Universität. Es war eine große Herausforderung für sie, diese zentrale institutionelle Verpflichtung mit den wissenschaftlichen Aufgaben in ihrem Institut und den politischen in Volkskammer und Staatsrat zu vereinbaren. Schon der Abiturientin waren Fleiß, Zuverlässigkeit und Bescheidenheit bescheinigt worden, in späteren Beurteilungen werden daneben ihre pädagogische Befähigung hervorgehoben, ihr stets ausgewogenes und – bei aller Bestimmtheit – stets ruhiges und freundliches Auftreten. Schülerinnen und Schüler von ihr erinnern sich mit dem Abstand von Jahrzehnten, dass die Chefin viel forderte, aber auch viel gab, sie sei eine „gütige Autorität“ gewesen, die nie „gepoltert“ habe. Sie stellte stets hohe Anforderungen an Jede und Jeden in ihrem Team, aber sie hatte auch stets ein offenes Ohr für deren Sorgen und setzte sich tatkräftig für ihre Belange ein. Doch diese Eigenschaften allein befähigten sie nicht dazu, auch erfolgreich leiten zu können. Hinzu kam die Fähigkeit, notwendige, auch unpopuläre, Entscheidungen bedacht zu treffen und sie dann auch konsequent durchzusetzen. Ganz wesentlich für den eigenen Erfolg waren ihre Mitarbeiterinnen und Mitarbeiter, auf die sie sich hundertprozentig verlassen konnte, die mit ihr an einem Strang zogen, – das betonte sie immer wieder. Solche Kräfte heranzuziehen und zu halten war eine besondere Befähigung Lieselott Herforths: Bei den „Neuen“ suchte sie möglichst schnell herauszufinden, welches ihre speziellen Stärken sind, denn einer ihrer Grundsätze war: „Jeder bekommt die Aufgaben übertragen, für die er am besten geeignet ist und an denen er mit Freude arbeitet.“ Nachdem sie die akademische Stufenleiter sehr weit emporgestiegen und schon lange Professorin war, tat sie nach reiflichem Überlegen den Schritt in die Sozialistische Einheitspartei Deutschlands (SED). Sie war keine Parteigängerin des Vorteils wegen, sondern eine aus Überzeugung. Der Krieg hatte ihr

Bruder und Bräutigam genommen, sie und ihre Eltern hatten mehrere Ausbombungen durchgestanden. Wie deutlich war es durch den Krieg geworden, dass Wissenschaft nicht „neutral" sein darf, dass auch der einzelne Wissenschaftler sich verantwortlich fühlen muss für das, was mit den Ergebnissen seiner Arbeit gemacht wird. Lieselott Herforth wuchs in die Deutsche Demokratische Republik hinein, in einen ganz neuartigen deutschen Staat mit völlig anderen Besitz- und Verteilungsverhältnissen, die es bisher in Deutschland noch nie gegeben hatte. Die DDR hatte, wie die anderen kriegsverwüsteten Länder, viele und auch neuartige Aufgaben zu lösen und schwere Aufbauarbeit zu leisten. Dazu war Frieden nötig. Als Kernphysikerin wusste Lieselott Herforth, dass die Energie des Atoms segensreich für friedliche Zwecke eingesetzt werden kann, und – wie bereits Hiroshima und Nagasaki gezeigt hatten – in einem neuen Krieg tödlich für die Menschheit sein würde. Erfolgreiche berufliche und gesellschaftliche Tätigkeit waren für sie nicht voneinander zu trennen, sie waren zwei Seiten einer Medaille; indem sie mit beiden der DDR nutzte, leistete sie auch ihren Beitrag zur Völkerverständigung und zum Weltfrieden. Das war ihre feste Überzeugung. Auch über sie selbst hatte der 2. Weltkrieg tiefes Leid gebracht, doch entscheidend für ihren Willen, alles ihr Mögliche zur Erhaltung des Friedens zu tun, waren nicht persönliche Gründe, sondern vielmehr die tiefe Einsicht, die sie als Kernphysikerin in die Schrecken und Folgen eines Atomkrieges hatte.

Lieselott Herforth hatte sich nach der Emeritierung vorgenommen, ihre Erinnerungen aufzuschreiben, Erinnerungen an die Eltern, den Bruder, an ihre Lehrer und Hochschullehrer, an Mitarbeiter, Kollegen, Freunde und Bekannte. Erinnerungen von ihr an Hans Geiger, Walter Friedrich, Gustav Hertz, Hartmut Kallmann, an die Zeit ihres Studiums und ihrer Promotion sind erschienen oder wurden von ihr vorgetragen. Sechs Anekdoten aus ihrem Alltag der Dresdner Zeit hat sie aufgeschrieben; eine davon soll hier aufgenommen werden. Sie hat handschriftlich die Gründe festgehalten, die sie bewogen, ihre Erinnerungen für nach ihr Kommende aufzuzeichnen, und sie hat auch ein Verzeichnis von möglichen Arbeitsüberschriften und von „Untertiteln" für einzelne Abschnitte notiert. Noch 1991 äußerte sie sich optimistisch zur Realisierung dieses Vorhabens, leider ist daraus dann doch kein Ganzes geworden. Das vorliegende Buch kann und soll für das, was uns entgangen ist, kein Ersatz sein, es beleuchtet aber die wichtigsten Etappen ihres Lebens, lässt sie selbst ausführlich zu Wort kommen, bindet Erinnerungen ihrer Schüler und guter Bekannter ein. Hinzu kamen zahlreiche Fotos und Dokumente aus ihrem Nachlass, darunter Briefe ihres Vaters Walter Herforth an seine Tochter aus frühen Nachkriegsmonaten, mir zu treuen Händen übergeben und künftig im Universitätsarchiv der TU Dresden zu finden. Darüber hinaus wurden Akten aus dem Bundesarchiv Berlin und dem Landesarchiv Berlin, aus den Archiven der TU Berlin, der TU Dresden, der Universitäten Leipzig und Freiburg, der Max-Planck-Gesellschaft, der Berlin-Brandenburgischen Gesellschaft der Wissenschaften, des

Sächsischen Staatsarchivs Leipzig, des Sächsischen Staatsarchivs Dresden herangezogen und Erkundigungen in lokalen Archiven, wie dem der Stadt Altenburg, eingeholt. Ich danke den Mitarbeiterinnen und Mitarbeitern aus diesen Archiven ganz herzlich für ihre Unterstützung: Frau Dr. Vera Enke, Frau Claudia Schülsky, den Herren Tim Storch, Martin Luchterhandt, Dr. Thomas Notthoff, Alexander Zahoransky, Dr. Gerald Kolditz, Roy Lämmel. Besonderer Dank geht an den Direktor des Universitätsarchivs der TU Dresden, Herrn Dr. Matthias Lienert, der mich in meinem Vorhaben bestärkt hat, und an alle Kolleginnen und Kollegen aus dem Archiv für ihr stets freundliches Entgegenkommen und mannigfache Hilfe. Mein jüngster Sohn, Heinz-Jürgen Voss, gab mir manchen Rat und besorgte das „Layout", während sein Lebenspartner Ralf Buchterkirchen meine „technische Ausrüstung" immer auf dem aktuellen Stand gehalten hat. Beiden danke ich herzlich. Dem Transcript-Verlag danke ich dafür, dass er das Buch in sein Programm aufgenommen, es gut betreut und das Seine dazu beigetragen hat, dass es pünktlich zum 100. Geburtstag von Lieselott Herforth erscheinen konnte.

Dresden im März 2016
Waltraud Voss

Angehörige und Vorfahren von Lieselott Herforth

„Was bin ich nun: Sachse oder Preuße? Berliner oder Dresdner? – Eine gute Mischung“[1]

1. Die Familie des Vaters

Die Familie des Vaters[2] Walter Herforth war in Ostpreußen ansässig, in der Nähe der russischen und litauischen Grenze; Litauen war lange Zeit Teil des Russischen Reiches. Walter Herforths Ahnen wurden in Orten wie Eisseln, Szuskehmen, Norgallen geboren, und unter den Namen finden wir bei den Urgroßeltern auch litauischstämmige wie Butkereitis und Bendratis, in der folgenden Generation zu „Butkereit“ und „Bendrat“ eingedeutscht. Leopold Krebs (*1831 Szuskehmen, †1898 Eydtkuhnen), den Großvater Walter Herforths von mütterlicher Seite, hatte es nach Eydtkuhnen[3] verschlagen, in einen Ort, der mit dem Bau der preußischen Osteisenbahn aufblühte und in wenigen Jahrzehnten von einem kleinen, unbedeutenden Flecken zu einem prosperierenden Gemeinwesen wurde, zu einem wichtigen Handels- und Umschlagzentrum zwischen Preußen und Rußland. Die Bevölkerung wuchs stetig, und viele fanden in Eydtkuhnen gutes Auskommen, so auch Leopold Krebs, „Faktor“ im Baugewerbe, bald Hausbesitzer, der hier Christine Dörfert heiratete, geboren 1831 in Torfbruch Eisseln als Tochter des Maurers Friedrich Dörfert und der Elisabeth geb. Bendrat (†1908 in Eydtkuhnen). Die Tochter Wilhelmine Krebs wurde am 8. Januar 1868 bereits in Eydtkuhnen geboren. Sie wurde die Mutter von Walter Herforth. Sein Vater wurde Gustav Herforth, geboren am 3. Mai 1866 in Flösten als Sohn des Schneiders Christian Herforth und seiner Ehefrau Amalie geb. Kornatz; die Eltern ließen Sohn Gustav eine gute Ausbildung zuteil werden, in Eydtkuhnen wirkte er lange Zeit als Lehrer und Organist. Wilhelmine Krebs und Gustav Herforth heirateten am 2. Juli 1889 in Eydtkuhnen, und fast genau ein Jahr später, am 7. Juli 1890, kam ihr erstes Kind zur Welt, der Sohn Walter Herforth. Der Sohn besuchte das humanistische Gymnasium in Gumbinnen und studierte danach in Leipzig, Volkswirtschaft an der Universität und Handelswissenschaften an der Handelshochschule.[4] In Leipzig lernte Walter Herforth die gleichaltrige Dora Gaudlitz kennen, am 11. Oktober 1913 ließ sich das junge Paar in der Kirche von Leipzig-Eutritzsch trauen. In den 1. Weltkrieg musste Walter Herforth nicht ziehen. Als das erste Kind, die Tochter Lieselott, fast drei Jahre später, am 13. September 1916, geboren wurde, hatte sich das junge Ehepaar im thüringischen Altenburg niedergelassen, wo Walter Herforth als Handelslehrer arbeitete.[5]

Abb. I.1: Walter Herforth als Student in Leipzig

Abb. I.2: Das Brautpaar Walter Herforth und Dora Gaudlitz mit den Eltern und Schwestern in Eydtkuhnen

2. DIE FAMILIE DER MUTTER

Die Vorfahren von Dora Herforth geb. Gaudlitz waren seit Generationen im sächsisch-thüringischen Raum ansässig.[6] Dora Gaudlitz' Großvater von väterlicher Seite ist noch im 18. Jahrhundert geboren worden, am 22. Mai 1797 in Bernburg. Im Alter von 59 Jahren heiratete der Bürger und Rentier Viktor Gaudlitz am 25. Mai 1856 in St. Nikolai zu Bernburg Marie geb. Föse, die Witwe des Müllers Wilhelm Helbig. Vier Jahre später wurde der Sohn Max Gaudlitz in sicher recht wohlhabende Verhältnisse hineingeboren. Der Vater hatte nur noch zwei Jahre Freude an dem Kleinen, er starb bereits am 26. Mai 1862 in Bernburg, drei Tage nach seinem 65. Geburtstag. Max Gaudlitz wurde Musiker. Wie der Vater, so war auch die Mutter von Dora Gaudlitz ein spätes Kind ihrer Eltern. Hulda Körnig war am 5. Dezember 1865 in Riesa zur Welt gekommen, als Tochter des Handwerkers Friedrich August Körnig (*13. Nov. 1827 Riesa, †4. Januar 1919 Großenhain, wo er im Alter bei seiner Tochter Auguste verh. Felgner lebte) und seiner Ehefrau Christiane geb. Eckhardt (*23. Februar 1825 Deutschenbora, †2. Juli 1899 Mülbitz), für die es nach Witwenschaft die zweite Ehe war.

Christiane Eckhardt wiederum war das erste Kind des Hausbesitzers Christian Friedrich Eckhardt (†12. April 1882 in Deutschenbora im Alter von 83 Jahren) und seiner Ehefrau Johanne Christiane geb. Schumann (Deutschenbora; 27. Juni 1798 – 3. März 1876, einziges Kind). Der Name „Schumann" ist in Sachsen nicht selten, und auch heute leben in Deutschenbora noch Schumanns, es soll aber – so erwähnte Lieselott Herforth einmal beiläufig – eine direkte Verbindung von Johanne Christiane Schumann, der Großmutter von Hulda Körnig, zum Stammbaum des Komponisten Robert Schumann geben. Hulda Körnig heiratete am 14. November 1886 in Großenhain den Musiker Max Gaudlitz. Aus der Ehe stammen die beiden Töchter Dora und Magdalena und Sohn Artur, zwei weitere Kinder starben im Kleinkindalter.[7] Die Ehe war nicht von Bestand, Max Gaudlitz ver-

Abb. I.3: Die Schwestern Magdalena Gaudlitz und Dora Gaudlitz (r.) als junge Mädchen (um 1904)

ließ seine Frau und fünf Kinder, Hulda Gaudlitz ließ sich scheiden und hieß später, nach ihrer zweiten Heirat, Karp. Die Töchter hatten keinen Kontakt zum leiblichen Vater, und sie wollten auch keinen. Lieselott Herforths Mutter Dora wurde am 25. April 1890 in Leipzig-Volkmarsdorf geboren, drei Jahre nach Schwester Magdalena (*5. Mai 1887, †20. Juni 1945). Die Schwestern waren hübsch und sahen sich sehr ähnlich. Sie waren vor ihrer Verheiratung Verkäuferinnen im Leipziger „Schuhhaus Mädler", – ein Name, der in der heutigen „Mädler-Passage" noch präsent ist. Magdalena wurde die Frau des Dekorations- und Kunstmalers Emil Block (Leipzig; 25. November 1884 – 19. März 1966) und lebte mit ihrer Familie, zu der Sohn Rolf und Tochter Nora gehörten, in Leipzig. Zu Schwester und Mutter hatte Dora Herforth stets guten Kontakt, der sich in der nächsten Generation fortsetzte. Eine enge Beziehung hielt Lieselott Herforth Zeit ihres Lebens besonders zur Cousine Nora Block aufrecht, Buchhändlerin in Leipzig. Manch Reisen wurden später gemeinsam unternommen, und nicht selten war Nora zur Stelle, wenn die betagte Mutter Lieselotts in der Dresdner Wohnung nicht allein gelassen werden konnte, die Tochter aber dienstlich unterwegs war. Und Noras Nichte Beate, Kinderkrankenschwester, eine Tochter von Rolf Block, die leider in zu jungen Jahren verstarb, war für Lieselott Herforth so etwas wie die eigene Nichte. Man besuchte sich regelmäßig und verbrachte manchen Urlaubstag gemeinsam.

Abb. I.4: Großmutter Hulda Karp mit Enkeln in Leipzig (v. l.) Lieselott Herforth, Brunhilde Gaudlitz, Nora Block, Wolfgang Herforth und Rolf Block (hinten)

3. LIESELOTT HERFORTHS ELTERNHAUS

Die jungen Herforths – Walter, Dora und die kleine Lieselott – blieben nicht lange in Altenburg. Walter Herforth zog es zurück in das heimatliche Eydtkuhnen. Sein Vater war 1915 bei einer Reise nach Berlin gestorben und wurde dort auch begraben. In Eydtkuhnen lebten aber die Mutter Wilhelmine in ihrem Haus und etliche Verwandte, vor allem Walter Herforths jüngere Schwester Frieda Stein geb. Herforth (*16. März 1894 Eydtkuhnen) mit ihrer Familie, zu der drei Kinder gehörten. Hier wurde am 19. März 1919 Wolfgang Herforth geboren, Lieselotts einziger Bruder.

Abb. I.5 bis I.7: In Eydtkuhnen. I.5 – Dora Herforth und Tochter Lieselott (oben links); I.6 – Die Geschwister Lieselott und Wolfgang (rechts); I.7 – Lieselott und Wolfgang beim Rodeln (unten links)

Auch Eydtkuhnen hatte im 1. Weltkrieg reichlich Kriegsschäden davon getragen, erholte sich aber bereits in den ersten Nachkriegsjahren schnell und erhielt das Stadtrecht. Damit gab es in seinem ostpreußischen Heimatort genügend Arbeit für Familienvater Walter Herforth. Zehn Jahre war er Bankdirektor, zuletzt im westpreußischen Marienwerder, wohin die Familie 1924 gezogen war. 1931 machte sich Walter Herforth in Berlin mit der „Mercator Revisions- und Treuhandgesellschaft“ selbständig.[8] Aber sein Hang mehr zum Literarisch-Künstlerischen war schon in dieser Zeit recht stark, – noch nicht zum eigenen Schriftstellern, das kam später, aber zu den Büchern. Am 14. Februar 1935 rief er gemeinsam mit Dr. Erich Batschari, Gründer und bisher alleiniger Besitzer der Firma „Dr. Erich Batschari-Verlag" für „politische, wirtschaftspolitische und kulturelle Werke", die „Batschari Verlag GmbH", mit Sitz in Berlin-Schöneberg, Bülowstraße 21, ins Leben, deren alleiniger Gesellschafter und Geschäftsführer er später wurde.[9] Seit 1930 war die Familie in Berlin zusammen und lebte seit 1932 in der Kniephofstraße 10/11 in Berlin-Steglitz. Lieselott und Wolfgang Herforth wuchsen seit früher Kindheit mit der deutschen Literatur auf, unter den Klassikern spielte Goethe eine besondere Rolle im Hause Herforth. Und beide Kinder liebten die Musik, was bei der „Familienbelastung" nicht Wunder nimmt, waren doch beide Großväter der Musik beruflich verbunden. Lieselott begann mit sieben, Wolfgang mit fünf Jahren das Klavierspielen[10], in der Wohnung Kniephofstraße gab es zwei Wohnzimmer mit je einem Flügel.[11] Bei Lieselott kam später die Geige hinzu, bei Wolfgang in dessen letzten Jahren die Trompete.[12]

Abb. I.8: Lieselott Herforths Einsegnung, 20. März 1932 Berlin

Aber auch die körperliche Betätigung kam nicht zu kurz: Schwimmen, Wandern, … Natürlich fuhr man an die Ostsee oder in die Märkische Schweiz, gelegent-

Abb. I.9: Badeurlaub der Familie Herforth

lich von der Großmutter Hulda Karp begleitet, aber auch zur Verwandtschaft nach Eydtkuhnen. Als Großmutter Herforth dort erkrankte und ihr ein Bein amputiert werden musste, holte Dora Herforth ihre Schwiegermutter nach Berlin in die Kniephofstraße[13].

Walter Herforth war – nach späteren eigenen Angaben – von 1919 bis 1929 Mitglied der SPD[14], also in der Eydtkuhner und Marienwerder Zeit; in eine Berliner Parteigruppe hat er sich nicht umschreiben lassen. Er wird eher „unpolitisch" gewesen sein. Sicher ist aber, dass er weder der NSDAP noch einer ihrer Gliederungen angehörte, er war lediglich Mitglied der Reichsschrifttumskammer, Gruppe Buchhandel, und gehörte seit 1938 dem Verband Deutscher Bühnenschriftsteller und Bühnenkomponisten an.[15] Lässt man Namen und Berufe der Mieter der Kniephofstraße 10/11 Revue passieren, fällt das „gut Bürgerliche" sofort ins Auge, auch hier wohl alles „unpolitisch". Für die Heranwachsenden, für Lieselott und Wolfgang Herforth, gab es auch in der NS-Zeit zunächst viel „heile Welt", die erst langsam, dann schneller bröckelte, ehe sie ganz versank. Nach dem 2. Weltkrieg bestand das Zuhause in der Kniephofstraße nicht mehr, es war das „verlorene Paradies", an das sich auch gute Freunde und Bekannte geradezu schwärmerisch erinnerten. Auch der Verlag, die Wirkungsstätte des Vaters in der Bülow-Straße in Berlin-Schöneberg, war dem Krieg zum Opfer gefallen.

Von der Schulzeit bis zur Promotion

1. Gesellschaftlicher Hintergrund

Nach dem 1. Weltkrieg

Die Novemberrevolution des Jahres 1918 führte zur ersten demokratischen Regierungsform in Deutschland, die Besitzverhältnisse blieben jedoch unverändert. Der Sozialdemokrat Friedrich Ebert führte den Vorsitz in der Regierung der Volksbeauftragten; Gustav Noske wurde das wichtige Feld der Militärpolitik übertragen. Die bürgerkriegsähnlichen Kämpfe des Jahres 1919 in einigen großen Städten des Deutschen Reiches forderten mehrere Tausend Menschenleben. Der Kapp-Lüttwitz-Putsch im März 1920 sollte die Republik beseitigen; er wurde durch einen Generalstreik beendet. Die kurze Zeit der Weimarer Republik wurde geprägt durch die Inflation, durch die relative Stabilisierung des Kapitalismus bis Ende der 20er Jahre, aber auch durch Reformen im sozialen, bildungspolitischen, kulturellen Bereich. Von rechten Kräften wurde der in Teilen als ungerecht und hart empfundene Versailler Vertrag zum Schüren nationalistischer und revanchistischer Stimmungen benutzt. Einige wichtige Ereignisse: 1922 schloss Außenminister Rathenau mit der Sowjetunion den „Vertrag von Rapallo“ ab, der die außenpolitische Isolierung Deutschlands beendete und die Gesundung der deutschen Wirtschaft einleitete; Rathenau wurde ermordet. Im Januar 1923 besetzten französische und belgische Truppen das Ruhrgebiet. Im November 1923 bereitete Hitler – mit Ludendorff im Rücken – seinen „Marsch nach Berlin“ vor; er verkündete am 9. November in seiner „Proklamation an das deutsche Volk“: „Die Regierung der Novemberverbrecher in Berlin ist heute für abgesetzt erklärt worden. Eine provisorische deutsche Nationalregierung ist gebildet worden, [...]“ Nach Hitlers gescheitertem Putsch hätte die aufziehende braune Gefahr noch gebannt werden können, wenn der politische Wille dazu vorhanden gewesen wäre. Doch – wie nach dem Kapp-Putsch – bekamen auch diesmal die Hochverräter nicht die gebührende Strafe; Hitler wurde lediglich einige Monate inhaftiert. Der 1924 vom Deutschen Reichstag angenommene Dawes-Plan regelte für die nächsten Jahre die jährlichen Reparationszahlungen, bis er 1930 durch den Young-Plan abgelöst wurde; durch die Deutschland gewährten Dollaranleihen wurden die Konzentration der deutschen Industrie und ihre Verflechtung mit dem Monopolkapital der USA vorangetrieben. Der 1925 abgeschlossene Locarnopakt garantierte die Westgrenze Deutschlands, beinhaltete aber keine Abmachung über die deutsche Grenze zu Polen und zur Tschechoslowakei. 1926 wurde Deutschland in den Völkerbund aufgenommen, der 1919 als internationale Vereinigung zur Sicherung des Weltfriedens begründet worden war.[16]

In den ersten Nachkriegsjahren waren die deutschen Wissenschaftler isoliert, internationale Kongresse und bestimmte Forschungsprojekte blieben ihnen weitgehend verschlossen. Bei allen Unterschieden in ihrer politischen Ausrichtung, stimmten doch die einflussreichen Kräfte in Wirtschaft und Gesellschaft darin überein, dass in dieser Situation die Wissenschaft besonders gefördert werden müsse. Durch Kultur und Wissenschaft sollte Deutschland wieder an die internationale Gemeinschaft herangeführt werden und zu neuer, hoher Blüte gelangen. Mit diesem Hintergrund wurde 1920 die „Notgemeinschaft der Deutschen Wissenschaft“ gegründet, und Förderergesellschaften entstanden an den deutschen Universitäten und Hochschulen. Ein systematischer personeller Austausch im in der Regel königstreuen und deutschnational gesinnten Professorenkollegium der Hochschulen fand in der Weimarer Republik nicht statt, eine Erneuerung erfolgte lediglich durch die Pensionierung der über 65-Jährigen und die Neubesetzung der so freigewordenen Stellen. Inwieweit die innere Ablehnung der Republik durch viele Professoren auf deren Studenten wirkte und ob auch hier eine Ursache für die überzeugt nationalsozialistische Haltung großer Teile der Studentenschaft gleich zu Beginn der NS-Herrschaft und schon in deren Vorfeld liegt, mag dahin gestellt bleiben. Insgesamt blieb die zu nachsichtige Haltung gegenüber offenen oder verkappten Feinden oder Verächtern der Republik nicht ohne tragische Folgen für die deutsche Bevölkerung. Bereits 1919 (!) wurden übrigens in nicht wenige Statuten von an den Hochschulen tätigen Vereinen und Korporationen antijüdische Passagen aufgenommen.

Trotz einiger den Zugang zur Hochschule fördernder finanzieller und sozialer Erleichterungen und dem Ausgreifen des „Werkstudententums“, gab es kaum Veränderungen in der Zusammensetzung und der sozialen Herkunft der Studentenschaft; Arbeiterkinder unter den Studenten blieben die Ausnahme.[17] Hinter den Bestrebungen zu einer reichsweiten Reform des Hochschulunterrichts, die bereits mit dem WS 1920/21 griff, stand der Druck der Studierenden und der Praxis. Zu den Kernpunkten der Reform gehörten:

- Klare zeitliche Abgrenzung des Grundstudiums von den weiterführenden Fachstudien aufgrund reichseinheitlicher Regelungen, so dass der Hochschulwechsel erleichtert wurde.
- Einschränkung der Pflichtstunden.

- Anerkennung der Wahlfreiheit vom 3. Studienjahr an.[18]

Die mathematisch-naturwissenschaftlichen Lehrkräfte an den Technischen Hochschulen bekamen in der ersten Hälfte der 20er Jahre reichsweit „eigene“ Aufgaben übertragen, die über ihre Leistungen in der Grundausbildung der Ingenieure weit hinausgingen. Dazu gehörte die Ausbildung von technischen Physikern und angewandten Mathematikern, aber auch die gleichberechtigte und volle Einbeziehung aller Technischen Hochschulen in die Ausbildung höherer Lehrer der mathematisch-naturwissenschaftlichen Richtung, die an der Dresdner TH und deren Vorgängereinrichtungen allerdings bereits auf eine Tradition von Jahrzehnten zurückblicken konnte. Auch die Zahl der weiblichen Studierenden stieg nach 1920 rasch.[19]

Die verhängnisvolle politische Wende des Jahres 1933

Hitler und seine Regierung machten sehr schnell „Nägel mit Köpfen“, wie ein Überblick über wichtige Gesetze und Ereignisse der Jahre 1933 bis 1939 zeigt:

30.01.33	Erste Sitzung des Kabinetts Hitler (hinfort in jedem Jahr feierlich begangen)
01.02.33	Auflösung des Reichstages
05.03.33	Neuwahlen
23.03.33	Ermächtigungsgesetz (übertrug die Legislative der Regierung)
31.03.33	Erstes Gesetz zur Gleichschaltung der Länder mit dem Reich; die Landesparlamente (außer in Preußen) wurden aufgelöst und entsprechend dem Reichstagswahlergebnis neu zusammengesetzt; KPD-Mandate blieben dabei unberücksichtigt.
07.04.33	Gesetz zur Wiederherstellung des Berufsbeamtentums; §3 „Arierparagraph“; §6 „Überflüssigkeitsparagraph“
07.04.33	Reichsstatthaltergesetz; Länder wurden Provinzen des Reiches
14.04.33	erste Hochschullehrer wurden beurlaubt
25.04.33	„Gesetz gegen die Überfüllung deutscher Schulen und Hochschulen“, Verringerung der Abiturienten- und Studentenzahlen
05.05.33	von Hindenburg ernannte die ersten Reichsstatthalter, sie bildeten bis Mitte Mai neue Landesregierungen.
20.06.33	Deutsche Studentenschaft (DSt) als Gesamtvertretung aller Studierenden
29.06.33	Exmatrikulationserlass für Kommunisten

In der Zeit zwischen 27.6. und 6.7.1933 lösten sich alle bisher neben der NSDAP noch verbliebenen Parteien im Deutschen Reich auf. (Die Gründung neuer Parteien war nach dem „Gesetz gegen die Neubildung von Parteien“ vom 14.7.1933 untersagt.)

06.07.33	Hitler verkündete vor den Reichsstatthaltern: Abschluss der „Revolution“, Halt vor der Wirtschaft
09.08.33	Exmatrikulationserlass für Sozialisten und Antinationale
30.08.33	Gesetz zur Änderung von Vorschriften auf dem Gebiet der allgemeinen Beamtenbesoldung
14.10.33	Auflösung aller Landtage durch Reichspräsident von Hindenburg
11.11.33	Wissenschaftler riefen zur Wahl Hitlers auf
01.12.33	Gesetz zur „Sicherung der Einheit von Partei und Staat“
08.12.33	Gründung der deutschen Erzieherfront: NS-Lehrerbund mit seinen Fachschaften
30.01.34	Gesetz über den „Neuaufbau des Reiches“ beseitigte die Länderparlamente; die Landesregierungen wurden der Reichsregierung unterstellt. Der am 31.3.1933 begonnene Prozess der staatlichen Gleichschaltung der Länder und ihrer Selbstverwaltungen wurde damit abgeschlossen.
07.02.34	„Verfassung der deutschen Studentenschaft“ in Berlin verkündet; sie verpflichtete zu SA- und Arbeitsdienst und zu politischer und militärischer Schulung.
01.05.34	Dr. Bernhard Rust wird Reichsminister für Wissenschaft, Erziehung und Volksbildung (REM)
01.08.34	Gesetz zur Vereinigung des Amtes des Reichspräsidenten mit dem des Reichskanzlers
02.08.34	Tod des Reichspräsidenten von Hindenburg
20.08.34	Gesetz zur Vereidigung der Soldaten u. Beamten auf den Führer
14.11.34	NS-Studentenbund mit der alleinigen politischen und weltanschaulichen Erziehung der Studenten beauftragt
30.01.35	Zweites Reichsstatthaltergesetz: Kompetenz des Reichsstatthalters ging nun bis zur Übernahme der Regierung
14.02.35	Verordnung zu amtlichen Abstammungsnachweisen
15.04.35	An jeder Hochschule war eine Stamm-Mannschaft des NS-Studentenbundes zu bilden.
13.06.35	Verordnung des REM über Rechte und Pflichten des Leiters der Dozentenschaft (auch „Sorge für ältere Hochschulangehörige“)
24.07.35	NS-Dozentenbund angeordnet
15.09.35	Antisemitische „Nürnberger Gesetze“
07.11.35	NS-Frontkämpferbund („Stahlhelm“) wegen seiner Konkurrenz zur SA aufgelöst
07.09.36	Erlass des REM zur Errichtung eines Reichsdozentenwerkes

26.01.37	Deutsches Beamtengesetz: verpflichtete zu „unbedingtem Gehorsam“; Reichsdienststrafordnung
22.02.37	Bindung neuimmatrikulierter Studenten an eine „Stammhochschule“ eingeführt
12.03.38	Deutschland annektierte Österreich.
16.03.39	Erlass über das Protektorat Böhmen und Mähren
01.09.39	Deutschland beginnt den 2. Weltkrieg.

Mit dem Jahre 1933 begann der Niedergang der deutschen Hochschulen. Bis 1938 sank die Zahl der Studierenden drastisch. Diese Entwicklung wurde durch festgeschriebene Abiturientenhöchstzahlen, Studentenhöchstziffern, Zulassungsbegrenzungen für die Hochschulen und Ausgrenzung politisch und rassisch missliebiger Studenten bewirkt. Die Lücken, die durch die politisch und rassisch motivierten Entlassungen von Hochschullehrern gerissen wurden, ließen sich nicht immer schließen, und überdies brachten parteipolitische Maßnahmen erhebliche Einschnitte im Studienablauf.[20]

2. DIE SCHULZEIT VON LIESELOTT HERFORTH

„Sie war stets fleißig, gewissenhaft und bescheiden.“[21]

Die Erinnerungen an Altenburg, ihren Geburtsort, werden bei Lieselott Herforth sehr spärlich gewesen sein. Eydtkuhnen war die Heimat des Kindes geworden, und in Eydtkuhnen wurde Lieselott Herforth 1923 eingeschult. Da der Vater in Marienwerder an einer Bank die Stellung gefunden hatte, in der er auch seine wirtschaftsrechtlichen Kenntnisse einsetzen konnte, zog die Familie 1924 dorthin. In Marienwerder beendete Lieselott Herforth die Volksschule. Höhere Schulen besuchte sie hier, 1929/30 in Leipzig[22] und danach in Berlin, – zunächst war sie vom 1. April 1930 bis zum 31. März 1933 Schülerin der Fontane-Schule in Berlin-Friedenau, einem Lyzeum, das sie mit der mittleren Reife verließ. Die Wahl war auf diese Schule wegen der Nähe zur ersten Berliner Wohnung der Familie gefallen. Da sie und ihre Eltern nun aber ein Studium ins Auge gefasst hatten, musste sie die Hochschulreife erwerben, dazu besuchte sie seit dem Schuljahr 1933/34 – die Schuljahre begannen damals „Ostern“, 1933 am 2. Mai – das Rückert-Oberlyzeum in Berlin-Schöneberg.[23] Lyzeen waren in der Regel reine Mädchenschulen; Lieselott Herforth hat in den letzten drei Schuljahren einige Kameradinnen gefunden, gute Freundschaft jedoch – die die Schulzeit weit überdauerte – schloss sie mit Charlotte („Lotte“) Jung[24].

Abb. II.1: In der Fontaneschule (hinten rechts L. Herforth)

Abb. II.2: Rückertschule: Mit Dr. Meinhardt auf Klassenfahrt nach Prebolo, Sept. 1934 („alle dick bepackt"), L. Herforth ganz links

Die Rückert-Schule lag im Einzugsbereich des Bayerischen Viertels, in dem der Anteil jüdischer Bewohner aus der Mittelschicht – Kaufleute, Akademiker, Beamte – besonders hoch war. So kamen etwa 25% der Schülerinnen der Rückert-Schule aus jüdischen Familien, sehr viele davon evangelisch getauft. Die Konfession spielte an der Schule und im Miteinander der Schülerinnen zunächst keine Rolle. Das sollte sich in der NS-Zeit sehr rasch ändern. Zum 1. April 1933 wurde die erste Lehrkraft wegen ihrer jüdischen Abstammung beurlaubt, noch vor Lieselott Herforths Schuleintritt, es war die Lyzealoberlehrerin Johanna Simon. Ab 1. Okt.

1933 wurde Schülerinnen jüdischer Abstammung kein Schulgelderlass mehr gewährt, und mit Ende des Schuljahres 1935/36 verließen fast alle der 120 „jüdischen“ Schülerinnen die Rückert-Schule, es blieben – zunächst – lediglich acht von ihnen. Am Ende des Schuljahres 1935/36 beendete Lieselott Herforth die Schulzeit mit dem im März 1936 abgelegten Abitur. Den Beginn des neuen Schuljahres mit stark verringerter Zahl von Schülerinnen hat sie nicht miterlebt, aber wird ihr der „Schulwechsel“ so vieler früherer Mitschülerinnen ganz verborgen geblieben sein? Bereits seit 1933 fanden an der Rückert-Schule regelmäßig Luftschutzproben und Luftschutzvorträge (letztere auch für die Eltern) statt, später kamen Fliegeralarmübungen hinzu. So wurden die Mädchen früh auf aktive Luftschutztätigkeit im Krieg vorbereitet.[25] Lieselott Herforths Klassenlehrer an der Rückertschule war Oberstudienrat Dr. G. Meinhardt. Er organisierte für die Ferien erlebnisreiche Reisen und Ausflüge für die jungen Mädchen, natürlich immer auch mit einer Lehrerin als Begleitung und Ansprechperson.

Abb. II.3: Rückertschule: Auf Klassenfahrt nach Prebolo, Sept. 1934 („Tischdienst“), L. Herforth rechts

Abb. II.4: Große Ferien in Buckow 1935: „das größte Vergnügen: Baden gehen“

Übrigens hielten sich unter Lieselotts Lehrkräften an der Rückert-Schule Männer und Frauen zahlenmäßig die Waage: Sie wurde von fünf Studienräten, vier Studienrätinnen und einer Oberschullehrerin unterrichtet.[26] Die Schulausflüge führten zum Baden nach Prebolo, zum Wandern in die Sächsische Schweiz und zum Schneeschuhlaufen ins Riesengebirge. Die Sommerferien 1935 verlebten Lieselott, Wolfgang und Mutter, gelegentlich besucht vom Vater, in der Märkischen Schweiz, in Buckow, hier war „das größte Vergnügen – Badengehen", aber auch Wandern war angesagt. Dabei konnte Lieselott Kraft tanken für den Endspurt auf das Abitur, das sie ein halbes Jahr später ablegte. Aber natürlich blieb auch nach den Ferien in der Kniephofstraße 10/11 noch etwas Freizeit, zum Klavier- und Geigespielen, aber auch zum Hören von Tanzmusik und für „Versuche" am Küchenherd. Ihre schulischen Leistungen waren „gemischt". Längere Zeit hatte sie damit geliebäugelt, die Musik zum Beruf zu machen, wie es Bruder Wolfgang dann tat, doch gegen Ende der Schulzeit neigten sich ihre Interessen immer mehr der Mathematik und Physik zu, mit einem unangefochtenen „sehr gut" in Mathematik. In ihrem Abiturzeugnis vom 10. März 1936 heißt es: „Sie war stets fleißig, gewissenhaft und bescheiden.",[27] – Eigenschaften, die sie ihr Leben lang nicht verlor. Von Juli 1933 bis 13. Sept. 1937, ihrem 21. Geburtstag, gehörte sie ohne Rang dem „Bund Deutscher Mädchen" (BDM) an, lediglich von Sept. bis Dez. 1934 war sie vertretungsweise mit der Führung einer Mädelschaft beauftragt.[28]

Abb. II.5: Freizeit in der Kniephofstraße („Lilo, stell mal Tanzmusik an")

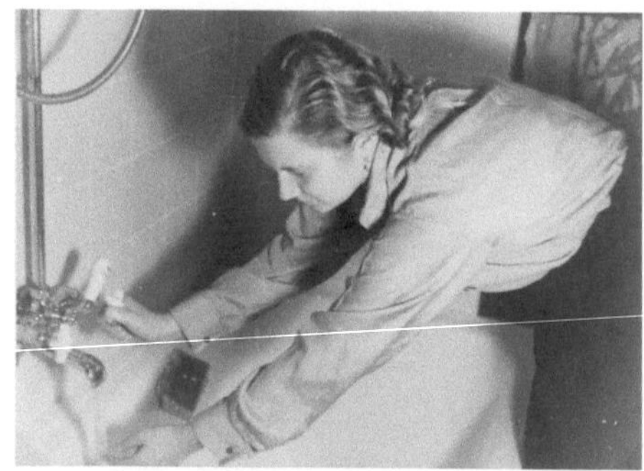

Abb. II.6: „Abends noch ein kühles Bad – und dann rein ins Bett"

Abb. II.7: Kochversuche

3. STUDIUM

„Was wollen Sie mit der brotlosen Kunst?
Heiraten Sie lieber.“[29]

Das Berufsziel

Walter Herforth hätte es gern gesehen, wenn seine Tochter Ärztin oder Lehrerin geworden wäre, die zwei „üblichen“ akademischen Berufe für Frauen zu der Zeit. Im Alter erinnerte sich Lieselott Herforth: „Kurz vor dem Abitur brachte mir eine Freundin, die meine Liebe zu den Naturwissenschaften kannte, eine Biographie der Marie Curie. [...] Ich erhielt zum ersten Mal Einblick, was Forschen bedeutet, auch was Begeisterung, Zielstrebigkeit und Ausdauer bewirken können. Mein Studienwunsch stand damit endgültig fest: Mathematik und Physik.“[30] Der Vater beriet seine Kinder, suchte aber niemals, seine eigenen Wünsche durchzusetzen, wenn es um Berufsfragen ging. Er stimmte dem Mathematikstudium der Tochter zu, unter der Bedingung, dass sie in der Regelstudienzeit von acht Semestern fertig werden müsse, eine verständliche Forderung: schließlich gingen die Kosten des Studiums vom Familienbudget ab. Sie hatte die Absicht, die erworbenen Kenntnisse später praktisch einzusetzen. Das Studium an einer Technischen Hochschule kam diesem Ziel entgegen. Sie ließ sich an der TH Berlin-Charlottenburg für das Fach „angewandte Mathematik“ immatrikulieren, eine seit Mitte der 1920er Jahre im deutschen technischen Hochschulwesen eingeführte Fachrichtung, die mit dem Grad „Dipl.-Ing.“ abschloss. Gemäß dem Studienplan hatte sie die Experimentalphysik vom 1. Semester an zu belegen. Um studieren zu dürfen, musste sie drei Monate Arbeitsdienst leisten; vom 1. April 1936 bis zum 30. Juni 1936 war sie „Arbeitsmaid“. Im WS 1936/37 nahm sie das Studium auf. Hat sie das Wesen der neuen politischen Ordnung verstanden? Wohl eher nicht! Zumindest war sie, wie üblich, im BDM und gehörte während des Studiums der „Deutschen Studentenschaft“ (DSt) und der „Arbeitsgemeinschaft Nationalsozialistischer Studentinnen“ (ANSt) an, die dem NSDStB angegliedert war, in der ANSt war sie an vier Semestern Pflichtschulung beteiligt. Einen Rang bekleidete sie auch hier nicht. Die Schulungen der ANSt beinhalteten erste Hilfe, Nachrichtenwesen, soziale Arbeit, Luftschutz (wie schon an der Rückert-Schule), dazu kamen gesellige Veranstaltungen zur Ausbildung des Gemeinschaftsgefühls.[31] Sie hat sich aber auch in der NS-Zeit persönliche Anständigkeit bewahrt. Eine gute Bekannte aus der Studienzeit, Dipl.-Ing. Erika Barreau (verh. Bruckmooser), war „Halbjüdin“ – im Sinne der NS-Rassengesetze. Nach dem 2. Weltkrieg, nun in München lebend, bekundete sie, sich der Unterstützung durch ihren Vater Dr. med. Eugen Barreau, Chirurg im Berliner Franziskuskrankenhaus, sicher seiend, dass Lieselott Herforth, die von Anfang an wusste, dass die verstorbene Mutter „Jüdin" gewesen war, sich ihr gegenüber stets gleichmäßig freundschaftlich verhalten habe. Auch der während des Studiums zu Erika Barreau geschlossene Kontakt überdauerte Jahrzehnte.[32]

Abb. II.8: 2. Semester, Fachschaftsschulung (L. Herforth rechts)

Abb. II.9: In der Pause, im Hintergrund das Phys. Institut der TH und das Studentenhaus (L. Herforth links)

Abb. II.10: Mit dem Vater in der Berliner S-Bahn, Juni 1937

Hans Geiger, der „Diplom-Vater"

Die Grundvorlesung in Experimentalphysik hörte Lieselott Herforth bei Hans Geiger, der erst im selben Jahr, 1936, von Tübingen an die TH Berlin gekommen war. Sein Vorgänger im Amt war Gustav Hertz gewesen, Nobelpreisträger des Jahres 1925, der 1935 von den Nationalsozialisten aus rassischen und politischen Gründen aus dem Amt gedrängt worden war, aber als Leiter eines Forschungslaboratoriums der Siemens-Werke das „1000-jährige Reich" überstand. Auch er sollte später noch eine Rolle in Lieselott Herforths Berufsleben spielen. Der Name „Hans Geiger" war ihr, wie jedem an Physik interessierten Studienanfänger, natürlich bereits bekannt, auf jeden Fall durch das „Geiger-Müller-Zählrohr" (1928). Geigers Vorlesungen „mit den Experimenten, die er alle selbst vorführte, waren so mitreißend, anschaulich, überzeugend und oft heiter, dass ihn die Studenten heimlich den Varieté-

Geiger nannten"[33]. Sie bewirkten, dass sich die junge Studentin bald entschloss, in die Fachrichtung Physik überzuwechseln. Vorsorglich belegte sie einige für Physiker geforderte Lehrveranstaltungen, wie physikalische Chemie, Elektrotechnik, und auch „Maschinenbaulaboratorium" mit, um bei einem Fachrichtungswechsel im Zeitplan bleiben zu können. Die Diplomvorprüfung legte sie nach vier Semestern noch in der Fachrichtung Mathematik ab, und zwar – trotz der selbstauferlegten Mehrbelastung – mit „Gut" (Zeugnis vom 25. November 1938).[34] Danach wechselte sie „zu Geiger" und wurde sogleich als Hilfsassistentin tätig. In seinen Anforderungen an die Studierenden war Geiger streng, und um von ihm ein Diplomthema zu bekommen, musste das Vordiplom mindestens „gut" abgelegt worden sein. Professor Geiger hatte bei der Studentin Herforth früh das Interesse für die Radioaktivität geweckt. Sie bearbeitete bei ihm das Thema „Bestimmung der Halbwertzeit von ThC′ mit Hilfe eines Koinzidenzverstärkers mit kontinuierlich - veränderlichem Auflösungsvermögen"; den Koinzidenzverstärker fertigte sie selbst an. Es war üblich, dass Geigers Diplomanden und Doktoranden die von ihnen benötigten Geräte selbst herstellten, „angefangen von Zählrohren jeglicher Art über Proportionalverstärker, Koinzidenzverstärker, Wilsonkammern, Hochspannungsgeneratoren und manch andere Messeinrichtung"[35]. Montags machte Professor Geiger „einen Rundgang durch das ganze Haus, begleitet von seinen Dozenten, Oberassistenten und Assistenten. Dabei besuchte er jeden Diplomanden und Doktoranden an seinem Arbeitsplatz. Er ließ sich über die Erfolge der letzten Woche berichten", er diskutierte mit ihnen Ergebnisse und Misslungenes. Die Apparaturen liefen Tag und Nacht, denn „eine vorgeschriebene Arbeitszeit für Doktoranden und Diplomanden gab es nicht".[36] Die meisten von ihnen waren als Hilfsassistenten in den Praktika eingesetzt, die bis 18 Uhr gingen, und so verließen sie das Institut mitunter erst nach 22 Uhr. Jährlich unternahm das gesamte Institut einen Ausflug, in die Berliner Umgebung, gelegentlich auch weiter, etwa nach Hamburg. In aufgelockerter Atmosphäre wurden dabei physikalische Probleme besprochen, aber natürlich gab es auch manchen Spaß.

Lieselott Herforths Diplomarbeit wurde von Geiger mit „Gut" bewertet, allerdings erst nach stilistischer Überarbeitung, da sie „zu viele überflüssige Worte gebraucht" hatte. Geiger empfahl ihr, wie sie sich erinnerte: „Lesen Sie die Arbeiten in der Zeitschrift für Physik, nur das Wesentliche, nur das Notwendigste, schreiben Sie die Arbeit noch mal."[37] Allerdings muss hinzugefügt werden, dass eine Diplomarbeit damals nicht mehr als 25 Schreibmaschinenseiten umfassen sollte. Natürlich befolgte sie den Rat des Chefs, und seit dem 5. Dezember 1940 war Lieselott Herforth nach bestandener Hauptprüfung Diplom-Ingenieurin (für technische Physik).[38] Ihr Interesse galt der experimentellen Physik, weniger der theoretischen, was sich auch in den Prüfungsergebnissen zeigte.

Hans Geiger war nicht Mitglied der NSDAP. Die vorhin genannte „Halbjüdin" Erika Barreau durfte sich für das Physikstudium an der TH nicht als Studentin eintragen, lediglich als Hörerin, und das wohl auch nur, weil ihr „arischer" Vater ein sehr angesehener Arzt war, der zudem im 1. Weltkrieg unermüdlich und erfolgreich in einem Feldlazarett behandelt hatte. Auch sie war zu Geiger übergewechselt; er nahm sie als Diplomandin an, und auch sie konnte 1940 bei ihm die Diplomprüfung ablegen, allerdings als Externe.

Lieselott Herforth schätzte ein – mit großem zeitlichen Abstand und nach einer ungewöhnlich erfolgreichen beruflichen und gesellschaftspolitischen Laufbahn –, dass sie von Hans Geiger viel gelernt habe, wovon auch ihre Schüler und Schülerinnen später profitierten: die Begeisterung für die wissenschaftliche Arbeit und das unermüdliche Schaffen bis zum Erreichen eines gestellten Zieles. Bei ihm war es für sie auch selbstverständlich geworden, benötigte experimentelle Hilfsmittel selbst zu entwerfen, zu berechnen und zu bauen.

Auf die Studienzeit geht die Bekanntschaft mit Dr. Luise Schützmeister (später Meyer-Schützmeister) zurück, zu der auch nach dem Krieg gelegentliche Kontakte bestanden.

4. ARBEITSSTELLEN WÄHREND DES KRIEGES

Lieselott Herforths erste Berufsjahre waren sehr turbulent: Sie wechselte von einem kriegszerstörten oder verlagerten Institut an das nächste. Die Alliierten vermuteten in den Physikalischen Instituten Deutschlands Horte kriegswichtiger Forschung, nicht zu Unrecht, wie wir wissen, und machten sie daher zu bevorzugten Zielen ihrer Bombardements.

Berlin: TH

Zunächst blieb Lieselott Herforth noch zwei Jahre an der TH. Nach erworbenem Diplom war sie bis Januar 1943 als Honorarassistentin sowohl in der Physik, bei Wilhelm Westphal, als auch in der Mathematik, eingeschlossen Versicherungsmathematik, bei Georg Hamel und Alois Timpe tätig. Alle drei bescheinigten ihr gute Arbeit. Bei Hans Geiger und Otto Haxel forschte sie über Zählrohre, Koinzidenzverstärker, kosmische Strahlung und radioaktive Messung; sie fertigte die Dissertation „Streuung von Mesonen in Blei, gemessen mit Zählrohren" an, die sich thematisch an die 1941 von Werner Stubbe (*17. Februar 1914 in Lauenburg)[39] am Geigerschen Institut erfolgreich verteidigte Dissertation anschloss.

Auch für ein so behütetes und zu Hause umsorgtes junges Mädchen wie Lieselott Herforth war wohl seit langem klar geworden, dass Deutschland keine Idylle war: Die Verdrängung von Gustav Hertz aus dem von ihm aufgebauten Institut war bei den etwas älteren Physikstudenten noch in frischer Erinnerung, als sie das Studium begann, und mit dem Abstand von Jahrzehnten meinte sie, dass etwas vom Geiste Hertz` durchaus noch spürbar gewesen sei und sich etwa in von Geiger beibehaltenen liebgewordenen Gepflogenheiten äußerte, wie den täglichen Teerunden in der Bibliothek, an denen alle Dozenten, Oberassistenten, Assistenten, Doktoranden und Diplomanden teilnehmen konnten und bei denen physikalische Probleme zwanglos diskutiert wurden.[40] Da war die befreundete Kommilitonin, die, als „Halbjüdin", keine sein durfte, aber immerhin als Hörerin zugelassen war und bei Geiger diplomierte, – eine große Ausnahme. Dann kamen die Besetzungen durch Deutschland vor dem Krieg und der Beginn des Krieges selber. Großmutter Herforth musste den 2. Weltkrieg nicht mehr durchstehen, sie lebte seit einigen Jahren in der Familie ihres Sohnes in Berlin und war hier am 7. Juli 1938 gestorben. Noch einmal versammelte sich die Familie Herforth in Eydtkuhnen, das nun Eydtkau hieß, auch, um die Familienangelegenheiten zu ordnen.

Technische Hochschule Berlin
Lehrstuhl für Mathematik
Prof.Dr.A.Timpe

Charlottenburg,5.Februar 1943

Zeugnis.

Fräulein Lieselott Herforth hat in den von mir geleiteten Übungen zur Höheren Mathematik in mehreren Semestern assistiert und dabei auch in der Zeit vor ihrem Studienabschluss ein anerkennenswertes Mass an Können und Einfühlungsvermögen bewiesen.Bei den grossen Hörerzahlen,mit denen wir an der Hochschule in den letzten Semestern zu arbeiten hatten, ruhte auf den Assistentkräften ein erhebliches Mass von Verantwortung.Fräulein Herforth war ihrer Aufgabe mit erfreulicher Energie und Selbständigkeit jederzeit gewachsen.Ich wünsche ihr daher ein gutes berufliches Vorwärtskommen.

A. Timpe

Abb. II.11: Beurteilung von Alois Timpe (5.2.1943)

Bruder Wolfgang, Vater Walter Herforth

Wolfgang Herforth hatte bereits im WS 1937/38 (mit Oberprimareife) das Studium der Musik am „Konservatorium der Reichshauptstadt Berlin", Wilmersdorf, Gasteinerstraße 21-25, begonnen, mit dem Berufsziel „Kapellmeister". Von Mai 1933 bis Mai 1938 war er Mitglied der Hitler-Jugend (HJ) gewesen. Mit Aufnahme des Studiums gehörte er dem NSDStB an und hatte hier zeitweilig als Stellvertretender Kameradschaftsführer und auch im Organisations- und Personalamt gearbeitet, bevor er zum Führer einer zehnköpfigen Kameradschaft von Mitstudierenden ernannt wurde. In der Beurteilung von Januar 1940 für die Reichsstudentenführung wird über ihn gesagt, dass er ein „sicheres gewandtes Auftreten" habe und auch „sportlich gut veranlagt“ sei („aber nur beschränkt wegen Fußleidens“). Er habe ein „gutes Allgemeinwissen“, sei „musikalisch sehr begabt“, verfüge aber daneben auch über „technische und organisatorische Begabung“. Er sei ein „gerader offener Charakter, bescheiden, selbstbewusst, weltanschaulich einwandfrei, sehr einsatzbereit“, habe eine „ausgezeichnete disziplinarische Haltung“ und sei „sehr kameradschaftlich“. Seit 1. Mai 1937 war er Mitglied der NSDAP, ohne vorher Anwärter gewesen zu sein[41]; wohl „von der HJ in (die) NSDAP automatisch überwiesen“[42].

Den Beginn seiner schriftstellerischen Tätigkeit setzte Walter Herforth mit dem Jahr 1938 an, in diesem Jahr wurde er Mitglied im „Verband Deutscher Bühnenschriftsteller und Bühnenkomponisten e. V.“.[43] Er war voll in die Verlagstätigkeit eingespannt, wollte aber zumindest in seiner Freizeit gern wie ein Künstler leben und nicht über jeden seiner Schritte zu Hause Rechenschaft ablegen müssen. Familiäre Spannungen konnten da nicht ganz ausbleiben.

Wolfgang Herforth leistete Kriegsdienst bei der Marine, am 2. Januar 1943 starb der „Musikstudent und Marineartillerie-Obergefreite Wolfgang Herforth“ in einem Berliner Krankenhaus (Erwin-Liek-Krankenhaus in Berlin-Reinickendorf) an Miliartuberkulose, zugezogen im Dienst auf der Insel Ösel (Saaremaa, Estland).[44] Nach dem Tod von Wolfgang Herforth, der nicht einmal 24 Jahre alt geworden war, hatte sich alles in der Familie Herforth geändert; auch die Beziehung zwischen den Eheleuten wurde zusätzlich belastet.

Abb. II.12: Wolfgang Herforth als junger Musikstudent

Abb. II.13: Dora Herforth mit Sohn Wolfgang und dessen Verlobter

Berlin: KWI für Physik

Ihre nächste Berliner Arbeitsstelle bei Werner Heisenberg am KWI für Physik in Berlin-Dahlem hätte Lieselott Herforth bereits im Dezember 1942 antreten können, nach Rücksprache mit Heisenberg kam sie dann aber erst zum 1. Februar 1943, nachdem sie die Dissertation fertig gestellt hatte und diese auch angenommen worden war.[45]

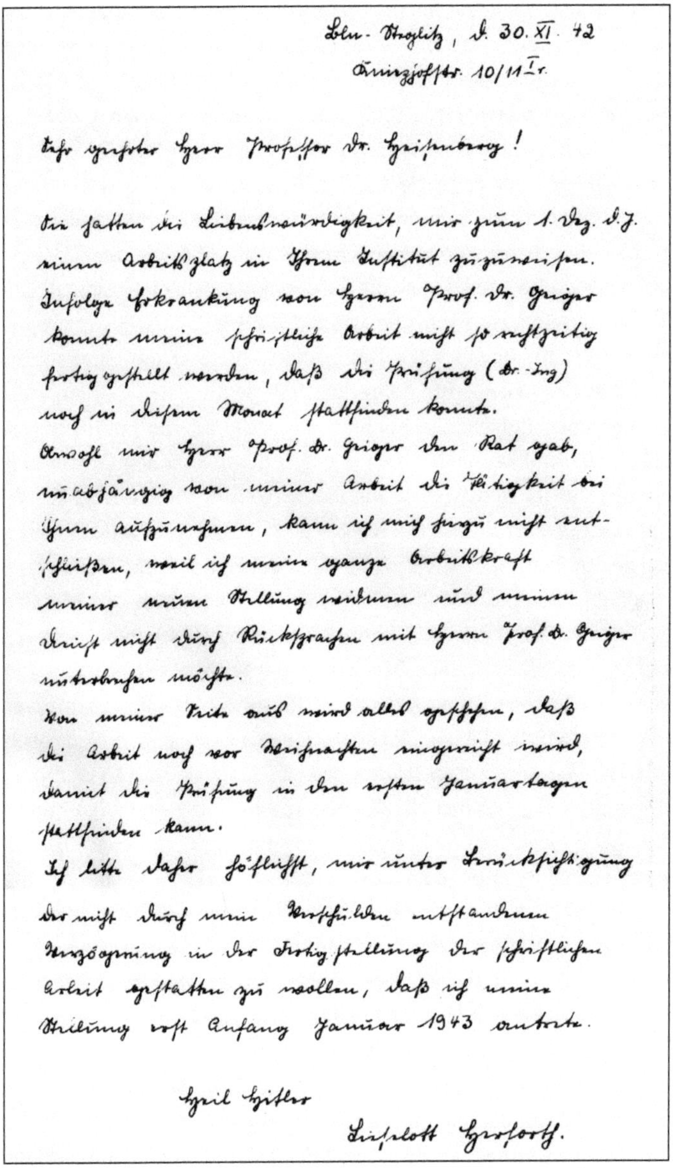

Bln.-Steglitz, d. 30. XI. 42
Kniephofstr. 10/11 I r.

Sehr geehrter Herr Professor Dr. Heisenberg!

Sie hatten die Liebenswürdigkeit, mir zum 1. Dez. d. J. einen Arbeitsplatz in Ihrem Institut zuzuweisen. Infolge Erkrankung von Herrn Prof. Dr. Geiger konnte meine schriftliche Arbeit nicht so rechtzeitig fertiggestellt werden, daß die Prüfung (Dr.-Ing) noch in diesem Monat stattfinden konnte.
Obwohl mir Herr Prof. Dr. Geiger den Rat gab, unabhängig von meiner Arbeit die Tätigkeit bei Ihnen aufzunehmen, kann ich mich hierzu nicht entschließen, weil ich meine ganze Arbeitskraft meiner neuen Stellung widmen und meinen Dienst nicht durch Rücksprachen mit Herrn Prof. Dr. Geiger unterbrechen möchte.
Von meiner Seite aus wird alles geschehen, daß die Arbeit noch vor Weihnachten eingereicht wird, damit die Prüfung in den ersten Januartagen stattfinden kann.
Ich bitte daher höflichst, mir unter Berücksichtigung der nicht durch mein Verschulden entstandenen Verzögerung in der Fertigstellung der schriftlichen Arbeit gestatten zu wollen, daß ich meine Stellung erst Anfang Januar 1943 antrete.

Heil Hitler

Lieselott Herforth.

Abb. II.14: Brief von Lieselott Herforth an Werner Heisenberg

Als sie 1929 in Leipzig zur Schule ging, hatte an der Leipziger Universität mit der Berufung von Peter Debye und Werner Heisenberg eine Blütezeit der modernen Physik begonnen. Beide hatten das neue Amt am 1. Oktober 1927 angetreten, Debye als Professor für Experimentalphysik und Direktor des Physikalischen Instituts, Heisenberg als Professor für Theoretische Physik. Zu ihnen gesellte sich 1929 Friedrich Hund als persönlicher Ordinarius für Mathematische Physik. Außer diesen lehrten und forschten drei weitere Professoren auf Spezialgebieten der Physik. In kurzer Zeit war Leipzig zu einem Anziehungspunkt für Fachleute aus aller Welt geworden, wie auch die Autorenliste der „Leipziger Vorträge" zeigt, die zwischen 1928 und 1933 jährlich am Physikalischen Institut stattfanden und publiziert wurden. Insbesondere machten Heisenberg und Debye gemeinsam Leipzig zu einem Zentrum der Atomphysik. Zu ihren vielen Schülern gehörte Edward Teller, der dann in den USA an der Entwicklung der Wasserstoffbombe wesentlich beteiligt war. Zu den Schülern gehörten auch die späteren Professoren und renommierten Physiker Falkenhagen, Bewilogua und Recknagel[46], die mit der TH/TU Dresden verbunden waren, und von denen die beiden letztgenannten einmal lange Jahre Kollegen von Lieselott Herforth sein würden. Debye ging 1935 als Professor und Direktor des KWI für Physik nach Berlin; dort leitete er die Untersuchungen zur technischen Nutzung der Kernspaltung im 1939 begründeten „Uranprojekt".[47] Die „Kernphysikalischen Forschungsberichte" waren die interne Publikationsreihe dieses Projektes; die Publikationen waren streng geheim. Von den 28 Autoren spielten in Lieselott Herforths Berufsleben zumindest Werner Heisenberg, Robert Döpel, Walter Herrmann, Heinz Pose, Fritz Bopp, Hans Geiger eine Rolle.

Werner Heisenberg hatte 1939 und 1940 zwei Beiträge für die „Kernphysikalischen Forschungsberichte" verfasst, in denen er theoretisch die Möglichkeit der Energiegewinnung aus Uran aufzeigte. Ab Anfang 1940 hielt sich Heisenberg regelmäßig zu wissenschaftlichen Beratungen am KWI für Physik auf. 1941 wurde er als Nachfolger Debyes Direktor des KWI für Physik, blieb aber in steter Verbindung zu den Leipziger Kollegen. Die ersten Untersuchungen zur Neutronenvermehrung wurden am Physikalischen Institut der Universität Leipzig von Robert Döpel, seit 1938 Professor für Strahlenphysik, und seiner Frau Klara Döpel durchgeführt. Im Sommer 1941 begannen in Leipzig nach intensiven Vorbereitungen die ersten Versuche an einem Reaktor, dem „Uranei"; Anfang 1942 konnte damit von den Döpels ein Vermehrungsfaktor von 1,1 für die Neutronen erreicht werden.[48] Im Februar 1945 gelang Werner Heisenberg und seinen Mitarbeitern (im Verlagerungsort Hechingen des KWI) eine siebenfache Neutronenvermehrung, eine sich selbst erhaltende Kettenreaktion wurde jedoch nicht in Gang gebracht.

Kurz nach dem Verlust des Bruders begann Lieselott Herforth bei Werner Heisenberg am KWI für Physik; die Arbeiten am „Uranprojekt" standen bei ihrem Arbeitsbeginn bereits nicht mehr unter Führung des Heereswaffenamtes, waren aber „kriegswichtig". Im „Antrag der Zustimmung zur Einstellung" von Lieselott Herforth hatte Werner Heisenberg vermerkt, sie sei „erforderlich für spezielle Untersuchungen im Rahmen des Kriegsauftrags des OKH [...]“ Die neue wiss. Assistentin war im KWI mit dem Problem der Isotopentrennung befasst.

In familiär belasteter Situation trat Lieselott Herforth zur mündlichen Doktorprüfung an, die wegen Erkrankung des „Doktorvaters“ Hans Geiger von Wilhelm Westphal und Otto Haxel abgenommen wurde; sie bestand die Prüfung nicht.[49] Ihr Chef, Werner Heisenberg, sagte zu ihr, – so erinnerte sie sich: „Machen Sie sich nichts d'raus.“ Als im Herbst 1943 Teile des KWI nach Hechingen verlagert wurden, war Lieselott Herforth nicht mehr in Berlin.

Leipzig: Universität

Für die Nachfolge Debyes waren nach dessen Weggang aus Leipzig, entsprechend der am Leipziger Physikalischen Institut auszubauenden Arbeitsrichtungen, ausschließlich Kernphysiker vorgeschlagen worden: Hans Geiger, Walther Bothe und Gerhard Hoffmann. Geiger ging an die TH Berlin, Bothe blieb in Heidelberg, und Hoffmann kam von der Universität Halle an die Universität Leipzig.

Gerhard Hoffmann, geb. 4. August 1880 in Lübeck, gest. 18. Juni 1945 in Halle, wurde 1906 in Bonn promoviert und hatte sich 1910 in Königsberg habilitiert. Er war seit 1930 Mitglied der Leopoldina und seit 1937 Mitglied der Sächsischen Akademie der Wissenschaften zu Leipzig. Hoffmann hatte sich zunächst mit der Messung sehr kleiner Elektrizitätsmengen befasst. Mit dem bekannt gewordenen, von ihm konstruierten Vakuumduantenelektrometer hatte er bereits 1913 die ersten genauen Registrierungen von Alpha-Teilchen vorgenommen. 1925 hatte er in Königsberg mit Untersuchungen zur kosmischen Strahlung begonnen. Diese Arbeiten setzte er in Leipzig fort mit dem „Nachweis von Kernzertrümmerungen der kosmischen Strahlung mit der Ionisationskammer“. Er arbeitete ständig an der Verbesserung der Kernstrahlungsmesstechnik und führte in Leipzig u. a. Untersuchungen mit einer Strömungsionisationskammer durch.[50]

Lieselott Herforth verließ das KWI für Physik auf eigenen Wunsch und wurde von Heisenberg zu Gerhard Hoffmann an das Physikalische Institut der Universität Leipzig vermittelt. In Heisenbergs „Freigabebescheinigung“ vom 26. Juni 1943 hieß es: „Auf Grund einer Vereinbarung zwischen mir und Professor Hoffmann, Direktor des Physikalischen Instituts in Leipzig, bin ich damit einverstanden, dass Fräulein Lieselott Herforth ab 1.7.43 im Physikalischen Institut der Universität Leipzig im Rahmen des gemeinsamen Kriegsauftrags eingesetzt wird.“[51] Lieselott Herforth war Übungsassistentin bei Gerhard Hoffmann und wurde in seine Forschungsarbeiten über Ionisationskammern eingebunden. In Leipzig hatte sie ein ausgedehntes „familiäres Hinterland“ von mütterlicher Seite, darunter die betagte Großmutter Hulda Karp und die Tante Magdalena Block mit ihrer Familie. Die Institutsgebäude in der Linnéstraße wurden bereits durch den anglo-amerikanischen Luftangriff vom 4. Dezember 1943 stark in Mitleidenschaft gezogen, der große Hörsaal, die physikalische Sammlung und die Wohnung des Institutsdirektors Hoffmann verbrannten. Was danach noch genutzt werden konnte, wurde am 6. April 1945 durch Sprengbomben weitgehend zerstört. Die Physikerin Klara Döpel kam bei dem April-Luftangriff auf das Institut ums Leben. Gerhard Hoffmanns Gesundheit war durch die Ereignisse so angegriffen, dass er sich im Sommer 1944 in ein Sanatorium zurückziehen musste; das Kriegsende überlebte er nur wenige Wochen.[52]

Freiburg: Universität

Seit 1. März 1944 an der Universität Freiburg, war Lieselott Herforth Assistentin von Professor Eduard Steinke, dem Direktor des Physikalischen Instituts.

Eduard Steinke (*6. August 1899 Christburg/Westpreußen, †8. November 1963 Stuttgart) hatte von 1919 bis 1922 Naturwissenschaften in Göttingen, München und Heidelberg studiert. Er wurde 1922 von der Univ. Königsberg zum Dr.phil. promoviert aufgrund der Dissertation „Über eine lichtelektrische Methode zur Prüfung des Wien-Planckschen Strahlungsgesetzes im Bereich ultravioletter Strahlung" (Berlin 1922, Vieweg-Springer), arbeitete dort zunächst als Hilfsassistent, dann als planmäßiger Assistent, habilitierte sich 1928 für das Gesamtgebiet der Physik und wurde im Herbst 1934 mit der Wahrnehmung der Professur für Physik und der vertretungsweisen Leitung des 1. Phys. Instituts betraut, seit April 1935 als nichtbeamteter ao. Professor. Seit 1. Okt. 1936 lehrte und forschte er an der Univ. Freiburg, seit 1. April 1937 als ord. Professor. 1941 wurde er Dozentenbundführer der Univ. Freiburg, und am 26. Nov. 1941 mit dem Dienstrang eines Gaustellenleiters in den Gaustab aufgenommen.[53]

Während des Krieges lag auf seinem Institut eine große Arbeitslast. Die vierstündige Vorlesung mit über 600 Teilnehmern musste doppelt gehalten werden. Das zweistündige Praktikum für Mediziner wurde in 13 Kurse aufgeteilt und von 450 Teilnehmern besucht. Daneben waren je sechsstündige Übungen für Naturwissenschaftler und Mediziner durchzuführen.[54] Selbstverständlich verteilte sich die Arbeitsbelastung auf den gesamten Lehrstuhl, dessen Assistenten jedoch weitgehend zum Kriegsdienst eingezogen waren und teilweise durch noch studierende Hilfsassistenten hatten ersetzt werden müssen. In dieser Situation war Lieselott Herforth zur Entlastung selbstverständlich sehr willkommen. Zu den Assistenten Steinkes im Kriegsdienst gehörte Dr. Max Pahl, der zwar zum 1. April 1944 aus der Wehrmacht entlassen wurde, aber nicht nach Freiburg zurückkam, sondern zu Werner Heisenberg an das KWI für Physik, „Zweigstelle Hechingen/Hohenzollern zu Forschungszwecken kommandiert" wurde.[55] „Mit der Wahrnehmung der Dienstgeschäfte des [...] wiss. Assistenten Doz. Dr. Max Pahl" wurde Lieselott Herforth mit Wirkung vom 27. März 1944 „auf die Dauer des Krieges" beauftragt.[56] Eduard Steinke forschte über kosmische Strahlung. Übrigens hatte er sich in einer Schrift aus dem Jahre 1927: „Über die durchdringende Strahlung im Meeresniveau" mehrfach auf Arbeiten von Gerhard Hoffmann bezogen, der einige Jahre in Königsberg ein Kollege von ihm gewesen war. Lieselott Herforth betätigte sich auf dem Arbeitsgebiet ihres Chefs und führte Physikalische Übungen durch, unter anderem auch für künftige Mediziner. In Freiburg lebte derzeit ihre Schulfreundin Charlotte („Lotte") Jung, angehende Augenärztin und verheiratet mit dem Biologen Hans Marquardt, der u. a. durch seine Forschungen zur Erzeugung von Mutationen durch Einwirkung von Röntgen- und anderen ionisierenden Strahlen bekannt wurde. Begleitet wurde Lieselott Herforth nach Freiburg von ihrer Mutter Dora Herforth. Das Freiburger Physikalische Institut wurde am 27. November 1944 total zerstört; Lieselott Herforth und ihre Mutter verließen Freiburg geradezu fluchtartig. Genaueres über die Bombardierung Freiburgs und über das Schicksal des Freiburger Physikalischen Instituts und seiner Mitarbeiter unmittelbar nach dem Krieg erfuhr Lieselott Herforth später von früheren Kolleginnen und Kollegen: „[...] die übrigen Mitglieder des Instituts, soweit sie noch da waren, begannen, unsere Apparate im Institut auszubuddeln. Ihr Arbeitsraum, der meinige sowie der neben dem Ihrigen liegende Raum waren total durchgeblasen – wie wären zu Kraut und Fetzen zerschlagen worden! Und doch konnten wir noch ziemlich viele Apparate herausholen – die beiden Schaltkästen von Frl. Raith[57] und mir waren fast unbeschädigt. So haben wir etwa 3 Wochen gearbeitet, immer wieder in Angst vor Jabos[58], oft genug in einem Trichter vor dem Institut (auf der anderen Seite der Straße) liegend, und brachten dann die Apparate in Kisten zum Güterbahnhof (mit den bei Staufen usw. verlagerten Sachen). Dann wurde eine Ausweichstelle in Überlingen gefunden. [...] In Überlingen kam es natürlich nicht mehr zu fruchtbarer Arbeit. Bis die verschiedenen Apparate repariert [...] und einige Kontrollmessungen gemacht waren, kamen die Franzosen und es war aus. 18 Kisten mit Apparaten, darunter 12 wunderbaren Mikroskopen, haben die Franzosen nachts mit 2 Lastwagen abgeholt – auf Nimmerwiedersehen."[59]

Zu Prof. Eduard Steinke, dem Freiburger Chef, nach Kriegsende

Eduard Steinke war zwar im August 1949 von der Militärregierung letztlich als „Mitläufer" eingestuft worden, seine Haltung während der NS-Zeit wurde aber von etlichen früheren Kollegen als sehr staatsverbunden eingeschätzt. Sie wünschten keine Wiedereinstellung Steinkes und auch nicht dessen Emeritierung, durch die er ja ebenfalls wieder Mitglied der Fakultät geworden wäre. Positiv hatte sich über ihn der frühere Rektor geäußert, der Mathematiker Wilhelm Süss, der ihm auch zu einer Anstellung in Weil verhelfen wollte[60], – was am Einspruch früherer Kollegen scheiterte. Es ging Steinke und seiner Familie zunächst sehr schlecht. Nach einer Professur in Argentinien kehrte er 1957 in die BRD zurück; er wurde ord. Prof. für

Kernphysik an der TH Stuttgart und Direktor der Schule für Kerntechnik an der Kernreaktor-Gesellschaft Karlsruhe.

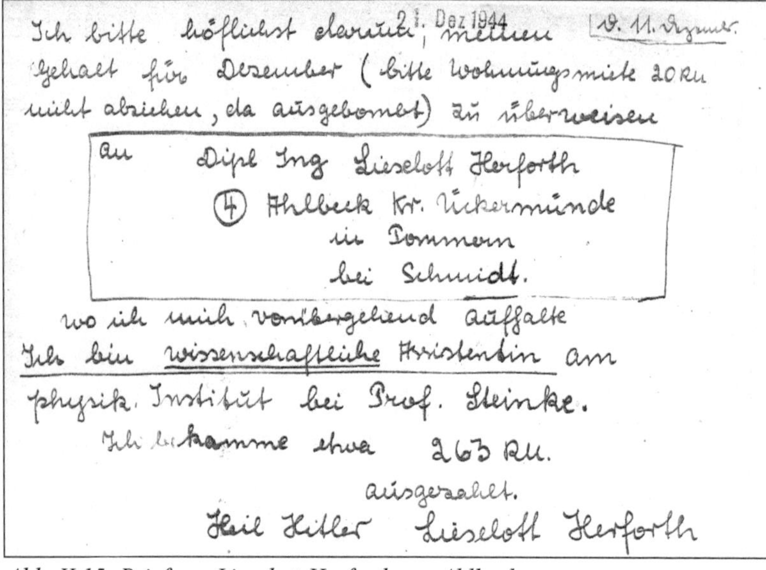

Ich bitte höflichst darum 21. Dez 1944 mein v. 11. Dezember

Gehalt für Dezember (bitte Wohnungsmiete 20 RM

nicht abziehen, da ausgebombt) zu überweisen

an Dipl Ing Lieselott Herforth

(4) Ahlbeck Kr. Ückermünde

in Pommern

bei Schmidt.

wo ich mich vorübergehend aufhalte

Ich bin wissenschaftliche Assistentin am

physik. Institut bei Prof. Steinke.

Ich bekomme etwa 263 RM.

ausgezahlt.

Heil Hitler Lieselott Herforth

Abb. II.15: Brief von Lieselott Herforth aus Ahlbeck

Berlin/Schwarzenfeld: TH Berlin

Im März 1945, wenige Wochen vor dem Ende des Krieges, begann Lieselott Herforth wieder an der TH Berlin-Charlottenburg zu arbeiten, diesmal als Wissenschaftliche Assistentin am Institut für Elektronen- und Ionenlehre, das von Alexander Nikuradse geleitet wurde und nach Schwarzenfeld/Oberpfalz verlagert worden war. Mit ihrer Mutter wohnte sie in Schwarzenfeld zur Untermiete in der Bahnhofsstraße. Sie hatte sich mit der Messung höherer Temperaturen und dem Bau eines Ultraschallsenders zu befassen. In Schwarzenfeld erlebte sie das Kriegsende und den Einzug der Amerikaner. Das Institut konnte unter der Leitung von Nikuradse weiter arbeiten, doch seine Zukunft war zunächst unklar: Es war davon die Rede, dass es mit den Mitarbeitern an die TH/TU Berlin zurückkehre, zu der es gehörte. Schließlich wurde es für einige Jahre der Universität München angegliedert und bestand danach weiter als selbständiges privates Institut. Lieselott Herforth verließ die Schwarzenfelder Arbeitsstelle Ende Februar 1946 auf eigenen Wusch, um mit ihrer Mutter zum Vater nach Berlin zurückzukehren.

Lehrgebiet für Elektronen- und Ionenlehre
Prof. Dr. A. Nikuradse
Technische Hochschule Berlin
Ruf: 31 00 11, Apparat 420 und 32 22 60

Fr/Str. /335/45

Berlin, den 3.April 1945

Ausweichstelle:
Schwarzenfeld, Opf.
Schliessfach 5
Ruf 44

An Fräulein
Dipl. Ing.
Lieselott Herforth
Schwarzenfeld

Auf Grund der vorhergegangenen Verhandlungen werden Sie vom 2o.März 1945 ab auf unbestimmte Zeit als wissenschaftliche Mit=arbeiterin bei dem Laboratorium für Elektronen-und Ionenlehre, Ausweichstelle Schwarzenfeld, gegen eine monatliche Brutto-Vergü=tung von 3oo,3o RM., in Worten: Dreihundert Reichsmark und 3o Rpf. angenommen.
Für das Beschäftigungsverhältnis gelten die Bestimmungen der Allgemeinen Tarifordnung (ATO.) und der Tarifordnung A für Gefolg=schaftsmitglieder im öffentlichen Dienst (TO.A) der allgemeinen Dienstordnung (ADO) und der gemeinsamen Dienstordnung für die Verwaltungen des Reichs und der Länder.
Die Vergütung einschliesslich des Wohnungsgeldzuschusses beträgt monatlich brutto: 3oo,3o RM.
davon sind abzuziehen:

Sozialversicherungs-Beitragsanteil Angestellten Versicherung und Reichsstock	18,28 RM.	
Lohnsteuer	5o,9o RM.	=69,18 RM.
Bleiben netto:		231,12 RM.

Zur Vornahme der Abrechnung bis 31.3.45 wollen Sie sich bald im Verwaltungszimmer einfinden.
An die Einlieferung des Arbeitsbuches wird erinnert.

I.A.
Fries,
Verwaltungsleiter.

LABORATORIUM
ELEKTRONEN- U. IONENLEHRE
TECHN. HOCHSCHULE / BERLIN
AUSWEICHSTELLE:
(13a) SCHWARZENFELD / OPF
POSTFACH 5 RUF 44

Abb. II.16: Einstellungsbescheid Schwarzenfeld, 3. April 1945

Auch zu den früheren Kollegen aus Schwarzenfeld gab es später gelegentlichen brieflichen Kontakt, so erfuhr sie, wie sie lebten und woran im Institut gearbeitet wurde. „Die Freizeit ist ausgefüllt mit Lebensnotwendigkeiten wie Wipfelholz, Gartenbau, Kartoffeln usw. Die offizielle Kalorienverteilung ist immer noch korrekturbedürftig und das kostet Zeit. – Vielen Dank für den übersandten Sonderdruck Ihrer Arbeit[61]. Ich habe mich sehr gefreut, dass Sie diese physikalisch sehr interessante Arbeit doch zur Veröffentlichung gebracht haben. Es war wohl nicht leicht, da Ihnen nur Bruchstücke der Ergebnisse und Ihr Gedächtnis zur Verfügung stand(en). Die Entwicklung der Strömungsionisationskammer hat Ihnen sicher viel Spaß gemacht. Nur schade, dass Sie die Arbeit nicht fortsetzen können. Mit großem Interesse lese ich im Chemischen Zentralblatt Ihre Referate! [...] Grimsehl III habe ich nirgends erhalten können. Es werden wenig Bücher angeboten. [...] Ist in Berlin das Buch von (Siegfried) Flügge: Rechenmethoden der Quantenmechanik bereits erschienen. Falls ja und es möglich, kaufen Sie bitte ein Exemplar für mich. Oder schreiben Sie mir, wo ich es bestellen kann. [...] Im Labor haben wir einen tüchtigen Mechanikermeister, einen schlesischen Flüchtling. Seit Okt. dieses Jahres auch zwei Lehrjungens. Wir haben größere Vorräte an Blech kaufen können und damit die Grundlage für die Produktion verbessert. Keine der oberpfälzischen Fabriken war zu bewegen keramische Kochermodelle oder Öfen zu bauen, da zu viele Exportaufträge auf Geschirrporzellan vorliegen. – [...] Dr. Ulbrich hat seine Monographie Gase in Metallen fertig gestellt und beim Leibniz Verlag München (früher Oldenburg V.) untergebracht. Wie jetzt üblich ist ein Teil unserer wissenschaftlichen Arbeit literarisch. Eine elektrochemische Untersuchung von mir will ich jetzt zu Ende führen. Die Baustoffversuche sollen, falls Interesse vorhanden ist, in halbtechnischem Maßstab wiederholt werden. [...]“[62]

Walter Herforth und sein Verlag

Am 1. Oktober 1942 hatte Walter Herforth die Verlags-GmbH in die Einzelfirma „Batschari Verlag Walther Herforth“ umgewandelt, in die er dann aber am 1. Januar 1944 die Buchhändlerin Lucie Großer geb. Arnhold als Teilhaberin aufnahm, „teils aus Gesundheitsrücksichten, teils um mich der Schriftstellerei mehr widmen zu können“.[63] Am 24. Oktober 1943 wurde die Wohnung in Berlin-Steglitz total ausgebombt. Nachdem die Verlagsräume in der Bülowstraße beim Fliegerangriff vom 29. Januar 1944 zum zweiten Mal schwer beschädigt worden waren – am 28. April 1945 brannten sie ganz aus –, wurde der „Batschari-Verlag“ mit Genehmigung der Reichsschrifttumskammer, Gruppe Buchhandel, nach Eydtkau teilverlegt. Die Bereiche Auslieferung, Bestellung und Kundenverkehr blieben unter der Leitung der Teilhaberin Lucie Großer in Berlin, aber nun in Berlin-Grünau, Walchenseestraße, wo sie wohnte und ihre Buchhandlung betrieb. Die Geschäftsführung – mit den

Bereichen Autorenverkehr und Verkehr mit Druckereien – lag weiterhin in der Hand von Walter Herforth und wurde vorübergehend von Eydtkau, Gartenstraße 6, aus betrieben. Das war die Anschrift der Schwester Frieda Stein geb. Herforth und ihrer Familie, bei der Walter Herforth derzeit wohnte.[64]

Nach den ersten Bombardierungen Berlins war den Teilen der Bevölkerung, die nicht unbedingt ortsgebunden waren, empfohlen worden, die Hauptstadt zu verlassen.[65] So weilte Walter Herforth erst in Eydtkau, im Herbst 1944 dann vorübergehend in Pollnow, Kreis Schlawe, Hinterpommern (jetzt Polen), gemeinsam mit der Braut des verstorbenen Sohnes, die von dort am 1. Nov. 1944 aus beruflichen Gründen nach Berlin reiste.[66] Auch Lieselott Herforth und ihre Mutter blieben nach der „Flucht aus Freiburg" nicht in Berlin, sondern hielten sich zunächst einmal in Ahlbeck, Kreis Ückermünde, Pommern, auf. Lieselott Herforth bat die Universität Freiburg, ihr das Dezembergehalt nach Ahlbeck zu überweisen. Prof. Steinke hatte jedoch für sie und andere zum 31. November „auf eigenen Wunsch" ausgeschiedene Mitarbeiter die Auszahlung des Dezembergehalts bereits gestoppt.

5. DER KONTAKT ZUM VATER IN DER SCHWARZENFELDER ZEIT VON OKTOBER 1945 BIS FEBRUAR 1946

Lieselott Herforth hatte an eine eigene Familie mit Mann und Kindern gedacht, doch der Bräutigam, mit dem die Zukunft geplant war, ein Physiker, den sie während ihres Studiums kennengelernt hatte, verscholl am letzten Tag des Krieges. Trotz langer Nachforschung, natürlich auch über den Suchdienst, wurde keine Spur von ihm entdeckt. Wie Bruder Wolfgang, war auch er letztlich ein Opfer des Krieges geworden. Gegen Ende des Krieges zog die ostpreußische Verwandtschaft der Herforths, wie so viele andere, mit der zurückweichenden deutschen Front gen Westen. Pforzheim wurde für sie die neue Heimat.

Das Band Lieselott Herforths zu beiden Elternteilen war eng. Walter Herforth sah wohl in der Tochter das geistige Äquivalent, mit dem er sich austauschen konnte. Er sorgte sich sehr um alle Angelegenheiten seiner Tochter, immer bereit, sie in wichtigen Dingen zu beraten. Zu den Arbeitsstellen in Süddeutschland während des Krieges hatte Dora Herforth ihr nun einziges Kind begleitet. Mit der Mutter zusammen erlebte Lieselott Herforth in Schwarzenfeld/Oberpfalz die Kapitulation des Deutschen Reiches. Das Institut, an dem sie arbeitete, war von den amerikanischen Besatzungstruppen nicht geschlossen worden, und so hatte sie ein Einkommen für sich und die Mutter. Ein Stück Brot in dieser Zeit, „das Brot der frühen Jahre" (Böll), wog schwer. Wer etwas davon abgab, hatte selbst nicht genug. Nachdem ab Oktober 1945 die Post über die Grenzen der Besatzungszonen hinaus wieder einigermaßen regelmäßig ging, wenn auch zu Anfang mit Lieferzeiten von rund vierzehn Tagen und darüber, bekam Walter Herforth bis Ende Februar 1946 neben vielen Briefen mindestens 39 Päckchen mit Essbarem. Den Inhalt müssen sich die beiden Frauen vom Mund abgespart haben. Aus der Schwarzenfelder Zeit sind Briefe von Walter Herforth an seine Tochter erhalten. In den schweren Nachkriegsmonaten, allein in Berlin, hatte er genaue Vorstellungen für einen Neuanfang, familiär und beruflich. Er wohnte möbliert in Berlin-Schöneberg, zunächst in der Prinz-Georg-Straße 4, seit Oktober 1945 in der Ebersstraße 78. Unbedingt wollte er als Schriftsteller Fuß fassen. In einem Fragebogen für die Reichsschrifttumskammer hatte er im April 1944 angegeben, dass er sich seit 1938 auch schriftstellerisch betätige, sich dabei vor allem auf Erzählungen und Bühnenschrifttum konzentriere, bisher aber noch nichts veröffentlicht habe.[67] Im Januar 1944 hatte er darum gebeten, für ihn in der Dokumentenrolle den Decknamen „Wolfgang Hinwegh" einzutragen. Da sein Verlag, der „Batschari Verlag Walther Herforth", seinen Namen führe, wolle er unter dem Decknamen veröffentlichen. Er arbeitete trotz der vielen Nachkriegsnöte „fanatisch", wie er wiederholt in seinen Briefen an die Tochter äußerte. (Die „Sprache des Dritten Reiches" war also auch an ihm nicht spurlos vorübergegangen.) Er schrieb Theaterstücke und hoffte auf ihre Aufführung, arbeitete an einem Buch, an Schwänken, verfasste Gedichte. Zu gern wäre er nur noch Schriftsteller, aber da die Tochter die Wiederaufnahme des Verlages zu wünschen schien, hatte er folgende Etappen geplant: Als Autor einen Namen machen, damit Geld verdienen und mit diesem Geld den Verlag neu aufbauen. In ihrer Freizeit bereitete sich Lieselott Herforth auf die Arbeit im Verlag vor, der einmal der ihre werden sollte, aber – und darum wird es ihr vor allem gegangen sein – zunächst doch eine aussichtsreiche, da lang erprobte Tätigkeit für den Vater versprach. Sie vervollkommnete ihre Fremdsprachenkenntnisse und lernte Stenografie und Schreibmaschine. Ihr Wunsch war, dass die Familie in Berlin wieder vereint lebte. Auch Walter Herforth sähe das gern, aber unter der Bedingung, dass er in seiner Eigenart als Künstler akzeptiert würde – mit allen Freiheiten, die er als solcher zu brauchen meinte. Leider ist kaum ein Brief Lieselott Herforths aus dieser Zeit erhalten, doch lässt sich ein Teil ihres Inhalts aus den Antwortbriefen des Vaters erraten. Diese Briefe sind ein einzigartiges Zeugnis eines vertrauensvollen Vater-Tochter-Verhältnisses. Sie sagen viel aus über die Persönlichkeit beider und spiegeln zudem als einzigartige Dokumente die Probleme der Nachkriegszeit in einer ganz konkreten Konstellation wider. In späteren Lebensläufen, schon in dem zu ihrer Promotion 1948 angefertigten[68], schrieb Lieselott Herforth, sie sei geboren „als Tochter des Schriftstellers Walter Herforth". Schriftsteller war der Vater bei ihrer Geburt nicht, sondern Handelslehrer (und Kaufmann), und Jahrzehnte danach auch nicht, ja eigentlich niemals wirklich; aber sie würdigte damit das späte und ambitionierte Streben des Vaters. Vielleicht ahnte sie früh, dass ihm der ersehnte wirkliche Durchbruch nicht gelänge. Aus dem Schriftstellern wurde letztlich kein Broterwerb, es lieferte aber ein gelegentliches „Zubrot". Walter Herforth hatte aber noch ein Einkommen als

Hausverwalter und Treuhänder; die Firma, die er in Berlin Anfang der 30er Jahre gegründet hatte, hatte sich im selben Gebäude wie der Verlag befunden.

Aus den Briefen von Walter Herforth an seine Tochter Okt. 1945 bis Febr. 1946[69]

29. Oktober 1945:
„[...] Daß Ihr Euch meinetwegen Sorgen macht, kann ich verstehen. Ganz ausgeschlossen ist es aber, dass Ihr mit Rucksack nach hier kommt, mir etwas bringen. Noch alle sind sie mit leerem Rucksack hier gelandet. Im Augenblick – und das wiederhole ich immer wieder – ist es nicht nur unmöglich, sondern auch falsch, wenn Ihr jetzt nach hier kommt. [...] Wenn erst einmal eine Verdienstmöglichkeit für mich und auch für Dich gegeben ist, dann werde ich auch Atteste und auch Bescheinigungen über Parteiarbeit usw. erhalten.[70] Laßt mich nur in Ruhe alles machen; ich komme und kam noch immer zum Ziel. Und so wird es auch dieses Mal sein. Jetzt bin ich erst einmal froh, dass ich meinen Umzug bewältigt habe. Jetzt habe ich zwei Zimmer und sehr gut eingerichtet. Da werde ich, schon wegen der dort herrschenden Ruhe (früher waren zwei Kleinkinder in der Wohnung) und auch wegen der schönen Einrichtung auch selbst mehr zur Ruhe kommen und sicher noch mehr arbeiten können; denn von dieser meiner Arbeit hängt Verdienstmöglichkeit, Verlag und alles andere ab. Der berufliche Erfolg allein kann alle Wege ebnen; und *krumme Wege mit Augenblickserfolgen gehe ich nicht*. [...]“

13. November 1945:
„Meine liebe Lieselott! Und da soll ich nicht an die Glückszahl 13 glauben!! [...]Wenn Du wüßtest, wie groß meine Freude war! Wohl noch kaum habe ich mich über ein Päckchen jemals so gefreut. [...] Zuerst habt beide erst mal vielen, vielen herzlichen Dank. Wenn ich Dir sagen sollte, worüber ich mich am meisten gefreut habe, so wäre ich dazu gar nicht in der Lage. Nur eins kann ich Dir beschreiben: Zuerst öffnete ich durch Zufall das Päckchen mit der Conservenbüchse und den 5 Zigaretten. Sofort wurde eine angeraucht und im Genuß dieser wurden dann die anderen beiden Päckchen schon etwas ruhiger ausgepackt. Ich war über alles so erfreut und erregt, dass ich für mehrere Stunden mit meiner Arbeit am Schauspiel aussetzen mußte. Ja mir war sogar ordentlich warm geworden, obwohl ich vorher bei 9° Zimmertemperatur in Lederjacke und Wolldecke um den Beinen zitternd am Schreibtisch saß; denn mein ganzes Brennwerk für heute bestand aus drei alten Verlagsbüchern. [...] Ich arbeite fanatisch weiter und glaube und hoffe stark auf meine Bühnenerfolge. Rudolf Platte, Kurt Seifert und der (Berliner Theater-) Verlag Bloch Erben sitzen noch immer auf der „Silberhochzeit“, während das Volksbildungswerk den ersten Akt von „Die Schuld“ zur Lektüre hat. Dieser erste Akt kann auch selb-

ständig als Einakter gespielt werden. Sollten „Silberhochzeit“ und „Alles um Eva“ angenommen werden, so werde ich diese beiden Schwänke unter Wolfgang Hinwegh laufen lassen, um mir meinen Namen für ernste Schauspiele nicht von vornherein als Schwankdichter abstempeln zu lassen. Erst wenn ich mit meinen ernsten Sachen Erfolg habe, ändere ich auch für die Schwänke den Namen. Frl. Wölke[71] wird jetzt alles mit einem dünnen Durchschlag für Dich mitschreiben, damit Du meine Arbeiten verfolgen kannst; denn vor dem Frühjahr werden wir uns kaum sehen, es sei denn, es geht ein offizieller geschlossener Transport Berliner von dort nach hier.“

15. November 1945:
„Liebe Lieselott! Heute kann ich Dir wieder von einer Freude, die Ihr mir bereitet habt, berichten:

1.) erhielt ich Deine Karte Nr. 1 und

2.) schon wieder ein Päckchen und zwar das vom 7. dieses Mts. (Nr. D), das wieder unversehrt war. Habt tausend Dank. Ich hatte im Augenblick der Überraschung sogar das Frieren vergessen. Ich sitze nämlich bei 8° (Zimmertemperatur) im vollkommen ungeheizten Zimmer. Nicht sehr angenehm. Alle 20-30 Minuten werfe ich den Federhalter fort, laufe in Hausschuhen (dünne alte Lacklederne) und Lederjoppe ein paar Mal im Zimmer auf und ab und rufe mir dabei laut zu: „Jetzt ist´s aber warm“! Das soll helfen; ich aber merke nichts davon. Da kannst Du Dir vorstellen, wie die mitgeschickten Stäbchen zur Wiederbelebung der Geister sofort ihrer Bestimmung zugeführt werden! [...] Meine Bühnensachen, die fertigen, stehen noch aus, die in Arbeit befindlichen werden meiner Meinung nach sehr ordentlich. Wenn´s nur nicht zu kalt zum Schreiben wäre. Für ein ernstes, sehr ernstes Schauspiel vielleicht gerade die richtige Temperatur. Noch ist ja die Tinte nicht eingefroren. [...] Sehr gefreut habe ich mich über Deine fremdsprachlichen Studien. Die Hauptsache ist die Sprache und das Lesenkönnen von Briefen usw. Das Schreiben von selten vorkommenden fremdsprachlichen Briefen müssen wir durch andere besorgen lassen; denn derartige Fertigkeiten sind bei der Vielseitigkeit Deiner Arbeit und Interessen nicht zu erreichen.

Ich weiß, dass die Freude über meine Rückkehr [...] bei Euch groß sein wird. Hoffentlich gibt´s für mich keine Enttäuschung; diesmal wär´s mein Ende. Und ich will ja auch nichts mehr, als wie ein Künstler, ein freier Schriftsteller arbeiten und leben zu können, hingehen zu können, wohin ich will und muß, ohne dass mich griesgrämige Gesichter entlassen und empfangen. Um das leisten zu können, was ich noch vorhabe, brauche ich Ruhe und nochmals Ruhe, frohe Gesichter und nur Freude und Sonnenschein. Ich lebe heute wirklich ganz zurückgezogen und für mich allein; niemand besucht mich und zu einem Besuch zu anderen kann ich mich nicht aufraffen; trotzdem bin ich zufrieden und glücklich, weil mich niemand stört und ärgert und mir die Ohren volljammert. Wenn ich das alles haben kann bzw.

nicht zu haben brauche, dann kann ich aus einer gemeinsamen Haushaltsführung nur Angenehmes an Betreuung, Verpflegung usw. haben. [...] Ich will alles versuchen, würde aber vor einer neuen Trennung dieses Mal auch nicht eine Sekunde zurückschrecken, weil ich heute erst weiß, was zufriedenstellendes Leben heißt und wie von einem solchen der ganze Arbeitserfolg abhängt. [...] Ich will es noch einmal versuchen; und Ihr wisst, was ich will und was ich brauche. [...] Deine mir übergebenen Glaswaren existieren noch. Sie sind noch bei Wölkes, weil Inge Wölke sie wegen dem Gedränge in der Bahn noch immer nicht mitzubringen wagte. Auch mein Radioapparat ist noch dort. Den Flügel habe ich nicht hier in der Wohnung; er allein ist noch in Finkenkrug,[72] also wohl erhalten. Noch gibt's keine Flügeltransporte, sonst wäre er schon hier. Die Teilhaberin[73] bekomme ich bestimmt aus (dem) Verlag heraus. Aber – aber. Nach den neuesten Veröffentlichungen scheint alles Geld auf den Banken für immer gesperrt zu bleiben. Ein Verlag ohne Geld? Doch kommt Zeit, kommt Rat.

[...] Nun noch zum Verlag: Er ruht noch. Die alten Bücher kann ich nicht neu auflegen, weil für Gesellschaftsroman heute kein Papier, und andere Manuskripte habe ich zur Zeit nicht. *Wegen dem Geldmangel hatte ich ursprünglich weniger Mut, mit Verlag neu anzufangen, bevor Du deswegen schriebst. Ich wollte nur noch schriftstellern.* Du allein zwingst trotz aller Energie und allem Unternehmungsgeist den Verlag nicht, weil Dir die rein kaufmännischen Kenntnisse fehlen. Alles wäre leichter, wenn Werner da wäre und mitmachen würde.[74] [...] Zu Zweit und mit meinem Rat geht's schon anders und besser. Ich traue und mute Dir viel, sehr viel zu; aber mit Mut allein ist auch nichts gemacht. Genehmigungen irgendwelcher Art brauchtest Du heute nicht. Der alte Krempel ist Gott sei Dank fort! Wenn mir einer garantieren würde, dass ich noch fünf Jahre lebe, dann würde ich die Verlagssache rosiger ansehen. [...] In Brief 6 schreibst von Rückkehr des Instituts nach Berlin. Ich halte Lehrberuf besser als Institut; auch im Falle meines Ablebens, womit ja immer gerechnet werden muß in dem Alter. [...]"

17. November 1945:
„[...] Es ist heute mal wieder alles so wundervoll still, dass man seinen Gedanken richtig freien Lauf lassen kann. Du wirst staunen, was aus „Sieg der toten Augen" geworden ist. [...]"

18. November 1945:
„Seit gestern Abend – meine Wirtin ist zurückgekehrt – habe ich wieder alte Akten zum Heizen bekommen. Die Zimmertemperatur ist von 8° auf 10° gestiegen; aber in der Nähe des kleinen Ofens, eines sogenannten Allesfressers, ist es wärmer. Da ziehe ich dann mit Papier und Bleistift vor den Ofen mit der großen Stehlampe. [...]"

(Fortsetzung):

„Es ist Sonntag früh. Und bevor ich an meine Arbeit gehe, will ich, wie gestern geschrieben, zu dem Problem Verlag – Lehrtätigkeit Stellung nehmen und zwar nüchtern und sachlich.

1. Möglichkeit: Ich fange den Verlag an, nur um schnellstens für Dich ein berufliches Unterkommen und eine Verdienstmöglichkeit zu schaffen. Eine Einnahmequelle bietet der Verlag im Augenblick nicht, aber auch gar nicht. Die bisherigen Bücher neu aufzulegen, für später sehr gut, im Augenblick nicht möglich; denn für Unpolitisches, für Gesellschaftsromane, für reines Unterhaltungsschrifttum liefern die Besatzungsarmeen kein Papier, und eigene Bestände gibt es nicht. Wir müssten also, um Papier zu bekommen, reine Politik in billiger Broschürenform bringen oder billige Schulausgaben von alten Klassikern, an beiden Dingen nichts zu verdienen, dafür aber die Gefahr, dass diese Sachen aus irgend einem Grunde von irgend einer Behörde angehalten werden; also Verlust anstatt Verdienst. Außerdem ist der Name des Verlages durch derartiges Schrifttum dahin. So geht es also nicht, wenn man nicht an den Augenblick, sondern an die Zukunft denkt.

Ich hatte daher folgenden Plan, den ich mit aller Energie und größtem Fanatismus verfolge: Ich muß mir so schnell als möglich bei den Besatzungsmächten und bei den deutschen regierenden Stellen einen Namen machen als Schriftsteller. Da Romane heute nicht gedruckt werden, bleibt nur die Bühne. Anerkennung der Deutschen Kulturstelle habe ich. Mit „Sonne in ewiger Nacht" mit seiner pazifistischen Tendenz hoffe ich nicht nur deutsche, sondern auch internationale Anerkennung zu finden. Ich ringe also um diesen Stoff, um dieses Stück Tag und Nacht; denn diese Arbeit soll und muß mir alle Wege öffnen durch seine Aufführung. Wird es mit Erfolg aufgeführt, bekomme ich auch die Genehmigung, es drucken zu lassen. Da ich Inhaber eines Verlages bin, wird man meinem Verlag die Genehmigung zur Arbeit geben. Da ich aber gleichzeitig mit dem Schauspiel „Die Schuld" an die Öffentlichkeit treten will, soll dieses ein zweiter Erfolg werden. Daneben sollen die beiden Schwänke zur Aufführung gelangen.[75] Und einige lyrische Sachen sollen auch veröffentlicht werden, vielleicht auch ein bis zwei Erzählungen. Glückt das alles, woran ich keine Minute zweifle (weil ich eben schufte und arbeite), so habe ich den Namen, den ich brauche; und niemand wird etwas dagegen haben, wenn ich den Verlag wieder eröffne. Und das Geld, das nötig ist, habe ich ja durch die Aufführungen verdient. Daß es alles so kommt, weiß ich; ich kann nur nicht sagen, ob das schon in 2 oder 3 Monaten [...] so weit ist; weil ich ja auch nach Fertigstellung der Stücke nicht weiß, <u>wann</u> die Bühnen für die Stücke frei sind. Da spielen ja so viele Momente mit, hauptsächlich Besetzung der Rollen mit richtigen Leuten, die frei sein müssen. Laufen die Stücke, ist meine Zeitschrift ein Kinderspiel; ja ich würde dann selbst mit meinem Namen als Herausgeber zeichnen; und (im) Verlag säßest Du bzw. Werner. So weit mein Plan. Du wirst einsehen, wie gut er bis ins Einzelne durchdacht ist; aber einen Punkt kann ich nicht fixieren: den Zeitpunkt für die Aufführung der Stücke, d.h. die Schaffung meines „Namens“. Und vorher ist es sehr, sehr schwer, Genehmigung zu erhalten (oder nur für politische Kleinigkeiten), Geld zu beschaffen, Manuskripte zu besorgen, Ausweis für Eignung als Herausgeber meiner Zeitschrift (und so weiter und so weiter). Alles ist zu erreichen und wird erreicht, aber ich darf nicht zur Eile getrieben werden; denn Kunstwerke, Werke von Dauer, die mir einen Namen machen sollen, lassen sich nicht in der Hetze schaffen. Dazu brauche ich Zeit und einen sorgenfreien Kopf. Und beides hätte ich, wenn die 2. Möglichkeit infrage gezogen wird. Du versuchst Lehrgenehmigung für höhere Lehranstalt zu erreichen; kannst dann, ausgestattet mit allen Genehmigungen bald nach Berlin zurück, wir sind alle zusammen; Du verdienst vom ersten Tage an, hast Zeit zum Warten auf den Verlag und ich Zeit zum Schaffen der Vorbedingungen, kannst an meiner Arbeit Anteil nehmen, mir helfen in Deiner freien Zeit, wir können alles besprechen und den Verlag gemeinsam von klein an aufziehen mit Büchern, an denen wir Freude haben. So hast Du auch Zeit, von kleinen Anfängen an, das rein Geschäftliche Dir langsam anzueignen. Entweder werde ich als Schriftsteller so groß, dass Du es als Deine größte Pflicht ansehen würdest, mir zu helfen, oder der Verlag wird so groß, dass er Deine ganze Kraft erfordert; dann gibst in jedem der beiden Fälle den Lehrberuf wieder auf. Der Verlag soll Dein Ziel bleiben; der Weg, der dahin führt, könnte aber zur Beschleunigung und sicheren Fundierung die Lehrtätigkeit sein. Und ein Vater wäre glücklich, bis er sein Werk in die Hände seiner Tochter legen kann. Die Vorarbeiten und Vorbereitungen sind für Deine beiden Berufe dieselben: Sprachen, Stenographie, Literatur! Über den Lehrberuf ist Deine Rückkehr mit Mutti eine Kleinigkeit. Die Schulbehörde selbst würde alle notwendigen Einreisebestätigungen schnellstens besorgen. Und was, liebe Lilo, willst Du noch mehr? Du kommst auf legalem Wege nach Berlin, bist bald bei Deinem Vater und kannst ihm helfen, ohne ihm wegen des Verdienstes Kopfschmerzen zu machen. Den Verlag befreie ich von der Teilhaberin und laß Dich sofort als Teilhaberin eintragen, auch neben Deiner Lehrtätigkeit. Das wird noch vorher gemacht, damit die Schulbehörde nicht Einspruch erheben kann. Ich glaube, liebe Lilo, es gibt nur einen Weg, nur ein Ziel: Über die Lehrtätigkeit nach Berlin zum Verlag. [...] Ich glaube, jetzt ist alles ganz klar; und Du hast jetzt das Wort zu Deiner Entscheidung.

Heute früh las ich nochmals alle Deine gestern erhaltenen Briefe durch. [...] Wie Du schreibst, [...] bestände die Möglichkeit, dass das Institut geschlossen nach hier geht. [...] Die geschlossene Rückkehr mit dem Institut nach Berlin wäre mir am sympatischsten. Aber laß Dich dort nicht überreden, nur zu Verhandlungen nach hier zu gehen und dann wieder zur Berichterstattung zurück. Das sollen die Männer machen; Frauen haben auf diesen heimlichen Wegen mehr zu verlieren als nur die Brieftasche!! [...]“

23. November 1945:
„[...] Auf Friedhof ist für Totensonntag alles wieder wundervoll. Beide Gräber [76] dicht mit Tanne zugedeckt, außerdem 2 große Kränze. Sonntag früh fahre ich zu meines Vaters Grab[77] mit 2 Sträußen, die ich heute mitbrachte und die auf „meinem" Balkon liegen."

26. November 1945:
„[...] Nun fragst Du nach Wörterbüchern. Liebe Lilo, Monate hat es gedauert, bis ich für mich folgende Wörterbücher besorgen konnte: Lateinisch – Deutsch, Altgriechisch – Deutsch und Italienisch – Deutsch. Diese Bücher brauche ich für meine philosophischen Werke. Bisher war es mir noch nicht möglich, trotz mancher guten Beziehung, Englisch – Deutsch und Französisch – Deutsch zu besorgen, weil diese Sprachen bezw. ihre Wörterbücher in Berlin jetzt zu sehr getrieben bezw. gebraucht werden. Ich bleibe aber weiter darum bemüht.

In Deinem Brief Nr. 12 schreibst Du nun wegen einem kleinen Heizkörper. Wir haben hier 220 Volt in Schöneberg, aber Gleichstrom (nicht Wechselstrom), deshalb kann ich auch meinen Radioapparat nicht gebrauchen. Kannst Du einen Gleichrichter beschaffen? Da wir ab 1.12. mehr Strom verbrauchen dürfen, würde ich mich über einen derartigen Heizkörper sehr freuen; denn er könnte doch wenigstens dazu dienen, mir hin und wieder wenigstens die Finger aufzuwärmen, damit ich weiter schreiben kann. Ich sage Dir schon jetzt vielen Dank, dass Du mir auf diese Weise helfen willst. [...] Diesem Brief füge ich wieder 5 RM bei für Portoauslagen. Außerdem eine in der Nacht zum Totensonntag entstandene lyrische Arbeit „Fest der Toten". Mir geht es nicht nur gut, sondern sogar von Tag zu Tag besser; hoffentlich zeigt sich jetzt auch bald der erste Arbeitserfolg."

Gedicht, entstanden in der Nacht vom 24. zum 25. November 1945 (Totensonntag):

„Fest der Toten"

„Mitternachtsstunde!
Der Tag der Toten beginnt.
Ruhig ist es und still um mich,
und doch bin ich nicht allein!

Ich schmückte nicht nur ihre Gräber,
Auch ihre Bilder sind mit Tanne bekränzt;
Ist doch heute ihr Feiertag,
sind sie doch heute alle bei mir.

Alle, um die ich einst weinte,
als sie schieden von dieser Welt,
sind in dieser Mitternachtsstunde bei mir,
schauen mich an und lächeln.

Ja sie lächeln, lächeln vor Freude,
dass ich täglich ihrer gedenke,
dass ich glaube an sie, dass sie mein Stolz geblieben,
dass ich erflehe täglich neu ihren Segen.

Sie allein sind es, die mich führen und leiten,
die mir zur rechten Zeit geben die rechten Gedanken,
die mich verließen, um bei mir zu sein,
um für immer bei mir zu bleiben.

Vater, Mutter und Wolfgang, Du,
ich habe Euch nicht verloren.
Ich glaube an Euer Weiterbestehn,
an ein Wirken um mich und in mir.

Verlasst mich nie;
Denn nur mit Euch kann ich leben,
leben für die, die mich noch brauchen und lieben,
denen ich das bin, was Ihr mir seid.

Mitternachtsstunde!
Vater, Mutter und Wolfgang, Du!
Haltet Feierstunde mit mir bei brennenden Kerzen
Und lasst uns gedenken der in der Ferne.

Behütet auch sie,
bis sie heimgekehrt sind zu mir,
heimgekehrt sind auch zu Euch,
heimgekehrt sind zu neuem Lebensbeginn.

Mitternachtsstunde!
Kerzenschimmer!
Tannengeschmückte Bilder der Toten!
Feierstunde der Seligen!“

1. Dezember 1945:
„Ich sitze mitten im III. Akt von „Sonne in ewiger Nacht" und da gönne ich mir kaum eine Atempause. Trotzdem, wenigstens im Telegrammstil ein Brief an Dich. [...] Deine Erfolge im Englischen in Bezug auf die geglückte Übersetzung des Spruches sind wirklich gut. Nur arbeite nicht zu viel; denn Berlin wird viel Kraft brauchen, deshalb nun meine Bitte: Sammle an Kräften so viel Du kannst; hier gibt´s nichts zuzusetzen. [...] Meine Stimmung soll dadurch etwas gehoben werden, dass ich hoffe, zum letzten Mal Weihnachten allein sein zu müssen. [...] *Ein Satz aus Deinem Brief hat mich besonders gefreut: „Man muß immer Augen haben für das, was man hat, und nicht für das, was man nicht hat." Das ist meine Philosophie der Zufriedenheit, die ich immer gepredigt habe; denn in ihr allein liegt alles Lebensglück.* Wenn Ihr mit solchen Gedanken zurückkehrt, muß mein Alter nochmal schön werden. Wegen meiner Lyrik schrieb ich Dir schon. Wenn ich sie meinen Bekannten vorlas, gab es meistens Tränen. Also blieb die Wirkung nicht aus. Jetzt ist der Zeitpunkt gekommen, wo Du an meinen Arbeiten Anteil nimmst; und das ist eine große Freude für mich. Ich werde hoffentlich noch viel schaffen; und Du wirst noch viel Freude daran haben, und, so Gott will, auch noch mal stolz darauf sein und vielleicht auch noch mal einen Nutzen daraus haben! [...] Aber zunächst muß ich meine zwei Schauspiele abgeliefert haben; denn davon hängt für uns alle sehr viel ab, nämlich Zeitschrift und dann auch Verlag. Auf den Heizkörper freue ich mich schon sehr. Wenn es durchführbar ist, hätte ja gerne einen Trockengleichrichter gehabt für mein Radio. [...] Meine Wirtin ist noch immer fabelhaft. Wenn sie so bleibt, könnt Ihr bis zum Frühjahr ohne Sorge um mich sein. [...]"

6. Dezember 1945:
„Eigentlich kann ich es gar nicht verantworten, schon wieder einen langen Brief zu schreiben; denn die Arbeit liegt in Massen um mich herum, denn um den 1. herum habe ich sehr viel mit der Hausverwaltung zu tun[78]. Heute aber trafen ein: Briefe Nr. 17 u. 18 und Päckchen L, M, N und O. Und da war die Freude so groß, dass ich wenigstens kurz schreiben will. [...] Am Sonntag werde ich selbst den Heizkörper zusammen bauen, denn da bin ich allein, und es merkt niemand, wenn ich vielleicht die Sicherung durchhaue. Vielen Dank für die viele Arbeit, die Du Dir damit gemacht hast. Wie ich Dir schon schrieb, hat mir die Kammer eine Bescheinigung angeboten, so dass ich jetzt etwas mehr Strom verbrauchen darf. [...] Hier in Berlin gibt es noch keine Eilboten-Bestellung; also spare die Kosten. Wegen dem Bindfaden hast schon recht; nicht nur bei den ersten Päckchen, sondern stets geht er ganz in kleine Stücke vor --- Neugier und Freude. Von dem Papier, Akten, die mir meine Wirtin zum Verheizen gibt, sammele ich aber den Friedensbindfaden, mit dem die Akten verschnürt sind, und sende ihn ein. [...] Ich sende diese Woche noch einen Durchschlag ab von der neuen Fassung „Sonne in ewiger Nacht", dem früheren „Mag der Tote lügen". Das sollt Ihr Drei[79] aber erst zu Weihnachten lesen.

An verschiedenen Stellen werde ich noch die Sprache etwas ändern; aber von den bühnenfertigen Exemplaren kann ich dann keins mehr abgeben. Hoffentlich habt Ihr Freude dran; denn verschiedene Stellen sind so gut, dass sie mir sogar selbst gefallen. Am besten, jemand von Euch liest mehrere Auftritte erst einmal allein und dann laut [...] Derartige Sachen verlangen eben etwas, oft sogar viel Pathos. Die Regieanweisungen müssen leise und ohne jede Betonung gelesen werden. Erst wenn Ihr es so lest, wird die Wirkung da sein. Wenn ich daraus vorlese, sind immer noch Tränen geflossen. Wenn Du mich wegen meiner Arbeiten beruhigen willst, so ist das schon gut gemeint. Ich muß aber bald zu einem Erfolg und damit zu einem Verdienst kommen; denn den brauche ich sehr bald, weil hier noch [...] alle Konten gesperrt sind. [...] Übrigens gehen mir jetzt die Haare so sehr aus, dass Du wohl nicht nur einen sehr gealterten sondern auch einen kahlköpfigen Vater vorfinden wirst, aber einen, der den Kopf voller schriftstellerischer Pläne hat und fanatisch arbeitet, um einen Erfolg zu erringen. [...]“

20. Dezember 1945:
„[...] Wenn Mutti jetzt wirkliches Verständnis für mich, für meine schöpferische Arbeit usw. haben wird, dann ist es schon alles ganz gut so. Und wenn Du noch eine Lehrtätigkeit zugewiesen bekommst, ganz gleich wo [...] und wir können dann in Deiner freien Zeit noch gemeinsam arbeiten, dann können wir schon zufrieden und glücklich sein. [...] Morgen gehe ich zum Friedhof und bringe auch gleich meinen Weihnachtsbaum (Baum im Topf) mit. Am Heiligabend vormittags gehe ich nochmals zu Wolfgang und am 1. Feiertag zu meines Vaters Grab. [...]“

30. Dezember 1945:
„Ich habe meinen Abendbrottisch abgetragen, und bevor ich an meine Arbeit gehe (ich verbessere noch immer am 3. Akt von „Die Schuld“, weil er mir noch immer nicht genügt; denn *„sei mit allem zufrieden, nur mit Dir selbst nicht; erst dann wirst Du glücklich sein“,* schrieb ich einmal in mein Skizzenbuch), will ich Dir noch schnell ein paar Zeilen schreiben, damit mein Sylvesterbrief nur für meine Sylvestergedanken frei bleibt. Das Abendessen war köstlich, war es doch rein „schwarzenfeldisch“: Brot, Butter …, Wurst, Käse, alles von Euch. Heute Mittag gab es Haferflockensuppe auch aus Schwarzenfeld. Soll ich da nicht zufrieden sein? Ich muß es, obwohl es heute bei mir gar nicht geheizt ist, aber zum Verfrieren ist es auch nicht. [...] Daß Du mit Englisch und Französisch jetzt eine Pause machen musst, ist mir sehr recht; denn es ist mit meinen Briefen, d. h. mit Deinen Briefen an mich schon sowieso viel Zeit verbunden. [...] Daß Werner sich gar nicht meldet! Aber Du kennst ihn ja. Zu solchen Dingen lässt er sich eben Zeit. Ich bin der festen Ansicht, es geht ihm gut. Es ist durchaus möglich, dass er Deine Anschrift nicht hat; denn viele, viele haben alle ihre Papiere verloren. Nun muß ich aber Schluß machen; denn die Arbeit ruft furchtbar. Der III. Akt muß noch im alten Jahr

bühnenreif werden. Frl. Wölke macht schon Reinschrift vom I. Akt, eine Copie für Dich auch. Aber dieses Stück muß mit echter Schauspieler-Sprache vorgelesen werden. Selbst lesen ist halber Genuß. Den ersten Akt hat schon ein Herr von der Kammer gelesen; er beurteilte ihn als philosophische Abhandlung; rechtlich ist er so verzwickt, dass ich sogar meinen Anwalt befragen mußte. Der genaue Titel ist: „Die Schuld. Ein Spiel um Sünde, Lüge, Liebe". Der I. Akt: die „Sünde", der II. die „Lüge", der III. die „Liebe". Die Entstehungsgeschichte schreibe ich noch; ich erhielt Anregung dazu durch eine Frau Wilke, die zu Frau Wölke kam und in meiner Gegenwart eine Begebenheit aus ihrer Verwandtschaft erzählte. Kaum war die Frau fort, sprang ich auf und schrieb den I. Akt herunter, zunächst als „Einakter"; später folgten die 2 weiteren rein konstruierten Akte. So, jetzt seid Ihr neugierig. Das Stück ist sehr frei und für ganz modernes Theater bestimmt, von A-Z ernst gestimmt."

31. Dezember 1945:
„Liebe Dora, liebe Lieselott!

[...] Vor mir auf dem kleinen runden Tisch am jetzt noch kalten Ofen steht noch mein kleines Weihnachtsbäumchen, darunter die Bilder und 3 Kerzen. Vor 24 Uhr werden die dann angezündet. Und nun zum alten Jahr. Was gibt es da viel zu sagen. Es war ein furchtbares Erleben. Und doch können wir zufrieden sein; denn alle leben wir. Das ist wie ein Wunder. Und dazu haben wir noch die Hoffnung auf ein nicht allzu fernes Wiedersehen. [...] Und für das neue Jahr? Ein großes Fragezeichen liegt vor uns. Gewiss ist uns nur, dass wir alles verloren haben, dass wir arm geworden sind an irdischen Gütern. Aber wir sind noch immer reich an Kräften, die in uns wohnen, die uns den Willen und die Freude zur Arbeit geben und damit zum neuen Anfang. Ich selbst weiß für mich, dass ich schweren Zeiten entgegen gehe, wenn ich Schriftsteller bleiben will. Und das ist mein größter Wunsch. Gern will ich vieles entbehren, um zu einem Erfolg zu kommen. Heute früh um 3 Uhr habe ich „Die Schuld" beendet. Und um 12 Uhr heute Nacht will ich mit einem neuen Schauspiel beginnen. Mit Arbeit, mit einem neuen Bühnenwerk will ich das neue Jahr beginnen. Möge ich geistig und körperlich auch die schwerste Arbeit überstehen, bis der Erfolg kommt, an dem in erster Linie Ihr Freude haben sollt. Ich weiß, ich werde es im neuen Jahr sehr, sehr schwer haben; aber ich gehe voller Hoffnung und Zuversicht ins neue Jahr. Mein „Dennoch" und mein „Ich will" sollen mir in allen Lebenslagen voranleuchten. Und Wolfgang wird mich führen und meine Arbeit segnen: Und das gibt mir Kraft und Hoffnung.

Dir, liebe Dora, wünsche ich für das neue Jahr eine glückliche Heimkehr und viel, sehr viel Verständnis zu meiner Arbeit. Ferner Gesundheit, viel Ausdauer und Zufriedenheit, damit Du für uns alle sorgen kannst, was heute nicht leicht ist.

Dir, liebe Lilo, wünsche ich ebenfalls eine glückliche Rückkehr nach Berlin und in ein wieder gewonnenes Elternhaus, wenn es auch am Anfang sehr bescheiden sein wird. Es soll Dir aber Freude geben und Kraft zu Deinem neuen Beruf, den ich Dir von ganzem Herzen wünsche und den Du bei bester Gesundheit recht bald ausüben mögest. Und dann sollst Du in der Arbeit mit mir und für mich viel Freude und Befriedigung finden. Und schließlich? Daß Dein Werner recht bald den Weg zu Dir finden möge.

So wollen wir alle zusammen im Glauben an Wolfgang das neue Jahr beginnen. Es muß trotz aller schweren Arbeit schön werden. Es muß! *Nicht das Leben meistert uns, wir müssen es meistern.* [...] Möge das neue Jahr uns Dreien den lang ersehnten häuslichen Frieden bringen. Und nun den letzten Gruß im alten Jahr. Es war doch schön, denn es hat uns den Weg zum gemeinsamen Anfang gewiesen. Euer Vater"

14. Januar 1946:
„[...] Aber der 14. gehört mit seinen 2 * 7 eben zu meinen Glückstagen. Und so auch heute. [...] fuhr erst mal zu meinem Buchbinder Nähe Nollendorfplatz. Am Mittwoch ist „Die Schuld" gebunden; geht dann an Dich ab. Dann zu meinem Papierhändler, Bülowstr., [...] Vor der Rückfahrt zum Volksbildungswerk. Übergab meinem Betreuer, der mich strahlend empfing, [...] „Sonne in ewiger Nacht". In 10 Tagen will er und die Theaterstelle das Stück gelesen haben [...] Hoffentlich fällt die Kritik gut aus. [...] Dann wollte ich dem Musik- und Theaterverein Schöneberg-Friedenau (Schöneberg und Friedenau gehören jetzt zu einem Bezirk) beitreten und sagte ihm das. Da führt mich dieser Mann zu einem ganz anderen Herrn, dem Leiter von „Neues Leben" (die neue Jugendbewegung mit gleichlautender Zeitschrift), stellt mich dort als Dramatiker vor, sehr talentiert und begabt, dessen Bühnenstücke anerkannt werden. Und dann verabschiedet er sich. Nun hat man mich für diese Sache geworben, man erwartet von mir zeitgemäße Bühnenstücke vom Ein- bis Dreiakter, die gespielt werden sollen. Ich kann wenn ich will, meine Stücke dort erst mal unter irgend einem anderen Künstlernamen durch wirklich erstklassige Laienbühnen, die für die Öffentlichkeit spielen, aufführen lassen, um sie selbst zu prüfen auf ihre Wirksamkeit. Gefallen die Stücke, so gehen sie unter meinem Namen oder Künstlernamen[80] an die Öffentlichen Bühnen. Ich kann dann noch ändern, was ich will. Sie beginnen ihren ersten Abend mit einem Einakter von einem sehr bekannten Berliner Dramatiker, dessen Namen ich zunächst nicht nennen soll; deshalb verschweige ich ihn auch in diesem Brief. Ich versprach den Herren meine Mitarbeit und ein neues Lustspiel „Die Frau Baronin", das die Aufteilung der großen Güter behandelt. Wenn ich mir die Kritik über „Sonne in ewiger Nacht" hole, habe ich versprochen, wieder zu den Herren zu gehen, weil einer von ihnen heute nicht zugegen war. Mir war warm geworden, und sehr, sehr zufrieden zog ich zum Postamt, wo ich den gestrigen Brief an Dich aufgab. [...] Du siehst, liebe Lilo, wenn man wirklich arbeitet, muß eines schönen Tages doch der Erfolg kommen. Und es fängt schon an; denn die Mitarbeit an „Neues Leben", vom Magistrat, also von der

Regierung unterstützt, ist mir sehr wertvoll. Habe ich die „Sturmvögel" im ersten Entwurf fertig, dann schreib ich sofort „Die Frau Baronin" [...] Die Leute sollen sehen, daß ich wirklich Dramatiker bin. Ich werde und muß es erreichen. Glaubst Du nicht auch?

Wenn Ihr nur erst hier wärt, daß ich mich um die „Wirtschaft" nicht so sehr zu kümmern brauchte. Übrigens, ehe ich es vergesse, Euere beigepackten Sachen sind gut angekommen und ordentlich aufbewahrt. Nun ist es aber genug; denn mein Köppchen soll noch etwas rauchen. [...]

Sagt mal, was eßt Ihr eigentlich, wenn Ihr mir alles herschickt? Ich soll Euch wohl pflegen, wenn Ihr schwach und wacklich hierher zurückkommt? Meine Sorgen um Eure Verpflegung werden jetzt bestimmt größer als die um mein Sattwerden."

17. Januar 1946:
„[...] Anbei mein Schwank „Moralin" in letzter Fassung, zum Lesen für Euch und Vorlesen für Eure Freunde. Stück von Kammer groß anerkannt. [...] Anbei „Die Schuld". Und ich bitte um milde Beurteilung. Mit Nr. 37 sandte ich „Moralin" als Gegenstück und als Beweis, was man aus einer kleinen Erzählung machen kann; denn die Kernidee zu Moralin gab Mutti von ihren Kölner Verwandten. [...] Hoffentlich hast Du mit Deinen Nachforschungen nach Werner Glück. Das wünsche ich Dir von Herzen."

19. Januar 1946:
„[...] Die letzten Päckchen sind also nur 5 Tage gegangen. Ist das nicht eine postalische Leistung? Deine Bluse und Kleid hängen auf Bügeln im Schrank. Alles andere wird sorgfältig aufbewahrt. Herzlichen Dank für das für mich Bestimmte. Daß Ihr schon so für später vorsorgt, finde ich großartig. Körperlich geht´s mir gut; nur die Nervenkraft nimmt etwas ab. Habe aber auf dem von mir verwalteten Grundstück eine Apothekenbesitzerin (früher Gumbinnen), 69 Jahre alt; die richtet jetzt wieder Apotheke ein; sie hat mir alles zugesagt, was sie beschaffen kann, sobald Apotheke geöffnet ist. Sie schenkte mir letzthin 1000 gr. Brotmarken; am Dienstag bin ich wieder auf dem Grundstücke, da soll ich hinkommen, sie bewahrt für mich Milch auf; die soll ich heiß trinken, weil ich immer so verfroren nach Mariendorf komme. Es gibt doch noch treue Seelen auch unter fremden Menschen. Wenn nur mal hin und wieder ein paar Zigaretten zu bekommen wären. *Tee kann ich nicht mehr rauchen, bekomme danach Magenschmerzen.* So rauche ich oft mehrere Tage hintereinander nicht eine Zigarette. So könnte ich sie schon entbehren; nur bei meiner Nachtarbeit fehlt sie mir sehr. [...]"

Die Möglichkeit, dass die Tochter nach München ginge, lässt Walter Herforth um seine Pläne fürchten. Nach dem folgenden, etwas gereizten, Brief des Vaters bleibt Lieselott Herforth wohl kaum etwas anderes, als nach Berlin zurückzukehren.

6. Februar 1946:
„[...] Du schreibst, Du gehst am 16. II. auf Urlaub. Ja, steht es denn schon fest, dass Du aufhörst, weil Du nach München gehen (wirst)? Da habe ich mir wohl gestern alle Arbeit umsonst mit Deinen Briefentwürfen gemacht? Also von meinem Kammerspiel „Die Schuld“ bist Du noch immer so begeistert. Sag′ mal, Du schreibst, daß „alle unsere Freunde“ gerührt waren und daß Du noch niemanden gefunden hast, der damit zufrieden gewesen wäre, zwischen den einzelnen Akten kleine Pausen zu machen. Ja wie vielen Leuten oder Menschen hast Du denn das Stück vorgelesen? Und wievielmal hast Du es denn schon vorgelesen? Kannst es schon bald auswendig? Gestern um 1/2 6 Uhr kam eine Buchhändlerin zu mir, die ich besonders als Zeuge (politisch) gegen die Großer[81] brauche. Ihre Bahn (die letzte übrigens) ging um 1/2 9. Um 3/4 8 bat sie mich, doch noch etwas vorzulesen. Ich las den I. Akt von „Die Schuld“; nach dem I. Akt klappte ich das Buch zu, denn der Zug meiner Zuhörerin ging ja in wenigen Minuten. Die saß aber mit hochrotem Gesicht da und bat, daß ich weiterlesen sollte. Als ich alle drei Akte gelesen hatte, ging sie fast wortlos fort. Ihr Zug war auch fort, und sie musste zu Fuß laufen. Erfolg auf meiner Seite! Nun, Du hast für dieses Spiel größte Hoffnungen. Ich wünschte nur, Deine größten Hoffnungen würden zu größten Erfolgen. Du fragst nach „Die Sturmvögel“. Ja, liebe Lilo! Die liegen fest und rühren sich nicht; denn 1.) hatte ich zuviel mit der Verwaltung zu tun und 2.) scheine ich im Augenblick etwas zu versagen. Eigentlich wollte ich Dir ja noch nichts schreiben; aber ich kam heute dazu, wie Frl. Wölke dabei war, Dir zu schreiben, denn sie sieht auch, daß ich langsam wieder körperlich weniger werde, und dadurch meine Nerven sehr angegriffen. Da ich Dir versprochen hatte, Dir zu schreiben, muß ich schon Wort halten; denn Dein Schock wäre zu groß gewesen, wenn Du von Frl. Wölke Nachricht erhalten hättest. [...] Nun bekomme nur nicht gleich einen zu großen Schreck. Noch bin ich nicht zusammen gekracht; aber ich sehe seit 14 Tagen viel schlechter aus und nehme auch an Gewicht wieder ab, darunter leiden natürlich meine Nerven so, daß ich oft mehrmals am Tage Weinanfälle bekomme. Und woran fehlt es? Ich schrieb Dir schon, dass ich bis Ende März nicht eine Kartoffel mehr habe, was bedeutet, dass ich nicht im Lokal essen kann. Auf dem Kohlenherd kann ich nicht kochen, weil mir das Brennwerk dazu fehlt. Und an Gas dürfen wir drei getrennt wohnenden Personen zusammen täglich 0,530 qm verbrauchen. Das langt für mich zu morgens Kaffee, mittags eine Suppe und vielleicht abends noch zu Tee. Ich bin also viel auf kaltes Essen angewiesen. Und dazu fehlt mir alles. Hintenherum kann ich nichts kaufen, weil mir die Geldmittel dazu fehlen; denn man zahlt hier für 1 Brot 80-100 M, für ein Pfund Zucker 90-150 M, 1 Pfund Fleisch 150, 1 Pfund Butter rund 450, [...] Da kann ich nicht mit; denn ich verfüge über derartige Gelder nicht. Du wirst nun wissen wollen, was Du für mich tun kannst. Ich könnte dringend gebrauchen alles an künstlichen Stärkungsmitteln, was es gibt. Dann Brötchen (Roggenbrötchen), hin und wieder etwas Fett und mal etwas als Brotbelag. Wenn

Ihr aber nun denkt, Ihr könnt mir nun alles schicken, was Ihr Euch vom Munde absparen könnt, dann irrt Ihr, denn unter diesem Eindruck würde ich nichts essen können; ja ich würde es sicher fertig bekommen, haltbare Sachen bis zu Eurer Rückkehr aufzubewahren. Auf der anderen Seite möchte ich doch aber nicht zu sehr wanken, wenn Ihr zurückkommt; denn dann würdet Ihr sicher sehr traurig sein. Also schreibe ich, wie es um mich steht. Ich möchte nicht erst schreiben, wenn ich wieder soweit bin, wie ich schon einmal war. Aber, liebe Lilo, glaub es mir bitte bestimmt, noch halte ich mich sehr gut; es ist nur die große Angst davor, es könnte wieder schlechter werden. Und für meine Nerven, wenn irgendwie aufzutreiben, etwas Tabak. Tagelang nicht eine einzige Zigarette, und dann Dramen schreiben, ist einfach nicht möglich. Und an Annelie[82] möchte ich nicht mehr schreiben; das habe ich schon vorher getan und sie hat auch geschickt; aber ich glaube, sie hat auch nichts mehr. Ich lebe schon tagelang nur von Wassersuppen und trocken Brot. Ja nun weißt Du alles. Ich habe jetzt meine Pflicht getan; wenn mir dieser Brief auch sehr schwer gefallen ist. Aber ich möchte doch zu gerne durchhalten, bis Ihr kommt.

Für heute genug. Morgen schreibe ich mehr. Herzl. Grüße Euer Vater

(Fortsetzung desselben Briefes) Berlin, den 9.II.46

Liebe Lilo!

Den vorstehenden Brief hatte ich bis heute liegengelassen, weil ich es einfach nicht fertig bekam, ihn abzuschicken; denn immer wieder sah ich Euch im Geiste ratlos umherlaufen und nachsinnen, wie Ihr mir helfen könnt. Sicher hättet Ihr alles, was Ihr noch liegen hattet, eingepackt und mir hergeschickt. Und das wollte und durfte ich nicht zulassen, weil ich es hätte nicht verantworten können. Es hat sich nun die Lage etwas geändert. Heute wurde ich von einem Herrn, den ich schon 15 Jahre kenne, gefragt, ob ich nicht eine Schreibmaschine verkaufen wollte; davon ich habe doch zwei. Ich hätte sofort zugesagt, aber ich überlegte, was wir mit einer einzigen Maschine anfangen, [...]. Als ich nach Hause kam und Frl. Wölke von dem Angebot sagte und meinen Bedenken, gab das junge Menschenkind mir folgende Antwort: „Und was machen wir später mit zwei Maschinen, wenn Sie nicht mehr arbeitsfähig sind?“ Darauf konnte ich nur sagen: „Genau so würde meine Tochter auch antworten und entscheiden.“ Und so werde ich am Dienstag dem Herrn sagen, er könnte die Maschine haben; ich brauche sie noch bis Mittwoch, weil Frl. Wölke mitten in einem Manuskript ist und vor Mittwoch nicht fertig sein kann. Was ich für die Maschine bekommen soll, schreibe ich in einem anderen Brief. Du wirst, glaube ich, zufrieden sein; denn mein Nervenzustand zwang mich dazu. Auf der Fahrt zu dem Herrn bekam ich in der Straßenbahn wieder einen Weinanfall; und da mich alle Menschen dumm ansahen, bin ich ausgestiegen und mit der nächsten Bahn weitergefahren. Aber in der nächsten Woche wird das nun bestimmt anders werden, dann [...] werde ich mal 8 Tage Pause in meinem Schreiben eintreten lassen, dafür mal schlafen und auch spazieren gehen. Vom vorigen Sonntag bis heute bin ich nicht aus meiner Stube gekommen, weil ich zu allem noch große Schmerzen an meinem [...] Zeh hatte, so daß ich keine Schuhe anziehen konnte. Jetzt könnt Ihr also ohne Sorgen um mich sein, und wenn alles klappt, braucht Ihr für mich nur, wenn es Euch möglich ist, mal ein Stück Brot oder Roggenbrötchen schicken. Dann komme ich glänzend aus und auch wieder hoch. Ich verspreche Dir, daß ich Dir laufend berichten werde.

Inzwischen sind nun wieder angekommen: Päckchen Z, a, b, c. [...] Außerdem kam an Brief Nr. 49. Es fehlt also nur noch Brief 47. Für alles herzlichen, vielen herzlichen Dank. Das Brot war noch sehr gut; und die Butter kam zur rechten Zeit. Heute kam auch von Annelie ein kl(eines) Päckchen wieder mit etwas Tabak. Aber ohne Brief. Auch für Muttis Brief vielen Dank. Bitte übersetze oder laß übersetzen den beiliegenden russischen Zettel, den ich schon von August liegen habe. Ich hatte seiner Zeit auf Grund eines Aufrufes in der Zeitung den Verlag zum xten Male angemeldet. Da ich aber in der amerikanischen Zone wohne, nehme ich an, daß die russische Behörde als nicht zuständig sich nur gemeldet hat. Aber schicke mir Original und Übersetzung doch recht bald mal zurück.

Sonst nichts Neues. Der 2. Akt zu „Sturmvögel" ist nun auch fertig. Aber wie gesagt, jetzt mache ich erst mal eine Pause von 8 Tagen. Und nun zum Schluß nochmals die große Bitte: Macht Euch keine Sorgen um mich; ich halte durch. Und Ihr seht doch, ich tue alles, um mich gesund und bei Kräften zu erhalten, denn ich muß Euch gesund wiedersehen.

Erfüllt mir nur die eine Bitte, dass Ihr Euch keine Sorgen meinetwegen macht. Herzliche Grüße und herzlichen Dank Euer Vater"

6. INDUSTRIEPHYSIKERIN IN BERLIN-OBERSCHÖNEWEIDE

Mutter und Tochter kehrten Anfang März 1946 von Schwarzenfeld nach Berlin zurück. Lieselott Herforth wohnte 1946 zunächst in Berlin-Friedrichshagen, Fürstenwalder Damm 460, dann in Berlin-Schöneberg, Albertstraße 7.[83] Der Übertritt in den Schuldienst war vom Vater noch keinesfalls hinreichend vorbereitet worden. Lieselott Herforth erinnerte sich später, dass sie Hartmut Kallmann traf, der aber derzeit keine bezahlte Stelle – zum Promovieren – für sie hatte, sie aber mit seinen Empfehlungen in das Oberspreewerk in Berlin-Oberschöneweide schickte. Sie folgte Kallmanns Rat, musste sie doch, schon der Lebensmittelkarten wegen, dringend eine bezahlte Arbeit finden. Die Hoffnungen des Vaters auf einen Durchbruch als Schriftsteller hatten sich noch nicht erfüllt, ihr Einkommen war zum Unterhalt der Familie dringend erforderlich. Bereits am 1. April nahm sie die Tätigkeit als Industriephysikerin im Oberspreewerk auf, unter dem Direktor Dr. Steimel. Sie arbeitete in der Röhrenfertigung und war mit Entwicklungsarbeiten betraut. Bereits nach einem halben Jahr, zum 1. Sept. 1946, erhielt sie eine Gehaltserhöhung. Ende Dezember 1946 verließ sie das Werk, um zu promovieren.

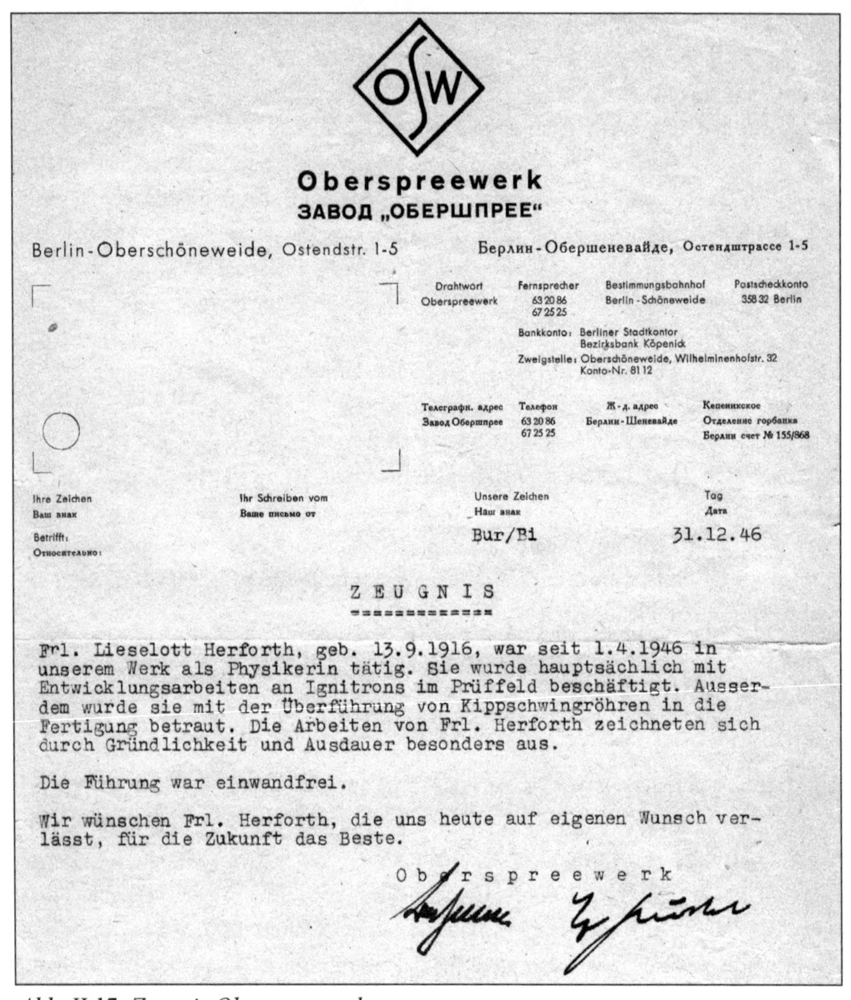

OSW

Oberspreewerk

ЗАВОД „ОБЕРШПРЕЕ"

Berlin-Oberschöneweide, Ostendstr. 1-5

Берлин-Обершеневайде, Остендштрассе 1-5

Drahtwort	Fernsprecher	Bestimmungsbahnhof	Postscheckkonto
Oberspreewerk	63 20 86 67 25 25	Berlin-Schöneweide	358 32 Berlin

Bankkonto: Berliner Stadtkontor
Bezirksbank Köpenick

Zweigstelle: Oberschöneweide, Wilhelminenhofstr. 32
Konto-Nr. 81 12

Телеграфн. адрес	Телефон	Ж-д. адрес	Кепеникское
Завод Обершпрее	63 20 86 67 25 25	Берлин-Шеневайде	Отделение горбанка Берлин счет № 155/868

Ihre Zeichen Ваш знак	Ihr Schreiben vom Ваше письмо от	Unsere Zeichen Наш знак	Tag Дата
		Bur/Bi	31.12.46

Betrifft:
Относительно:

Z E U G N I S

Frl. Lieselott Herforth, geb. 13.9.1916, war seit 1.4.1946 in unserem Werk als Physikerin tätig. Sie wurde hauptsächlich mit Entwicklungsarbeiten an Ignitrons im Prüffeld beschäftigt. Ausserdem wurde sie mit der Überführung von Kippschwingröhren in die Fertigung betraut. Die Arbeiten von Frl. Herforth zeichneten sich durch Gründlichkeit und Ausdauer besonders aus.

Die Führung war einwandfrei.

Wir wünschen Frl. Herforth, die uns heute auf eigenen Wunsch verlässt, für die Zukunft das Beste.

O b e r s p r e e w e r k

Abb. II.17: Zeugnis Oberspreewerk

Sie hatte gemeinsam mit den Eltern überrechnet, dass ihre finanziellen Rücklagen ausreichten, um eine unbezahlte Doktorandenstelle anzutreten, sie sich aber keinesfalls mehr als zwei Jahre Zeit bis zur Promotion leisten könne[84]. Seit Frühjahr 1947 war die neue, nun gemeinsame, Anschrift der Familie Herforth: Berlin-Lichterfelde-Ost, Jungfernstieg 12.[85] Im Januar 1947 schied Frau Lucie Großer aus der „offenen Handelsgesellschaft“ aus, „die Einzelfirma wird von Herrn Walther Herforth als alleinigem Inhaber betrieben“[86]. Zu dieser Zeit war die Anschrift von

Walter Herforth noch „Ebersstraße 78“. Lieselott Herforth wurde nicht als Gesellschafterin eingetragen. Der Verlag wurde offensichtlich nicht wiederbelebt; 1975 wurde er offiziell aus dem Handelsregister gestrichen.[87]

7. PROMOTION AM KWI FÜR PHYSIKALISCHE CHEMIE UND ELEKTROCHEMIE BERLIN-DAHLEM

Hartmut Kallmann, der Doktorvater[88]

Hartmut Kallmann (*5. Februar 1896 Berlin, †11. Juni 1976 München) hatte an der Univ. Berlin Chemie und Physik studiert, 1920 bei Max Planck promoviert und sich 1928 zum PD habilitiert[89]; seit 1920 arbeitete er am KWI für Physikalische Chemie und Elektrochemie in Berlin-Dahlem, wo er bald Abteilungsleiter und die rechte Hand des Direktors Fritz Haber wurde. 1929 gelang ihm gemeinsam mit Fritz London die quantenmechanische Beschreibung der Energieübertragung zwischen atomaren Systemen. Der Besuch internationaler wissenschaftlicher Tagungen hatte ihn nach Prag, Paris, Zürich geführt. Von der Rockefeller Foundation New York waren ihm Mittel zum Bau einer Hochspannungsanlage, die er für seine Versuche brauchte, zur Verfügung gestellt worden. Aufgrund des „Arierparagraphen“ des Gesetzes zur Wiederherstellung des Berufsbeamtentums vom 7. April 1933 verlor er seine Rechte als PD an der Universität und wurde im Herbst 1933 auch aus dem KWI entlassen. Angebote aus dem Ausland nahm er nicht an, da er gerade mit den Versuchen an der neuen Anlage begonnen hatte. Ein Angebot der IG Farben ermöglichte ihm, diese Versuche fortzusetzen. Besonders hervorzuheben ist das von ihm entwickelte Verfahren der „Neutronen-Radiographie“. Nach vorherigen Einschränkungen wurden ihm 1939 das völlige Publikationsverbot und die Einstellung seiner Forschungen auferlegt. Die Ausreise war nun nicht mehr möglich, da ihm bereits 1938 der Pass abgenommen worden war. Von Hause aus wohlhabend, hat er während der NS-Zeit sein Vermögen nahezu ganz eingebüßt. Der Lebensunterhalt seiner Familie wurde weitgehend durch einen Patent-Vertrag gesichert, den die IG Farben mit ihm abgeschlossen hatte. (Bei Kriegsende konnte er 76 Patente bzw. Patentanmeldungen vorweisen.) Seit 1925 war er mit Erika geb. Müller verheiratet, die „arisch“ war; das Ehepaar hatte drei Kinder. Nach dem Ende der NS-Zeit sagte Kallmann, dass er das Überleben einzig „der Umsicht und der Tapferkeit“ seiner Frau verdanke. Er wandte sich an die „Abwicklungsstelle des ehemaligen Reichsministeriums für Wissenschaft, Erziehung und Volksbildung“, die ihn für den Einsatz an einer der Berliner Hochschulen „in Erwägung“[90] zog. Am 21. Juli 1945 wurde er vom kommissarischen Rektor der TH Berlin, Georg Schnadel, „aufgrund des Gutachtens der Fakultät für Allgemeine Wissenschaften“ „mit der Abhaltung von Vorlesungen über das Fachgebiet Theoretische Physik" betraut, „unter der Voraussetzung, dass der Magistrat Berlin die Zustimmung erteilt"[91]. Im September 1945 wurde er „mit der Verwaltung des Lehrstuhls für theoretische Physik der Technischen Hochschule Berlin beauftragt"[92] (seit 1946 TU Berlin). Gleichzeitig kam er als Abteilungleiter an „sein" KWI zurück, das bis 1948 von Prof. Robert Havemann geleitet wurde.

Abb. II.18 a, b: „Diplomvater" Hans Geiger (l.) und Doktorvater Hartmut Kallmann

Lieselott Herforth als Promovendin von Hartmut Kallmann

Bereits am 1. Januar 1947 trat Lieselott Herforth als Doktorandin von Professor Hartmut Kallmann in das KWI für Physikalische Chemie und Elektrochemie Berlin-Dahlem ein; sie gehörte ihm bis zum 31. Januar 1949 an. Hartmut Kallmann arbeitete derzeit an der Entwicklung eines Szintillationszählers, in diesem Umfeld vergab er am KWI und an der TU Dissertationsthemen. Vor Lieselott Herforth standen zwei große Probleme: sie arbeitete (zunächst) ohne Bezahlung, – und: sie musste organische Chemie „büffeln". Hartmut Kallmann hatte ihr nämlich das Thema gestellt: „Fluoreszenz organischer Substanzen bei Anregung mit Alpha-, Beta-, Gamma-Strahlung".[93] Immanuel Broser, an der TU tätig, bearbeitete ganz entsprechend die anorganischen Substanzen. Auch Ruth Warminsky, Brosers spätere Frau, arbeitete an der TU Berlin und war Promovendin von Kallmann.[94] Nach drei, vier Monaten konnte Lieselott Herforth bereits kleinere Ergebnisse vorweisen, die ihr zu einem Stipendium verhalfen. Und nach größeren Erfolgen erhielt sie – ganz überraschend für sie – ein Gehalt, sie war dann bis zu ihrem Ausscheiden aus dem KWI dort als wissenschaftliche Mitarbeiterin (Magistratsangestellte) tätig.

Die welterste Publikation über die Anregung der Fluoreszenz von organischen Flüssigkeiten (konkret durch schnelle Elektronen) wurde von Lieselott Herforth und Hartmut Kallmann verfasst und erschien 1949 in den Annalen der Physik; den ersten Vortrag darüber hatte Kallmann aber schon 1947 gehalten, da lagen bereits die ersten Ergebnisse von L. Herforth vor.[95] Während ihrer Tätigkeit am KWI arbeitete Lieselott Herforth nicht nur an ihrer Dissertation. Sie griff auch Untersuchungen wieder auf, die sie 1943/44 bei Gerhard Hoffmann in Leipzig begonnen hatte, und fertigte daraus ihre erste Publikation: „Messung sehr geringer Ionisationen mit der Strömungsionisationskammer nach G. Hoffmann", erschienen in Annalen der Physik 1 (1947). Außerdem schrieb sie für das Chemische Zentralblatt Referate über kosmische Strahlung.

Das sich selbst gestellte zeitliche Limit für die Abgabe der Dissertation konnte Lieselott Herforth um ein Vierteljahr unterschreiten, bereits am 13. September 1948, ihrem 32. Geburtstag, reichte sie ihre Doktorarbeit ein. Sowohl Professor Kallmann als auch Professor Stranski als 2. Gutachter (bzw. „Berichter"), beurteilten die Dissertation mit „Sehr gut". In dem Gutachten Hartmut Kallmanns heißt es u. a.: „Die Arbeit bedeutet einen ganz wesentlichen Fortschritt auf dem Gebiete der Leuchtstofforschung.

1. Die Arbeit zeigt, dass auch organische Leuchtstoffe im Gegensatz zu der bisher üblichen Auffassung bei Erregung durch Korpuskularstrahlen sehr erhebliche Lichtausbeuten aufweisen, die durchaus vergleichbar sind mit den Lichtausbeuten der bekannten anorganischen Leuchtstoffe.
2. Die Arbeit liefert uns die Kenntnis von dem Elementarprozess der Lichtanregung. Es handelt sich hier im Gegensatz zu den meisten anorganischen Leuchtstoffen um Prozesse, die in außerordentlich kurzer Zeit vor sich gehen.
3. Die Arbeit zeigt uns, dass die Lichtausbeute ganz wesentlich von den äußeren Bedingungen abhängt. Während im kristallinen Zustand eine sehr hohe Lichtausbeute vorhanden ist, sinkt die Lichtausbeute des geschmolzenen Zustandes auf einen verschwindenden Betrag herunter. Es wird ferner gezeigt, dass die Lichtausbeute nicht nur vom Aggregatzustand, sondern sehr erheblich auch davon abhängig ist, wie der Kristall sich bildet, ob durch Sublimation oder durch Erstarrung. [...]
4. Die Arbeit liefert die Grundlage für eine ganz neue Methode, einzelne Elektronen und Gammaquanten zu zählen. [...] Diese Messung der von einzelnen Elektronen erzeugten Lichtblitze stellt eine ganz fundamentale Erweiterung der bisherigen Messmethoden für solche Strahlenarten dar.

Ich schlage für diese ausgezeichnete Arbeit das Prädikat ‚sehr gut' vor.
H. Kallmann"[96]

Nachdem er alle bei ihm anstehenden Doktorprüfungen in die Wege geleitet hatte, reiste Kallmann in die USA, da er ein Angebot, seine „wissenschaftlichen Untersuchungen in Amerika fortzusetzen, angenommen“ hatte. Er bat, ihn ab Januar 1949 unbezahlt zu beurlauben, zunächst auf ein halbes Jahr, da auch der Vertrag erst einmal „nur auf ein halbes Jahr lautet“.[97] Allerdings hatte er die Absicht, dauerhaft in den USA zu bleiben und dort zu forschen. Die mündliche Prüfung Lieselott Herforths fand am 1. November 1948 statt unter dem Vorsitz von Professor D`Ans und unter (gutachterlicher) Mitwirkung des 1. und des 2. „Berichters“, Professor Kallmann und Professor Stranski, das Prüfungsprotokoll vom 1. Nov. hat neben den Professoren D´Ans und Stranski bereits Dr. Max Päsler in Vertretung von Professor Kallmann unterschrieben, der seine Reise schon angetreten hatte oder unmittelbar vor der Abreise stand. Lieselott Herforth hatte die Prüfung bestanden und erhielt das Gesamturteil „Gut“.[98]

Einen seiner Gründe für den Fortgang teilte Hartmut Kallmann seinem Kollegen Professor Stranski, derzeit Dekan der Fakultät II für allgemeine Ingenieurwissenschaften der TU Berlin, in seinem Brief vom 21. Oktober 1948 mit. In dem Brief heißt es: „[...] Auf die Gründe meines Entschlusses möchte ich hier nicht im einzelnen eingehen. Nur einen Punkt möchte ich hervorheben, der vielleicht für die ganze Technische Universität von Wichtigkeit ist: Meine Stellung als Ordinarius an der TU ist ohne Pensionsberechtigung, ist nicht lebenslänglich – obwohl an der Freien Universität, wie mir gesagt wurde, solche lebenslänglichen Berufungen jetzt ausgesprochen werden –, ja, ich habe nicht einmal einen festen Vertrag in dieser Stellung. Da aber unter den heutigen Verhältnissen irgendwelche Rücklagen nicht zu machen sind, so wird ja durch diese Umstände ein jeder, der irgend etwas zu leisten vermag und der eine Familie hat, gezwungen, sich nach einem Wirkungskreis umzusehen, der in der genannten Beziehung wesentlich günstigere Bedingungen bietet. Es ist kein Zweifel, dass die obengenannten Umstände mir meinen Entschluss wesentlich erleichtert haben.“[99] Als Vertretung seines Lehrstuhls schlug er Oberingenieur Dr. Max Päsler vor, den er seit 1945 als einen besonders tüchtigen und begabten theoretischen Physiker kennengelernt habe.

Die Umstände, die seinen Entschluss erleichtert haben, waren nicht die, die ihn zur Emigration trieben. Mit der entweder ganz fehlenden oder halbherzigen Aufarbeitung der nationalsozialistischen Vergangenheit in der Gesellschaft im allgemeinen und in der Gemeinschaft der Physiker im besonderen konnte er – als Verfolgter des NS-Regimes – kaum zufrieden sein.[100] Seit 1948 lehrte und forschte er zwanzig Jahre als Professor der Physik an der New York University. 1968/69 war er ein Jahr Gastprofessor an der TU München; die letzten Lebensjahre verbrachte er in der BRD.

Am selben Tag[101] wie Lieselott Herforth erwarb Ursula Martius, ebenfalls Promovendin von Hartmut Kallmann, den Doktorgrad. Wie Hartmut Kallmann, waren auch ihre Eltern und sie Verfolgte des NS-Regimes gewesen. Sie hatte ihren Unmut über die mangelhafte Aufarbeitung der NS-Vergangenheit von Physikern offen artikuliert und Namen genannt. Ursula Martius-Franklin lehrte und forschte später in Kanada, als Professorin an der Universität Toronto.

G l i e d e r u n g.

I. Einleitung.

1. Die Fluoreszenz organischer Substanzen.
2. Problemstellung der eigenen Arbeit.

II. Versuchsanordnung und Vorbereitendes.

1. Elektronenvervielfacher-Anordnung.
2. Vorbehandlung der organischen Leuchtstoffe.
3. Herstellung von Leuchtstoffschichten.

III. Hauptversuche.

1. Die Fluoreszenzspektren von Naphthalin, Diphenyl, Phenanthren und anderen organischen Substanzen bei Anregung mit radioaktiven Strahlen.
2. Die Fluoreszenzanregung von kristallin-festem Naphthalin, Diphenyl, und Phenanthren bei kontinuierlicher Bestrahlung mit Alphateilchen, schnellen Elektronen und Gammastrahlen.
   a. Anregung mit Alphateilchen.
   b. Anregung mit schnellen Elektronen.
   c. Anregung mit Gammastrahlen.
3. Die Fluoreszenzanregung von Naphthalin, Diphenyl und Phenanthren bei verschiedenen Temperaturen.
4. Die Fluoreszenzanregung von Naphthalin, Diphenyl und Phenanthren in verschiedenen Aggregatzuständen.
5. Relative und absolute Ausbeuten.
6. Messung von Einzelimpulsen mit dem "Naphthalinzähler".
7. Messung der Energieausbeute von Elektronen an Naphthalin.
   a. Meßverfahren und Versuchsanordnung.
   b. Vorläufiges Meßergebnis.

IV. Diskussion der Hauptversuche.

1. Zu den Fluoreszenzspektren.
2. Zur Anregung mit Alpha-, Beta- und Gammastrahlen.
3. Deutung der geringeren Ausbeute organischer Substanzen in flüssigem und erstarrtem Zustand.
4. Die Fluoreszenz in organischen und anorganischen Substanzen.

V. Zusammenfassung.

VI. Literaturverzeichnis.

Abb. II.19: Gliederung der Dissertation von L. Herforth

Gerade promoviert, sah sich Lieselott Herforth sofort nach einer geeigneten Arbeitsstelle um. Unter anderem bewarb sie sich am 18. November 1948 auf eine planmäßige Assistentenstelle bei der TU Berlin, die sie auch erhalten sollte – mit einer freien Planstelle vom Optischen Institut. Zeitweilig, und bis zum 18. Dezember, hatten die Vertreter des Betriebsrats der TU die Bearbeitung der Berufungs- und Anstellungsanträge verweigert, so war – eine Woche vor Weihnachten – ein Stau von 19 solcher Anträge entstanden, darunter war der von Lieselott Herforth. Die dort positiv entschiedenen Anträge waren dann noch dem Magistrat von Groß-Berlin vorzulegen. Am 30. Dezember teilte der Betriebsrat der Personalabteilung der TU mit, dass er gegen die Einstellung von Lieselott Herforth nichts einzuwenden habe. Doch diese hatte inzwischen (mit Brief vom 29. Dezember) ihre Bewerbung zurückgezogen. Sie hatte nicht länger warten können, da sie „durch den verschlechterten Gesundheitszustand" ihres Vaters, „der ihn ab 1. Januar 1949 vorübergehend arbeitsunfähig macht", gezwungen sei, eine ihr „gebotene Gelegenheit, an einem anderen Institut ab sofort zu arbeiten, anzunehmen". Am 1. Februar 1949 teilte der Magistrat von Groß-Berlin, Abteilung für Volksbildung, Personalamt, der TU Berlin mit, dass er nach Prüfung der Personalunterlagen mit der Einstellung von L. Herforth als Wissenschaftliche Assistentin einverstanden sei. An diesem Tag, dem 1. Februar 1949, trat sie ihre neue Arbeitsstelle in Berlin-Buch an.[102]

Die Zeit in Berlin-Buch

1. Zum gesellschaftspolitischen Hintergrund vom Ende des 2. Weltkriegs bis 1954

Die Nutzung des Atoms: als Waffe und als Energielieferant

Der 2. Weltkrieg hatte in Europa große Schäden angerichtet. In der im Juli 1941 überfallenen Sowjetunion hatte er Weiten verbrannter Erde hinterlassen und das Land rund 20 Millionen Menschenleben gekostet. Obwohl nach der bedingungslosen Kapitulation Deutschlands nicht mehr entscheidend für den Krieg mit Japan, zündeten die USA am 6. und 9. August 1945 die Atombomben über Hiroshima und Nagasaki, deren Verheerungen, sofortige Menschenopfer und Spätfolgen, alles bisher Dagewesene übertrafen. Von der UNO initiiert, arbeitete seit 1946 eine internationale Atomenergiekommission, und im Juni 1946 unterbreitete die Sowjetunion einen Konventionsentwurf zum Verbot von Kernwaffen. Im Rausche des Alleinbesitzes der neuen Vernichtungswaffe spielten die USA mit dem „Roll back", dem Zurückdrängen der „kommunistischen Macht" in Mittel- und Osteuropa, ein Atomkrieg wurde von den USA dabei nicht ausgeschlossen. Zum Glück für die Menschheit wurde ihr Monopol über Atomwaffen von der SU gebrochen, auch mit Hilfe deutscher Spezialisten, die von 1945 bis in die Mitte der 50er Jahre an Teilaufgaben mitarbeiteten. Anfang 1950 wies der US-amerikanische Präsident Truman an, die Entwicklung aller Atomwaffen, auch der Wasserstoffbombe, fortzusetzen. Während des Koreakrieges erwog er im November desselben Jahres den Einsatz von Atomwaffen gegen China, nahm aber davon letztlich doch Abstand, wohl, da er die Folgen eines möglichen Gegenschlags mit sowjetischer Hilfe auch für das eigene Volk nicht abschätzen konnte. Die erste Wasserstoffbombe wurde von den USA am 1. November 1952 auf dem Eniwetok-Atoll gezündet, die UdSSR folgte am 12. August 1953. So wirkte das immer wiederhergestellte militärische Gleichgewicht der Kräfte dem „Roll back" erfolgreich entgegen und erhielt den Weltfrieden; seine Aufrechterhaltung band aber enorme Kräfte, die von der UdSSR, die ihr eigenes kriegsverwüstetes Land wieder aufbauen musste, wesentlich größere Opfer verlangte als von den USA, die keine Kriegszerstörungen und vergleichsweise wenig Tote zu beklagen hatten. Trotz früher Bemühungen zur „Ächtung der Atomwaffen" nahm die Zahl der Atommächte zu.

Gerade für die wirtschaftlich starken Nationen zeichnete sich die Energieerzeugung immer mehr als eines der wichtigsten Probleme ab. Das ist das Gebiet, auf dem die Kernenergie friedlich und zum Wohle der ganzen Menschheit genutzt werden kann, und hier war die UdSSR „Vorreiter": Im Juni 1954 ging in Obninsk bei Moskau, nach knapp dreijähriger Bauzeit, das erste Atomkraftwerk (AKW) der Welt ans Netz.

Bemerkungen zu Deutschland nach dem 2. Weltkrieg bis 1954

Deutschland war unter den vier Mächten USA, Großbritannien, UdSSR, Frankreich in vier Besatzungszonen aufgeteilt worden. Am 29. April 1946 hatte der Alliierte Kontrollrat das Gesetz Nr. 25 zur „Regelung und Überwachung der naturwissenschaftlichen Forschung" in Deutschland erlassen. Das bedeutete u. a. das Verbot der angewandten Atomphysik in Deutschland. Hieran änderte sich erst Mitte der 1950er Jahre etwas, nachdem beide deutsche Staaten fest in die jeweiligen Bündnisse integriert worden waren.

In der Zeit, in der Lieselott Herforth bei Hartmut Kallmann an ihrer Dissertation arbeitete, vollzogen sich innenpolitisch starke Veränderungen. Bereits seit dem 1. Januar 1947 bildeten die US-amerikanische und die britische Besatzungszone ein Vereinigtes Wirtschaftsgebiet. Die Währungsreform vom 21. Juni 1948 in den drei westlichen Besatzungszonen war ein wesentlicher Schritt zur Spaltung Deutschlands. Ihre Promotionsgebühren hatte Lieselott Herforth kurz vorher, am 18. Juni, noch mit 200 Reichsmark begleichen können. Am 8. Mai 1949 verabschiedete der Parlamentarische Rat mit 53 gegen 12 Stimmen das „Grundgesetz für die Bundesrepublik Deutschland", das vier Tage später von den westlichen Militärgouverneuren gebilligt und bis zum 21. Mai 1949 von den westdeutschen Landtagen, mit Ausnahme des bayerischen, ratifiziert worden war. Es trat am 23. Mai in allen westdeutschen Ländern in Kraft, auch in Bayern, da eine Zweidrittelmehrheit zur Einführung genügte. Am 12. Mai 1949 hatte sich der Parlamentarische Rat mit 33 gegen 29 Stimmen für Bonn und gegen Frankfurt/Main als Hauptstadt entschieden. Die erste Sitzung des Bundestages fand am 7. September 1949 statt. Die UdSSR hatte vergeblich dafür plädiert, den Viermächtestatus in ganz Deutschland weiter aufrechtzuerhalten. In Reaktion auf die Währungsreform in den westlichen Zonen musste 1948 auch in der SBZ eine eigene Währung eingeführt werden. Nach der Gründung der BRD wurde auch die SBZ zu einem festen deutschen Staatsgebilde gefügt; am 7. Oktober 1949 trat zum ersten Mal die (provisorische) Volkskammer der DDR zusammen. Die DDR war ein völlig neuer deutscher Staat, denn in ihr gab es das große Privateigentum an den industriellen und landwirtschaftlichen Produktionsmitteln nicht mehr. Damit war in der DDR den Kräften der Großindustrie und des Junkertums, die Hitler und seine Partei finanziert und zur Herrschaft gebracht und die am 2. Weltkrieg verdient hatten, die Macht entzogen worden.

Am 25. Januar 1949 war der Rat für gegenseitige Wirtschaftshilfe (RGW) – mit Sitz in Moskau – gegründet worden, dem zunächst die UdSSR, Bulgarien, Ungarn, Polen, Rumänien und die Tschechoslowakei angehörten, im Monat darauf kam Albanien dazu, 1950 die DDR, andere Länder folgten später als Mitglieder bzw. Assoziierte.

Am 19. September 1952 hatte das Präsidium des Ministerrates der DDR einen Beschluss gefasst, in dem die Sicherung der Energiekapazität zur wichtigsten Staatsaufgabe erklärt wurde. Von 1951 bis 1955 verfünffachten sich in der DDR die Investitionen für die Energiewirtschaft. Neben dem Bau von sechs Industriekraftwerken im Zeitraum von 1953 bis 1955 wurde 1953 mit der Errichtung des Großkraftwerks „Elbe" in Vockerode begonnen, dessen erster Generator 1954 ans Netz ging. An den Einsatz von Atomenergie anstelle der aus Kohle erzeugten war zu dieser Zeit aufgrund der Kontrollratsgesetze noch nicht zu denken.

2. Walter Friedrich und die Gründung des Instituts für Medizin und Biologie

Walter Friedrich (25. Dez. 1883 – 16. Okt. 1968)[103]

Abb. III.1: Walter Friedrich

Walter Friedrich, Sohn des Ingenieurs Karl Friedrich, geboren in Salbke bei Magdeburg, wuchs in Aschersleben auf, wo er 1905 am humanistischen Gymnasium Stephaneum das Abitur ablegte. Zunächst studierte er ein Semester in Genf: Physik – und dazu Musik in der Meisterklasse des Geigenvirtuosen Thibaud. Er wechselte an die Univ. München, von der er 1911 aufgrund der bei Wilhelm Conrad Röntgen geschriebenen Dissertation „Intensitätsverteilung der X-Strahlen, die von einer Platinantikathode ausgehen" zum Dr. phil. promoviert wurde. Als Assistent von Arnold Sommerfeld wies er 1912 gemeinsam mit Paul Knipping experimentell Interferenzerscheinungen bei Röntgenstrahlen nach; Max von Laue hatte dazu angeregt und deutete die Ergebnisse theoretisch. Für diese bahnbrechende Leistung erhielt von Laue bereits 1914 den Nobelpreis, von dem er je einen Teil öffentlich an Walter Friedrich und Paul Knipping abtrat. In der Folge dieser Entdeckung konnte man durch Wellenlängenbestimmungen das Röntgenlicht selbst untersuchen, aber auch die Struktur der „durchleuchteten" Materie erforschen. Die Röntgen-Strukturanalyse, Strukturuntersuchungen überhaupt entwickelten sich zu einem bedeutenden Zweig in Physik, Chemie, Biologie und in den Grenzgebieten dieser Wissenschaften. 1914 wurde Walter Friedrich von dem bekannten Gynäkologen Bernhard Krönig an die Universitätsfrauenklinik nach Freiburg i. B. geholt, die damals das Zentrum der Krebsbekämpfung in Deutschland war. In Freiburg wandte sich Walter Friedrich ganz der Anwendung der Röntgenstrahlen und der Radiumstrahlen in der Medizin zu, 1917 habilitierte er sich an der Universität Freiburg zum Privatdozenten für das Gesamtgebiet der Physik, wurde vier Jahre später zum a.o. Professor ernannt und bald darauf zum Abteilungsvorsteher an der Freiburger Universitätsfrauenklinik. Das gemeinsam mit Krönig verfasste Buch „Physikalische und biologische Grundlagen der Strahlentherapie" (1918) bildete einen Meilenstein in der Geschwulstbehandlung. 1922 erhielt Friedrich einen Ruf an die Universität Berlin; er wurde als ord. Professor für Medizinische Physik und Direktor des neugegründeten Instituts für Strahlenforschung der Universität Berlin bestallt. Der Mitarbeiterstab des Berliner „Strahlen-Instituts" vergrößerte sich schnell, und die große Zahl von aufsehenerregenden Veröffentlichungen machten es in der wissenschaftlichen Welt bekannt. Die Forschungsprobleme erstreckten sich nicht nur auf das Gebiet der Röntgen- und len[104], sondern bezogen auch das Gebiet der optischen Strahlen von natürlichen und künstlichen Lichtquellen ein, aber in jedem Fall ging es um die medizinisch-biologische Wirkung und Anwendung. So sprach Friedrich auf der Sportärztetagung 1931, die vom 4. bis 6. September in Leipzig stattfand, über „Die Wirkungen des Lichts auf den menschlichen Organismus" und veröffentlichte in der populärwissenschaftlichen Wochenzeitschrift „Die Umschau in Wissenschaft und Technik" 1933[105] den Beitrag „Strahlungsklima in der Großstadt", in dem er u. a. gut begründet dafür plädierte, die Dächer der Großstadt wesentlich mehr auszunutzen und insbesondere für Sanatorien und Krankenhäuser Dachpavillons zu bauen, „die möglichst frei und offen nach allen Seiten sein müssten, besonders aber nach Süden, wo die Mittagssonne steht". Am Institut für Strahlenforschung der Universität Berlin sollten die biologische, die physikalische und die chemische Abteilung eng zusammenarbeiten, ausgerüstet mit modernster Laboratoriumsausrüstung. Von Friedrich wesentlich mitgeplant, konnte das neue, allen Anforderungen – auch für Tierhaltung und Tierversuche – genügende Institutsgebäude am 1. Januar 1929 in Betrieb genommen werden. In den verbleibenden zehn Vorkriegsjahren wurden im Institut rund 300 Forschungsarbeiten abgeschlossen und die Ergebnisse veröffentlicht.

Werden Strahlen zur Diagnostik und Therapie angewandt, ist auch stets über die angemessene Dosis der eingesetzten Strahlung zu entscheiden. Für Röntgenstrahlen war das Problem ihrer Dosimetrie in den 30er Jahren befriedigend gelöst, nicht so jedoch für Radiumstrahlen. Die Dosimetrie dieser Strahlen war von Friedrich stets in seine Untersuchungen einbezogen worden. Eine Übersicht über den derzeitigen Stand gab er 1935. Der Krieg änderte alles: Mitarbeiter gingen an die Front, ausländische Wissenschaftler kehrten in ihre Heimat zurück, 1943 wurde ein Teil des Instituts nach Greiz in Thüringen verlagert, wo unter der Leitung von Prof. Hans Schreiber und in Gemeinschaft mit der Forschungsgesellschaft für Funk- und Tonfilmtechnik vor allem auf optischem Gebiet gearbeitet wurde. Nachdem im November 1944 durch Bombenabwurf erhebliche Druckschäden am Berliner Institutsgebäude verursacht worden waren, wurde in Affinghausen, in der Gegend von Hannover, eine weitere Ausweichstelle eingerichtet. Dort kam es nicht mehr zu fruchtbarer Arbeit, aber die wichtigen Apparaturen waren zunächst gerettet. Das Berliner Institut wurde noch in den letzten Kriegstagen total zerstört. Nach Kriegsende führte Prof. Schreiber die Greizer Ausweichstelle zurück an die Universität Berlin, wo sie behelfsmäßig untergebracht wurde und einen bescheidenen Forschungsbetrieb aufnehmen konnte. Walter Friedrich, der das Kriegsende in Affinghausen erlebt hatte, stellte sich sehr bald in den Dienst des Neuaufbaus der Berliner Universität. Bis zu seiner Emeritierung 1959 hatte er dort den Lehrstuhl für Medizinische Physik und die Leitung des Instituts für Strahlenforschung inne.

Zwar war seine Berufswahl auf die Physik gefallen, die Liebe zur Musik jedoch blieb. In der Münchner Assistentenzeit spielten sein Chef Arnold Sommerfeld, dessen Freund Albert Einstein und Walter Friedrich gelegentlich Triosonaten von Händel und Bach[106]. Auch später spielte Walter Friedrich im engeren Kreis gern und gut Violine, mit Kollegen und jüngeren Studenten, gelegentlich auch seine Frau, Frida geb. Strauß, begleitend, die vor ihrer Eheschließung eine gefeierte Sängerin in Freiburg und Dresden gewesen war.

Zur Gründung des Instituts für Medizin und Biologie in Berlin-Buch

Auf Befehl Nr. 161 der Sowjetischen Militär-Administration sollte spätestens am 31. Dezember 1947 ein Institut für Medizin und Biologie in Berlin-Buch seine Tätigkeit aufnehmen, in dem das Wesen der bösartigen Geschwülste erforscht und wirksame Behandlungsmethoden entwickelt werden sollten.[107] Für die Ansiedlung des neuen Instituts bot sich das Areal des früheren KWI für Hirnforschung in Berlin-Buch an, dessen Gebäude den Krieg gut überstanden hatten. Von der Hirnforschung überkommen waren einige wissenschaftliche und technische Kräfte, die in das neue Institut integriert wurden. Schon 1946 waren in der – neu begründeten –

DAW Vorstellungen über ihr künftiges medizinisch-biologische Forschungsprofil entwickelt worden, und der Physiker Robert Rompe hatte sich von Pascual Jordan, derzeit Göttingen, zum Aufbau und zur Gliederung des entsprechenden Instituts beraten lassen und diesen als künftigen Direktor ins Auge gefasst. Jordans Plan wurde in der Akademie beraten, aber so nicht realisiert.[108] Auf Wunsch der sowjetischen Stellen sollte an der Spitze des Instituts ein Mediziner stehen, wobei das Wort „Mediziner" nicht ganz eng gefasst war. So kam Walter Friedrich auf das Tapet, der allerdings 1947 bereits im 64. Lebensjahr stand, aber auf jeden Fall eine geeignete Persönlichkeit war. Er übernahm das Amt neben seinen Aufgaben, die er als Professor für Medizinische Physik an der Universität hatte. Im März 1948 fuhr Walter Friedrich mit zwei Mitarbeitern nach Affinghausen, um von dort das im Krieg aus seinem Berliner Universitätsinstitut verlagerte und derzeit schwer zu beschaffende Material zurückzuholen, – vergeblich, denn das Eigentum des Instituts war als „Kriegsbeute" beschlagnahmt worden. Die Verhandlungen über die Rückgabe zogen sich bis Ende 1949 hin und bedurften der Einschaltung von Otto Grotewohl, des Ministerpräsidenten der DDR. Letztlich erfolgte der Tausch „von 10000 makroskopischen Präparaten und 100000 mikroskopischen Hirnschnitten von Geisteskranken, Hirntumorkranken und Hirnverletzten gegen die während des Krieges nach Affinghausen verlagerte Bibliothek und die Physikalischen Apparate des Instituts für Strahlenforschung".[109] Das Institut für Medizin und Biologie der DAW entwickelte sich rasch, hatte es 1949 112 Beschäftigte, davon 22 Wissenschaftler – unter ihnen Lieselott Herforth –, so waren es 1960 1085, davon 174 Wissenschaftler. Seit 1951 wurden umfangreiche Neu- und Erweiterungsbauten geplant und verwirklicht. Nach einer Besichtigung des Bucher Geländes durch die verantwortlichen Stellen wurde u. a. beschlossen, zwei Flügel anzubauen und „die ehemalige Kapelle als Kernbau für das zu errichtende Institut für Strahlen- und Neutronenphysik im Institut für Medizin und Biologie in Berlin-Buch vorzusehen", da sie wegen der lichten Höhe ihrer Kuppel dafür besonders geeignet war. Hier sollte eine moderne Höchst-Volt-Anlage aufgestellt werden, die Möglichkeiten eröffnete, die es derzeit in der DDR noch nicht gab. Zum einen ließe sich mit ihrer Hilfe sehr harte Röntgenstrahlung erzeugen, deren Wirkung auf biologische Geschwülste es zu erforschen galt. Zum anderen böte sie die Möglichkeit, Neutronen zu erzeugen und mit Hilfe der so geschaffenen Neutronenquelle künstliche radioaktive Isotope herzustellen. Diese radioaktiven Isotope stünden der Medizin zur Geschwulstbehandlung zur Verfügung, ließen sich aber auch in anderen Bereichen einsetzen.[110] Bereits 1951, lange vor dem „Fall" der einschränkenden Kontrollratsbestimmungen, wurde am Friedrichschen Institut in Buch die Erzeugung künstlicher radioaktiver Isotope ins Auge gefasst, – ein Zeichen für die weise Voraussicht des Chefs. Das Institut für Medizin und Biologie der DAW wurde unter Walter Friedrichs Leitung zu einem der bedeutendsten Zentren der medizinisch-biologischen Krebsforschung in der Welt auf- und ausgebaut. Eine Wohnsiedlung für Mitarbeiter am Rande des Bucher Komplexes entstand Mitte der 50er Jahre.[111]

Von 1949 bis 1952 stand Walter Friedrich als Rektor an der Spitze der Humboldt-Universität zu Berlin[112]. Von 1951 bis 1956 bekleidete er das hohe Amt des Präsidenten der DAW, von 1956 bis 1958 das des Vizepräsidenten.[113] Er gehörte zu den ersten deutschen Wissenschaftlern seines Ranges, die konsequent Lehren aus der deutschen Geschichte gezogen haben. Als Rektor schrieb er 1949 einen Brief an seine Amtskollegen an allen deutschen Universitäten, in dem es u. a. hieß: „Man hat uns Akademikern häufig den Vorwurf gemacht, geschwiegen und daher nicht verhindert zu haben, dass unser Volk durch Kriege ins Unglück ging.“ Es ist „unsere Pflicht [...], unseren Beitrag dafür zu leisten, dass der Welt weiteres Unglück erspart bleibt“.[114] Von 1950 bis zu seinem Tod war er Präsident des Deutschen Friedensrates, 1951 wurde er Mitglied des Präsidiums des Weltfriedensrates; er setzte sich aktiv für Abrüstung und friedliche Koexistenz, für Verständigung und Völkerfreundschaft ein. Er leitete die DDR-Delegation zum II. Weltfriedenskongress in Warschau 1950, zum Stockholmer Kongress für Abrüstung und internationale Zusammenarbeit 1958 und zum Moskauer Weltkongress für allgemeine Abrüstung und Frieden 1962.[115] Walter Friedrich erhielt viele und hohe wissenschaftliche und staatliche Auszeichnungen.

Abb. III.2: Sicht auf das Gelände des Bucher Instituts mit der ehemaligen Kapelle

3. LIESELOTT HERFORTH AM BUCHER INSTITUT

Walter Herforth hatte seiner Tochter den Rat gegeben: „Gehe stets dahin, wo Du am meisten gebraucht wirst.“ Für Lieselott Herforth wurde er zur Maxime, der sie bereits in ihrer frühen Zeit am Institut für Medizin und Biologie der DAW in Berlin-Buch folgte, als sie zielgerichtet die Ablösung vom „Labor Dornfelder“ betrieb, sie folgte ihr, als sie sich zur Habilitation in Leipzig und nicht in Berlin entschloss, und auch später an allen Scheidewegen ihres Berufslebens. Stets ging Lieselott Herforth dahin, wo sie am meisten gebraucht wurde, aber – und das betonte sie rückblickend immer wieder – sie wechselte nicht das Arbeitsgebiet.

Vorstellung bei Walter Friedrich

Gleich nach der Promotion, im November 1948, sah sich Lieselott Herforth nach einer geeigneten Arbeitsstelle um. An der TU Berlin hatte sie sich um eine Assistentenstelle beworben; und ihr Weg führte sie auch zu Professor Friedrich nach Berlin-Buch.

Im November 1983 erinnerte sie sich: „Es ist heute fast auf den Tag genau vor 35 Jahren, als ich mit der S-Bahn von Westberlin kommend, den vom Regen aufgeweichten Lindenberger Weg entlang ging, um mich Walter Friedrich kurz nach meiner Promotion an der TU Charlottenburg vorzustellen, in der Hoffnung, in dem von ihm geleiteten, neugegründeten Akademie-Institut für Medizin und Biologie und speziell in seiner im Aufbau befindlichen Abteilung Biophysik, eine Anstellung zu finden. Ganz wohl war mir dabei nicht, denn ich hatte weder Ahnung von Medizin, noch von Biologie noch von Biophysik [...].“[116]

Walter Friedrich war an der Mitarbeit der Geiger-Diplomandin und Kallmann-Promovendin in der Abteilung Biophysik interessiert. Am 27. Dezember 1948 teilte er der DAW mit, dass „für das Laboratorium für Röntgen-Strukturforschung [...] die weitere Einstellung eines wissenschaftlichen Mitarbeiters erforderlich“ sei und er „in Frl. Dr. Lieselott Herforth [...] eine geeignete Persönlichkeit gefunden“ habe, „die allen Anforderungen entspricht“. Als „Tätigkeitsmerkmale“ wurden notiert: „1. Mitarbeit am Aufbau des Laboratoriums und 2. Anwendung der Arbeitsmethodik der Röntgenkristall-Strukturanalyse [...]“; die Dienststellung war „wissenschaftliche Assistentin“.[117] Bis Ende Januar 1949 hatte Lieselott Herforth noch ihre Stellung am KWI für Physik in Berlin-Dahlem inne. Von der TU Berlin hatte sie bisher keine Nachricht, sie würde also am 1. Februar am Bucher Institut die Arbeit aufnehmen. Vorher musste jedoch ein entscheidendes Problem geklärt werden. Mit den Eltern gemeinsam wohnte sie in Berlin-West. Berlin-Buch lag im sowjetischen Sektor von Berlin und sie erhielte das Gehalt in DM-Ost (anfangs rund 500 DM brutto, 350 DM netto)[118], mit dem sie – nach der Währungsreform von 1948 – aber

Wohnung und Familie in Berlin-West nicht hätte auf Dauer unterhalten können. Da der Vater schwer erkrankt und derzeit arbeitsunfähig war, lag die Verantwortung für den Familienunterhalt im wesentlichen auf ihren Schultern. Hier half Professor Friedrich ganz unbürokratisch: Sie erhielt mit ihren Eltern eine Zweieinhalb-Zimmer-Wohnung auf dem Gelände des Instituts in Berlin-Buch zugewiesen, Lindenberger Weg 76, die die Familie seit 1. März 1949 bewohnte[119], und konnte so, kaum beschwert von finanziellen Sorgen, am 1. Februar mit der Arbeit beginnen. Gerade an diesem Tag war auch über ihre Einstellung als wissenschaftliche Assistentin an der TU Berlin endgültig positiv entschieden worden.[120] Später sagte Lieselott Herforth über den Umzug nach Ost-Berlin: „Dies war in meinem Leben die beste Entscheidung!" Andernfalls hätte sich ihre berufliche Laufbahn wohl kaum so stetig und erfolgreich entwickelt. Für Frauen in der Wissenschaft, denen sich während des Krieges mit seiner „Männerknappheit" neue Karrieremöglichkeiten eröffnet hatten, sah es bereits wieder nicht mehr so gut aus – zumindest in den westlichen Besatzungsgebieten und in den Westsektoren von Groß-Berlin.[121] An das erste Gespräch mit Walter Friedrich erinnerte sie sich später: „So konnte ich mir überhaupt nicht vorstellen, was Röntgenstrukturanalyse mit der Aufgabenstellung des Instituts, der Erforschung des Krebses, zu tun haben könnte. Insgeheim hegte ich jedoch die Hoffnung, dass das, was ich bisher gelernt hatte und beherrschte, nämlich die Geiger-Müller-Zählrohrtechnik und die Szintillationszählung, auch hier einmal gebraucht würden und vielleicht auch meine Erfahrungen mit fluoreszierenden Substanzen. Aber es waren nur schwache Hoffnungen, von denen ich nicht zu reden wagte, als ich Walter Friedrich gegenüber stand."[122] Ihre Hoffnungen sollten sich jedoch recht bald erfüllen.

Erstes Arbeitsgebiet: Röntgenstrukturanalyse

Zunächst hatte sich Lieselott Herforth bei der sieben Jahre älteren Katharina („Käthe") Dornberger in die Röntgenstrukturanalyse, besonders von Eiweißstoffen, einzuarbeiten. Frau Dr. Dornberger war bereits seit 1. Sept. 1948 als Oberassistentin am Institut für Medizin und Biologie in der Abteilung Biophysik tätig.[123] Die Röntgenstrukturanalyse, deren Basis Walter Friedrich gemeinsam mit Paul Knipping und Max von Laue 1912 selbst gelegt hatte, war ihr Spezialgebiet, das sie während ihrer Emigrationszeit in Großbritannien bei John Desmond Bernal und Dorothy Hodgkin-Crowfoot gründlich erlernt und vertieft hatte.[124] Die Forschung der Abteilung Biophysik wurde in den beiden ersten Jahren durch die von Käthe Dornberger angeregten und bearbeiteten Themen dominiert. Zwei Themen waren von ihr im September und Dezember 1948 in Angriff genommen worden: „Kritische Übersicht über die bisher vorliegenden Folgerungen aus röntgenographischen Untersuchungen" und „Entwicklung einer für hochmolekulare Substanzen besonders geeigneten Kamera".[125] Die Abteilung plante für 1949 darüber hinaus sechs neue Themen, darunter „Röntgenstrukturanalyse einer Reihe von Proteinen", aber auch „Bau eines Eichstandes für radioaktive Präparate" und „Entwicklung eines Messgerätes für die Ermittlung von Isodosen bei der Anwendung von Strahlen der radioaktiven Körper"; zunächst ging es nur um natürliche Radioaktivität. Dabei wurde von Walter Friedrich „Der Bau eines Eichstandes [...]" ausdrücklich zu den Themen gerechnet, mit denen „das Institut zur Erfüllung des Zweijahrplanes beitragen kann".[126] Die Physikerinnen Dornberger und Herforth kamen wohl recht gut miteinander aus, immerhin so gut, dass beide für August 1949 einen gemeinsamen Urlaub in Ahrenshoop planten und auch durchführten, mit den Dornbergerschen Kindern. Fast zeitgleich verbrachten andere Institutsmitarbeiter und deren Angehörige einige Wochen in Ahrenshoop, so Professor Möglich mit Frau und Ursula Friedrich, die Tochter des Chefs, so dass es auch im Urlaub für die „Neue" manch nützliche Kontakte gab.[127]

Den im Jahre 1949 für 1950 geplanten Themen der Abteilung Biophysik setzte Walter Friedrich als „Grundzug" der Abteilung voran, dass sie sich „im wesentlichen mit der Erforschung der Struktur der Eiweiße und Entwicklung von Geräten, die für diese Untersuchungen benötigt werden" befasse und außerdem den „Strahlungsmechanismus bei UV-Bestrahlung und Beschallung (Ultra-Schall)" bearbeite.[128] Für die einzelnen Themen wurde achtmal Dr. Dornberger genannt, viermal Dr. Schumacher, je einmal Dr. Kölle und Dr. Herforth. Diese wird das Thema bearbeiten: „Schaffung der experimentellen Vorbedingungen für die Voruntersuchungen zur Entwicklung eines Gerätes zur lichtphotographischen Bestimmung der Intensitäten von Röntgenreflexen". Professor Friedrich, Direktor des Instituts und gleichzeitig Leiter der Abteilung Biophysik, zeichnete selbst als Bearbeiter für vier Themen verantwortlich, darunter „Zähleinrichtung für radioaktive Strahlen", allerdings in der Abteilung für Geräteentwicklung; „der provisorische Versuchsaufbau [...] im Elektrolabor" war bereits beendet, und mit dem „Aufbau eines betriebsmäßigen Zählrohrverstärkers" war begonnen worden.[129]

Das eigene Laboratorium

Trotz des gemeinsam verbrachten Urlaubs begann sich Lieselott Herforth bereits Ende 1949 sachte von Käthe Dornberger „abzunabeln". Ungeachtet aller Planung, durfte sie schon 1950 das „Labor Herforth" nach ihren Vorstellungen aufbauen und einrichten, erst einmal in zwei kleinen Räumen. Hier ging es zunächst um Fluoreszenzmessungen und Entwicklung geeigneter Geräte dazu. Der Anstoß dazu war aus der Abteilung Krebsforschung gekommen: Dr. Arnold Graffi vermutete, dass Krebsgewebe fluoresziere, jedenfalls in anderer Weise als gesundes Gewebe, und Lieselott Herforth wollte das nachweisen. Dass sie ihrer Sache ganz sicher war, zeigt das Selbstbewusstsein, mit dem sie bereits im Oktober 1950 beim Direktor der DAW, Josef Naas, um ihre Höhergruppierung nachsuchte. Nach den in der Regierungsverordnung vom 7. Juli 1950 aufgeführten Tätigkeitsmerkmalen stünde ihr die Gruppe XI anstelle der XIII zu. In die Gruppe XIII fielen „qualifizierte wissenschaftliche Assistenten", da sie jedoch „niemandem im Institut in irgendeiner Form assistiere", könne ihre Einstufung „nur in nicht genauer Kenntnis" ihrer Tätigkeit erfolgt sein. Sie erlaube sich daher, ihre „bisherige und augenblickliche Tätigkeit in der Abteilung Biophysik im Institut für Medizin und Biologie kurz darzulegen". Sie führte fünf Punkte an, die ihrer Meinung nach „einwandfrei" belegten, dass sie „wissenschaftliche Mitarbeiterin" sei, „die wissenschaftliche Aufgaben selbständig bearbeitet", „was von Herrn Professor Dr. Friedrich nur bestätigt werden" könne:

1. „Ich habe zwei Laborräume, in denen ich selbständig arbeite, ohne Anleitung eingerichtet, sämtliche Apparaturen selbst beschafft oder nach eigenen Angaben fertigen lassen."
2. „Die beiden Themen, die ich mir selbst gestellt habe und die die Genehmigung von Herrn Professor Dr. Friedrich als Abteilungsleiter gefunden haben, sind folgende:
   a) Fluoreszenz kanzerogener und nicht-kanzerogener Substanzen.
   b) Entwicklung einer Methode zur Messung schwächster Röntgenintensitäten auf nicht-photographischem Wege.
3. [...] Vorausgesetzt dass nicht unvorhergesehene experimentelle Schwierigkeiten durch Ausfall von Apparaturteilen usw. auftreten, werde ich noch bis Ende dieses Jahres zwei Veröffentlichungen zum Thema a) bringen. Die Bearbeitung beider Themen erfolgt selbständig und ohne jede Anleitung von anderer Seite; mit ihrem Abschluss kann frühestens 1951 gerechnet werden."
4. „Ich arbeite nach einem von mir allein für längere Sicht aufgestellten Plan."
5. „Die regelmäßigen Forschungsberichte über die beiden Themen werden von mir angefertigt."
6. „Meine sämtlichen Arbeiten müssen im alten Etatsjahr mit Hilfe einer einzigen technischen Assistentin, die von einer anderen Institutsabteilung ausgeliehen ist, geleistet werden."[130]

Sie kündigte Veröffentlichungen an und prognostizierte die Zeit bis zum Abschluss der von ihr bearbeiteten Themen, im Oktober 1950 lagen jedoch noch keine Ergebnisse vor. So nimmt es nicht wunder, dass ihr Einspruch gegen die Eingruppierung zurückgewiesen wurde, mit der Aussicht, dass man bereit sei, „nach der Entwicklung selbständiger Arbeiten und entsprechender Veröffentlichungen" ihre „Forderungen erneut zu prüfen". Lieselott Herforth hatte seit 1949 eine Habilitationsaspirantur an der HUB inne, und so wurde sie daran erinnert, dass sie, da sie auch „Kandidatin für wissenschaftliche Forschung und Lehre" sei, derzeit „finanziell [...]

besser gestellt“ sei „als ein Abteilungsleiter des Instituts“.[131] Bis zur von ihr eingeforderten „XI“ dauerte es dann doch noch über ein Jahr; mit Wirkung vom 1. Januar 1952 an erfolgte ihre Einstufung in die Vergütungsgruppe E XI (1300 DM brutto).[132]

Abb. III.3: Eine heitere Situation im Laboralltag

Nach ihrem Dienstantritt in Buch hatte Lieselott Herforth wenig mehr als ein Jahr gebraucht, um Forschungs- und Anwendungsgebiete für sich zu erschließen, die ihren wissenschaftlichen Interessen mehr entsprachen als die Röntgenstrukturanalyse. Da im Institut interdisziplinär gearbeitet wurde und seine Abteilungen, eingeschlossen die Klinik, in ständigem Zusammenhang standen, blieb selbstverständlich auch der Kontakt zum „Labor Dornberger“ bestehen. So wurde von Lieselott Herforth ein Leuchtmassenzähler[133] entwickelt, der auch bei der Röntgenstrukturanalyse Anwendung finden sollte. Aus dem „Bericht der Abteilung Biophysik für 1950/51“ gehen die Veränderungen deutlich hervor. Es heißt darin, dass sich in der Abteilung eine „Arbeitsgruppe mit der Strukturaufklärung biologisch wichtiger Substanzen, insbesondere von Eiweißstoffen (Käthe Dornberger)“ befasse, dort beachtliche Ergebnisse bereits erzielt seien und „eine Fourier-Synthesemaschine“ in Entwicklung sei. „An anderer Stelle der Abteilung“ seien „Fluoreszenzuntersuchungen an cancerogenen und verwandten, nichtcancerogenen Substanzen durchgeführt“ worden (Lieselott Herforth); „die Experimente hierzu“, ausgeführt „mit einer Elektronenvervielfacher-Anordnung“, seien abgeschlossen. Ferner seien „Fluoreszenzuntersuchungen zur Klärung des Eindringens und des Verbleibs cancerogener Substanzen nach Betropfen von Mäusehäuten begonnen“ worden (Arnold Graffi, Lieselott Herforth). In Vorbereitung sei „eine Methode zur Messung schwächster Röntgenintensitäten auf nichtphotographischem Wege (Lieselott Herforth)“. Ziel dabei sei „die Entwicklung eines Leuchtmassenzählers“, der „bei der Röntgenstrukturanalyse und der Röntgendosimetrie Anwendung finden“ solle. Voraussetzung sei „die Klärung der Frage, welche Leuchtstoffe und in welchem kristallinen Zustand sich für diese Zwecke am besten eignen“. Die experimentelle Arbeit „über Fluoreszenzmessungen an cancerogenen Substanzen bei Anregung mit UV-Licht“ sei abgeschlossen worden, dabei sei „eine Methode entwickelt“ worden, „mit welcher es möglich ist, mit dem Leuchtmassenzähler quantitative Transplantationsuntersuchungen vorzunehmen“ (Lieselott Herforth und Peter Schäfer).[134]

Abb. III.4: „So fing alles an“: L. Herforths erstes Laboratorium in Buch

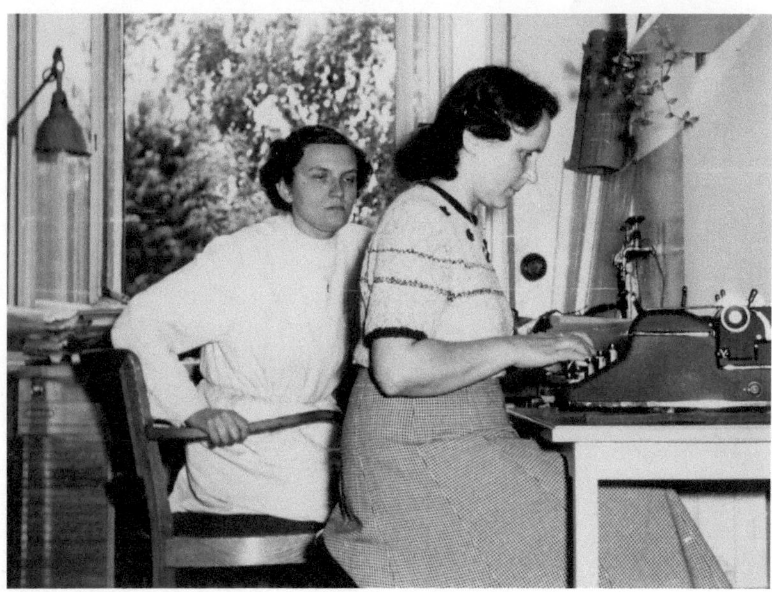

Abb. III.5: Lieselott Herforth mit Schreibkraft

Bald fluoreszierte es im Laboratorium von Lieselott Herforth weniger, dafür tickten die Strahlenzähler umso mehr. Ihren wissenschaftlichen Neigungen kam entgegen, dass Walter Friedrich sein Bucher Institut – und auch sein Institut an der Humboldt-Universität – langfristig auf den Einsatz von künstlichen radioaktiven Nukliden in der Krebsforschung vorbereitete, auch in Jahren, in denen auf Grund der Beschlüsse des Alliierten Kontrollrats noch alle Arbeiten über und mit Kernstrahlung in Deutschland stärksten Einschränkungen unterworfen waren. So wurde Lieselott Herforth von Walter Friedrich zur Teilnahme an den beiden ersten Isotopenkursen delegiert, die 1951 und 1952, jeweils im Oktober, von Professor Boris Rajewski in Frankfurt/Main unter dem Dach der Gesellschaft Deutscher Chemiker durchgeführt wurden. Selbstverständlich erfolgten diese frühen Aktivitäten keinesfalls hinter dem Rücken der sowjetischen Seite. In der Begründung für die Delegation von Lieselott Herforth zur „Isotopentagung" in Frankfurt/Main 1952, die das Institut an das Präsidium der DAW schickte, hieß es, dass sich ihr derzeitiges Arbeitsgebiet „mit radioaktiven Messungen nach Injektion von radioaktiven Lösungen in Tierkörpern" befasse und dass sie „ab 1. Januar 1953 mit einem Entwicklungsauftrag über Schaffung der experimentellen Vorbedingungen zum Arbeiten mit radioaktiven Isotopen" beginnen solle. Das lasse ihren Besuch der „Isotopentagung" „im Interesse des Instituts als unbedingt notwendig erscheinen".[135]

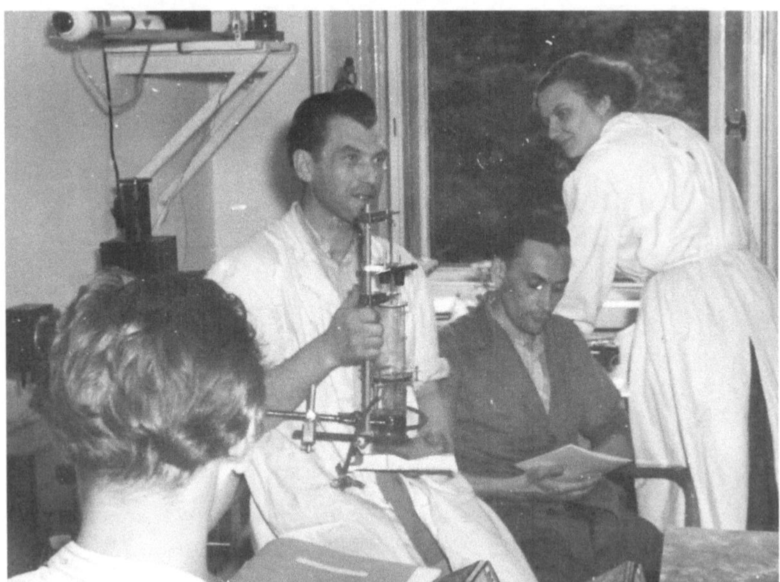

Abb. III.6: Lieselott Herforth im Gespräch mit Mitarbeitern

Abb. III.7: Kaffeerunde im Laboratorium (L. Herforth Mitte)

Interdisziplinäre Zusammenarbeit im Institut

Von Anfang an bildeten die 1947 in Buch zusammengefassten wissenschaftlichen Abteilungen auf dem Gebiet des Gesundheitswesens eine interdisziplinäre Arbeitsgemeinschaft von der Grundlagenforschung bis zu ihrer klinischen Anwendung, – in dieser Organisation und Finanzierungsweise etwas Einmaliges in Deutschland. Das abteilungsübergreifende Arbeiten im Institut für Medizin und Biologie wurde durch regelmäßig stattfindende Kolloquien gefördert. In der Zeit, in der Lieselott Herforth in Berlin-Buch tätig war, änderte sich die Abteilungsstruktur durch Aufspaltung von Abteilungen, durch Gründung neuer, auch durch Verlagerung von Geräteentwicklungen in die Abteilungen. So gab es Anfang 1950 die Abteilungen für Biophysik, in der Lieselott Herforth arbeitete, für Biochemie, für Krebsforschung, für Pharmakologie und experimentelle Pathologie, für Genetik, für Geräteentwicklung und dazu die fest integrierte Geschwulstklinik, der alle Forschungsergebnisse und Entwicklungen zugute kamen und die insofern das Zentrum des ganzen Instituts bildete. 1952 hatte sich die Abteilung für Krebsforschung in zwei Abteilungen – für biologische und für chemische Krebsforschung – aufgespaltet, das „Labor Dornberger" war zu einer selbständigen Abteilung geworden, eine Abteilung für Mikrobiologie war entstanden, die Geräteentwicklungen waren nun den einzelnen Abteilungen zugeordnet; so wurden Zähleinrichtungen für radioaktive Strahlen im „Labor Herforth" der Abteilung Biophysik entwickelt. Gemeinsame Arbeiten wurden in diesem Jahr u. a. auf dem Gebiet der Cancerogenese von den Abteilungen für biologische Krebsforschung, Biophysik und vom Labor für organische Chemie durchgeführt. Da im „Labor Herforth" vorrangig zur Strahlenmessung mit Hilfe der Fluoreszenz- und später der Zählrohrmesstechnik und der Entwicklung dazu notwendiger Apparaturen gearbeitet wurde, da Strahlenmessung aber wichtig für alle Abteilungen war, ergaben sich die Wechselbeziehung zwischen diesem Labor und den Abteilungen ganz natürlich. Auf den von ihr besuchten „Isotopentagungen" in Frankfurt/Main konnte Lieselott Herforth feststellen, dass das Bucher Institut auf dem Gebiet der Zählrohr- und Szintillationsmesstechnik, was den künftigen Einsatz (auch künstlicher) radioaktiver Isotope in der Medizin, speziell in der Krebsdiagnostik und Krebstherapie, anbelangt, schon einen guten Stand hatte. Die wichtige neue Aufgabe des „Labors Herforth" für das Jahr 1953 hatte Walter Friedrich in der Begründung der Delegation Lieselott Herforths zur „Isotopentagung" in Frankfurt/Main 1952 bereits formuliert. Im „Zusammenfassenden Arbeitsbericht 1953" des „Labors Herforth", mit Datum vom 31. Dezember 1953, hieß es demgemäß, dass mit der „Themenstellung für das Labor" [...] „zwei verschiedene Ziele verfolgt werden", zum einen ging es um die „Schaffung und Verbesserung oder Entwicklung von Strahlungsmessgeräten und Zusatzapparaturen vornehmlich für radioaktive Strahlung (Isotopenforschung) und Röntgenstrahlung", zum anderen um die „Nutzbarmachung der quantitativen Fluoreszenzforschung in der Biologie und Medizin zur Klärung des Krebsproblems". Im Bericht wurde ausgeführt, dass „als Strahlungsmesser [...] verschiedene Zählrohre, der Kristallzähler und der Szintillationszähler vorgesehen" seien. Im einzelnen wurden dafür in Angriff genommen: die „Entwicklung von Spezialzählrohren und Zählrohrapparaturen zum Arbeiten mit radioaktiven Isotopen in der Medizin und wissenschaftlichen Forschung (wurde 1953 als Forschungsauftrag begonnen)", die „Herstellung und Untersuchung von Zinksulfid- und anderen Einkristallen zur Verwendung als Kristallzähler bzw. für Szintillationszähler", die „Messung schwächster Röntgenintensitäten mit dem Leuchtmassenzähler zur Schaffung des Röntgenquantenzählers und zur Verwendung in der Röntgenstrukturanalyse zur Ausmessung von Reflexpunkten auf nichtphotographischem Wege". Es wurde betont, dass „die Schaffung der Strahlungsmessgeräte [...] sowohl für das Institut Buch (Isotope) [...] als auch für die DDR von Bedeutung" sei, „da nach Abstimmung mit dem Arbeitskreis ‚Zählrohre' in der DDR mit der Industrie (Transformatorenwerk Dresden) gearbeitet wird". Beim Schwerpunkt „Klärung des Krebsproblems" arbeitete das „Labor Herforth" laut Bericht interdisziplinär und abteilungsübergreifend an folgenden Themen mit: „Verbleib cancerogener Kohlenwasserstoffe in Tierkörpern nach Betropfung bzw. Injektion, wobei als Methode zunächst die Fluoreszenzmessung benutzt wurde" – gemeinsam mit der Abt. Graffi; „Untersuchung der Cancerogenese in Transplantaten mit physikalischen Methoden, und zwar Untersuchungen zum Fett- und Lipoidstoffwechsel", ebenfalls zunächst mit der Methode der Fluoreszenzmessung –

gemeinsam mit Dr. Peter Schäfer, Abt. Pharmakologie. Ein weiteres Thema wurde gemeinsam mit Dr. Huber von der Geschwulstklinik bearbeitet. Dafür seien „alle vorbereitenden Messungen [...] abgeschlossen, so dass mit den Bestrahlungsversuchen begonnen werden“ könne, sobald der Klinik eine Dosierungsmöglichkeit zur Verfügung stehe. Lieselott Herforth schätzte ein, dass beide Arbeitsziele ihres Laboratoriums „von gleich großer Bedeutung“ seien und daher auch „gleich intensiv verfolgt“ würden.[136]

Kontakte Lieselott Herforths mit der Industrie in der Bucher Zeit

Die Kontakte mit der Industrie waren von zwei unterschiedlichen Arten. Zum einen ging es um den Kauf von Geräten, um deren Reparatur und um die Beschaffung von Ersatzteilen, zum anderen um Vertragsabschlüsse mit Betrieben zum Bau von im „Labor Herforth“ (oder in der Abteilung Biophysik oder im Institut für Medizin und Biologie) selbst ausgedachten oder entwickelten Geräten.

Gerade in den ersten Jahren konnten einige der dringend benötigten Geräte nur gegen Devisen im westlichen Ausland erworben werden, wie 1952 ein rotempfindlicher Elektronenvervielfacher (für 253 Westmark) und ein amerikanischer Sekundärelektronenvervielfacher bestimmten Typs, der „von einem derzeit in Schweden weilenden Kollegen aus der Geschwulstklinik dort gekauft werden“ konnte (für 89 Schwedische Kronen). Anderes, für den Fortgang der Arbeiten im „Labor Herforth“ dringend Benötigtes konnte von Firmen der DDR geliefert werden, so – ebenfalls 1952 – von der Chemischen Fabrik von Heyden in Radebeul bei Dresden bestimmte Leuchtstoffe, „die empfindlich für Röntgenstrahlen, Korpuskularstrahlen und UV-Licht sind“, oder 1954 eine „Probenwechselvorrichtung zum Spiegelmonochrometer“ vom VEB Carl Zeiss Jena.

Einige Beispiele für die zweite Art des Kontaktes zur Industrie:

Im April 1953 bahnte sich ein Erfahrungsaustausch auf dem Gebiet der Messung von Röntgen- und radioaktiven Strahlen zwischen dem „Labor Herforth“ und dem VEB Transformatoren- und Röntgenwerk Dresden (TuR) an. Es ging um den Bau von Miniatur-Zählrohren, an denen im „Labor Herforth“ gearbeitet wurde. Helmut Abel, Diplomand der Physik an der HUB bei Robert Rompe und Walter Friedrich, hatte unter der Anleitung von Lieselott Herforth für die medizinische Anwendung bestimmte Kleinst-Zählrohre zu bauen, die etwa durch eine Magensonde an die gewünschte Stelle gebracht werden konnten. Das Produktionsreifmachen und dann das Fertigen größerer Stückzahlen wurden vom Bucher Institut gewünscht. Über Kleinstzählrohre lagen im TuR derzeit zwar noch keine Erfahrungen vor, da der kleinste Durchmesser dort gefertigter Zählrohre bisher 8 mm betrug, im Entwicklungsprogramm des Betriebes war jedoch bereits vorgesehen, „bestimmte Untersuchungen über die Geometrie von Geiger-Zählrohren auch auf kleinere

Abmessungen auszudehnen". Dabei sollten nun die Wünsche aus dem „Labor Herforth" berücksichtigt werden. Der Entwicklungsingenieur Sieland und der Diplomand Abel wurden von Lieselott Herforth im Mai 1953 nach Dresden geschickt, um im TuR Einzelheiten zu besprechen.

VEB VEM Transformatoren- und Röntgenwerk Dresden

Dresden N 30, Overbeckstraße 48

Deutsche Akademie d.Wissen-
schaften zu Berlin
Inst.f.Medizin und Biologie
Abtl.Biophysik

z.Hd.v.Frau Dr.Herforth

Berlin-Buch
Lindenberger Weg 70

Ihre Zeichen	Ihre Nachricht vom	Unsere Nachricht vom	Unsere Zeichen	Tag
Dr.Herforth/Ng	9.4.53	-	RKR Fro/Ml	30.4.53

Betreff
Zählrohr-Entwicklung

Wir sind gern bereit, einen Erfahrungsaustausch auf dem Gebiete der Messung von Röntgen- und radioaktiven Strahlen mit Ihrem Institut zu realisieren und betrachten den angekündigten Besuch als Beginn einer laufenden Zusammenarbeit.

Der Besuch Ihrer beiden Mitarbeiter ist uns etwa Mitte Mai angenehm, da wir z. Zt. mit einer Umgruppierung im Labor belastet sind.
Wir bitten Sie, Ihre bisher entwickelten Zählrohre mitbringen zu lassen, da wir an einer technischen Beurteilung - insbesondere an einer genauen Bestimmung von Tot- und Erholungszeit - interessiert sind.

Miniatur-Zählrohre im üblichen Sinne sind bei uns bisher noch nicht hergestellt worden. Der kleinste Durchmesser unserer Rohre beträgt z.Zt. 8 mm; demnach können wir Ihnen keine speziellen Erfahrungen über Kleinst-Zählrohre übermitteln. Wir hatten allerdings in unserem Entwicklungsprogramm demnächst vorgesehen, bestimmte Untersuchungen über die Geometrie von Geiger-Zählrohren auch auf kleinere Abmessungen auszudehnen. Wir sind gern bereit, spezielle Wünsche Ihrerseits hierbei zu berücksichtigen. Ebenso sind wir imstande, jederzeit genaue Prüfungen und Messungen an Zählrohren aller Art vorzunehmen mit Ausnahme der Bestimmung des Wirkungsgrades bei Alpha- und Betastrahlen.

Wir bitten Sie, uns den gewünschten Zeitpunkt Ihres Besuches rechtzeitig mitzuteilen.

Hochachtungsvoll

VEB VEM
Transformatoren- und Röntgenwerk Dresden

(Beger)
Technischer Direktor R

(Protz)
Chefkonstrukteur R

Abb. III.8: Brief von TuR, Zählrohrentwicklung betreffend, 30.4.1953

Im Juni 1954 teilte das Transformatoren- und Röntgenwerk Frau Dr. Herforth mit, dass es „nach wie vor“ an ihren „Entwicklungs- und Forschungsergebnissen stark interessiert“ sei, und dass es „als die industrielle Fertigungsstelle der DDR auf dem Gebiet der radiologischen Messtechnik alle Möglichkeiten wahrnehmen“ möchte, „die Arbeitsergebnisse der wissenschaftlichen Institute einer wirtschaftlichen Nutzung zuzuführen“; konkret ging es diesmal um ein tragbares Zählrohrgerät. Auch der VEB Carl Zeiss Jena bekundete an der Entwicklung der in Berlin-Buch entworfenen Zählrohrgeräte großes Interesse, wie Professor Paul Görlich, Wissenschaftlicher Hauptleiter, am 2. März 1954 an Lieselott Herforth schrieb. Am 29. März 1954 fuhren Lieselott Herforth und Entwicklungsingenieur Sieland nach Jena. Dabei wollten sie – mit der dafür nötigen Genehmigung des Ministeriums für Maschinenbau – auch das Kristall-Laboratorium des VEB Carl Zeiss besuchen, wurde doch über Einkristall-Züchtung auch im „Labor Herforth“ gearbeitet. Am 2. Oktober 1954 teilte der VEB Carl Zeiss Jena mit, dass die Konstruktion des von ihrem Bucher Labor „entworfenen Strahlungsmessgerätes vorbereitet“ und „die Vorarbeiten so weit vorangetrieben“ seien, „dass ein gewisser Abschluss erreicht wurde“. Von Buch müssten allerdings rasch „noch ausstehende versprochene Unterlagen“ geliefert werden. Unabhängig von Fertigungsaufträgen blieb Lieselott Herforth mit Professor Paul Görlich in ständigem Kontakt, da sie der 1954 gegründeten und von Görlich geleiteten Arbeitsgruppe „Photoelektronik“ angehörte. Ein Tagungsordnungspunkt der Sitzung der Arbeitsgruppe am 17. Juni 1954 war die „Diskussion über Sekundärelektronenvervielfacher“; solche Vervielfacher betrafen direkt auch den Bedarf des „Labors Herforth“.[137]

Kontakte pflegte Lieselott Herforth auch zu Hochschulen und Instituten, natürlich zur HUB, an der sie Habilitationsaspirantin war: 1949 trug sie über Arbeiten von Kallmann und seinen Mitarbeitern auf dem Laue-Kolloquium der HUB vor. Im Physikalischen Kolloquium der Universität Leipzig hatte sie, ebenfalls 1949 (am 13. Dez.), „Über Anregung von Leuchtstoffen mit radioaktiven Teilchen“ gesprochen. Durch ihren Mitarbeiter Krumbiegel, der im Februar 1952, nachdem er am Physikalischen Institut der Universität Leipzig diplomiert hatte, in ihrem Labor vorerst mit Kristallzüchtung betraut wurde, hatte Lieselott Herforth Kontakt zu Professor Ilberg, dem Direktor des Leipziger Physikalischen Instituts. Am 25. November 1952 hielt sie wieder einen Vortrag im Leipziger Physikalischen Kolloquium; sie sprach 45 Minuten über „Radioaktive Isotope und ihre Verwendung“ und 15 Minuten über „Radioaktive Messungen an Hauttransplantaten mit dem Leuchtmassenzähler“, gefolgt von ihrem Bucher Kollegen Dr. phil. et med. Peter Schäfer, der 30 Minuten über das Gefäßgeschehen in Hauttransplantaten referierte. Lieselott Herforth hatte Professor Ilberg gebeten, auch die medizinische Fakultät zu den Vorträgen einzuladen. Professor W. Lahm, Strahlenklinik und Röntgeninstitut Karl-Marx-Stadt, war an einem Vortrag von ihr interessiert; im Oktober 1954 sprach sie dort über „Künstlich radioaktive Isotope und ihre Verwendung“. Im April 1954 sandte sie das laufende Arbeitsprogramm ihres Labors an Professor Paul Kunze, Physikalisches Institut der Universität Rostock, – der später einmal ein Kollege von ihr in Dresden sein würde.[138]

Letzte Aktivitäten Lieselott Herforths in ihrem Bucher Laboratorium

Seit 1950 waren umfangreiche Anbauten und Neubauten auf dem Bucher Gelände geplant und durchgeführt worden. Der Umzug des „Labors Herforth" nach dem „Neutronenhaus" erfolgte am 29. Juni 1953.[139] Zu ihrem Labor gehörten zuletzt 14 wissenschaftliche und technische Kräfte. In Berlin-Buch wurden unter ihrer Anleitung Diplomarbeiten erarbeitet, Dissertationsschriften begonnen und Publikationen geschrieben: 1953 die Diplomarbeit von Helmut Abel zu „Bau und Arbeitsweise von Kleinstzählrohren" und 1954 die von Manfred Leistner über „Absoluteichung radioaktiver Präparate mit dem 4 π-Zähler", beide waren Absolventen der HUB. Manfred Leistner veröffentlichte zum mit der Diplomarbeit eröffneten Themenkreis 1955 drei Arbeiten in renommierten Fachzeitschriften. Johannes Krumbiegel, der 1952 Mitarbeiter im „Labor Herforth" geworden war, publizierte 1954 über seine „Untersuchungen an Zinksulfid-Kristallen", und Herbert Winter, mit dem sie gemeinsam an einem Buch über Ultraschall arbeitete, stellte 1954 im „Archiv für physikalische Therapie" „Ein neues Hilfsgerät zur mikroskopischen Untersuchung von biologischen und chemischen Vorgängen im Ultrschallfeld" vor.[140] Ende Dezember 1954 verließ Lieselott Herforth das Bucher Institut, wohl rascher als zunächst von ihr geplant. Seit September 1953 nahm sie einen Lehrauftrag an der Universität Leipzig wahr und seit 1. September 1954 war sie dort – nach der Habilitation – Dozentin, nun hauptamtlich an der KMU. Mit der DAW hatte sie einen Werkvertrag abgeschlossen, sie leitete (nebenamtlich) weiterhin vollverantwortlich die Arbeiten ihres Bucher Laboratoriums. Ab September 1954 begannen nach einem festliegenden Themenplan im vierzehntägigen Abstand die „Laborvorträge" der wissenschaftlichen Kräfte des „Labors Herforth", das waren neben ihr derzeit die Herren Krumbiegel, Sieland, Winter, Leistner. In der Woche ohne „Laborvortrag" fand bei Wunsch eine allgemeine Schulung der technischen Kräfte statt. Aus zwingenden gesundheitlichen Gründen gab sie „ihr Labor" in Berlin-Buch schweren Herzens auf. Der Termin für ein Ausscheiden war insofern günstig, als zum 1. Januar 1955 alle bestehenden Werkverträge mit der DAW gekündigt und durch Teilarbeitsverträge ersetzt wurden; Lieselott Herforth wurde eine halbe Stelle an der Akademie angeboten. Gleichzeitig wurde die innere Gliederung des Instituts für Medizin und Biologie umstrukturiert. Fast zeitgleich mit Lieselott Herforth schied ein weiterer Laborleiter aus (Dr. Kölle), und das Botanische Labor wurde durch die Biochemie übernommen. An die Stelle der „Abteilungen" traten „Arbeitsbereiche".

Nach dem neuen Statut des Instituts für Medizin und Biologie wurde die Abteilung Biophysik in den umfassenderen „Arbeitsbereich Physik“ integriert. Die Laboratorien, in denen die im Forschungsplan des Instituts festgelegten Themen bearbeitet werden sollten, wurden neu aufgegliedert. Unter den nun 15 Laboren sind das „Fluoreszenz-Labor“ und das „Zählrohr-Labor“, aber das „Labor Herforth“ in seiner bisherigen Struktur bestand nicht weiter.[141] Zu Walter Friedrich blieb Lieselott Herforth in Kontakt. Briefe an ihn unterzeichnete sie mehrfach als „dankbare Schülerin“ oder ähnlich.[142] Wie sie später einmal sagte, habe sie vieles von Walter Friedrich gelernt, so die hohe Bedeutung der Dosismessung in der Strahlentherapie, die Einheit von Wissenschaft und Praxis, die Einheit von wissenschaftlichem und gesellschaftlichem Arbeiten. Stets förderte Walter Friedrich seine Schüler uneigennützig, – und auch darin war er ihr Vorbild für das eigene spätere Wirken.

Lieselott Herforths Leipziger Zeit von 1954-1960

1. Zum gesellschaftlichen Hintergrund seit 1955[143]

Mit den Pariser Verträgen, die am 5. Mai 1955 in Kraft traten, wurde die BRD fest in die Westeuropäische Union und ihr Verteidigungsbündnis, die NATO, eingebunden. Seit Oktober 1955 war Franz Josef Strauß in der BRD Minister für Atomfragen, ihm stand seit Anfang 1956 die „Deutsche Atomkommission" als Beirat zur Seite. Gegen die atomare Bewaffnung der Bundeswehr protestierten namhafte westdeutsche Kernphysiker mit ihrer „Göttinger Erklärung"[144]. Ein Jahr später, am 25. März 1958, stimmte der deutsche Bundestag, nach langer, kontrovers geführter „Wehrdebatte", mehrheitlich der atomaren Ausrüstung der Bundeswehr im Rahmen der NATO zu.

Am 11. Mai 1955 unterzeichneten die Regierungschefs der UdSSR, Albaniens, Bulgariens, der CSR, der DDR, Polens, Rumäniens und Ungarns in Warschau den Vertrag über Freundschaft, Zusammenarbeit und gegenseitigen Beistand, den „Warschauer Vertrag". Am 18. Januar 1956 beschloss die Volkskammer der DDR das Gesetz über die Bildung der Nationalen Volksarmee (NVA), die zunächst eine Freiwilligenarmee war.

Vom 1. bis 5. Juli 1955 fand in Moskau die „Internationale Konferenz zur friedlichen Nutzung der Atomenergie" statt, organisiert von der AdW der UdSSR. 2000 Teilnehmer aus Ost und West diskutierten in großer Offenheit. Aus der DDR nahmen Eberhard Leibnitz aus Leipzig, Wilhelm Macke und Heinz Barwich aus Dresden teil. Der Moskauer Konferenz folgte vom 8. bis 20. August 1955 die von der UNO organisierte I. Genfer Atomkonferenz mit ebenfalls etwa 2000 Teilnehmern; die „II. Internationale Konferenz für friedliche Anwendung der Atomenergie" fand im September 1958 statt, wieder in Genf, diesmal mit über 6000 Teilnehmern, darunter war eine 35 Mitglieder zählende Beobachter-Gruppe aus der DDR, die von Heinz Barwich geleitet wurde und zu der auch Lieselott Herforth gehörte[145].

Die Erwartung in die energetische Nutzung der Kernkraft war derzeit international sehr hoch. Schon im Juni 1955 hatten die Außenminister der sechs Staaten der

Montanunion zum Aufbau einer leistungsfähigen kernenergetischen Industrie die Bildung der „Europäischen Gemeinschaft für Atomenergie“ (Euratom) beschlossen. Nachdem Ende April 1955 das „Abkommen über die Hilfeleistung der Union der Sozialistischen Sowjetrepubliken an die Deutsche Demokratische Republik bei der Entwicklung der Forschungen auf dem Gebiet der Physik des Atomkerns und der Nutzung der Atomenergie für die Bedürfnisse der Volkswirtschaft“ abgeschlossen worden war, bot sich für die DDR die Möglichkeit, ihr zukünftiges Energieproblem auch mit Hilfe von AKW zu lösen. Eine erste personelle Basis für dieses Vorhaben bildeten die deutschen Wissenschaftler, Techniker und Facharbeiter der Kernforschung, die nach dem 2. Weltkrieg als Spezialisten in der UdSSR gearbeitet hatten und die nun im Frühjahr/Sommer 1955 zurückkamen – nach früherer vereinzelter Rückkehr seit 1952, etwa von Werner Holzmüller und Robert Döpel, die Professoren an der Univ. Leipzig bzw. an der Hochschule für Elektrotechnik Ilmenau wurden. Etliche von ihnen ließen sich dauerhaft in der DDR nieder, wie Max Steenbeck, Manfred von Ardenne, Gustav Hertz, Adolf Thiessen, Carl Friedrich Weiss, Heinz Barwich, Heinz Pose. Für die Zurückgekehrten gab die DAW am 16. April 1955 einen festlichen Empfang an der TH Dresden, in den Räumlichkeiten der ABF am Weberplatz.

Am 10. November 1955 wurde beim Ministerrat der DDR in Berlin der „Wissenschaftliche Rat für friedliche Anwendung der Atomenergie“ (im folgenden kurz: „Wissenschaftlicher Rat“) gegründet, an seiner Spitze stand Gustav Hertz, sein Stellvertreter war Robert Rompe, und als Sekretär fungierte Karl Rombusch. Im Februar 1956 konstituierte sich der Fachausschuss „Kerntechnik“ im „Fachverband Energie“ der Kammer der Technik der DDR unter dem Vorsitz von Josef Schintlmeister, Professor mit Lehrstuhl für Experimentelle Kernphysik an der TH Dresden.

Am 26. März 1956 wurde in Dubna das „Vereinigte Internationale Kernforschungszentrum des RGW“ (VIK) eröffnet. Regelmäßig tagte in Dubna der „Gelehrtenrat“; dessen DDR-Delegation wurde von Gustav Hertz geleitet. Auf der Tagung des „Wissenschaftlichen Rates“ am 15. Dezember 1956 in Dresden erstattete Heinz Barwich den Bericht der DDR-Delegation über das Treffen in Dubna, Fritz Selbmann sprach über die Vorarbeiten zum ersten AKW der DDR; über den Aufbau der Fakultät Kerntechnik an der TH Dresden informierte deren Dekan Wilhelm Macke. Tagungen des „Wissenschaftlichen Rates“ fanden in der Regel zweimal jährlich statt. Wie wichtig der Regierung der DDR die Meinung kompetenter Wissenschaftler war, zeigte sich z. B. darin, dass sich Ministerpräsident Otto Grotewohl Ende April 1957 mit den acht Physikern Gustav Hertz, Walter Friedrich, Hans Ertel, Max Steenbeck, Adolf Thiessen, Joachim Born, Robert Rompe und Max Vollmer über Möglichkeiten zur Abwendung der Atomkriegsgefahr beriet. Im März 1959, auf der 10. Tagung des „Wissenschaftlichen Rates“, wurde der Bericht über die „Entwicklung der Forschungstätigkeit im Bereich der Kernforschung und Kerntechnik“ vorgelegt.

Eine wissenschaftlich-technische Großtat war der Start von Sputnik I am 4. Oktober 1957, dem bereits am 3. November 1957 Sputnik II mit der Hündin Leika an Bord folgte, und am 12. April 1961 umkreiste der Kosmonaut Juri Alexejewitsch Gagarin als erster Mensch im Raumschiff Wostok I in wenig mehr als 100 Minuten die Erde. Die Sowjetunion hatte damit erneut ihre hohe Leistungsfähigkeit auf dem Gebiet sehr forschungsintensiver Technologien unter Beweis gestellt. Der „Sputnik-Schock“ in der westlichen Welt führte dort, insbesondere in den USA, zu verstärkten Aktivitäten in der Raketen- und Weltraumforschung, in der BRD etwa auch zur Neugründung von Hochschulen.[146]

Nachdem die westliche Politik der Stärke und des „Roll back“ zunächst gescheitert war, wurde im November 1959 zwischen den USA und der UdSSR ein Abkommen über die Zusammenarbeit bei der Entwicklung gesteuerter thermonuklearer Reaktionen geschlossen.

Im Juli 1957 war unter dem Dach der UNO die Internationale Atomenergie-Agentur (IAEA) mit den Ressorts Technische Zusammenarbeit, Kernenergie, Nukleare Sicherheit, Kernforschung und ihre Anwendungen gegründet worden, die ihren ständigen Sitz in Wien hatte. Ihr gehörte die DDR seit 1973 als Mitgliedsstaat an; Volkmar Schuricht, ein Schüler von Lieselott Herforth aus der Dresdner Zeit, sollte hier später für mehr als zehn Jahre erfolgreich tätig sein.

2. DIE HABILITATION VON LIESELOTT HERFORTH AN DER UNIVERSITÄT LEIPZIG

Die uneigennützige Förderung der Mitarbeiterin Lieselott Herforth zeigte sich frühzeitig darin, dass Walter Friedrich ihr – wie auch Käthe Dornberger – die Habilitationsaspirantur an der HUB ermöglichte. Die Habilitationsarbeit von Käthe Dornberger gehörte bereits 1951 zu den Publikationen des Instituts für Medizin und Biologie. Lieselott Herforth hatte ihre Aspirantur am 1. Mai 1949 angetreten, ihre Habilitation stand 1953 an. Damit war sie erneut an einer Gabelung ihres Berufsweges angelangt: Sollte sie in Berlin bleiben – oder wurde sie anderswo nötiger gebraucht?

Das Leipziger Physikalische Institut und Waldemar Ilberg

Lieselott Herforth hatte den wissenschaftlichen Kontakt zur Universität Leipzig, der durch ihre Tätigkeit 1943/44 bei Gerhard Hoffmann entstanden war, nie ganz abreißen lassen – durch ihre erste Veröffentlichung 1947, durch gelegentliche Vorträge im Physikalischen Kolloquium seit 1949, durch die Einbeziehung eines jungen Leipziger Diplomanden (Johannes Krumbiegel) in ihr Bucher Laboratorium, durch Rücksprachen mit Waldemar Ilberg, Publikationen betreffend. Für sich – und sicher nach gründlicher Beratung mit ihrem Vater – hatte sie entschieden, dass ein Weggang von Berlin nach Leipzig günstig wäre. Sie hatte 1944 ein bereits durch Bomben schwergeschädigtes Leipziger Physikalisches Institut, einen ausgebombten und gesundheitlich angeschlagenen, sanatoriumsbedürftigen Institutsdirektor verlassen und war in ihrer Leipziger Wohnung selbst ausgebombt. Acht Jahre nach dem Ende des Krieges war das Leipziger Institut wieder auf einem guten Weg. Der Zustand, dass sich die Physik mit ihren Hörsälen, Laboratorien und Arbeitsräumen provisorisch auf vier Standorte verteilte und zwischen je zwei von diesen ein bis zwei Kilometer zurückzulegen waren, näherte sich dem Ende. Am 1. Sept. 1953 konnte der erste Bauabschnitt des neuen Physikalischen Instituts übergeben werden, mit dem Großen Hörsaal für Experimentalphysik (mit 500 Plätzen) und der dazugehörenden Technik, der Vorlesungswerkstatt, der Bücherei und einer Anzahl von Labor- und Verwaltungsräumen. Zu diesem Zeitpunkt trug die Universität bereits den Namen „Karl-Marx-Universität" (KMU), der ihr am 5. Mai 1953 verliehen worden war.[147] Der Neuaufbau des Leipziger Physikalischen Instituts ist unauslöschlich mit dem Namen „Waldemar Ilberg" verknüpft, seinem ersten Nachkriegsdirektor nach vorübergehendem Provisorium.

Waldemar Ilberg (*29. Januar 1901 Leipzig, †2. November 1967 Berlin, Herzinfarkt bei einer Dienstreise) hatte an der Universität Leipzig Mathematik, Physik und Astronomie studiert, dort 1925 bei Otto Wiener promoviert und – nach einer Assistentenzeit in Leipzig – von 1929 bis 1945 bei der Telefunken GmbH in Berlin als Laboratoriumsleiter auf den Gebieten Bildtelegraphie und Fernsehen gearbeitet. Nach dem 2. Weltkrieg kehrte er an das fast völlig zerstörte Physikalische Institut der Universität Leipzig zurück. Er wurde erst zum plm. ao., dann zum Professor mit vollem Lehrauftrag für Elektrophysik und schließlich am 1. Januar 1951 zum ord. Professor für Experimentalphysik berufen. Damit wurde er auch Direktor des Physikalischen Instituts, an dessen Spitze er bereits seit 1947 kommissarisch stand. Die Leitung der Fachrichtung Physik und die Verantwortung für die Ausbildung in Physik lagen in seiner Hand. Sein Bestreben war von Anfang an, eine wieder in einem Gebäudekomplex konzentrierte Heimstatt für die Leipziger Physik zu schaffen; die Leistung, die er dabei in der ersten Hälfte der 50er Jahre vollbrachte, ist kaum zu überschätzen. Die Experimentalphysikvorlesung baute er „im Stil seiner Vorgänger Peter Debye und Gerhard Hoffmann"[148] als große und dank seines Vortrages beeindruckende Vorlesung auf, für die er nach und nach mit seinen Mitarbeitern einen Fundus von rund 1000 Experimenten erarbeitete. Als Hochschullehrer hat er sich besondere Verdienste um die Neugestaltung der Lehrerbildung und damit beim Aufbau des Bildungs- und Erziehungswesens der DDR erworben. Er wurde mit dem Vaterländischen Verdienstorden und anderen hohen Auszeichnungen geehrt.

Die Habilitation

Am 18. Mai 1953 forderte der Dekan der Math.-Nat. Fakultät der HUB Lieselott Herforth auf, „die für die Habilitation nötigen Unterlagen beim Dekanat einzureichen". Er erklärte sich bereit, „auf Vorschlag von Herrn Prof. Friedrich bzw. Prof. Steinitz [...] auf die Sonderanfertigung einer Habilitationsarbeit angesichts der zahlreichen Publikationen", die von ihr bereits vorlagen, zu verzichten.[149] Kurz nachdem Lieselott Herforth diesen Brief erhalten hatte, fragte sie bei Professor Ilberg an, ob ihre Habilitation an der Leipziger Fakultät möglich und gewünscht wäre. Am 29. Mai signalisierte ihr Ilberg, dass „die Math.-Nat. Fakultät grundsätzlich bereit" sei, ein von ihr „zu stellendes Habilitationsgesuch entgegenzunehmen", ebenfalls unter Erlass der Habilitationsschrift.[150] Und am Tag darauf, am 30. Mai 1953, brachte Professor Ilberg seinerseits ein Anliegen vor, indem er sie fragte, ob sie „unabhängig von dem Vorhaben einer evtl. Habilitation" bereit wäre, „im kommenden Herbstsemester am Physikalischen Institut eine etwa zweistündige Vorlesung, gegebenenfalls als Lehrbeauftragte, aus dem Gebiet der Physik zu übernehmen". „Es würde sich um eine sogenannte Spezialvorlesung handeln, für deren Thema der Studienplan einen sehr weiten Spielraum lässt. Ich könnte mir z. B. denken, dass Sie aus dem Gebiete der Strahlungsphysik oder auch der Festkörperphysik ohne besondere Mühe etwas bringen könnten."[151] Dabei sollte erwähnt werden, dass der wissenschaftliche Oberassistent Dr. Christian Fischer[152] am Leipziger Institut seit 20. März 1953 abwesend war. Er hatte eine vorsorgliche Kündigung zum Semesterschluss ausgesprochen und das Staatssekretariat für Hochschulwesen gebeten, einer von ihm beabsichtigten Übersiedlung nach Westdeutschland zuzustimmen und schien sich schon dorthin begeben zu haben. Am 25. März 1953 hatte Professor Ilberg, der derzeit auch Dekan der Math.-Nat. Fakultät war, dem Rektor der Universität Leipzig mitteilen müssen, dass „die Vorlesung des Herrn Dr. Fischer über Atomphysik [...] zunächst" ausfallen werde, „da eine geeignete Vertretung noch nicht gefunden werden konnte".[153] Da kamen der Kontakt zu Lieselott Herforth und deren offensichtlicher „Wechselwunsch" zur rechten Zeit. Möglicherweise war ihr die Vakanz bereits bekannt, denn Christian Fischer war im Krieg Assistent bei Gerhard Hoffmann, und sie hatte ihn in ihrer „ersten Leipziger Zeit" kennengelernt. Natürlich hielt Waldemar Ilberg als Dekan und Direktor des Physikalischen Instituts zunächst Rücksprache mit Professor Friedrich, ihrem direkten Vorgesetzten am Bucher Institut, übrigens nicht ohne vorher ihr Einverständnis dazu eingeholt zu haben.[154] Am 10. Juli 1953 antwortete ihm Walter Friedrich: „Mit dem Wunsche Fräulein Dr. Herforths, sich in Leipzig zu habilitieren, bin ich einverstanden. Gleichzeitig bin ich einverstanden mit dem Halten von Vorlesungen im Rahmen eines Lehrauftrages. [...] Sie [...] hat bereits eine Reihe von Arbeiten, die sie Ihnen sicher vorgelegt hat, veröffentlicht. Ich, wie auch die Math.-Nat. Fakultät der Humboldt-Universität halten diese wissenschaftliche Tätigkeit für eine Habilitation für ausreichend. Ich bin Ihnen sehr dankbar, dass Ihre Fakultät Fräulein Dr. Herforth die Habilitation in Leipzig ermöglichen kann. In Berlin haben wir die Physik schon mit einer größeren Anzahl von jungen Leuten belegt, so dass es meiner Ansicht nach zweckmäßig ist, die Fakultät in Leipzig zu unterstützen. [...]". Friedrich erwähnte auch, dass es ihr nicht möglich gewesen sei, „ihre eigentliche Habilitationsarbeit durchzuführen, da die notwendigen apparativen Hilfsmittel von der Industrie nicht geliefert werden konnten." Der Dekan der Math.-Nat. Fakultät der HUB, Professor Franck, wurde von Walter Friedrich „im Sinne der vorstehenden Zeilen verständigt".[155]

Lieselott Herforth war zu der Zeit Autorin oder Mitautorin der folgenden – bereits erschienenen (1.-7.), eingereichten (8.-12.) oder fertiggestellten (13.-14.) – Arbeiten:

1. Messungen sehr geringer Ionisationen mit der Strömungsionisationskammer nach G. Hoffmann, in: Ann. Physik 1, 251-260 (1947)[156]
2. (mit Broser, Kallmann, Ursula Martius): Über den Elementarprozess der Lichtanregung von Leuchtstoffen III: Die Anregung des Naphthalins, in: Zs. Naturf. 3a, 6-15 (1948)
3. (mit Kallmann): Die Fluoreszenzanregung von festem und flüssigem Naphthalin, Diphenyl und Phenanthren durch Alphateilchen, schnelle Elektronen und Gammastrahlen, in: Ann. Physik 4, 231-245 (1949)
4. Zur Fluoreszenzanregung organischer Substanzen durch Alphateilchen und Gammastrahlen, in: Ann. Physik 7, 312-320 (1950)
5. (mit P. Schäfer): Vaskularisationsmessungen an Hauttransplantaten mit dem Leuchtmassenzähler, in: Naturwiss. 38, 505-506 (1951)
6. Fluoreszenzmessungen an kanzerogenen Substanzen bei Anregung mit UV-Licht, in: Archiv f. Geschwulstforsch. IV, 30-44 (1952)
7. (mit P. Schäfer): Bestimmung des Verlaufs der Revaskularisation von Hauttransplantaten durch radioaktive Messungen mit dem Leuchtmassenzähler, in: Archiv f. exper. Path. u. Pharmakol. 216, 317-322 (1952)
8. (1952) Künstlich radioaktive Isotope und ihre Verwendung (Wiss. Annalen)
9. (1952, mit G. Thur): Ein Hautzerkleinerungsgerät als Hilfsmittel bei biologischen Arbeiten (Biologisches Zentralblatt)
10. (1952, mit D. Rosahl): Zur Fluoreszenz organischer Substanzen bei Anregung mit schnellen Elektronen und Gamma-Strahlen unter besonderer Berücksichtigung der Konstitutionsspezifität (Ann. Physik)
11. (1953, mit A. Graffi, E. J. Schneider, Krischke): Zur quantitativen Bestimmung fluoreszenzfähiger cancerogener Substanzen in tierischen Geweben. I. Mitteilung: Menge und Verweildauer fluoreszenzfähiger Benzpyrene in der Mäusehaut nach Betropfung

12. (1953, mit J. Krumbiegel): Einige Beobachtungen an Cadmiumsulfid-Kristallen (Naturwiss.)
13. (mit J. Krumbiegel): Beobachtungen an Cadmiumsulfid-Kristallen (ausführliche Erweiterung der vorgenannten Arbeit)
14. (mit Huber): Bestimmung des SS-SH-Umsatzes mit Hilfe von Fluoreszenzmessungen mit dem Sekundärelektronenvervielfacher

Sie hatte fünf Vorträge außerhalb des Bucher Instituts gehalten, darunter waren die beiden bereits genannten, im Physikalischen Kolloquium der Universität Leipzig am 13. Dez. 1949 und am 25. Nov. 1952 gebotenen, und der vom Laue-Kolloquium der HUB 1949: „Arbeiten von Kallmann-Warminsky, Broser-Kallmann-Warminsky und von Frerichs und Mitarbeitern über CdS aus den Jahren 1948/49“.[157]

Da Lieselott Herforth nach ihrer Habilitation Forschung und Lehre miteinander verbinden würde, war es durchaus wichtig, dass sie in ihrem Antrag die Lehraufgaben nannte, die sie während des Krieges an der TH Berlin und an den Universitäten Leipzig und Freiburg wahrgenommen hatte.[158]

In seinem Gutachten vom 3. November 1953 führte Professor Ilberg zu den vorgelegten Arbeiten, die sich alle „auf Aufgabenstellungen aus dem Gebiet der Strahlungsphysik beziehen“, u. a. aus, dass sie „vorwiegend experimenteller Natur“ seien und „die Befähigung der Verfasserin erkennen“ ließen, „geschickt und sauber zu experimentieren“. „Die Veröffentlichungen zeichnen sich durch übersichtliche, klare Disposition aus und sind daher leicht lesbar. Sie bilden eine wertvolle Bereicherung der wissenschaftlichen Erkenntnis hauptsächlich auf dem wichtigen Grenzgebiet zwischen Physik und Biologie. Es kann empfohlen werden, die Gesamtheit der eingereichten Schriften als Habilitationsunterlage gelten zu lassen.“[159] Dieser Beurteilung schloss sich Professor Bernhard Kockel vom Theoretisch-Physikalischen Institut der KMU an. Die Einschätzung ging am 10. November an den Lehrkörper der Math.-Nat. Fakultät zur Kenntnisnahme und mit der Aufforderung, eventuelle Änderungswünsche oder Einwendungen vorzubringen. Äußerungen gab es keine;[160] unter den 15 Unterschriften sind die des Mathematikers Ernst Hölder, des jungen Philosophen und Lehrbeauftragten Lothar Striebing und des Versicherungsmathematikers Felix Burkhardt, wobei der letztgenannte in den 20er/30er Jahren und in der Kriegszeit eng mit der TH Dresden verbunden war und dort gelehrt hatte, während Lothar Striebing später als Professor an der TU Dresden ein Kollege Lieselott Herforths sein würde.

Um diese Zeit, im November 1953, war Lieselott Herforth wohl für niemanden aus dem Lehrkörper der Physik mehr eine Fremde, hatte sie doch bereits einige Monate als Lehrbeauftragte Vorlesungen an der KMU gehalten. Entsprechend schnell verlief nun alles übrige: Am 14. November erhielt sie die Mitteilung, dass sie zu den weiteren Habilitationsleistungen zugelassen sei und ihr Habilitationskolloquium am 25. November um 15.15 Uhr beginnen werde. Dazu hatte sie der Fakultät „ein nicht zu speziell gefasstes Thema für einen ca. 20 Minuten dauernden, frei zu haltenden Vortrag" mitzuteilen, „der sich mit den als Habilitationsschrift anerkannten Arbeiten nicht überschneiden" dürfe „und wissenschaftliche Fragestellungen zulassen" müsse. Lieselott Herforth sprach zum Thema „Fluoreszenz organischer Substanzen und chemische Konstitution".[161] Eine Woche später, am 2. Dezember 1953, fand um 12 Uhr die öffentliche Probevorlesung zum Thema „Kernreaktionen (Grundlegendes, Energetik, Ausbeute)" statt, die „sich durch Übersichtlichkeit der Gliederung und durch klare Darstellung" auszeichnete. Nach „übereinstimmender Ansicht der anwesenden Fakultätsmitglieder" hatte Lieselott Herforth „mit diesem Vortrag ihre Lehrbefähigung zur vollen Zufriedenheit erwiesen" und es wurde beschlossen, ihr die „venia legendi für Strahlungsphysik" zu erteilen.[162] Schon zu diesem Zeitpunkt stand fest, dass die Universität Leipzig für sie den Antrag auf eine Dozentur stellen würde.[163] Noch war Lieselott Herforth jedoch Lehrbeauftragte und hauptamtlich weiter in ihrer bisherigen Funktion als Laborleiterin am Institut für Medizin und Biologie in Berlin-Buch tätig. Im Juli 1954 teilte die Kaderabteilung des Staatssekretariats für Hochschulwesen der Kaderabteilung der DAW mit, dass die Math.-Nat. Fakultät der KMU die Ernennung von Dr. Herforth zur Dozentin für Strahlungsphysik mit Wirkung vom 1. September 1954 beantragt habe und bat um ein kaderpolitisches Gutachten.[164] In diesem Gutachten vom 9. August 1954 war über sie zu lesen: „In ihrer Eigenschaft als wissenschaftliche Mitarbeiterin gehört sie zu unseren befähigtsten jungen Nachwuchskräften. Ihre Tätigkeit erstreckt sich in der Hauptsache auf das Gebiet der Zählerrohraggregate für Strahlungsmessung. Ihre Ergebnisse auf diesem Gebiet haben zur Einrichtung und Einarbeitung eines leistungsfähigen Spezial-Laboratoriums geführt. Ihre Veröffentlichungen haben in Wissenschaftlerkreisen Beachtung und Anerkennung gefunden. Frl. Dr. Herforth stammt aus bürgerlichen Kreisen. Ihr Vater ist Schriftsteller. Frl. Dr. Herforth war früher politisch nicht organisiert und ist auch heute noch parteilos, jedoch ist es uns bekannt, dass Frl. Dr. Herforth in ihrer Einstellung zu unserem Staat sehr fortschrittlich ist."[165]

3. DOZENTIN AN DER KMU LEIPZIG

Mit Urkunde vom 21. August 1954 wurde Lieselott Herforth vom Staatssekretariat für Hochschulwesen zum 1. September 1954 als Dozentin für Strahlungsphysik an die KMU berufen.[166] Als Dozentin musste sie laut Vorschrift am Ort der Lehrtätigkeit ansässig sein, die Zuzugsgenehmigung nach Leipzig erhielt sie ohne Probleme, da sie – mit Befürwortung von Professor Friedrich – eine Tauschwohnung in Berlin-Buch hatte, nämlich die bisherige der Familie Herforth am Lindenberger

Weg, und in ihrem Bucher Kollegen Sieland auch den geeigneten Tauschpartner in Leipzig. Wie die Berliner war die Leipziger eine Zweieinhalb-Zimmer-Wohnung. Da der Vater seit langem krank war, blieb die Tochter der Hauptemährer der kleinen Familie, die am 2. August 1954 gemeinsam nach Leipzig zog; neue Adresse war Leipzig-Gohlis, Bleichertstraße 26 c. Zum Arbeiten erhielt die Physikerin zwei Räume in der Brüderstraße in Leipzig zugewiesen, die auch Platz für die zwei Assistenten boten, die sie aus Berlin-Buch mitbringen wollte. (Einer der beiden war ihr „erster Diplomand" Helmut Abel, der 1954 das Diplom als Physiker an der HUB erworben hatte; er entschloss sich dann doch, in Berlin zu bleiben.) Im September 1954 nahm sie ihre Lehrveranstaltungen auf, Forschungsaufträge waren bereits im Juni/Juli mit ihr abgesprochen worden. Neben Lehre und Forschung an der KMU blieb sie als Leiterin voll verantwortlich für ihr Bucher Laboratorium und war gemäß dem mit der DAW abgeschlossenen Werkvertrag verpflichtet, an zwei ganzen Arbeitstagen in Buch anwesend zu sein, um ihre Aufgaben vor Ort wahrnehmen zu können. Bereits seit September 1953 pendelte sie nun regelmäßig zwischen Berlin und Leipzig. Im Herbst 1954 zeigte sich, dass sie den Belastungen gesundheitlich nicht mehr gewachsen war, ihre starken und schmerzhaften rheumatischen Beschwerden häuften sich; auf dringendes ärztliches Anraten kündigte sie den Werkvertrag mit der Akademie zum 31. Dezember 1954.[167]

An der KMU las Lieselott Herforth „Lumineszenz", „Gasentladungsphysik", „Künstliche radioaktive Isotope", inhaltlich jeweils auf Grundlagen und Anwendungen ausgerichtet und stets mit Übungen zur Vorlesung. Am Physikalischen Institut der KMU hatte es inzwischen eine wesentliche personelle Veränderung gegeben. 1954 war Gustav Hertz, 67 Jahre alt, aus der Sowjetunion zurückgekommen. Er erhielt eine Professur für Experimentalphysik an der Universität Leipzig und war Mitdirektor des Physikalischen Institutes bis zu seiner Emeritierung 1961. Die Zusammenarbeit zwischen den beiden Direktoren gestaltete sich gut, Ilberg war weiterhin für Organisation und Lehre, auch für die noch nicht abgeschlossenen Bauvorhaben am Institut verantwortlich, Hertz mehr für die Ausrichtung der Forschung.

Gustav Hertz (22. Juli 1887 Hamburg – 30. Oktober 1975 Leipzig) hatte Mathematik und Physik in Göttingen, München und Berlin studiert. An der Univ. Berlin erfolgten 1911 die Promotion und 1917 die Habilitation. Bis 1920 blieb er als Assistent dort, die gemeinsame wiss. Arbeit mit James Franck brachte beiden 1925 den Physiknobelpreis für die Entdeckung der Gesetze, die bei dem Zusammenstoß eines Elektrons mit einem Atom herrschen, womit sie die Bohrsche Vorstellung von diskreten Energieniveaus in der Atomhülle bestätigten und damit dessen Atommodell und die Quantentheorie von Max Planck stützten. Von 1920 bis 1925 leitete Hertz das Physikalische Laboratorium der Philipps Glühlampenfabrik in Eindhoven. 1925 wurde er als Professor an die Univ. Halle und 1928 an die TH Berlin-

Charlottenburg berufen. An der TH entwickelte Hertz seine Methode zur Isotopentrennung. 1935 aus rassischen und politischen Gründen aus der TH verdrängt, wurde er Direktor des Siemens & Halske-Forschungslaboratoriums II in Berlin. Von 1945 bis 1954 war er in der Sowjetunion wesentlich beteiligt an der Entwicklung und Errichtung von Großtrennanlagen für die U 235-Anreicherung. Neben seiner Arbeit am Leipziger Institut seit 1954 übernahm er wichtige nationale und internationale Funktionen.[168]

An der KMU organisierte Gustav Hertz ein kernphysikalisches Kolloquium, das in der Regel monatlich stattfand und an dem Fachkollegen aus der ganzen DDR teilnahmen. Seine Forschung und die seiner Mitarbeiter und Assistenten richtete sich auf Fragen der Elektronenstruktur von Festkörpern, damit auf die Halbleiterphysik.[169] Lieselott Herforth zog er nicht in seinen Kreis, aber er ließ sie gewähren und mischte sich nicht in ihre Arbeit ein, – worüber sie sehr froh war, hatte sich doch herumgesprochen, dass Hertz von Frauen in der Physik „im allgemeinen" nichts hielt. Im Frühjahr 1955 dann mischte er sich doch ein. Sie eilte gerade zu einer ihrer Vorlesungen, wie sie sich erinnerte, als die Sekretärin von Hertz sie „abfing" mit der Mitteilung, „der Chef" wünschte sie dringend zu sprechen. Bei Gustav Hertz fand sie einen ihr bis dahin unbekannten Herrn vor, Carl Friedrich Weiss. Dieser, wie Hertz als Spezialist in der Sowjetunion gewesen, wollte in Leipzig ein Institut für angewandte Radioaktivität aufbauen. Er war an der Geiger-Schülerin Herforth interessiert, Hertz hatte gegen ihren Wechsel nichts einzuwenden, und sie willigte ein unter der Voraussetzung, dass sie ihre Vorlesungen an der KMU fortsetzen könnte.[170] Dieser Wechsel war ein Glücksfall für Lieselott Herforth, war doch „Angewandte Radioaktivität" das, was sie am besten konnte und was sie besonders interessierte. Und so ging sie einmal mehr dorthin, wo sie am meisten gebraucht wurde.

4. AM INSTITUT FÜR ANGEWANDTE RADIOAKTIVITÄT LEIPZIG – C. F. WEISS UND E. LEIBNITZ

Carl Friedrich Weiss (24. Jan. 1901 Leipzig – 28. Okt. 1981) hatte nach dem an einer Leipziger Oberrealschule abgelegten Abitur Mathematik, Physik und Philosophie an der Univ. Breslau studiert und war dort 1927 aufgrund seiner Dissertation aus dem Gebiet der Atomspektroskopie promoviert worden. Er war von 1928 bis 1931 Oberass. bei Walther Bothe am Physikalischen Institut der Univ. Gießen gewesen und hatte danach bis 1945 am Laboratorium für Radioaktivität der Physikalisch-Technischen Reichsanstalt (PTR) in Berlin gearbeitet. In die SU hatte er seine Familie mitgenommen. Das von ihm in Leipzig begründete Institut brachte er zu hohem Ansehen, er leitete es bis zum Eintritt in den Ruhestand im Jahre 1966. Mit ihm war Walter Herrmann aus der SU zurückgekommen und von Anfang an ein Pfeiler des Instituts. C. F. Weiss war seit 1964 Ord. Mitglied der DAW und erhielt 1958, gemeinsam mit W. Herrmann, den Nationalpreis der DDR.

Im August 1955 teilte Lieselott Herforth dem Rektor der KMU mit, dass sie „im Einverständnis mit Herrn Prof. Dr. Ilberg als Dekan der Math.-Nat. Fakultät und dem Herrn Institutsdirektor Prof. Dr. Hertz beabsichtige", unter Beibehaltung ihrer Dozentur und der Vorlesungstätigkeit im bisherigen Umfang „am Aufbau des Instituts für Isotopenforschung und -lehre in Leipzig" mitzuwirken.[171] Hauptamtlich hat Lieselott Herforth nur ein Jahr an der KMU gearbeitet, am 1. September 1955 begann ihre Tätigkeit am im Aufbau befindlichen Institut von Carl Friedrich Weiss, dessen offizielle Eröffnung – als „Institut für angewandte Radioaktivität" (IaR) – am 1. Januar 1956 erfolgte. In seiner Beurteilung vom 6. Okt. 1955 bescheinigte ihr Professor Ilberg eine „erfolgreiche Vorlesungstätigkeit auf einem Spezialgebiet der Physik". Die beiden Forschungsaufgaben der staatlichen Plankommission, mit denen sie sich befasst hatte, konnte sie in der kurzen Zeit ihrer Tätigkeit an der KMU nicht zu Ende bringen, „da die Beschaffung der notwendigen Hilfsmittel und die Einrichtung ihres Laboratoriums beträchtliche Zeit erforderte". „Aus Zweckmäßigkeitsgründen wurde vereinbart, dass Frl. Dr. Herforth ihre Arbeiten im Institut für Chemie und Technologie der Kohlewertstoffe fortsetzt, da diese sachlich dort besser untergebracht sind."[172] Eine Beurteilung kam auch vom Sekretär der Grundorganisation Physik der SED, in der es hieß, dass es nicht möglich gewesen sei, mit ihr „in engeren Kontakt zu kommen und zwar nicht nur in politischer, sondern auch in rein kollegialer und persönlicher Hinsicht". So sei es sogar den Genossen, „die auf Grund des gemeinsamen Arbeitsgebietes mit ihr öfter zusammen sind, nicht möglich, eine sichere Einschätzung zu geben". Zwar besuche sie häufig die Gewerkschaftsversammlungen, äußere sich in diesen aber nicht zu gesellschaftlichen Problemen.[173] Für ihre neue Tätigkeit musste Lieselott Herforth mit dem „Institut für organisch-chemische Industrie" (vorher „Institut für Chemie und Technologie der Kohlewertstoffe") in der Permoserstraße, das unter der Leitung von Prof. Dr. Eberhard Leibnitz stand, ein Arbeitsverhältnis eingehen, da die Weiss´sche Neugründung innerhalb dieses Institutes erfolgte. Ihr Anstellungsvertrag an der KMU vom 30. August 1954 wurde durch einen Einzelvertrag mit dem Ministerium für Schwerindustrie abgelöst, ergänzt durch einen Zusatzvertrag mit der KMU, an der sie weiterhin las. Lieselott Herforth war am IaR von Anfang an

Abb. IV.1: C.F. Weiss (rechts) bei einer Institutsfeier 1961

Leiterin der Abteilung Ausbildung, die sie aufzubauen hatte. Vorrangig war für sie die Einrichtung eines Praktikums, in dem Vertreter der industriellen Praxis, aus medizinischen Einrichtungen und von Hochschulen an die Anwendung radioaktiver Isotope herangeführt werden sollten. Diese Praktika waren vierwöchige Intensivkurse mit nicht mehr als zehn bis fünfzehn Teilnehmern. Der erste Kurs begann bereits im September 1956, zu diesem Zeitpunkt standen auch erste von Lieselott Herforth und Hartwig Koch verfasste Praktikumsanleitungen zur Verfügung, aus denen im Laufe der Jahre das international renommierte „Praktikumsbuch Herforth/Koch“ werden sollte. Für ihr hohes Engagement wurde Lieselott Herforth am 1. Mai 1957 als Aktivist des 5-Jahr-Plans ausgezeichnet. 1958 gehörte sie zu der Gruppe von 35 Wissenschaftlern aus der DDR, die als Beobachter an der Atomenergiekonferenz in Genf teilnahmen.[174]

Eberhard Leibnitz (31. Januar 1910 Hannover-Hainholz – 24. Januar 1986 Berlin): Nach dem Abitur in Berlin-Friedrichshagen studierte Eberhard Leibnitz Chemie an der TH Berlin-Charlottenburg, wurde hier 1933 mit einer Arbeit „Zur Frage der Entstehung der Kohlen“ zum Dr.-Ing. promoviert und war Privatassistent, bis er 1937 aus rassischen Gründen entlassen wurde. Bis 1945 arbeitete er als Chemiker in der Lackfabrik Hermann Frenkel in Leipzig-Mölkau. Nach dem 2. Weltkrieg war er zunächst in einem Büro der Sowjetischen Militäradministration in Deutschland tätig und danach wieder in der Lackindustrie, zuletzt als technischer Direktor in der VVB Lacke und Farben. Seit Anfang der 50er Jahre lehrte und forschte er an der Universität Leipzig, als Professor und Direktor des Instituts für Chemische Technologie. 1953 wurde er in Leipzig Direktor des „Instituts für organisch-chemische Industrie“ der Hauptverwaltung Chemie des Staatssekretariats für Chemie, seit 1956 des „Instituts für Verfahrenstechnik der organischen Chemie“. Von 1955 bis 1958 war er Rektor der Hochschule für Chemie Leuna-Merseburg. Er bekleidete wichtige wissenschaftliche und gesellschaftliche Funktionen und war Träger hoher Auszeichnungen.

Bemerkungen zur Entwicklung des Instituts für angewandte Radioaktivität (IaR)

Das Leibnitzsche Institut befand sich in Leipzig, Perlmoserstraße 15, auf dem Boden ehemaliger Rüstungsfabriken. Für radioaktive Arbeiten war es nicht eingerichtet. Für das künftige IaR wurde daher ein Neubau konzipiert, der dem Strahlenschutz in jeder Weise Rechnung tragen musste und der auf später einmal rund 180 Mitarbeiter, technische Kräfte und Hilfspersonal ausgelegt wurde. Die Verwaltung sollte im Institut für Verfahrenstechnik bleiben. Durch Ministerratsbeschluss vom 22. Dezember 1955 wurde der Vorschlag akzeptiert. Im Sommer 1956 wurde mit dem Guss der Fundamente für den Neubau begonnen, und 1959 konnten die ersten

Räume bezogen werden. Das Vorhaben war – wie auch die Gründung der Fakultät für Kerntechnik an der TH Dresden und die Errichtung des (später so genannten) Zentralinstituts für Kernforschung (ZfK) in Rossendorf – durch den Ministerrat der DDR als volkswirtschaftlich vordringliches Objekt im Rahmen der Gesamtmaßnahmen für die friedliche Nutzung der Atomenergie erklärt worden. Natürlich ging es dabei auch um die Anwendung radioaktiver Nuklide in Medizin, Biologie, Forschung und Technik, offizieller Schwerpunkt aber war die Lösung des Energieproblems der DDR für die Zukunft durch den Einsatz von AKW. So stellte Professor Leibnitz gerade diese volkswirtschaftliche Bedeutung des neuen Instituts auf der gemeinsamen Sitzung des Rates des Bezirkes Leipzig und des Rates der Stadt Leipzig vom 13. August 1956 überzeugend heraus, auf der er einen umfangreichen „Bericht über den Aufbau des Institutes für angewandte Radioaktivität als notwendige Maßnahme für die friedliche Anwendung der Atomenergie“ gab. Das Leipziger und andere Institute und Einrichtungen würden gebraucht, um einmal die Menschen ausbilden zu können, „die die Kraftwerke fahren müssen, die uns aus der verzweifelten Kohlesituation herausholen“. „Diese Einrichtungen – teuer, kompliziert, erstmalig in dieser Form erbaut – müssen wirklich die Lieblingskinder der gesamten Bevölkerung werden.“ Erfolgreich appellierte Leibnitz an die zuständigen Stellen, das Vorhaben zu unterstützen, „vor allem wenn es gilt, irgendwelche Schwierigkeiten schnellstens zu überwinden“.[175] In seiner Bauweise wich das neue Institut stark von der in physikalischen oder chemischen Instituten üblichen ab, da es mehrere zusätzliche Schutzfunktionen gewähren musste: Schutz der Mitarbeiter zum einen vor unkontrollierter Strahlungseinwirkung und zum anderen vor Gefährdung durch Inkorporierung aktiver Stoffe, Schutz der Messräume vor störender Strahlungseinwirkung, Schutz der Umgebung vor radioaktiven Verunreinigungen (in Luft, Abwasser, Abfall). Für die Arbeit am Institut waren Mitarbeiter nötig, die Erfahrung im Umgang mit radioaktiven Substanzen hatten, solche mussten erst ausgebildet werden. Außerdem fehlten noch die Spezialgeräte, die für die Messungen im radioaktiven Bereich gebraucht werden. All diese Aufgaben – Neubau, Ausbildung der geeigneten Kräfte, Anschaffung bzw. Eigenentwicklung von Messgeräten – mussten am IaR in dessen ersten Jahren gleichzeitig gelöst werden. So war es eine große Leistung, dass das radiophysikalische und das radiochemische Praktikum in einigen umgebauten Kellerräumen des Instituts für Verfahrenstechnik planmäßig eröffnet werden konnte. Auf diese Leistung und auf die unbedingte Zuverlässigkeit der Mitarbeiterin Herforth wies C. F. Weiss in späteren Beurteilungen stets hin. 1958 standen für das Praktikum bereits 100 Einzelaufgaben zur Verfügung, die die Gebiete der Messung – mit Zählrohren, mit Szintillationszählern und Ionisationskammern –, der Strahlenschutzüberwachung, der Technischen Anwendungen von Isotopen, der Isotopentrennung, der Aktivierungsanalyse und etliche andere erfassten. Die folgenden Abbildungen stammen aus dieser Zeit.[176]

Abb. IV.2: Bestimmung der Dicke von Lackschichten durch Rückstreumessungen mit ^{204}Thallium

Abb. IV.3: Füllstandshöhenbestimmung nach dem Verfahren der senkrechten Durchstrahlung mit ^{60}Co

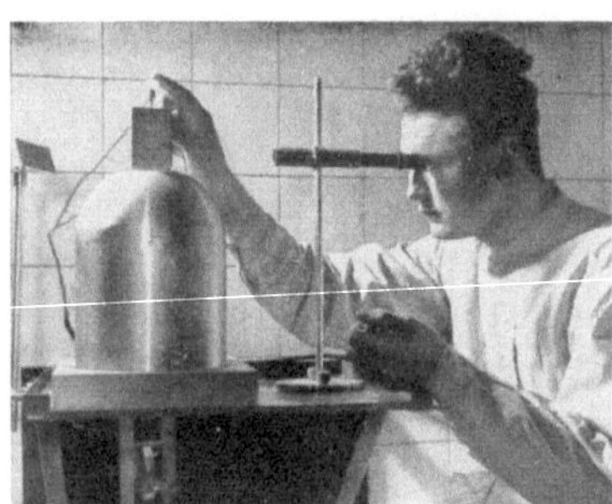

Abb. IV.4: Aufladung einer Aluminiumionisationskammer, Beobachtung der durch ein Betastrahlpräparat hervorgerufenen Entladegeschwindigkeit am Goldblattelektrometer mit Ablesefernrohr

Die Forschungsthematik für das junge, im Aufbau befindliche Team des IaR festzulegen, war nicht einfach. Sie musste dem aktuellen Qualifikationsstand angemessen sein, es sollte aber auch nicht wiederholt werden, was im Ausland bereits erfolgreich bearbeitet worden war. Die Auswahl der Probleme blieb zunächst völlig der Institutsleitung überlassen; sie erwies sich als tragfähig. Schon 1959/60 konnten rund 70 Einzelthemen des Planes Forschung und Technik bearbeitet werden. Dazu kamen Aufgaben, die in vertraglicher Bindung für die Industrie und verschiedene Institutionen durchgeführt wurden. Dabei handelte es sich nur ganz selten um Routinearbeiten, sondern in der Regel um methodische Entwicklungen. Die beiden Forschungs-Hauptabteilungen des Instituts – mit jeweils mehreren Arbeitsgruppen – befassten sich mit chemischen bzw. physikalischen Verfahren der Anwendung radioaktiver Nuklide. In anderen Abteilungen und Arbeitsgruppen des Instituts wurden Entwicklungen auf dem Gebiete der Dosimetrie und der Neutronenmesstechniken vorangetrieben und Absolutmethoden zur Aktivitätsbestimmung entwickelt. Im Rahmen der internationalen Zusammenarbeit tauschte das IaR seine Messergebnisse mit denen des Auslands aus. Dabei entwickelten sich früh besonders gute Beziehungen zu den kanadischen, englischen und amerikanischen Instituten im Rahmen der „International Commission on Radiation Units“ (ICRU), der auch C. F. Weiss selbst angehörte, aber auch zur IAEA in Wien, zur CEA in Paris und zum Radiologischen Institut in Prag.[177] Eine besondere Spezialität des IaR war die Anfertigung sehr schwach aktiver homogener Flächenpräparate, bei denen die aktive Substanz in sehr dünne Schichten von Kunststoffen eingebaut wird. Diese dienten im gesamten sozialistischen Lager als Standard-Präparate zur Messung des „fallout“, des radioaktiven Niederschlags aus Kernexplosionen, sie wurden auch auf die Station Mirny in der Antarktis mitgenommen.[178]

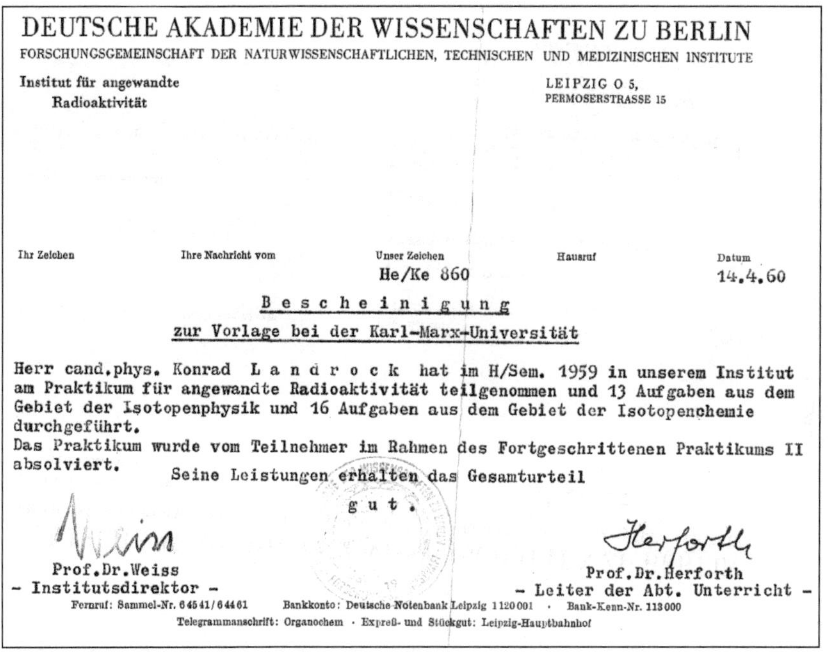
DEUTSCHE AKADEMIE DER WISSENSCHAFTEN ZU BERLIN
FORSCHUNGSGEMEINSCHAFT DER NATURWISSENSCHAFTLICHEN, TECHNISCHEN UND MEDIZINISCHEN INSTITUTE

Institut für angewandte Radioaktivität

LEIPZIG O 5, PERMOSERSTRASSE 15

Ihr Zeichen	Ihre Nachricht vom	Unser Zeichen	Hausruf	Datum
		He/Ke 860		14.4.60

Bescheinigung
zur Vorlage bei der Karl-Marx-Universität

Herr cand.phys. Konrad Landrock hat im H/Sem. 1959 in unserem Institut am Praktikum für angewandte Radioaktivität teilgenommen und 13 Aufgaben aus dem Gebiet der Isotopenphysik und 16 Aufgaben aus dem Gebiet der Isotopenchemie durchgeführt.
Das Praktikum wurde vom Teilnehmer im Rahmen des Fortgeschrittenen Praktikums II absolviert.
Seine Leistungen erhalten das Gesamturteil
gut.

Weiss
Prof.Dr.Weiss
- Institutsdirektor -

Herforth
Prof.Dr.Herforth
- Leiter der Abt. Unterricht -

Fernruf: Sammel-Nr. 64541/64461 Bankkonto: Deutsche Notenbank Leipzig 1120001 · Bank-Kenn-Nr. 113000
Telegrammanschrift: Organochem · Expreß- und Stückgut: Leipzig-Hauptbahnhof

Abb. IV.5: Bescheinigung über die Teilnahme am Praktikum für angewandte Radioaktivität

Die Ausbildungsaufgaben fielen in die von Lieselott Herforth geleitete Abteilung. Am radiologischen Praktikum nahmen Studenten der KMU und der Hochschule für Chemie Leuna-Merseburg teil.[179] Das Arbeiten mit radioaktiven Substanzen erfordert unbedingte Zuverlässigkeit und Sorgfalt. Die Teilnehmer des Praktikums wurden speziell eingeführt und jeder von ihnen erhielt die „Vorschriften für das

Arbeiten im radiochemischen Laboratorium“ ausgehändigt, die dreizehn kurzgefasste Grundregeln enthielten. Die erste und wichtigste war: „Bei der Arbeit [...] ist strengste Arbeitsdisziplin notwendig. Es ist bei jedem Umgang mit aktiven Materialien eine sorgfältige Vorausplanung, auch hinsichtlich möglicher Risiken, notwendig.“ Und die 12. schrieb vor: „In allen Fällen, in denen Unklarheiten bestehen, sind Rückfragen bei einem der verantwortlichen Institutsangehörigen erforderlich.“ Die anderen Regeln waren spezieller, wie etwa die 9.: „Betastrahlende Materialien sollen möglichst mit langstieligen Instrumenten gefasst werden.“ oder die 10.: „Rein betastrahlende Präparate werden auf gelben Tellern ausgegeben, gammastrahlende auf roten Tellern. Am Arbeitsplatz sollen die Präparate in dem für diese aufgebauten Bleikästchen aufbewahrt werden.“[180]

Sommer 1956: Neue Hoffnung für den Schriftsteller Walter Herforth

Auch in Leipzig blieb Walter Herforth schriftstellerisch tätig und veröffentlichte gelegentlich auch etwas. So verfasste er Abhandlungen für Zeitschriften wie das in der DDR renommierte und gern gelesene „Magazin“, auf dessen Titelblatt sich stets der unverwechselbare Klemke-Kater versteckte. Für einen Artikel über Mädchensport („Turnen anno dazumal“) erhielt er im August 1956 rund 250 DM vom „Magazin“, – das war zu der Zeit viel Geld. (Der Maßanzug, den er sich im Sommer 1956 schneidern ließ, hat knapp 200 DM gekostet.) Auch im November 1954 und im April 1955 waren von ihm Beiträge im „Magazin“ erschienen.[181] Eine fertige Erzählung und manches andere hatte er in der Schublade, und groß waren Freude und Zuversicht, nachdem die Hoffnung auf Veröffentlichung im Sommer 1956 wieder geweckt worden war. Lieselott Herforth war wegen ihrer rheumatischen Beschwerden im August 1956 zur wieder dringend notwendig gewordenen Kur im Sanatorium „Käthe Kollwitz“ in Bad Elster. Briefe an die Tochter verdeutlichen die neue Hoffnung. Am 13. August 1956 schrieb Walter Herforth: „Entschuldige die Bleistiftschrift. Aber mir zittern noch immer die Hände, nachdem ich heute schon sehr viel Freudentränen vergossen habe. Heute Vormittag erhielt ich Antwort von Dr. Warmuth. Es ist mein Warmuth. Er schrieb einen ganz reizenden Brief. Hier nur einige Zeilen aus seinem Brief, damit Du siehst, warum ich mich so freue: *Ja [...] ich bins's. War das eine Freude! [...] Ab 1. August haben wir unser Domizil in Starnberg aufgeschlagen. Eine sehr, sehr*

Abb. IV.6: Walter Herforth in der Leipziger Wohnung

große Freude würden Sie mir und meiner Frau bereiten, wenn Sie einmal Urlaubstage dort bei mir verbringen würden. Sie sind jeder Zeit ein sehr gerne bei uns gesehener Gast. [...] Schreiben Sie mir bitte ehrlich, ob und wie ich Ihnen jetzt [...] eine kleine Dankesschuld abgelten könnte. [...] Meine Frau wird Sie bestimmt gut pflegen! Wie schön wäre es, wenn Sie kommen würden. [...] Dr. W. vertritt den alten angesehenen Verlag Knaur Nachf. (jetzt Frommsche Verlagsanstalt) für Süddeutschland. [...] Dr. W. kennt unzählige Verleger, weil er selbst in München Verleger war und später im Prop.-Ministerium[182]. Ich glaube, mir sind jetzt alle Türen weit aufgestoßen. Morgen will ich ihm sofort antworten. (Heute bin ich zu durchgedreht.) Ich werde ihn gleich fragen, ob er meine Sachen unterbringen will. Dass er das tun wird, darauf schwöre ich. Morgen werde ich bei Inge[183] anfragen, ob sie ab 28. 8. Zeit hat, für mich zu schreiben, [...] Ich will nämlich Dr. W. nach und nach die Sachen einschicken, damit er sie kennenlernt und mir ehrlich schreibt, ob er sie unterbringen kann. Wenn er das kann (und daran zweifle ich nicht), will ich zu ihm. [...] So, meine liebe Lilo, nun weißt Du ungefähr, wie es mit mir steht. [...] Nun muss ich Dich zum erstenmal in meinem Leben herzlich bitten, mich auf der letzten Strecke nach Kräften zu unterstützen. Darunter verstehe: Berlin, Bahnreise und Aufenthalt und Hinreise nach München; Rückreise muss schon verdient sein. Wirst Du mir helfen? Anbei eine Karte von Dr. Schäfer[184]. Herzliche Grüße Dein hoffender, durchgedrehter alter Vater“

In seinem Brief vom 15. August 1956 an die Tochter in Bad Elster heißt es: „Recht herzlichen Dank für Deinen lieben Brief und für Deine Zusage, mir beim Endspurt zu helfen. Trotzdem ich wusste, dass Du mich nicht im Stich lassen würdest, fiel mir die Bitte nicht ganz leicht. Jetzt bin ich ganz beruhigt und brauche nur an meine Arbeit zu denken.“ Die Tochter hatte offenbar Fragen zu Dr. Warmuth gestellt, die der Vater beantwortete. „Wer Dr. W. ist? Er war Verleger in München, dort lernte ich ihn kennen, weil ich ihm die Zeitschrift „Deutsche Erde“ abkaufte; damit half ich ihm sehr. Dann war er im Pro.-Ministerium in Berlin [...] (Übrigens ist er Dr.-Ing.) Alles andere mündlich. Mit meiner Hauptarbeit werde ich am Freitag fertig. Die anderen Sachen sind nicht so schwierig. [...] Dr. Schäfer wird Deinen Brief gar nicht erhalten haben, denn der ist doch gar nicht in Berlin. [...] An Dr. Warmuth habe ich gestern ausführlich geschrieben [...] Sein Verlag bringt auch Romane. [...] Danken möchte ich (Dir) nochmals für die zugesagte Hilfe. Gott geb´s, es wäre wirklich die letzte Notwendigkeit. Recht herzliche Grüße von Vater und Mutter“

Am 28. August 1956 fuhr Walter Herforth im neuen Schneider-Anzug nach Berlin, um bei den Schreibarbeiten, die Inge Wölke für ihn fertigen sollte, dabei zu sein. Zufällig kamen an diesem Tag auch Eigners (Anneliese und ihre Eltern)[185] bei Wölkes vorbei, um „sich vom Urlaub zurückzumelden“. Dass er sie sah, sollte das letzte Mal sein. Am 29. schrieb er nach Hause an Frau und Tochter, er fühle sich sehr gut, seine Rückenschmerzen seien weg und seine „Blasensache“ ebenfalls; das war wohl eine Wirkung von Freude und Hoffnung. Doch mit gleicher Post teilte Inge Wölke mit, dass Vater sehr nervös sei und sie sich daher mit den Schreibarbeiten sehr beeilen wolle.[186] Ihre Sorge war berechtigt. Walter Herforth musste schon in Berlin für einige Zeit ins Krankenhaus, und wenige Wochen später, am 2. Oktober 1956, starb er in Leipzig. Am Ende seines Lebens blieb ihm zumindest die Hoffnung, doch noch als Schriftsteller Erfolg zu haben. Seine Novelle „Erst in der zweiten Nacht“ wurde von der Tochter an Dr. Warmuth versandtfertig gemacht, es gibt jedoch keinen Hinweis darauf, dass sie gedruckt wurde. Eine Erzählung, noch ohne Titel, hatte er begonnen, konnte sie aber nicht mehr vollenden; Züge des Verfassers selbst, von Frau, Tochter und Sekretärin und vom Leben der Familie in Leipzig sind darin unverkennbar. Lieselott Herforth blieb nun mit der Mutter allein, doch in und um Leipzig wohnten Verwandte, auch die hochbetagte Mutter von Dora Herforth, Hulda Karp. Dora Herforth hatte natürlich auch von Berlin aus den Kontakt zur Mutter aufrechterhalten; nun, in Leipzig wohnend, besuchte sie sie regelmäßig. Hulda Karp starb zwei Jahre nach dem Ehemann ihrer jüngeren Tochter im Alter von 93 Jahren.[187]

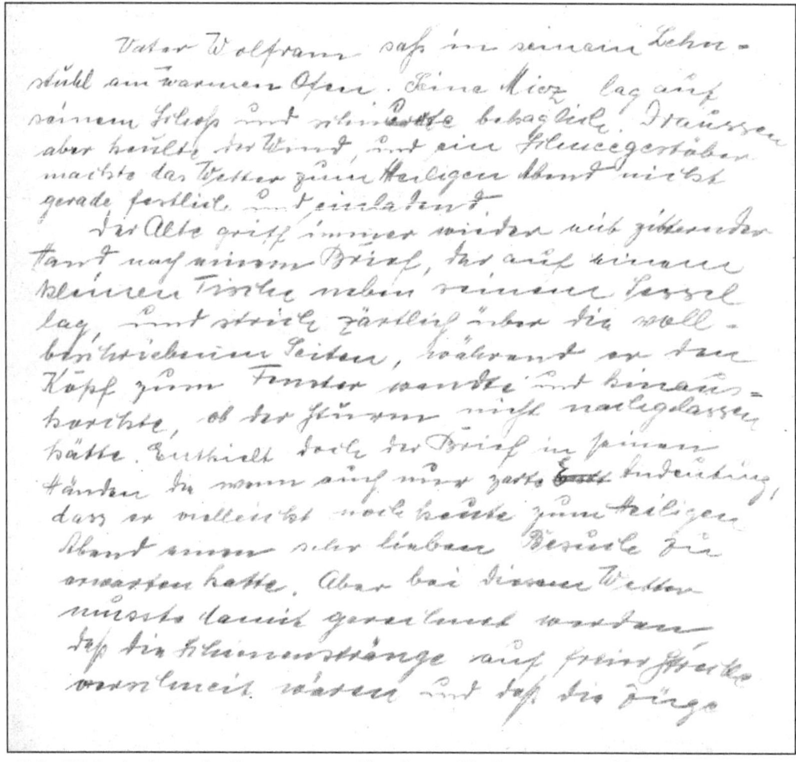

Vater Wolfram saß in seinem Lehnstuhl am warmen Ofen. Seine Mieze lag auf seinem Schoß und schnurrte behaglich. Draußen aber heulte der Wind, und ein Schneegestöber machte das Wetter zum Heiligen Abend nicht gerade festlich und einladend.

Der Alte griff immer wieder mit zitternder Hand nach einem Brief, der auf einem kleinen Tische neben seinem Sessel lag, und strich zärtlich über die vollbeschriebenen Seiten, während er den Kopf zum Fenster wandte und hinaushorchte, ob der Sturm nicht nachgelassen hätte. Enthielt doch der Brief in seinen Händen die wenn auch nur zarte ~~Erst~~ Andeutung, dass er vielleicht noch heute zum Heiligen Abend einen sehr lieben Besuch zu erwarten hatte. Aber bei diesem Wetter müsste damit gerechnet werden, daß die Schienenstränge auf freier Strecke verschneit wären und daß die Züge

Abb. IV.7: Anfang der letzten, unvollendet gebliebenen, Erzählung von Walter Herforth (noch ohne Titel)

5. PROFESSORIN AN DER TH FÜR CHEMIE LEUNA-MERSEBURG

Die Fakultät für Stoffwirtschaft der TH für Chemie Leuna-Merseburg beantragte die Berufung von Lieselott Herforth zur Professorin mit Lehrauftrag für das Fach „Angewandte Radiochemie" zum 1. Sept. 1957. Zu der Zeit war Professor Leibnitz Rektor dieser erst 1954 begründeten Hochschule. Gutachten forderte der Dekan von den Professoren Weiss und Leibnitz an. Carl Friedrich Weiss schätzte ein: „[...] Frau Herforth ist aber nicht nur ein sauber arbeitender und erfahrener Experimentalphysiker, sondern auch gleichzeitig ein pädagogisch befähigter Lehrer geworden. Ihre Vorlesungen sind musterhaft und vorzüglich vorbereitet. Sie hat eine Reihe von Diplomanden und Doktoranden ausgebildet; [...] Das von ihr aufgebaute und geleitete Isotopen-Praktikum ist in kurzer Zeit in der ganzen DDR bekannt und von prominenten Fachgenossen als vorbildlich anerkannt worden. *Der hervorstechende Charakterzug von Frau Herforth ist unbedingte Treue und Zuverlässigkeit.* Übernommene Aufgaben werden durchgeführt. Eigentlich ist sie ständig überarbeitet, weil sie keine Schonung gegen sich selbst kennt. *Sie versteht es ausgezeichnet, die für erfolgreiche Team-Arbeit notwendigen Eigenschaften wie Kameradschaftlichkeit und Duldung auch bei den Mitarbeitern zu erwecken. Sie ist ruhig, gelassen und lässt sich nicht gehen.* Im Privatleben ist Frau Herforth korrekt und unauffällig. Ihre Lebensverhältnisse sind völlig geordnet. *Ihr Ruf ist tadellos. Ihre politische Haltung entspricht einer besonnen zustimmenden Loyalität.*"[188] Eberhard Leibnitz beschloss seine ähnlich positive Einschätzung mit den Worten: „Ich glaube, die Fakultät gut beraten zu können, wenn ich ihr empfehle, alle Möglichkeiten aufzuwenden, um Frau Herforth endgültig als Mitglied des Lehrkörpers zu gewinnen, zumal auf dem zur Rede stehenden Gebiet die Auswahl an bewährten Spezialkräften auch weiterhin nur klein sein dürfte. [...]"[189]

Das Berufungsfach wurde letztlich von „Angewandter Radiochemie" in „Angewandte Radioaktivität" geändert, dafür plädierte die Fachabteilung Math.-Nat. des Staatssekretärs für Hochschulwesen, da Lieselott Herforths wissenschaftliche Arbeiten mit ihrem Schwergewicht auf physikalischem Gebiet lägen und eine Ernennung für ein rein chemisches Fach nicht rechtfertigten. Außerdem sollten zukünftig an der TH für Chemie auch Dr. Kolditz und Dr. Koch auf dem Gebiet der Radioaktivität arbeiten, und die Tätigkeiten sollten so aufeinander abgestimmt werden, dass Lieselott Herforth „nicht die Lehraufgaben auf dem Gebiet der reinen Radiochemie zufallen, sondern ihre Aufgabe darin besteht, die physikalisch-chemischen Grundlagen für die radiochemischen Vorlesungen zu legen und insbesondere auch die Messtechnik im Labor- und Industriemaßstab zu lehren und weiter zu entwickeln". Und weiter: „Mit den Berufungen von Frau Dr. Herforth und Herrn Dr. Kolditz und der später in Aussicht genommenen Berufung von Herrn Dr. Koch an die TH für Chemie Leuna-Merseburg dürfte eine wesentliche Voraussetzung für die im Plan der Kommission für Ausbildungsfragen und Unterrichtswesen im Wissenschaftlichen Rat für Kernphysik vorgesehene Schaffung einer Ausbildungsstätte für Radiochemie erfüllt werden.“[190] Nachdem auch das Amt für Kernforschung und Kerntechnik (AKK) bei der Regierung der DDR sein Einverständnis gegeben hatte,[191] erfolgte die Berufung. Im Januar 1958 teilte Lieselott Herforth dem Dekan der Math.-Nat. Fakultät der KMU mit, dass sie am 10. Dezember 1957 rückwirkend für den 1. November 1957 die Berufung zur Professorin mit Lehrauftrag für das Fachgebiet Angewandte Radioaktivität an die TH für Chemie Leuna-Merseburg erhalten habe. Lieselott Herforth blieb im Nebenamt Leiterin der Abteilung Unterricht am IaR in Leipzig und las weiterhin an der KMU, beschränkte sich jedoch dort auf die Vorlesung über künstlich radioaktive Isotope für Physikstudenten. Diese Vorlesung bereitete unmittelbar auf das Isotopenpraktikum vor, das von den Studenten im Rahmen ihres „Fortgeschrittenen-Praktikums II“ absolviert wurde. Zur Fakultät für Stoffwirtschaft der TH für Chemie gehörten neben den traditionellen chemischen Instituten die Institute für Chemie und Technologie der Hochpolymeren, für Chemie und Technologie der Mineralsalze, für Petrolchemie und für Chemiemetalle. Dazu kam nun die selbständige Abteilung für Angewandte Radiochemie, aufgebaut und geleitet von der neuen Professorin, die den Ausbildungszweig Radiochemie an der TH für Chemie einführte. Sie selbst hielt in Merseburg alle Vorlesungen über Radioaktivität, Messtechnik, Strahlenschutz und Dosimetrie. Unterstützt wurde sie an der TH zuletzt von drei Assistenten. Lieselott Herforth hatte sich sehr dafür eingesetzt, dass die Einstellung von Heinrich Demus, ihrem ersten Merseburger Assistenten, zum 1. März 1958 genehmigt wurde.[192]

65 =2465 LEIPZIG F 20 25 1819 =

Telegramm aus

Aufgenommen — Tag: Monat: Jahr: Zeit: — von: durch:

HEINRICH DEMUS
STALINALLEE 161
HALLESAALE =

Übermittelt — Tag: Zeit: — an: durch:

ERWARTEN SIE MITTWOCH 14 UHR NEUWERK 7 STOP EINSTELLUNG ZUM 1. MAERZ GENEHMIGT = PROF HERFORTH +

14 7 161 + 1. + 1842 +

Für dienstliche Rückfragen

D 05 1040 280 Dk. Landesdruckerei Sachsen, Dresden A

Abb. IV.8: Telegramm von L. Herforth an H. Demus

Heinrich Demus hatte an der Martin-Luther-Universität Halle-Wittenberg Physik, Mathematik und Chemie studiert und dort auf dem Gebiet der Elektronenmikroskopie diplomiert. Zu Beginn seiner Tätigkeit in Merseburg beorderte Lieselott Herforth ihn zur Teilnahme am „Isotopenkurs II/58", der vom 10. März bis 3. April 1958 im IaR stattfand. An diesem Kurs nahmen 14 Personen teil, davon kamen neun aus Betrieben der Volkseigenen Industrie und vier aus Hochschul- und DAW-Instituten.[193] Da die „Chefin" nur an zwei Tagen der Woche in Merseburg war, um dort Vorlesungen zu halten und nach dem Rechten zu schauen, sonst aber am IaR und an der KMU, hatte sie ihn mit mehreren Vollmachten ausgestattet, so dass er während ihrer Abwesenheit von Merseburg dort quasi als ihr „Stellvertreter" fungierte. Die TH Merseburg war noch im Aufbau begriffen; das Rektorat befand sich in Halle, Neuwerk 7, dort, wo später dann das Rektorat der Kunsthochschule Halle – Burg Giebichenstein einzog. In Halle wurden die Arbeitsverträge unterzeichnet, daher beorderte das entscheidende Telegramm von Professor Herforth Herrn Demus nach Neuwerk 7. Auch die Herforthsche Abteilung war noch provisorisch untergebracht, mit einigen Zimmern in einem Merseburger Internatsgebäude. In einem der Zimmer arbeitete an einigen Wochentagen die Sekretärin, die Lieselott Herforth „von Berlin mitgebracht" hatte. Das war Inge Wölke, die schon für Walter Herforth geschrieben hatte und die später dann in Leipzig und Merseburg für Lieselott Herforth tätig war. In der Leipzig/Merseburger Zeit fuhr Lieselott Herforth 1958 mit zur 2. Atomenergiekonferenz in Genf, nahm 1959 an der Tagung für Festkörperphysik im ungarischen Balatonfüred teil[194] und erhielt 1958/59 die ehrenvolle Aufforderung von Gustav Hertz, für sein dreibändiges „Lehrbuch der Kernphysik" das Kapitel E: „Radioaktive Nuklide in der Physik und Technik" für Band 3 – „Angewandte Kernphysik" – zu schreiben. (Band 3 erschien 1962.) Die Abteilung wuchs, und weitere Assistenten wurden eingestellt, zunächst der Chemiker Wilhelm Ludwig, dann mit Wolfgang Heiliger ein weiterer Physiker[195]. Das Praktikum in Merseburg lief an, wobei alles „wirkliche Arbeiten" mit radioaktiven Nukliden aber noch im Leipziger IaR stattfand; Heinrich Demus war einer der Betreuer, und er begann auch an der Dissertation zu arbeiten. Im Auftrag von Lieselott Herforth sorgte er für die Einrichtung einer mechanischen Werkstatt mit einem Meister, den er von der MLU her kannte. Eine Anzahl von Messgeräten wurde für die Abteilung angeschafft. Heinrich Demus blieb eine kleine Begebenheit in Erinnerung, die den Humor seiner Chefin und ihre Fähigkeit zur Selbstironie zeigte: Die Kartons, in denen die Geräte geliefert wurden, hob er auf, sie türmten sich nach und nach auf den Schränken der Abteilungszimmer. Als der Rektor seinen Besuch angekündigt hatte, sah sich Frau Professor Herforth noch einmal in den Räumen um und meinte: „Aber Herr Demus, die da oben müssen verschwinden, sonst sagt der Rektor, was will die Schachtel mit den vielen alten Schachteln!"

In Merseburg las Lieselott Herforth im HS 1959/60 „Radioaktive Isotope I (Physikalische Grundlagen)" für das dritte Studienjahr und „Radiophysikalische Messtechnik (mit Experimenten)" für das vierte Studienjahr mit 2 bzw. 1 Stunde wöchentlich. Dazu kam mit 8 Wochenstunden das „Praktikum der angewandten

Radioaktivität I" am IaR, das als radiophysikalisches und radiochemisches Grundpraktikum nur für die künftigen Radiochemiker aus dem vierten Studienjahr bestimmt war.[196] Bereits in Berlin-Buch hatten sich enge Kontakte des „Labors Herforth" zur Industrie entwickelt; in der Merseburger Zeit begann Lieselott Herforths Zusammenarbeit mit der Industrie auf dem Gebiet der Isotopenanwendung, zunächst mit den Leunawerken und der Kaliindustrie.

Für den Ausbau der Radiochemie in Merseburg hatte es weitreichende Pläne gegeben, und Assistent Demus brütete – wie er sich erinnerte – Ostern 1960 über Zuarbeiten dafür; letztlich zerschlugen sich diese Pläne, da die Radiochemie aus wirtschaftlichen Gründen auf die Fakultät für Kerntechnik in Dresden konzentriert werden sollte. Frau Prof. Herforth folgte dem Ruf an die TH Dresden, an die sie ihn als Assistenten mitnehmen wollte. Mit dem Abstand von Jahrzehnten sagte er: „Aus persönlichen, tragischen Gründen bin ich in Halle geblieben und habe an der Universitäts-HNO-Klinik eine wissenschaftliche Tätigkeit begonnen, die letztlich recht erfolgreich war und 35 Jahre währte – bis 1995. Ich habe Frau Prof. Herforth in bester Erinnerung. [...] Sie war eine sehr besonnene Frau, polterte nie. Falls es Probleme gab, sagte sie immer: Ich schlafe eine Nacht darüber, dann entscheide ich. Der Umgang mit ihr war sehr angenehm, sie forderte aber (viel)."[197] Das von ihr und Hartwig Koch verfasste Buch „Radiophysikalisches und radiochemisches Grundpraktikum" überreichte ihm die „Chefin" mit Widmung zum Abschied. Dipl.-Phys. Wolfgang Heiliger ging mit ihr an die TH Dresden, auf eine Planstelle als wiss. Assistent. Er verließ die Stelle aber bereits am 31. Mai 1961 auf eigenen Wunsch und mit Billigung von Lieselott Herforth. Mit ihr nach Dresden kamen auch Werner Stolz und Manfred Frank, die an der KMU das Diplom in Physik erworben hatten.

Abb. IV.9: Damaliges Rektorat der Hochschule für Chemie in Halle, Neuwerk 7

Professorin an der TH/TU Dresden seit 1960

Als Lieselott Herforth 1960 den Ruf an die Fakultät für Kerntechnik der TH Dresden bekam, hatte sie sich eingedenk ihrer Maxime „Gehe immer dahin, wo Du am meisten gebraucht wirst!" einmal mehr zu entscheiden. Dass die Radiochemie in Dresden konzentriert werden sollte und der Aufbau ihrer Merseburger Abteilung damit an seine Grenzen gestoßen war, dürfte ihr die Entscheidung erleichtert haben. Der Ruf war für sie ehrenvoll, war die TH Dresden doch die größte technische Bildungseinrichtung in der DDR, die über die einzige Kerntechnische Fakultät verfügte und in deren Umfeld zudem mehrere Institute und Betriebe lagen, die auf dem Gebiet der Kernforschung und Kerntechnik arbeiteten. Lieselott Herforth entschied sich für Dresden. In dieser Stadt würde sie ein halbes Jahrhundert verbringen, und die dortige akademische technische Bildungsstätte wurde ihr Wirkungsfeld für lange Zeit.

1. Zur Geschichte der TH Dresden

Lieselott Herforth hat sich stets dafür eingesetzt, Frauen für naturwissenschaftlich-technische Berufe und Studien zu interessieren. Wusste sie 1960 schon, dass die Ausbildung von Mathematikern und Physikern an der TH Dresden eine lange Tradition hatte und dass hier auch viele Frauen diese Fächer „auf das höhere Schulamt" studiert hatten? Die TH Dresden hat bis 1945 mehr Promovenden der Mathematik hervorgebracht als jede andere deutsche TH; und unter diesen waren immerhin sieben Frauen, während an anderen Technischen Hochschulen „jeweils nur eine oder keine Frau diese Hürde nahm".[198] Fast 75% der „frühen Promovendinnen"[199] der TH Dresden hatten in ihrer Dissertation ein mathematisch-naturwissenschaftliches oder (seltener) technisches Thema behandelt. Unter ihnen waren so namhafte Wissenschaftlerinnen wie die Physikerin Eleonore Trefftz[200], die Chemikerin Edith Weyde, die Forstwissenschaftlerin Helene Francke-Grosmann[201], die angewandte Mathematikerin Ingeborg Ginzel.[202] Johanna Weinmeister war 1913 die erste Frau, die an der TH Dresden nicht nur studiert, sondern ihr Studium auch erfolgreich abgeschlossen hat, sie arbeitete danach als Lehrerin für Mathematik und Physik an höheren Schulen. Gertrud Wiegandt, Absolventin und frühe Promovendin der Dresdner Lehrerabteilung, war langjährige Lehrstuhlassistentin des Professors für Reine Mathematik, Gerhard Kowalewski. Auch ihre ältere Schwester Johanna Wiegandt hatte an der TH Dresden die Prüfung für das höhere Schulamt abgelegt und war 1919 als erste Frau von der TH – mit einer mathematischen Dissertation – promoviert worden.[203]

Die Vergangenheit der TH Dresden war mit nicht wenigen klangvollen Namen verbunden.[204] Unter dem Direktorat von Gustav Zeuner, das 1873 begann, hatte sich das Polytechnikum bis 1890 zur Technischen Hochschule entwickelt. Zeuners Bestreben war, die technischen Richtungen durch ein sicheres theoretisches Fundament zu verwissenschaftlichen. Damit eng verbunden war die Stärkung der „Lehrerabteilung". Die Lehrerausbildung ging bereits auf das Gründungsjahr 1828 der Technischen Bildungsanstalt zurück, sie wurde 1862 institutionalisiert, stand lange Zeit unter der Leitung des Professors der Mathematik Oskar Schlömilch und konnte 1945 auf die längste ungebrochene Tradition im deutschen technischen Hochschulwesen zurückblicken. Natürlich ist an einer technischen Bildungseinrichtung die Grundausbildung der Ingenieure die Hauptaufgabe der Mathematiker und Physiker, aber gerade durch die Möglichkeit, daneben auch Nachwuchs für das eigene Fach auszubilden, gelang es Gustav Zeuner, so hervorragende Mathematiker wie Leo Königsberger, Louis Burmester, Axel Harnack, und den Physiker August Toepler für die „Lehrerabteilung" zu gewinnen. Seit 1879 gab es am Dresdner Polytechnikum eine Prüfungskommission für Lehrer des höheren Schulamts der mathematisch-physikalischen und eine für Lehrer der technischen Richtung. Die allgemein bildenden Fächer, wie Sprachen, Literatur- und Kulturgeschichte, waren auch vorher gut vertreten, unter Gustav Zeuner kamen in rascher Folge weitere Professuren und andere Einrichtungen der Allgemeinbildung hinzu.[205]

Durch die Verleihung des Promotionsrechts an die deutschen technischen Hochschulen um die Wende vom 19. zum 20. Jahrhundert wurde die technische Bildung entscheidend aufgewertet, – der Bedeutung entsprechend, die sie seit langem für die Gesellschaft hatte. Die Anzahl der erfolgreich abgeschlossenen Promotionsverfahren ist auch ein Maß für die Anziehungskraft und das wissenschaftliche Niveau von Forschung und Lehre einer Bildungsstätte. Damit lag die TH Dresden Anfang 1913 unter den deutschen technischen Hochschulen ganz vorn; seit 1900 hatte sie 363 Doktor-Ingenieure hervorgebracht, gefolgt von der TH München mit 335 und der TH Berlin-Charlottenburg mit 240, obwohl diese beiden Hochschulen eine wesentlich höhere Frequenz als die Dresdner hatten.[206]

Laut Bekanntmachung des Königlich Sächsischen Ministeriums des Kultus und öffentlichen Unterrichts vom 7. September 1912 durfte nun (endlich) durch die Allgemeine Abteilung der TH Dresden, in die die „Lehrerabteilung" derzeit integriert war, die Würde eines Doktors der technischen Wissenschaften (doctor rerum technicarum, Dr.rer.techn.) verliehen werden. Voraussetzung war die bestandene Prüfung für das höhere Schulamt und eine Dissertation auf mathematischem oder physikalischem Gebiet, andere Fächer kamen später hinzu.[207] Das war ein großer Erfolg für die Dresdner Ordinarien der Mathematik und Physik, mussten doch nun die in Dresden ausgebildeten und geprüften höheren Lehrer bei Promotionswunsch nicht mehr an die Universität wechseln. Eine entsprechende Promotionsmöglichkeit gab es vorher bereits an der TH München, aber an keiner der anderen deutschen Technischen Hochschulen. Die TH Dresden war 1945 die einzige, an der das gesamte Spektrum der Naturwissenschaften, eingeschlossen Botanik und Zoologie, studiert und mit der Promotion gekrönt werden konnte. Natürlich wurden auch höhere Lehrer für Chemie an der TH Dresden ausgebildet, die dann mit einer Dissertation aus diesem Fach zum Dr.rer.techn. promovieren konnten. Aus der „Chemischen Abteilung“ gingen aber vor allem Diplom-Ingenieure hervor, sie gehörte zu den technischen Abteilungen.

Mit der Entstehung der Funktechnik und mit den Anfängen der Elektronik musste das Gesamtgebiet der Schwachstromtechnik, das Fernsprech-, Funk- und Telegraphentechnik umfasste, auf ein höheres wissenschaftliches Niveau gehoben werden. Heinrich Barkhausen, 1911 an die TH Dresden berufen, gründete hier das erste deutsche „Schwachstrominstitut“. Damit hatte sich die Differenzierung der Elektrotechnik in Stark- und Schwachstromtechnik erstmals institutionalisiert. Bis zu Beginn der dreißiger Jahre vollzog sich dieser Prozess auch international.

Für künftige Chemiker wurde die TH Dresden seit den 1890er Jahren zunehmend interessant. Seit 1880 hatte Walther Hempel den Lehrstuhl für Technische Chemie inne. Ausgehend von der Überzeugung, dass die aus der TH Dresden hervorgehenden technischen Chemiker die theoretische und die angewandte Chemie als Einheit kennenlernen müssten, wurden auf seine Initiative hin die beiden bisherigen chemischen Professuren umgewidmet. Ein Lehrstuhl vertrat hinfort die organische und organisch-technische Chemie, der andere die anorganische und anorganisch-technische Chemie. Die an der TH Dresden vollzogene Einteilung setzte sich, wenngleich zögerlich, auch an anderen Hochschulen durch. Hempel stand nun für den „anorganischen Teil“, für den „organischen Teil“ wurde Ernst von Meyer berufen. Die wachsende Anziehungskraft der TH Dresden für Chemiestudenten resultierte jedoch vor allem aus den in Dresden neuinstallierten chemischen Disziplinen. Bis 1907 traten neben die bereits bestehenden beiden Ordinariate drei weitere Ordinariate bzw. Extraordinariate: für Elektrochemie und Physikalische Chemie, für Farbenchemie und Färbereitechnik und für Wissenschaftliche Photographie. Sie standen in enger Beziehung zur sächsischen Industrie. Das Dresdner Institut für Elektrochemie und Physikalische Chemie, mit dem Namen Fritz Foerster verbunden, begründete eine eigene Schule der technischen Elektrochemie – neben den mehr theoretisch ausgerichteten von Wilhelm Ostwald im benachbarten Leipzig und Walther Nernst in Berlin. Das Institut für Farbenchemie und Färbereitechnik war noch nach dem 2. Weltkrieg das einzige derartige in ganz Deutschland, mit dem langjährigen Direktor Walter König. Das Institut für Wissenschaftliche Photographie (IWP), wesentlich mit Mitteln der hochentwickelten Dresdner photographischen und optischen Industrie – insbesondere der Ernemann-Werke – begründet und lange von dem Ostwald-Schüler Robert Luther geleitet, war ebenfalls einzigartig und eine „Kaderschmiede" für ganz Deutschland.[208]

1921 wurde die Mathematisch-Naturwissenschaftliche Abteilung der TH Dresden, ihrer gewachsenen Bedeutung gemäß, von der Allgemeinen Abteilung abgespaltet. Sie bildete nicht mehr nur die höheren Lehrer der Mathematik und Naturwissenschaften aus, sondern auch Technische Physiker und (seit 1925) Angewandte Mathematiker, die die Grade Dipl.-Ing. und Dr.-Ing. erwerben konnten.[209]

Aus einer über Jahrzehnte gewachsenen Tradition heraus, die bis auf das Jahr 1850 zurückgeht und durch Victor Böhmert, seit 1875 Professor für Nationalökonomie und Statistik, ausgebaut und gefestigt wurde, führte die TH Dresden 1922 – als erste deutsche Technische Hochschule – das Vollstudium der Volkswirtschaft ein; damit hatte nun die „neue" Allgemeine Abteilung ebenfalls ihre „eigene Aufgabe", neben den althergebrachten „Dienstleistungen" für die technischen Abteilungen. Die Allgemeine Abteilung verlieh den Grad „Diplom-Volkswirt" und hatte seit 1923 das Recht, zum „Doktor der Wirtschaftswissenschaften" (Dr.rer.oec.) zu promovieren. 1924 wurde das Pädagogische Institut (PI) Dresden-Strehlen der Allgemeinen Abteilung der TH Dresden angegliedert, die dadurch mit der Heranbildung von Volksschullehrern eine weitere „eigene Aufgabe" bekam und entsprechend ausgebaut wurde. 1925 wurde sie in „Kulturwissenschaftliche Abteilung" umbenannt. Seit dem 1. März 1928 durfte sie auch zum Doktor der Kulturwissenschaften (Dr.rer.cult.) promovieren, – eine Möglichkeit für Absolventen der TH Dresden, die am PI die Prüfung für das Lehramt an den Volksschulen abgelegt hatten.[210]

Im Jahre 1930 waren 620 Studierende in der Math.-Nat. Abteilung eingeschrieben. Das Spektrum der Fächer für das Studium des höheren Schulamts war nach und nach auf alle naturwissenschaftlichen Fächer erweitert worden, dazu aber auch auf Turnen, Zeichnen und Musik, wobei die drei letztgenannten Fächer stets an ein „wissenschaftliches Fach" gekoppelt waren.

Mit dem Jahre 1933 begann der Niedergang der TH Dresden wie der der anderen deutschen Hochschulen. Bis 1938 sank die Zahl ihrer Studierenden auf etwas mehr als ein Viertel des Jahres 1931 ab, von 4108 (WS 30/31) auf 1124 (WS 37/38). Der Rückgang der Studierendenzahlen zeigte sich besonders drastisch in der Mathematisch-Naturwissenschaftlichen und in der Kulturwissenschaftlichen Abteilung. Zu den Gründen dafür, die an allen Hochschulen wirkten, kam in Dresden die starke personelle Dezimierung der Kulturwissenschaftlichen Abteilung durch die Entlassung unerwünschter Lehrkräfte und die Aufhebung der akademischen Volksschullehrerbildung.[211]

Durch die Bombardements am 13./14. Februar 1945 war auch die TH Dresden schwer getroffen worden, sie wurde zu etwa 85% zerstört. Das Hauptgebäude in der Nähe des Hauptbahnhofs, das „alte Polytechnikum" war unbenutzbar geworden und musste später abgerissen werden. Die Gebäude der TH in Dresden-Plauen hatten schwere Schäden erlitten.

Die sowjetische Besatzungsmacht in Dresden besuchte bereits am 9. Mai die TH und orientierte auf deren rasche Wiedereröffnung. Am 26. Juli 1945 wurde Enno Heidebroek von den „stimmberechtigten Professoren der TH Dresden [...] zum Rektor dieser Hochschule einstimmig [...] gewählt und am 17. August 1945 mit Wirkung vom 26. Juli 1945" vom Präsidenten der Landesverwaltung Sachsen, Dr. Friedrichs, in seinem Amte bestätigt.[212] Der Ausbildungsbetrieb ruhte zwar, doch wurde in den Struktureinheiten gearbeitet. Die letzten Promotionen vor dem Ende des Krieges hatten am 22. und 23. Februar 1945 stattgefunden; nach Kriegsende folgten bis zum Oktober 1945 vier weitere Promotionen, darunter war die von Eleonore Trefftz, einer der Töchter des 1937 verstorbenen Professors Erich Trefftz, die den Grad Dr.rer.nat. erwarb; sie war später eine der wenigen Frauen unter den wiss. Mitgliedern der Max-Planck-Gesellschaft. (Den Kontakt zu Dresden und zur TH erhielt sie stets aufrecht; in Dresden lebten ihre Mutter Frieda Trefftz und ihre Schwester Dr. Friederike Trefftz, eine angesehene Ärztin und Radiologin.)

Der Neueröffnung der Universitäten und Hochschulen in der Sowjetischen Besatzungszone ging eine 1. Hochschulreform voraus, deren Ziel die Entnazifizierung, die Humanisierung und die Demokratisierung des Hochschulwesens war. Vorbereitet in den Fakultäten und deren Einheiten, erfolgte die große Welle der Entlassungen politisch Belasteter der TH Dresden in zwei Schüben: Die „Liste der am 31.10.1945 zur Entlassung gekommenen Hochschulangehörigen" enthielt 148 Namen, darunter waren 19 Professoren, in der „Liste der am 15.11.1945 zur Entlassung gekommenen Hochschulangehörigen" wurden noch einmal 118 Personen aufgeführt, darunter 16 Professoren und ein Dozent.[213] Während die Universität Leipzig bereits am 5. Februar 1946 den Vorlesungsbetrieb wieder aufnehmen konnte, dauerte es an der TH Dresden ein halbes Jahr länger; sie nahm den Studienbetrieb am 1. Oktober 1946 mit drei Fakultäten – der Pädagogischen Fakultät, der Fakultät für kommunale Wirtschaft und der Fakultät für Forst- und Landwirtschaft – und 450 Studierenden auf. Die Eröffnungsfeier hatte am 18. September 1946 unter zahlreicher und ranghoher Beteiligung stattgefunden. Zu den Rednern gehörten der Philosoph Prof. Dr. Hans-Georg Gadamer, Rektor der Universität Leipzig, und Prof. Dr. Theodor Brugsch, Direktor der Ersten medizinischen Universitätsklinik der Charité in Berlin, der in seiner Eigenschaft als Vizepräsident der Deutschen Zentralverwaltung für Volksbildung in der Sowjetischen Besatzungszone sprach. In seiner Rede wies Brugsch auf die Hauptaufgabe der Hochschulen hin, die darin bestehe, „die großen mathematisch-naturwissenschaftlichen Erkenntnisse des Jahrhunderts zu verarbeiten und sie unserem Volke und der Menschheit schlechthin dienstbar zu machen". Dazu bedürfe es einer geeigneten Grundeinstellung dem Leben und der Menschheit gegenüber. Brugsch betonte: „Wir können in der heutigen Zeit, die einen völligen Bruch mit der jüngsten Vergangenheit darstellt, keine andere Lebensanschauung haben als eine sozialistische. Das Christentum verspricht uns ein Jenseits, aber wir wollen unser Volk im Diesseits glücklich wissen und zwar jeden unserer Volksgenossen, der guten Willens ist [...] Die Lebensanschauung, die heute einzig und allein ihre Berechtigung hat, muss aus dem sozialen Gewissen kommen [...]"[214]

Die „Volleröffnung" der Hochschule mit einem breiteren Spektrum angebotener Studiengänge erfolgte mit dem WS 1947/48; 1949 hatte die TH bereits wieder 2180 Studierende. Am Neuaufbau der TH nach dem 2. Weltkrieg hatten so bedeutende Wissenschaftler wie Enno Heidebroek, Friedrich Adolf Willers, Georg Berndt, Heinrich Barkhausen, Kurt Beyer, Arthur Simon, Kurt Schwabe großen Anteil.

Wesentlicher Bestandteil der Hochschulreform in der SBZ nach dem Ende des Krieges war die Brechung des Bildungsprivilegs der bürgerlichen und der anderen bisher bevorzugten Schichten. Eine Analyse der Zusammensetzung der Studentenschaft vor 1945 ergab, dass nur 5% aus der Arbeiterklasse stammten. Um verstärkt auch „Arbeiterstudenten auf die Universität" zu bringen, wurden Vorkurse eingerichtet – für Sachsen in Dresden, Leipzig, Chemnitz, Zwickau, Plauen und Görlitz. Am Kurs vom 1. März bis zum 30. September 1946 nahmen rund 1000 Werktätige teil. Später wurde diese Studienvorbereitung durch die Arbeiter- und Bauern-Fakultäten (ABF) der Hochschulen und Universitäten übernommen. An der TH Dresden erfolgte die Gründung der ABF am 1. Oktober 1949 mit 380 immatrikulierten Arbeiterstudentinnen und -studenten.[215] Mit dem Ausbau des Schulsystems in der DDR hatten die ABF ihre historische Mission erfüllt. Fast alle ABF wurden geschlossen, die der TU Dresden 1963, nur die ABF der Martin-Luther-Universität Halle-Wittenberg und der Bergakademie Freiberg blieben bestehen, aber mit anderer Zielrichtung. An der ABF der TH/TU Dresden hatten insgesamt 4271 junge Menschen ihr Rüstzeug für ein erfolgreiches Studium an den Fachfakultäten erhalten. Es sei erwähnt, dass unter den Lehrkräften der ABF auch „frühe Promovenden" der TH Dresden waren.

Zwei frühe Promovenden der TH Dresden als Dozenten an der ABF

Suse Weiner[216] (1894-1985) hatte an der TH Dresden und an den Universitäten Rostock und München Mathematik und Physik studiert, an der TH Dresden 1923 die Prüfung für das höhere Schulamt abgelegt, mit Lehrbefähigung je 1. Stufe für Reine Mathematik, Physik und Chemie, und 1924 bei Gerhard Kowalewski mit der Arbeit „Zur natürlichen Geometrie der projektiven Gruppe" promoviert. Bis Ende Februar 1946 hatte sie – mit kurzen Unterbrechungen in den ersten Nachkriegsmonaten – an der Höheren Mädchen-Schule Dresden-Neustadt unterrichtet, seit 1928 als Studienrätin. Der NSDAP hatte sie nicht angehört; sie galt als politisch unbelastet und durfte daher nach 1945 weiterhin im staatlichen Schuldienst tätig sein. Seit März 1946 war sie Dozentin in den neueingerichteten Vorbereitungskursen, ab 1949 dann an der ABF der TH Dresden. Bis September 1951 war sie Leiterin des Fachbereichs Mathematik der ABF; sie ging am 31. August 1954 in den Ruhestand, vor allem aus gesundheitlichen Gründen.

Martin Böhme[217] (1906-1986) hatte an der TH Dresden und an der Staatlichen Turnlehrerbildungsanstalt studiert und im November 1929 die Prüfung für das höhere Schulamt der turnerisch-wissenschaftlichen Richtung abgelegt, mit sehr guten Ergebnissen in Mathematik und Sport und guten in Physik. Auch er promovierte bei Gerhard Kowalewski – im Jahre 1934 aufgrund der Dissertationsschrift „Beiträge zur natürlichen Geometrie". Er lehrte an der Deutschen (Internats-) Oberschule in Lichtenstein-Callnberg, leistete seit 1939 Kriegsdienst, geriet im Mai 1945 in russische Gefangenschaft, hatte hier Gelegenheit, neben der Arbeit in einem Sägewerk und einem Traktorenwerk eine Antifa-Schule zu besuchen und wurde Anfang 1949 aus der Gefangenschaft entlassen. Da er Mitglied der NSDAP gewesen war, blieb ihm der Schuldienst verschlossen. Nachdem er sich jedoch einige Jahre als Arbeiter bei der „Wismut" sehr bewährt hatte, wurde er als Mathematikdozent an der ABF der TH Dresden eingestellt. Nach einigen Jahren wechselte er an die ABF der Bergakademie Freiberg; er wirkte später lange Zeit, zuletzt als Professor, am PI bzw. an der PH „Karl Friedrich Wilhelm Wander" Dresden.

2. NEUES IM HOCHSCHULWESEN DER DDR UND AN DER TH DRESDEN ANFANG DER 50ER JAHRE

Nach ihrer Gründung im September bzw. Oktober 1949 gingen beide deutsche Staaten hinfort in den getrennten Einflusssphären der Siegermächte des 2. Weltkriegs gesonderte Wege der gesellschaftlichen Entwicklung. Um 1950/51 wurde auch das Hochschulwesen der DDR den veränderten gesellschaftlichen Verhältnissen angepasst. Bereits 1950 wurde eine bisher in Deutschland noch nicht dagewesene Studienform eingeführt: das Hochschulfernstudium, das später durch das Hochschulabendstudium ergänzt wurde. Diese Studienformen sollten es denen, die bereits verantwortungsvolle Positionen in der Industrie einnahmen, ermöglichen, neben der Berufstätigkeit notwendige akademische Abschlüsse zu erwerben. Die sehr anstrengenden Studien wurden durch eine gute Zusammenarbeit zwischen dem delegierenden Betrieb und der ausbildenden Hochschule erleichtert; in regelmäßigen Abständen kamen die Fernstudentinnen und -studenten zu komprimierten Lern-, Konsultations- und Prüfungsphasen am Hochschulort oder einer für sie bequemer zu erreichenden Außenstelle zusammen. Dafür wurden sie vom Betrieb (bezahlt) freigestellt. Unverzichtbare Grundbedingung für den erfolgreichen Abschluss des Fernstudiums war kontinuierliches Selbststudium nach Arbeitsschluss und an den Wochenenden, dazu stellten die Hochschulen spezifisches „Studienmaterial für das Fernstudium" zur Verfügung. Auch Lieselott Herforth würde später mit ihren Mitarbeitern Studienhefte für Fern- und Abendstudenten erarbeiten. Auch unter den Dozenten für das Fernstudium fanden sich „frühe Promovenden" der TH Dresden.

Zwei frühe Promovenden der TH Dresden als Dozenten im Fernstudium

Johanna Wiegandt[218] (1893-1967) hatte Mathematik und Physik an der TH Dresden und an den Universitäten Göttingen und Heidelberg studiert, 1919 an der TH Dresden die Prüfung für das höhere Schulamt abgelegt und noch im selben Jahr bei Martin Krause, Professor für Reine Mathematik, mit der Arbeit „Über den Zusammenhang zwischen ähnlich-veränderlichen und starren Systemen" promoviert. Sie unterrichtete an der Dresdner „Studienanstalt für Mädchen", seit 1926 als Studienrätin. Nachdem sie als Lehrerin in den Ruhestand getreten war, arbeitete sie – sehr erfolgreich – von 1956 bis 1967 freiberuflich als Dozentin im Fernstudium der TH/TU Dresden.

Walter Thürmer (1896-1971) hatte 1922 an der TH Dresden die Prüfung für das höhere Schulamt abgelegt und 1923 bei Walter Ludwig, Professor für Darstellende Geometrie, mit der Arbeit „Beitrag zur Geometrie der Berührungstransformationen von Sophus Lie" promoviert. 1924 bis 1948 war er Angestellter, später Mitinhaber und Geschäftsführer der Kaffeerösterei und Kaffee-Ersatzfabrik Max Thürmer in Dresden sowie Geschäftsführer der Lebensmittelgroßhandlung Max Knauthe und der Zigarren-Groß- und Einzelhandlung Schramm und Echtermayer in Dresden. Nach dem 2. Weltkrieg bekleidete er – als Mitglied der LDPD – einige Jahre Ämter in der Dresdner Kommunalpolitik und in der sächsischen Landespolitik. Seit 1951 war er als Mathematiker beim Fernstudium beschäftigt, zuletzt als Leiter der Außenstelle Dresden der Hauptabteilung Fern- und Abendstudium der TU Dresden. Am Aufbau des Abendstudiums war er entscheidend beteiligt; 1966 erhielt er den Professorentitel.[219] 1963 sollte Lieselott Herforth seine Kollegin in der Volkskammer der DDR werden, sie als Abgeordnete des FDGB, er als Abgeordneter der LDPD.

Die 2. Hochschulreform von 1950/51 hatte einige entscheidende Veränderungen gebracht. Dazu gehörten die Einführung des 10-Monatsstudienjahres zum 1. September 1951, die Festlegung bindender Studienpläne für jeden Lehrenden und jeden Studierenden und die obligatorischen Zwischenprüfungen am Ende des Studienjahres, die Einbindung eines gesellschaftswissenschaftlichen Grundstudiums in alle

Studiengänge, mit ökonomischen Spezialvorlesungen in allen technischen Fachrichtungen. Bei der Neueröffnung der TH Dresden im Jahre 1946 hatte die Ausbildung von Lehrern und Lehrerinnen, die für die demokratische Umgestaltung von Bildung und Erziehung dringend notwendig waren, einen Schwerpunkt gebildet. In der Zeitspanne zwischen 1950 und 1952, in der die TH Dresden dem Ministerium für Industrie unterstellt war, begann ihre Neu-Profilierung mit dem Schwerpunkt der Ausbildung von Technikern und Ingenieuren. An der TH blieb das Studium der Berufspädagogik bestehen, die Ausbildung von Grund- und Oberschullehrern wurde jedoch mit dem SS 1950 an der Universität Leipzig konzentriert. Damit wurde die lange Tradition der Bildung höherer Lehrer und Lehrerinnen der Mathematik und der Naturwissenschaften an der TH Dresden abgebrochen. Die lange Zeit wesentlich an die höhere Lehrerbildung geknüpfte Ausbildung math.-nat. Fachnachwuchses wurde allerdings nicht unterbrochen: Sie erfolgte weiterhin in den Diplom-Studiengängen.[220] Schon 1956 war die TH Dresden die „größte polytechnische Schule *ganz* Deutschlands“[221]. Im Zuge des Ausbaus der TH Dresden zur technischen Leitausbildungsstätte der DDR, „als größtem Ausbildungszentrum unseres akademischen Nachwuchses auf naturwissenschaftlichem, technischem und wirtschaftlichem Gebiet“[222] wurden auch umfangreiche Bauvorhaben realisiert, darunter waren der großzügige Gebäudekomplex für die Mathematischen und die Physikalischen Institute am Zelleschen Weg.

3. ZU EINIGEN VERÄNDERUNGEN IN DER DDR ANFANG DER 1960ER JAHRE

Wegen des Viermächtestatus von Berlin war in dieser Stadt die Grenze zwischen DDR und BRD offen. Am 13. August 1961 baute die DDR Grenzbefestigungen zur BRD auch um Berlin-West herum. Damit waren die Grenzen zwischen den beiden weltpolitischen Lagern geschlossen.

Die Erhöhung der Arbeitsproduktivität (AP) war 1961 hinter dem Planziel zurückgeblieben, ein großangelegtes „Produktionsaufgebot“ wirkte dem entgegen und hatte im Spätsommer 1962 seine Aufgabe erfüllt, von 1961 bis 1962 wuchs die AP um 9%. 1961 wurde die Bewegung zur Gründung von landwirtschaftlichen Produktionsgenossenschaften (LPG) unterschiedlichen Typus im wesentlichen abgeschlossen. Bis zum Spätherbst 1962 waren die damit verbundenen Transformationsschwierigkeiten gemeistert, und die vorübergehende Rationierung von Fleisch- und Wurstwaren, die über einige Monate hinweg nötig gewesen war, konnte aufgehoben werden. Durch die genossenschaftliche Großraumbewirtschaftung erhöhte sich die Effektivität der landwirtschaftlichen Produktion nachhaltig, und die DDR wurde von Importen an Nahrungsgütern weitgehend unabhängig. Gegenüber 1950 hatte sich das Bruttoprodukt der Volkswirtschaft der DDR im Jahre 1962 fast verdreifacht. Daran beteiligt waren volkseigene Betriebe mit rund 72 %, genossenschaftliche mit etwa 13%, private mit knapp 8%, dazu kamen Betriebe mit staatlicher Beteiligung und solche mit Kommissionsvertrag.

Für die Nationale Volksarmee, 1956 als Freiwilligenarmee gegründet, wurde im Januar 1962 die Wehrpflicht eingeführt.

Nachdem Wilhelm Pieck, der Präsident der DDR, am 7. September 1960 gestorben war, wurde von der Volkskammer am 12. September 1960 das „Gesetz über die Bildung des Staatsrates" beschlossen. Hinfort stand an der Spitze der DDR der Staatsrat. Staatsratsvorsitzender wurde Walter Ulbricht, der gleichzeitig Erster Sekretär des ZK der SED war, im Staatsrat standen ihm neben seinen Stellvertretern und dem Sekretär 16 weitere Mitglieder zur Seite.

Nach dem 2. Weltkrieg bröckelte das Kolonialsystem. Nationale Befreiungsbewegungen waren erfolgreich. Zwischen 1945 und 1960 haben 40 bis dahin koloniale und abhängige Länder in Afrika und Asien ihre Unabhängigkeit erkämpft, davon allein 17 im Jahre 1960. In den 1960er Jahren bildeten sich zwischen Hochschulen der DDR, wie der TH/TU Dresden, und einigen dieser jungen Nationalstaaten gute Beziehungen heraus.

4. Lieselott Herforth an der Fakultät für Kerntechnik

Unter den fast 14 Tausend Direktstudierenden der TH Dresden im Jahre 1960 waren 240 künftige Diplom-Mathematiker/innen und 500 künftige Diplom-Physiker/innen. Im Studienjahr 1960/61 gab es an der TH elf Fakultäten und vier selbständige Institute bzw. Hauptabteilungen, darunter die Fakultät für Mathematik und Naturwissenschaften (N), für Maschinenwesen (M), für Elektrotechnik (E) und für Kerntechnik (K).

Hintergrund und Umfeld der Fakultät K

Nach den mit der Sowjetunion abgeschlossenen Verträgen und mit der personellen Startbasis der „Rückkehrer" zielte die DDR seit Mitte der 50er Jahre darauf, die Zuwachsraten des Energiebedarfs mittel- und langfristig durch Atomenergie zu decken. Voraussetzung war, dass zu gegebener Zeit geeignet ausgebildete Fachkräfte zur Verfügung standen: für die Konstruktion und den Aufbau von AKW, für deren sicheren Dauerbetrieb, für die Gewährung des Strahlenschutzes. Außerdem sollte die Anwendung radioaktiver Isotope in der Industrie verstärkt werden. Seit 1955 entwickelte sich das Dreieck Dresden – Rossendorf – Leipzig zu einem Schwerpunkt der Atomforschung und Atomtechnik mit der einzigen Fakultät für Kerntechnik der DDR an der TH Dresden, dem Zentralinstitut für Kernforschung (ZfK) in Rossendorf bei Dresden, dem Institut für angewandte Radioaktivität, dem „Institut Manfred von Ardenne", dem VEB Vakutronik Dresden – einem wissenschaftlichen Industriebetrieb – und dem VEB Vakutronik Pockau, zunächst Zweigbetrieb des VEB Vakutronik Dresden und seit 1960 selbständig, in dem Kontroll- und Messgeräte für die Kerntechnik hergestellt wurden. Im Juni 1960 fand in Rossendorf die erste Internationale Reaktorenkonferenz statt, an der 150 Wissenschaftler aus den am VIK Dubna beteiligten Staaten teilnahmen. Ein weiterer Schwerpunkt war Berlin mit seinem Umfeld. Seit 1956 arbeiteten in Berlin das Wissenschaftlich-Technische Büro für Reaktorbau und die Aufbauleitung des Atomkraftwerkes I. An ihre Stelle traten Anfang 1961 zwei kerntechnische Betriebe der DDR, der VEB Entwicklung und Projektierung kerntechnischer Anlagen (VEB EPKA, Sitz Berlin, Leiter bis Ende August 1962 Max Steenbeck) und der VEB Atomkraftwerk I mit Sitz in Rheinsberg/Mark.[223]

Die Fakultät für Kerntechnik und ihre Institute

Die Wirkungsorte der Fakultät K waren die Gebäude in der Würzburger Straße 69 und in der Liebigstraße 30; im Jahre 1958 kam noch die Außenstelle in Pirna-Copitz, Pratzschwitzer Straße 15, hinzu. Die Isotope wurden zunächst im überdachten „Swimming-Pool" der Liebigstraße 30 gelagert. Das zentrale neue Gebäude der Fakultät am Zelleschen Weg 19 konnte erst ab 1959 nach und nach bezogen werden. Es gab drei Institute: für allgemeine Kerntechnik, für experimentelle Kernforschung und für Anwendung radioaktiver Isotope. Direktor des Instituts für allgemeine Kerntechnik und erster Dekan der Fakultät war Wilhelm Macke, der gleichzeitig mit dem Lehrstuhl für Theoretische Physik zur Fakultät N gehörte. Seinem Institut gehörte auch Professor Heinz Pose mit dem Lehrstuhl für Neutronenphysik an, er hatte seine Arbeitsstätte in Copitz. An der Spitze des Instituts für experimentelle Kernforschung stand bis 1958 Josef Schintlmeister mit dem gleichnamigen Lehrstuhl, gefolgt von Paul Kunze, dem Entdecker des Positrons, der von der Universität Rostock kam, er war von 1958 bis 1960 Dekan der Fakultät K. Das Institut für Anwendung radioaktiver Isotope wurde von Werner Lange geleitet; dieser war 1955 auch Leiter der „Arbeitsgruppe Metallurgie" bei der DAW geworden, und von 1956 bis zum Eintritt in den Ruhestand 1978 war er – bis 1962 parallel zur Arbeit in Dresden – Direktor des Forschungsinstituts für NE-Metalle in Freiberg. Zum Institut für Anwendung radioaktiver Isotope gehörte seit 1958 die „Arbeitsgruppe Technische Isotopenanwendung" (kurz: „Gruppe Technik") mit Sitz in Pirna-Copitz. Die Fakultät K war personell eng verzahnt mit dem ZfK und den anderen kernphysikalisch-kerntechnischen Einrichtungen in und um Dresden. Da es Mitte der 50er Jahre an Fachkräften noch mangelte, mussten die wenigen Spezialisten mehrfach eingesetzt werden, und an der Fakultät K lasen sie eben überwiegend als *nebenamtliche* Professoren, so vertrat Heinz Barwich, Direktor des ZfK, die Kernenergetik, Ernst Rexer las über Werkstoffe der Kerntechnik und Werner Hartmann über Kernphysikalische Elektronik. 1960 konnten die Studierenden der Fakultät K unter vier Fachrichtungen wählen: Kernphysik, Kernenergetik, Strahlenmesstechnik, Radiochemie. Fachrichtungsleiter waren Josef Schintlmeister (nun hauptamtlich am ZfK), Heinz Barwich, Werner Hartmann, Werner Lange. Als Lieselott Herforth in die Fakultät kam, waren dort außer ihr nur Paul Kunze und Heinz Pose hauptamtliche Professoren. Da die meisten der an der Fakultät lehrenden Wissenschaftler lange Zeit erfolgreich in der UdSSR gearbeitet hatten und sehr gut russisch sprachen, war es ganz selbstverständlich, dass von Anfang an gute Kontakte zur sowjetischen Wissenschaft und insbesondere zum VIK in Dubna bei Moskau bestanden. Heinz Pose, ein Schüler von Gustav Hertz, gehörte seit Gründung des VIK am 26. März 1956 als erster DDR-Vertreter dessen Wissenschaftlichem Rat an; 1959 kam er an die TH Dresden. Die Zusammenarbeit mit der SU schlug sich in der Lehre, in Graduierungen und Weiterbildungen, in Tagungsbesuchen nieder.[224]

Gisbert Großmann hatte in Leningrad[225] Chemie studiert und dort 1956 diplomiert; er wurde Assistent am Institut für Anwendung radioaktiver Isotope, und zwar bei Hans-Joachim Born. Born war nach seiner Rückkehr aus der UdSSR an das von Walter Friedrich geleitete DAW-Institut für Medizin und Biologie Berlin-Buch gekommen, nicht lange, nachdem Lieselott Herforth es verlassen hatte; er leitete nun in Buch das Institut für Isotopenforschung. 1956 habilitierte er sich an der TH Dresden mit der Arbeit „Radiochemie und Anwendung radioaktiver Isotope“ und lehrte hier nebenamtlich Spezialgebiete der Radiochemie. Sein Assistent Großmann bereitete erfolgreich das radiochemische Praktikum vor, das ab Herbstsemester 1957 an der TH Dresden durchgeführt werden konnte.[226] Im Oktober 1957 nahm Großmann auf Vorschlag des SfH[227] die wissenschaftliche Aspirantur an der Leningrader Universität auf, die er 1959 mit der Promotion abschloss. Als er nach Dresden zurückkehrte, fand er Hans-Joachim Born nicht mehr vor. Dieser hatte die DDR verlassen und betrieb nun Radiochemie an der TH München, seit 1962 als ord. Professor. Im HS 1960 las ein sowjetischer Gastdozent, der Kandidat der chemischen Wissenschaften N. B. Michejew, die „Grundlagen der Radiochemie“, unterstützt von Dr. Großmann, der ins Deutsche übersetzte und die Seminare zur Vorlesung durchführte.[228]

Die ersten Jahre an der TH: Lehrveranstaltungen, Funktionen, Mitglied der SED

Mit Einzelvertrag, abgeschlossen mit dem SfHF, übernahm Lieselott Herforth am 1. September 1960 „als Professor mit vollem Lehrauftrag für angewandte Radioaktivität an der Fakultät Kerntechnik der TH Dresden die mit ihrem Fach verbundene Lehr- und Forschungstätigkeit".[229] Am 29. Sept. 1960 wurde sie zum Mitglied der „Isotopen-Kommission" im „Wissenschaftlichen Rat für die friedliche Anwendung der Atomenergie" beim Ministerrat der DDR berufen.[230] Aus Leipzig kamen Manfred Frank und Werner Stolz mit ihr als Assistenten an das Institut für Anwendung radioaktiver Isotope. Einige der jungen Leute, die sie am Institut antraf, wurden ihre Assistenten und Mitarbeiter für lange Zeit, nämlich Winfried Pippel (am Institut seit 1.8.1956), Klaus Schillinger (seit 15.8.1959; derzeit Strahlenschutzbeauftragter der Fakultät K), Volkmar Schuricht (seit 1.1.1957), und der etwas ältere Georg Oswald (seit 1.2.1957, wiss. Mitarbeiter), dazu in der Copitzer „Gruppe Technik" Siegfried Koch (1.12.1955-15.8.1958, und seit 15.5.1960), Kurt Irmer (seit 1.2.1959, diplomiert vom Institut für allgemeine Kerntechnik), Helmut Löffler (seit 15.10.1958). Im HS 1959 lasen Kurt Irmer über „Ausgewählte Kapitel der industriellen Anwendung radioaktiver Isotope" und Volkmar Schuricht über „Messmethoden der angewandten Radioaktivität", für das HS 1960 führte Dipl.-Ing. Herbert Hänsgen mit Lehrauftrag das „Kerntechnische Praktikum für Kernenergetiker" mit 4 Stunden wöchentlich durch.[231] Die Lehraufgaben waren also so umfassend geworden, dass zeitweilig Lehraufträge an noch nicht promovierte Assistenten vergeben werden mussten. Diese Lehraufträge betrafen gerade das Forschungs- und Lehrgebiet von Lieselott Herforth. Sie fand also ein reichliches Betätigungsfeld vor. Die ersten Lehrveranstaltungen, die sie anbot, waren im HS 1960 das „Praktikum für Isotopenanwendung" mit 8 Stunden wöchentlich für Kernphysikstudenten des 7. Semesters und für Maschinenbaustudenten der Richtung Feinmechanik und Regelungstechnik des 9. Semesters, und das „Seminar für Isotopenanwendung" für das 9. Sem. Kernphysik und das 7. Sem. Radiochemie, mit zwei Stunden wöchentlich. Im Studienjahr 1961/62 weitete sie ihre Lehrtätigkeit stark aus, u. a. kam die „Anleitung zum selbständigen wiss. Arbeiten für Diplomanden Isotopenanwendung" (ganztägig) hinzu.[232]

Ihr Start in Dresden war nicht ungetrübt, wie sich Lieselott Herforth drei Jahre später erinnerte: „Kaum angekommen, wurde in allen Gremien auch außerhalb der TH die Frage der Auflösung der Fakultät K diskutiert. Da ich in das gesamte Hochschulgeschehen der TH noch wenig Einblick hatte und zu den Kollegen noch wenig Kontakt, saß ich zunächst im Zelleschen Weg 19 noch ziemlich vereinsamt und hatte damals noch genügend Zeit zum Nachdenken. Ich sah zunächst meine Aufgabe darin, mir im Institut [...] das Vertrauen aller Mitarbeiter zu erwerben, denn dieses

Institut sollte ich einmal übernehmen. Dies ging auch sehr schnell, denn die Mitarbeiter waren sehr froh, dass jemand da war, der Zeit für sie hatte, der Doktorarbeiten betreute, der ausschließlich an der TH wirkte. Das mit der vielen Zeit zum Nachdenken dauerte auch nicht lange, dann wurde ich in die Fakultätsarbeit einbezogen."[233] Ganz unabhängig von Sein oder Nichtsein der Fakultät K ging Lieselott Herforth in die Offensive. So begann sie unbeirrt, die Ausbildung in Isotopenanwendung zu verbessern, keineswegs nur für die Fakultät K, sondern auch für die anderen Fakultäten der TH. Ab September 1961 gab sie Studenten und Assistenten aller Fakultäten die Gelegenheit, Isotopenanwendung – sei es fakultativ oder wahlobligatorisch – zu erlernen. Diese Möglichkeit wurde rege genutzt. Darüber hinaus schlug sie neben den bereits von Professor Lange seit 1957 eingeführten Kursen für die Anwendung radioaktiver Isotope erstmalig für September 1962 einen entsprechenden Lehrgang ausschließlich für Hochschullehrer vor. Es bewarben sich 80 Teilnehmer aus allen Universitäten und Hochschulen der DDR dafür, – ein so nicht erwarteter Ansturm, der kaum bewältigt werden konnte. Für die Isotopenkurse und das Praktikum konnte sie auf so bewährte Kräfte wie Georg Oswald zurückgreifen. Oswald (*12.11.1919) wurde von Lieselott Herforth bereits nach ihrem ersten Jahr an der TU für die Auszeichnung als „Aktivist des Siebenjahrplanes" vorgeschlagen, nachdem er bereits 1956 und 1959 Aktivist geworden war. In ihrer Begründung hob sie seine „besonderen fachlichen Leistungen im letzten Jahr" bei der „Erweiterung und Verbesserung des Ausbildungsprogrammes in Isotopenanwendung" hervor: „Er hat sofort alle von mir gegebenen Anregungen in die Praxis umgesetzt. Ein großer Teil der in der 2. Auflage meines Praktikumsbuches[234] aufgenommenen neuen Aufgaben entspringt Vorschlägen des Kollegen Oswald. Mit ihm zusammen wurden die Pläne für das Isotopenanwendungspraktikum für Angehörige anderer Fakultäten ausgearbeitet." Durch Oswalds Einsatz konnten die Voraussetzungen dafür geschaffen werden, in den Industriekursen die Teilnehmerzahl auf 25 pro Kurs zu erhöhen, was „ein seit langer Zeit bestehender Wunsch des AKK" war. Ihr Antrag wurde in der Gewerkschaftsgruppe ohne Gegenstimme angenommen.[235] Georg Oswald steht als ein Beispiel für Lieselott Herforths Fähigkeit, die fachlichen Stärken der Mitarbeiter schnell zu erkennen und sie mit den angemessenen Aufgaben zu betrauen. Später promovierte er auf pädagogischem Gebiet.

Selbstverständlich pflegte auch sie die wissenschaftlichen Kontakte zur SU. Bereits nach wenigen Monaten seiner Tätigkeit am Institut wurde Manfred Frank von ihr zum Isotopen-Praktikum in Moskau delegiert, das am 1. Februar 1961 begann.[236]

Im Studienjahr 1961/62 – vom 1. September 1961 bis zum 31. August 1962 – war Lieselott Herforth Prodekanin der Fakultät K; sie bearbeitete u. a. Fragen des wissenschaftlichen Nachwuchses. Am 1. März 1962 folgte sie Werner Lange als Direktorin des Instituts für Anwendung radioaktiver Isotope und am 1. Mai 1962 auch auf dem gleichnamigen Lehrstuhl. Sie hielt sich in der Regel an einem Tag in der Woche in Pirna-Copitz auf, ihre Stellvertreter waren derzeit Volkmar Schuricht in Dresden und Siegfried Koch in Copitz.

Am 8. März 1962 wurde sie als Aktivistin des 7-Jahr-Plans ausgezeichnet. Sie hatte nahezu alle Stufen der wissenschaftlichen Karriereleiter erklommen, war Institutsdirektorin und Prodekanin, als sie sich im April 1962 entschloss, den Antrag auf Aufnahme in die SED zu stellen. In der Begründung gab sie an: „Ich bin der Überzeugung, dass ich als Parteimitglied meine Aufgaben als Hochschullehrer, nämlich das teuerste Gut des Staates, seine Jugend, auszubilden und zu erziehen, noch besser werde erfüllen können als bisher.“ Sie wurde Kandidatin und war seit 1. Mai 1963 Mitglied der SED.[237]

Abb. V.1: L. Herforth vor dem „Andreas-Schubert-Bau“

Abb. V.2: L. Herforth in ihrem Arbeitszimmer im „Andreas-Schubert-Bau“

Die TH Dresden wird zur TU erhoben, und Gustav Hertz wird Ehrendoktor der TU

Am 23. März 1961 beschloss das Präsidium des Ministerrates der DDR, der TH Dresden „auf Grund ihrer Entwicklung zur Universitas litterarum technicarum und in Würdigung ihrer hervorragenden Leistungen und Erfolge in Lehre und Forschung den Status einer Technischen Universität“ zu verleihen. Die feierliche Umbenennung, verbunden mit der Rektoratsübergabe, fand am 5. Oktober 1961 unter großer nationaler und internationaler Beteiligung in Dresden statt; die TH Dresden „trägt ab 5. Oktober 1961 die Bezeichnung Technische Universität Dresden“. An ihr waren zu diesem Zeitpunkt 17290 Direkt- und Fernstudenten immatrikuliert, sie gehörte zu den großen und angesehenen Technischen Hochschulen in Deutschland und der Welt.[238] Der künftige Rektor, Nationalpreisträger Prof. Dr.-Ing. habil. Kurt Schwabe, empfing die neugeschaffene Amtskette, in der er „in erster Linie ein Zeichen der schweren und großen Verantwortung“ sah, die ihm übertragen wurde, erfolge doch die Umwandlung der Technischen Hochschule in eine Technische Universität in einer Zeit, „wo die politische und wirtschaftliche Lage unseres Landes äußerste Sparsamkeit erfordert, nicht nur in bezug auf materielle Investitionen, sondern auch und in erster Linie hinsichtlich der Arbeitskraft“. Die „möglichst ökonomische Nutzung des geistigen Potentials der Technischen Universität“ sei dringend erforderlich, sie geböte, „ihre Mitarbeiter soweit als möglich nur für Aufgaben einzusetzen, die ihren Fähigkeiten und ihrer Ausbildung entsprechen“.[239] Um den wissenschaftlichen Nachwuchs ausbilden zu können, der in unserer Gesellschaft gebraucht wird, müsse unsere „Universitas trotz ihrer Vielfalt eine Einheit sein mit der gemeinsamen Aufgabe, die Wissenschaft im Geiste echter Humanität zu betreiben und ihre Ergebnisse zum Nutzen der Menschen einzusetzen“. Sie müsse „auch immer um die Einheit von Erziehung, Lehre und Forschung bemüht bleiben“. „Um ein in sich geschlossenes Lehrgebäude zu errichten, werden zwischen den zahlreichen einzelnen Lehrgebieten, die an unserer Technischen Universität vertreten sind, die richtigen Proportionen und möglichst viele Querverbindungen herzustellen sein.“ Lehrgebiete und Lehrstoff müssten konzentriert werden. „Wir können nur dann alle Wissensgebiete, die mit den Problemen der Technik in Zusammenhang stehen, vermitteln, wenn wir uns darauf beschränken, den Studierenden in die wissenschaftlichen Grundlagen auf den verschiedenen Gebieten einzuführen und auf solche Einzelheiten verzichten, die der Student viel rascher und anschaulicher in der Industrie kennenlernen kann.“ Im Prinzip könne an der TU jedes „noch so komplexe Forschungsproblem gelöst werden“, aber dazu müssten „Zusammenarbeit und Erfahrungsaustausch zwischen den Instituten [...] in der Zukunft auch aus ökonomischen Gründen noch mehr gepflegt werden als bisher“. „Durch einen Austausch von Geräten oder ihre gemeinsame Nutzung“ ließen sich viele Importe vermeiden.

Auch bei den Forschungsarbeiten für die Industrie könne „die Forschungskapazität der Hochschule noch besser ausgenutzt werden durch eine möglichst enge Zusammenarbeit der Institute". Das sei umso wichtiger, als viele dieser Untersuchungen das Ziel verfolgen, „die Produktion wichtiger Industriegüter unabhängig von devisengebundenen Importen zu machen". Auch werde „durch die Forschungs- und Entwicklungsarbeiten für die Industrie [...] die praxisnahe Ausbildung gefördert". Für Schwabe war ein wesentliches Erziehungsziel erreicht, „wenn es gelingt, unsere akademische Jugend zu der Bereitschaft zu erziehen, ihre ganze Kraft und ihre Fähigkeiten der Gemeinschaft unseres Staates und des Volkes zur Verfügung zu stellen". Entscheidend sei aber auch, „die akademische Jugend so für die Wissenschaft zu begeistern, dass sie ihr zu dienen bereit ist, auch wenn sie dabei manches Opfer an Wohlleben bringen muss". Und er erinnerte: „Die großen Pioniere der Wissenschaft und Technik haben immer Beglückung und den wahren Lohn ihrer Arbeit in ihren Erfolgen und nicht in der äußeren Anerkennung gefunden."[240] Kurt Schwabe äußerte damit Gedanken, die auf die Notwendigkeit bevorstehender Veränderungen schon hindeuteten, ja vieles von dem, was er in seiner Rede antippte, sollte wenige Jahre später zum Inhalt der 3. Hochschulreform gehören.

Als Rektor könne er „nur als Primus inter pares die Geschicke der TU wirklich beeinflussen". Gerade in der neuen verantwortungsvollen Funktion bekannte er sich zum „Lob des Zweifels" von Bertolt Brecht, in dem es heißt: *Ich rate auch, begrüßt mir heiter und mit Achtung den, der euer Wort wie einen schlechten Pfennig prüft*, wo aber auch gesagt ist: *Falsch mag handeln, der sich mit zu wenigen Gründen begnügt, – aber untätig bleibt in der Gefahr der, der zu viele braucht.*[241]

Abb. V.3: Ehrenpromotion von Gustav Hertz (v. l. nach r.: Hertz, Hartmann, Kunze, Herforth, Rexer)

Anlässlich der Umbenennungsfeierlichkeiten wurde Gustav Hertz am 6. Okt. 1961 von der TU Dresden „für seine hervorragenden wissenschaftlichen Leistungen auf dem Gebiete der Atomphysik und für seine Verdienste um die Entwicklung moderner physikalischer Forschung in seiner Eigenschaft als Vorsitzender des Rates für friedliche Anwendung der Atomenergie" ehrenpromoviert.[242] Er hatte bestimmend bei der Gründung der Fakultät für Kerntechnik mitgewirkt.

1962: Auflösung der Fakultät für Kerntechnik und andere Veränderungen

Auf der Tagung des „Wissenschaftlichen Rates für friedliche Anwendung der Atomenergie" am 6. Oktober 1961 berichtete der Dekan der Fakultät K, Prof. Pose, „über die Probleme der Ausbildung auf dem Sektor Kernphysik und Kerntechnik unter Berücksichtigung der internationalen Erfahrungen".[243] Ein Jahr später gab es die Fakultät K der TU bereits nicht mehr. Das Jahr 1962 war ein Jahr einschneidender Veränderungen für die Gremien und Einrichtungen, die sich mit Kernphysik und Kerntechnik befassten, für das AKK, den „Wissenschaftlichen Rat", das ZfK und insbesondere auch für die gerade sieben Jahre alte Fakultät für Kerntechnik. Die sehr kostspieligen Arbeiten auf dem Gebiet der Kernphysik und der Kernenergetik wurden in die proportionale Entwicklung der Volkswirtschaft und in die Volkswirtschaftsplanung der DDR eingeordnet und einer strafferen Leitung unterworfen.

Auf der (21.) Tagung des „Wissenschaftlichen Rates" am 11. Mai 1962[244] verlas Professor Gustav Hertz einen Brief des SfHF vom 10. Mai 1962, also vom Vortage, zur Überführung von Instituten der Fakultät K in das Gesamtgefüge der TU Dresden. Darin wurden in Übereinstimmung mit dem Rektor der TU Dresden, Kurt Schwabe, und seinem Kollegium sowie einer Kommission unter Mitwirkung von Professor Pose und Frau Professor Herforth – dem Dekan und der Prodekanin der Fakultät K – folgende Veränderungen vorgeschlagen:

Die Fakultät für Kerntechnik wird aufgelöst. Das „Institut für Allgemeine Kerntechnik" wird mit dem „Institut für Experimentelle Kernphysik" zu einem neuen „Institut für Kernphysik" vereinigt, geleitet von Prof. Pose. Das „Institut für Anwendung radioaktiver Isotope" mit seiner Direktorin Prof. Herforth bleibt bestehen. Beide Institute werden in die Fakultät N eingegliedert. Es gab allerdings eine wichtige Veränderung am Herforth'schen Institut: die Radiochemie wurde herausgelöst, sie wurde hinfort – das war auch der Wunsch Kurt Schwabes, des Rektors der TU und Stellv. Direktors des ZfK – als Teil der Chemischen Kerntechnik nur noch am ZfK betrieben. Prof. Werner Hartmann liest wie bisher über Strahlenmesstechnik, aber an der Fakultät E und dort eingebettet in das Gebiet der Molekularelektronik. Die Kernenergetik wird der Fakultät M angegliedert. „Kernphysik" bleibt als Wahlfach in der Oberstufe der Fachrichtung Physik weiter bestehen, damit können also auch künftig Diplom-Physiker mit der Spezialausbildung „Kernphysik" die TU

Dresden verlassen. Der „Wissenschaftliche Rat" schloss sich den im verlesenen Brief vorgeschlagenen Veränderungen an und teilte seine Zustimmung dem SfHF mit. Sparmaßnahmen betrafen auch das ZfK, obwohl es einige Aufgaben der Fakultät K übernahm. Die dort bis 1968 vorgesehenen Investitionen wurden deutlich zurückgefahren. Der Bau eines neuen Gebäudes für die Isotopenproduktion solle Ende 1963 erneut beraten werden; für ihn seien 9 Mill. DM zu veranschlagen. Das berichtete der Direktor des ZfK, und der „Wissenschaftliche Rat" bestätigte die vorgetragenen Vorhaben (und Streichungen); die Bestätigung durch den Vorsitzenden des Forschungsrates war noch einzuholen.

Auf derselben Tagung des Wissenschaftlichen Rates wurden im Auftrag des Leiters des AKK die Veränderungen in dessen Stellung und Verantwortlichkeit mitgeteilt, beschlossen vom Präsidium des Ministerrates der DDR am 26. April 1962: Das AKK wurde *mit sofortiger Wirkung* der Staatlichen Plankommission unterstellt. Es wurde von der Anleitung einiger Betriebe, Institute und Einrichtungen entbunden: die VEB „Vakutronik Dresden", „Vakutronik Pockau" und „Konstruktion und Projektierung kerntechnischer Anlagen Dresden" wurden dem Volkswirtschaftsrat unterstellt; das „Institut für angewandte Physik der Reinststoffe Dresden" und die „Arbeitsstelle für Molekularelektronik Dresden" wurden zu Instituten der DAW; die „Arbeitsstelle für Dosimetrie" wurde vom ZfK übernommen. Das AKK wurde auf etwa 60 Mitarbeiter reduziert. Diese „Vorschläge des AKK", auf der Tagung des Wissenschaftlichen Rates am 11. Mai 1962 vorgestellt, waren von der „Kommission Kernenergie" beim Wissenschaftlichen Rat und vom Vorsitzenden des Forschungsrates[245] bestätigt und bereits der Staatlichen Plankommission zur Entscheidung vorgelegt worden.

Auf derselben Tagung wurde auch über neue Vereinbarungen zur Zusammenarbeit mit der Sowjetunion und der Tschechoslowakei auf dem Gebiet der friedlichen Nutzung der Kernenergie berichtet.[246]

5. DIE ERSTEN DREI JAHRE VON LIESELOTT HERFORTH IN DER FAKULTÄT N: 1962 BIS 1965

Maria Hasse: Professorin in der Fakultät N vor Lieselott Herforth

In der Fakultät N war Lieselott Herforth keinesfalls die erste Professorin. Dieses Primat kommt der Mathematikerin Maria Viktoria Hasse (1921 Warnemünde – 2014 Dresden) zu. Nachdem Maria Hasse 1939 das Abitur in Rostock abgelegt hatte, arbeitete sie einige Monate als mathematische Hilfskraft in den Ernst-Heinkel-Werken in Rostock-Marienehe, studierte dann ab 1. Jan. 1940 Mathematik und Physik in Rostock und Tübingen und erwarb 1943 den Grad Dipl.-Math. an der

Univ. Rostock, wo sie von 1943 bis 1954 als Assistentin, Oberassistentin – seit 1949 mit Lehrauftrag – und zuletzt als Dozentin arbeitete, dabei war sie Ende 1944 bis Mai 1945 vom Rektor mit der Durchführung sämtlicher mathematischen Lehrveranstaltungen und 1946/47 mit der vertretungsweisen Leitung des Mathematischen Seminars und des Instituts für Angewandte Mathematik betraut worden. An der Univ. Rostock legte sie – zusätzlich zum Diplom – 1948 noch das Staatsexamen als Lehrerin für Mathematik und Physik der oberen Klassen ab, wurde 1949 promoviert und habilitierte sich 1954. Sie hatte bis dahin vorwiegend auf dem Gebiet der angewandten Mathematik gearbeitet. Gewonnen von dem renommierten Dresdner Mathematiker Friedrich Adolf Willers, kam sie zum 1. Sept. 1954 als Professorin mit Lehrauftrag an die Fakultät N, „mit der Verpflichtung, das Fach Mathematik in Vorlesungen und Übungen zu vertreten". Sie war da erst 33 Jahre alt. Einige Jahre war sie kommissarische Direktorin des Instituts für Geometrie und arbeitete sich in dieses Gebiet ein. Infolge der Lehranforderungen wandte sie sich auch in der Forschung Problemen aus den Grundlagen der Geometrie, aus der Gruppen-, Graphen- und Kategorientheorie zu und kam dabei international zu Meriten, wie u. a. aus dem anerkennenden Schreiben vom Juni 1960 des SfHF (damals Dr. Wilhelm Girnus) nach dem von ihr organisierten Internationalen Kolloquium in Gaußig und Dresden hervorgeht. Ihre Professur mit vollem Lehrauftrag für das Fach Algebra wurde zum 1. Sept. 1968 in eine Professur mit Lehrstuhl für Algebra und mit Wirkung vom 1. Sept. 1969 in eine ordentliche Professur für Theoretische Mathematik (Algebra) umgewandelt. Das Feld ihrer „Gesellschaftlichen Tätigkeit" sah sie in erster Linie in der Erziehung und Ausbildung der Studierenden und auch künftiger Studierender. In der besonders schwierigen Situation unmittelbar vor und nach dem Ende des Krieges, als sie ganz allein zwei Institute an der Univ. Rostock zu betreuen hatte, bot sie Wiederholungskurse für die von der Front zurückgekehrten Studenten und – einige Jahre später – auch für Studierende der Schiffbaufakultät an. In Dresden führte sie Schülerzirkel und Vorbereitungskurse für die DDR-Mathematikolympiade durch, arbeitete in der Kommission für Mathematikolympiaden beim Rat des Bezirkes Dresden mit und engagierte sich bei den Fortbildungskursen für Lehrerinnen und Lehrer.[247]

Beginn starken übernationalen und gesellschaftspolitischen Engagements seit 1962

Im Oktober 1962 setzte Lieselott Herforths mehrjährige Mitarbeit im RGW ein. Ihre wissenschaftliche Reputation war inzwischen so hoch, dass sie zur Leiterin der Deutschen Delegation der „Arbeitsgruppe 5: Isotopenanwendung" in der ständigen Kommission des RGW für friedliche Anwendung der Atomenergie ernannt und in diese Kommission als Mitglied aufgenommen wurde.[248] Diese Funktion übte sie bis

1967 aus.[249] Erste Erfahrungen in der Gewerkschaftsarbeit – sie gehörte dem FDGB seit 1. Mai 1949 an – hatte sie bereits am Institut für Medizin und Biologie Berlin-Buch gewonnen, als sie dort 1950/51 Mitglied der Betriebsgewerkschaftsleitung war. Inzwischen hatte sie als Leiterin so mannigfache Erfahrungen sammeln können, dass sie getrost die ihr angetragene weit höhere gewerkschaftliche Funktion annehmen konnte: Im Jahre 1962 wurde sie in die Universitätsgewerkschaftsleitung (UGL) kooptiert und als Nachfolgerin von Prof. Berthold zur Vorsitzenden ernannt, 1963 wurde sie bei den Gewerkschaftswahlen dann in diese Funktion gewählt, die sie bis März 1964 ausübte. Als UGL-Vorsitzende gehörte sie dem Kollegium des Rektors an. Am VI. Parteitag der SED, der vom 15. bis 21. Januar 1963 in Berlin stattfand, durfte sie als Gastdelegierte teilnehmen.[250] Auf diesem Parteitag wurde der umfassende Aufbau des Sozialismus zur strategischen Aufgabe erklärt und das „Neue ökonomische System der Planung und Leitung der Volkswirtschaft" angestoßen.

Im Juli 1963 wurde Lieselott Herforth in die „Kommission zur Gestaltung des künftigen Bildungssystems" beim Ministerrat berufen. Auf diese Weise war sie von Anfang an in die Ausarbeitung des späteren „Gesetzes über das einheitliche sozialistische Bildungssystem" eingebunden. Dieses Gesetz umfasste alle Bildungs- und Erziehungseinrichtungen vom Kindergarten über die Schulen bis zu den Universitäten und Hochschulen. Zur Mitwirkung war Lieselott Herforth besonders geeignet: Als Hochschullehrerin hatte sie es mit den Abiturienten zu tun, die das Studium begannen. Die Übergangsschwierigkeiten Schule – Hochschule konnte sie genau benennen und Vorschläge für das machen, was sich an der schulischen Bildung ändern müsste. Und sie hatte auch eine klare Auffassung davon, wie das naturwissenschaftlich-technische Studium effektiver – für Studenten, den Lehrkörper, die Volkswirtschaft – gestaltet werden könnte, größere Praxisnähe inbegriffen. Als eine der derzeit seltenen naturwissenschaftlich-technischen Professorinnen war sie zudem ein Vorbild für interessierte Mädchen.

Zur Lehre am Herforth'schen Institut in der Fakultät N

Seit 1. September 1962 gehörte das Institut für Anwendung radioaktiver Isotope zur Fakultät N. Lieselott Herforths gesellschaftliches Engagement hatte sich bereits für sie selbst und für ihre Mitarbeiter ausgezahlt: Die Art der „Abwicklung" der Fakultät K hatten die – nach der Emeritierung von Professor Paul Kunze – einzigen hauptamtlichen Professoren der Fakultät, Herforth und Pose, Prodekanin und Dekan, mitbestimmen können. Auch ihre hohe Gewerkschaftsfunktion an der TU prädestinierte Lieselott Herforth für das Mitwirken, ja, sie hätte in dieser Funktion gar nicht übergangen werden können. Sie hatte Führungswillen und Durchsetzungsfähigkeit erneut und in hohem Maße unter Beweis gestellt.

Im Studienjahr 1962/63 war sie mit neun Lehrveranstaltungen präsent, mit zwei Vorlesungen und 7 „Übungen". Zu dem bereits Genannten kam thematisch hinzu: für Physikstudenten des 6. Semesters die Vorlesung „Strahlenschutz und Dosimetrie" und „Elektronisches Praktikum kernphysikalischer Messgeräte". Alle ihre Lehrveranstaltungen waren nun wahlobligatorisch oder fakultativ. Schließlich hatte die Fakultät N auch vor der Verstärkung, die sie durch Auflösung der K erfahren hatte, für die Fachrichtung Physik ein umfassendes und bewährtes Spektrum von Lehrveranstaltungen angeboten, hier mussten sich die hinzugekommenen Wissenschaftler einordnen und sich bemühen, Diplomanden an sich heranzuziehen. Durchschnittlich verließen hinfort 10 Absolventen jährlich die Fakultäten N, M und E, die mit einem kernphysikalischen oder kernenergetischen Thema diplomiert hatten; und Assistenten der Fakultät K, die an der TU geblieben waren, schlossen ihre Promotion auf diesen Gebieten ab, etliche bei Lieselott Herforth. Das fakultative wöchentliche „Physikalische Kolloquium" für Studenten und Mitarbeiter wurde gemeinsam von den Professoren der Fachrichtung Physik – Backhaus, Bewilogua, Herforth, Krienes, Macke, Pose, Recknagel, Reuther und G. E. R. Schulze – durchgeführt.[251]

Die Forschung am Herforth'schen „Leitinstitut" bis Mitte der 60er Jahre

Bereits für 1962/63 konnte das Institut eine beachtliche Bilanz vorweisen. Es waren zwölf Forschungs- und Entwicklungsthemen und neun Vertragsforschungsthemen bearbeitet worden. 28 Publikationen und je zwei erste und zweite Auflagen von Fachbüchern waren erschienen, es wurden fünf Patente angemeldet und 21 Diplomarbeiten sowie vier Dissertationen abgeschlossen. Allein im Jahr 1962 hatten 184 Teilnehmer das Praktikum zur Anwendung radioaktiver Isotope erfolgreich absolviert. Die Institutsangehörigen waren nicht nur fachlich, sondern auch gesellschaftlich engagiert: Von insgesamt 49, verteilt auf Dresden und Pirna-Copitz, nahmen immerhin 29 Funktionen im FDGB, in der SED, der FDJ, in der Gesellschaft für Sport und Technik und in Sportvereinen wahr. Das war ganz im Sinne der Chefin, die überzeugt davon war, dass „erst wenn die wissenschaftlichen und gesellschaftlichen Leistungen <u>gemeinsam</u> Vorbild für unsere Studenten sind", der „Hochschullehrer mit [...] Oberassistenten und Assistenten und nicht zuletzt" mit sich selbst „zufrieden sein" dürfe.[252] Schon 1962/63 dominierte der VEB Vakutronik die vertragsgebundene Forschung des Instituts deutlich mit sechs Themen: „Farbstoffdosimetrie" (Werner Stolz), „Lumineszenzdosimeter" und „Thermolumineszenzdosimeter für Strahlentherapie" (Manfred Frank), „Kammerfeuchtemessung" und „Feuchtemessung mittels Neutronen" (Volkmar Schuricht), „Quantitative Analyse von Zwei-Stoff-Gemischen nach dem Beta-Rückstreuverfahren" (Siegfried Koch).

Mit Genugtuung und Freude konnte Lieselott Herforth 1963 einen großen Erfolg für sich selber und für ihr Institut verbuchen. Auf der Wirtschaftskonferenz 1961, an der sie, delegiert von der TH Dresden, neben vielen Werkleitern und Funktionären teilnahm, hatte sie dargelegt, wie Praxiskader der einzelnen Industriezweige effektiver an die Anwendung radioaktiver Isotope herangeführt werden könnten. Im Schlusswort wurde gerade ihr Diskussionsbeitrag hervorgehoben, da sie – im Unterschied zu den meisten anderen – konkrete Vorschläge zur Verbesserung des Ist-Zustandes gemacht habe. Mit Ministerratsbeschluss wurden 1963 Leitinstitute der Isotopenanwendung für alle Industriezweige ernannt, was ganz im Sinne der Vorstellungen von Lieselott Herforth war. Ihr Institut wurde Leitinstitut für die Industriezweige Kohle, Energie, Elektrotechnik. Das führte zu einer engen Zusammenarbeit mit den zuständigen Stellen in den VVB – etwa mit Lauchhammer für die Braunkohle, aber auch mit dem Institut für Energetik in Leipzig.[253]

Im Herbst 1963 schätzte sie ein, dass „die Auswirkungen" ihrer „vielseitigen Tätigkeit auf die fachliche Institutsarbeit [...] wohl mit gut zu bezeichnen"[254] seien. Beispielhaft benannte sie Werner Stolz, der in die Fakultätsgewerkschaftsleitung gewählt worden sei, aber auch sein Doktorexamen sehr gut bestanden habe, und zwei ihrer fachlich tüchtigen und dabei gesellschaftlich aktiven Mitarbeiter, Dr. Ertel und Dr. Dubrau, die in das Sekretariat des RGW nach Moskau berufen worden seien, um dort die Isotope, die Isotopenanwendung und den Gerätesektor mitzuvertreten. Auch dieser Ruf belegte die Anerkennung, die sich das Herforthschen Institut inzwischen auch über die Grenzen der DDR hinweg erworben hatte.

Das Institut arbeitete im wesentlichen in zwei Richtungen, die in enger Wechselbeziehung zueinander standen: Lumineszenzdosimetrie und technische Isotopenanwendung.[255]

Lumineszenzdosimetrie

Die Arbeiten konzentrierten sich auf die Herstellung geeigneter Thermoluminophore und auf die physikalisch-technische Konzeption und den Bau eines Auswertegerätes für die Thermolumineszenzdosimetrie. Gezielte Untersuchungen an LiF-Luminophoren führten zur Präparation von polykristallinen Thermolumineszenzdosimetern (TLD), die in ihren Eigenschaften den LiF-Dosimetern aus Einkristallen (etwa der Firma Harshaw, USA) nur wenig nachstanden, aber wesentlich billiger waren. Das Verfahren zur Herstellung polykristalliner LiF-Phosphore wurde patentrechtlich geschützt und sehr schnell in die Produktion überführt; Hersteller war der VEB Fluorwerke Dohna bzw. dann der VEB Chemiewerke Nünchritz, Betriebsteil Dohna.

Als Auswertegerät für die Thermolumineszenzdosimetrie wurde im Institut das „Lumimeter I" entwickelt, das auf der Moskauer RGW-Ausstellung 1963 eine Goldmedaille erhielt. Bei der Weiterentwicklung dieses Geräts, dem „Lumimeter II", wurden die digitale Anzeige und die Integration der Lumineszenzlichtsumme auf elektronisch elegante Weise gelöst. Das „Lumimeter II“ erlangte besondere Bedeutung in der Strahlenmedizin und wurde unter Betreuung durch das Institut bereits 1964 in mehreren Strahlenkliniken der DDR, in Magdeburg, Berlin-Buch, Karl-Marx-Stadt (Chemnitz), Leipzig, Dresden, erfolgreich getestet und gemeinsam mit dem Dresdner VEB Vakutronik zum „Lumivad“ weiterentwickelt, das 1965 auf der Leipziger Messe eine Goldmedaille erhielt. Die Geräte wurden in den Kliniken für mehrere Messprobleme eingesetzt, so für die Aufnahme von Isodosenkurven bei Bewegungsstrahlungen, Dosismessungen im Körperinneren und Messung von Oberflächendosen. Im Institut wurden die Entwicklungen so weit vorangetrieben, dass die TLD in der Strahlenüberwachung von Personen hätten etabliert werden können, doch die Strahlenschutzzentrale der DDR wollte diesen innovativen Weg – ungeachtet aller Bemühungen Lieselott Herforths – nicht mitgehen.[256]

Abb. V.4: Lieselott Herforth im Laboratorium

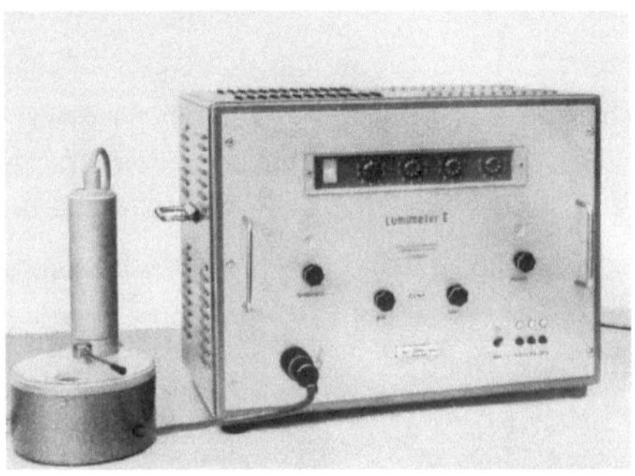

Abb. V.5: Auswertgerät für das Thermolumineszenz-dosimeter „Lumimeter II“

Technische Isotopenanwendung

Die technische Isotopenanwendung konzentrierte sich auf drei Themenkomplexe:

1) Die radiometrische Dichte- und Mengenmessung transportierter Materialien.
2) Die radiometrische Analyse von Fördergütern.
3) Markierungsverfahren zur Klärung von Prozessen in technischen Anlagen (seit 1965).

Die beiden ersten Themenkomplexe dienten der zerstörungsfreien und kontinuierlichen Qualitätsmessung insbesondere bei Braunkohlenbriketts und Rohbraunkohle, der dritte der optimalen Gestaltung chemisch-technischer Industrieprozesse. Die möglichst rasche Überführung der Ergebnisse in die Praxis wurde grundsätzlich angestrebt. Dazu wurden die Praktikums-, Beleg- und Diplomarbeiten der Studierenden des Instituts und auch am Institut angefertigte Dissertationen thematisch an Erfordernissen der Betriebe ausgerichtet und in Kooperation mit ihnen bearbeitet. „Forschung und Lehre am Institut für Anwendung radioaktiver Isotope ohne vielseitige Industrieverbindungen wäre undenkbar", war L. Herforth überzeugt.[257] Beispiele für 1) und 2) sollen mit ihren Bearbeitungsphasen – die die Einbeziehung der Studenten andeuten – hier angeführt werden.

Radiometrische Bestimmung der *Brikettdichte* am Pressenstrang:

- Zunächst Vergleich von unterschiedlichen Möglichkeiten der radiometrischen Dichtebestimmung der Briketts am Strang; dazu entstanden mehrere Diplomarbeiten.
- Für die praktische Erprobung im Braunkohlenkombinat Lauchhammer ausgewählt: Dichtebestimmung durch *Messung der Schwächung von Gammastrahlung bei horizontaler Durchstrahlung* über die gesamte Breite des Stranges.
- Im Rahmen eines Wirtschaftsvertrages Bau einer speziell angepassten Messeinrichtung im Institut.[258]
- Eichung und Erprobung der Messeinrichtung im Dauerbetrieb durch zwei Studenten im Berufspraktikum.
- Anpassung der Messeinrichtung für die Brikettpressenregelung und an die zentrale Datenverarbeitung.
- Übernahme durch die VVB Braunkohle Cottbus.

Verfahren zur kontinuierlichen *Aschegehaltsbestimmung* der Braunkohle:

Nicht nur die Güte der Braunkohlenbriketts, auch der Wirkungsgrad von Kraftwerksanlagen hängen sehr wesentlich vom Aschegehalt der verwendeten Rohbraunkohle ab. Wenn dieser Aschegehalt bekannt ist, kann die Kohle ihrer Qualität nach sortiert und zweckmäßig verteilt und verwendet werden.

- Diplomarbeiten zum Vergleich unterschiedlicher Verfahren führten zu dem Ergebnis: Gamma-Durchstrahlungsverfahren ist sehr gut geeignet.
- Am Institut Entwicklung eines Gerätes zur kontinuierlichen Messung des Aschegehaltes an Kohletransportbändern unter Mitarbeit des ZfK Rossendorf und des VEB Vakutronik Dresden.
- Erprobung zweier im Institut angefertigter Funktionsmuster in mehreren Betrieben: Brikettfabrik des VEB Kombinat Schwarze Pumpe, Kraftwerk Hirschfelde, Braunkohlentagebau Burghammer u. a. durch Studenten der TU im Rahmen ihres Berufspraktikums.
- Mit wirtschaftsvertraglicher Bindung gemeinsam mit dem Institut für Kraftwerke Lübbenau Ausweitung des Verfahrens auf die kontinuierliche Heizwertmessung.

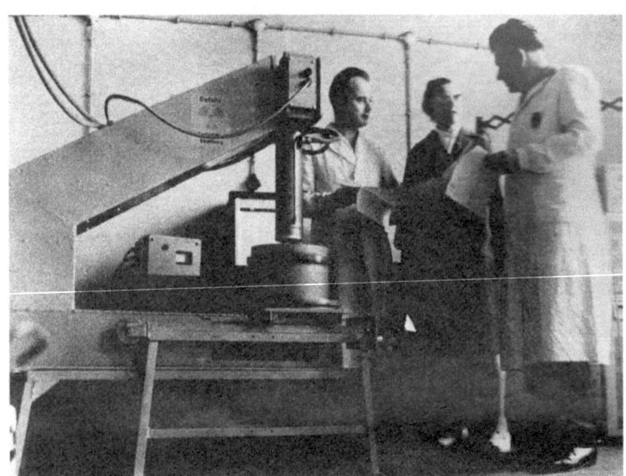

Abb. V.6: Im Institut entwickeltes Gerät zur Bestimmung des Aschegehalts von Braunkohle (L. Herforth und zwei Mitarbeiter)

Auf diesem Gebiet hatte man sich auch im RGW ausgetauscht. So unternahm Siegfried Koch („Gruppe Technik") in der ersten Juniwoche 1964 eine Studienreise in die CSSR, wo er das Institut für Erforschung, Erzeugung und Anwendung radioaktiver Isotope Prag, den Lehrstuhl für analytische Chemie der Komensky-Universität Bratislava, den Lehrstuhl für Radiochemie der TH Bratislava und den ORGREZ Bratislava (Betrieb für die Rationalisierung der Energiewirtschaft) besuchte; zu allen Einrichtungen bestanden bereits gute Kontakte. Über den zu erwartenden Nutzen der Studienreise für die Arbeiten an ihrem eigenen Institut hatte Lieselott

Herforth – in ihrer Begründung zur Beantragung der Reise – eingeschätzt, dass „das Studium der Ergebnisse und Erfahrungen der CSSR-Wissenschaftler [...] voraussichtlich zu einer Beschleunigung“ der eigenen Entwicklungsarbeiten beitragen werde. Das träfe „besonders auf die geplanten Betriebserprobungen zu“. „Die Messung des Aschegehalts von Kohle“ habe „für die DDR große volkswirtschaftliche Bedeutung“, werde doch „allein im VEB Braunkohlenwerk Großzössen [...] im Falle einer kontinuierlichen Messung des Aschegehalts der Braunkohle mit einem Jahresnutzen von einer Dreiviertelmillion DM gerechnet“. Deshalb sei „jede Verkürzung der Entwicklungszeit durch Auswertung der Erfahrungen anderer Länder bedeutungsvoll“.[259]

Radioaktives *Markierungsverfahren* zur Messung und Auswertung von Verweilzeitspektren:

- Stoßmarkierung: radioaktive Substanz (Indikator) wird der kontinuierlich arbeitenden Apparatur *stoßartig* bei laufendem Betrieb zugesetzt. (Verschiedene Formen der radioaktiven Markierung wurden vorher in Diplomarbeiten behandelt.)
- Am Auslauf Messung der zeitlichen Abhängigkeit der Indikatorkonzentration, des „Verweilzeitspektrums“.
- Das „Verweilzeitspektrum“ hängt von den Strömungsverhältnissen in der Apparatur ab.

Auf dem Gebiet der radioaktiven Markierungsverfahren wurde seit 1965 in der „Gruppe Technik“ intensiv an der Messung von Verweilzeitspektren an industriellen Anlagen und an deren Auswertung gearbeitet. Ausgehend von Kenntnissen der Kinetik, des Stoff- und Wärmeübergangs, des Mischens und des Verweilzeitverhaltens wurden Probleme der Maßstabsvergrößerung chemischer Reaktoren, der Auswahl optimaler Betriebsbedingungen und der chemischen Reaktion unter Transportbedingungen gelöst. Die Kenntnis des Verweilzeitverhaltens war daher für die Neuentwicklung chemischer Reaktoren und die Optimierung der Produktion in vorhandenen Anlagen wichtig.

Darüber hinaus leisteten Lieselott Herforth und ihre Mitarbeiterinnen und Mitarbeiter bereits in den Jahren von 1960 bis 1965 wichtige *Vorarbeiten* für die breite Anwendung der *Neutronenfeuchtemessung* in verschiedenen Zweigen der Volkswirtschaft und für die Entwicklung und Produktion der entsprechenden Messeinrichtungen. Sie war von besonderer Bedeutung für Bodenuntersuchungen im Bauwesen und in der Landwirtschaft.[260] Die Produktion transportabler und stationärer Feuchtemesseinrichtungen auf der Basis der Neutronenstreuung wurde noch vom VEB Vakutronik (seit 1969 VEB RFT Messelektronik „Otto Schön“) aufgenommen.

Das Herforth'sche Institut hatte mehrere international beachtete und anerkannte Erfolge erzielt, und das trotz der anspruchsvollen Wirkungsfelder seiner Direktorin außerhalb des Instituts. Wie konnte das gelingen? Die Antwort darauf hat sie bereits im Sommer 1963 selbst gegeben: „Ich erkannte sehr bald, dass alle Aufgaben eng miteinander verknüpft sind und welchen guten Einfluss alle außerhalb des Instituts stehenden Aufgaben[261] auf die leitende Tätigkeit im Institut nahmen und dass selbst die verschiedenen Tätigkeiten sich gegenseitig gut befruchten. Natürlich – der 12-Stunden-Arbeitstag reicht nicht aus. [...] Gute Arbeitsdisziplin, rationelle Zeiteinteilung, ein gutes Kollektiv von guten zuverlässigen Mitarbeitern und Assistenten, und bei allem was man tut, die Sorge um die Ausbildung der Studenten an die Spitze stellen, dann wird das Institut nicht leiden, sondern im Gegenteil muss gut gedeihen." [262]

Lieselott Herforth privat

Abb. V.7: Lieselott Herforth im Motorboot

Lieselott Herforth war zusammen mit ihrer Mutter nach Dresden gezogen, zunächst in eine Wohnung am Pestalozziplatz, 1963 dann in die Dreieinhalbzimmer-Wohnung in der Georg-Schumann-Straße, in der sie – in unmittelbarer Nähe zur TU – bis zum Frühjahr 1981 wohnte. Die Freizeit wurde mit zunehmender Einspannung in und außerhalb des Instituts immer knapper. Doch in den ersten Dresdner Jahren blieb noch Zeit für Theater und Konzert, für Bücher, für das Schwimmen. Lieselott Herforth hatte ein Wochenendhäuschen, zunächst in der Nähe von Pirna ein gemietetes, später ein eigenes in Moritzburg. Beide lagen in Elbnähe, so dass sie in raren Stunden den geliebten Motorbootsport betreiben konnte. Auch für die Mutter, beim Umzug nach Dresden 70 Jahre alt, waren die Wochenenden außerhalb der Stadt, gemeinsam mit der Tochter, erholsam – wenngleich diese wohl nie ganz ohne Arbeit mit ihr „ins Grüne" fuhr. Für die Wohnung war eine Haushaltshilfe, Johanna Lindner, angestellt worden, dieselbe, die der Mutter bereits in den letzten beiden Leipziger Jahren stundenweise geholfen hatte; in Dresden war sie bei Lieselott Herforth sozialversichert vollbeschäftigt. Sie war eine gute Bekannte seit Jahrzehnten, ein früheres Pflegekind der Großmutter Hulda Karp, sie war Mutter von drei Kindern und früh verwitwet. Die Herforths hatten volles Vertrauen zu ihr, zudem war sie für Dora Herforth auch eine Gesprächspartnerin. Zu einem Sohn von Johanna Lindner und dessen Familie blieb Lieselott Herforths Cousine Nora Block stets in gutem Kontakt, aber auch die Wissenschaftlerin selbst.[263]

Abb. V.8: Mit Mutter Dora Herforth und einer Bekannten beim Picknick

Abb. V.9: Dora Herforth vor dem Wochenendhaus

Lieselott Herforth in Volkskammer und Staatsrat – neue Herausforderungen

Vom FDGB wurde Lieselott Herforth als Kandidatin für die Wahlen zur Volkskammer im Jahre 1963 aufgestellt.[264] Ebenfalls Kandidaten aus Dresden waren u. a. Prof. Dr. h. c. Manfred von Ardenne, vorgeschlagen vom Kulturbund, und (der oben genannte) Dr. Walter Thürmer, der für die LDPD kandidierte. In dem Fragebogen, den sie als Volkskammerkandidatin ausfüllen musste, hatte sie fünf bekannte Wissenschaftlerpersönlichkeiten genannt, die über sie Auskunft geben könnten: ihre früheren „Chefs“ Werner Lange, Carl Friedrich Weiss und Walter Friedrich, außerdem Frau Prof. Dr. Käthe Boll-Dornberger, ihre Kollegin der Bucher Zeit, und Prof. Dr. Fritz Bernhard, mit dem sie bereits seit ihrer Berliner Studienzeit gut bekannt war. Sie stellte sich in einer Reihe von Wählerversammlungen vor, nahm Anregungen und Eingaben entgegen und beantwortete Fragen, „sie kam gut an“. Am 21. September 1963 fand die Wählervertreterkonferenz der Stadt Dresden statt, die die von den Werktätigen der Stadt vorgeschlagenen Kandidaten für die Volkskammer (und ebenfalls die für den Bezirkstag) einer letzten Prüfung unterzog, um ihnen danach endgültig das Vertrauen aussprechen zu können – oder nicht. Die so geprüfte und bestätigte „Liste der Kandidaten der Nationalen Front“ wurde am 23. September 1963 im ND veröffentlicht, Lieselott Herforth war dabei. Die Vorstellung der Kandidaten war damit selbstverständlich nicht abgeschlossen. Bis zu den Wahlen war auch Lieselott Herforth ständig „unterwegs“ und trat vor den unterschiedlichsten Wählergruppen auf. In ihrem Beitrag auf der zentralen Delegiertenkonferenz der Gewerkschaft Wissenschaft in Berlin ging sie von dem Satz aus, den Walter Ulbricht auf dem VI. Parteitag der SED gesagt hatte: „Die Gewerkschaft geht alles an!“ Als Vorsitzende der UGL berichtete sie zunächst über die Aktivitäten der Kollegen an der TU, über die Plandiskussion in den Fakultäten und Instituten nach dem VI. Parteitag und über die Arbeitsprogramme der Institute für 1964. Dann kam sie auf die beiden Wähleraufträge zu sprechen, die ihr die Kollegen mitgegeben hatten. Der eine bestand in der Forderung, die Absolventenvermittlung gesetzlich zu regeln; ihn leitete sie an das SfHF weiter. Der zweite Auftrag betraf ein Einkommensproblem der nach Intelligenz-Tarif bezahlten Mitarbeiter der TU. Ohne Zustimmung der UGL war deren günstige 20%ige Steuerpauschale zum 1. Januar 1963 gekündigt worden. Die UGL hatte den FDGB-Zentralvorstand davon sofort in Kenntnis gesetzt, und es war Hilfe versprochen worden, die jedoch auf sich warten ließ. Im Februar 1963 hatte sich die UGL zur Klärung der Angelegenheit an den Generalstaatsanwalt gewandt, von dem es bisher auch nur einen Zwischenbescheid gab. „Das wird für uns als UGL ein derart unbefriedigender Zustand, dass wir, um eine Entscheidung herbeizuführen, fast nur noch die Möglichkeit sehen, uns an den Vorsitzenden des Staatsrates zu wenden. Bevor wir jedoch diesen

Schritt unternehmen, möchte ich nochmals um Unterstützung des Zentralvorstandes bitten und ihn auffordern, uns noch auf der Delegiertenkonferenz zu erklären, wie diese Unterstützung aussehen wird."[265] Darüber hinaus bat sie den Zentralvorstand des FDGB, den Problemen der Durchsetzung der materiellen Interessiertheit generell größere Beachtung zu schenken.

Zurück in Dresden, war sie für den 4. Oktober zu einem Gespräch im Klub der Intelligenz „Viktor Klemperer", August-Bebel-Straße, eingeladen, an dem Lotte Ulbricht, Mitglied der Frauenkommission des ZK der SED (und Gattin des Staatsratsvorsitzenden Walter Ulbricht), teilnahm. Und am 5. Oktober 1963 sprach sie in Dresden vor dem Rektoratsgremium, vor Gästen und Hochschulangehörigen, die am Vorabend des 14. Jahrestages der Gründung der Republik für besondere Leistungen ausgezeichnet werden sollten.[266]

Lieselott Herforth wurde am 20. Oktober 1963 in die Volkskammer gewählt und – als Volkskammerabgeordnete – am 13. November 1963 in den Staatsrat der DDR. Beiden Gremien gehörte sie, über vier Wahlperioden hinweg, von 1963 bis 1981 an. Im Staatsrat arbeitete sie in mehreren Kommissionen und Komitees mit. Sie meldete sich zu bildungs- und wissenschaftspolitischen Themen zu Wort. Generell lässt sich einschätzen, dass sie sich nur zu den Themen äußerte und für die Bereiche besonders engagierte, in denen sie als Wissenschaftlerin und Hochschullehrerin ganz zu Hause war. So ergaben sich synergetische Effekte, die ihre hohe Arbeitslast minderten. Als Mitglied des Staatsrates gehörte sie dem Senat der TU Dresden an. Die folgende Abbildung zeigt die Mitglieder des Senates.[267]

Abb. V.10: Der Senat der TU Dresden im April 1964: „Gruppenbild mit Dame"

Aus den ersten Jahren als Mitglied der Volkskammer und des Staatsrates 1963 bis 1965

Auf ihre ersten zwei Jahre als Volksvertreterin und dann – unter für sie anderen Bedingungen – weiter bis 1968 soll detailliert eingegangen werden. Lieselott Herforth hatte ihre Aufgaben als Mitglied des Staatsrates zu erfüllen, und sie wirkte als

Abgeordnete vor Ort – für jeden „anfassbar". In regelmäßigen Sprechstunden stellte sie sich den Problemen ihrer Wählerinnen und Wähler. Schwerpunkte in diesen Jahren waren die Internats- und Wohnraumsituation, Fragen und Probleme der Ausbildung, der Qualifizierung, der Berufs- und Studienlenkung, des ausbildungsgerechten Einsatzes der Hoch- und Fachschulkader, von ihr immer verbunden mit dem Problem der Frauenförderung, der Gewinnung von Mädchen und Frauen für naturwissenschaftlich-technische Berufe. Neben ihrem Auftreten und ihrem Handeln waren die Tätigkeits-Berichte, die sie regelmäßig zur Auswertung an die Kanzlei des Staatsrates – und als Durchschlag an den Vorsitzenden der Fraktion des FDGB in der Volkskammer – sandte, sehr wichtig, denn in ihnen wies sie auf konkrete Mängel und zu lösende Probleme klar und deutlich hin und sagte dazu offen ihre Meinung.

Im Auftrag des Staatsratsvorsitzenden zu Aussprachen in Betrieben

Bereits am 11. Dezember 1963, noch in der „Einarbeitungsphase" als Staatsratsmitglied, hatte Walter Ulbricht ihr die Aufgabe erteilt, mit jungen Hochschulabsolventen in volkseigenen Betrieben Aussprachen über deren berufliche Situation zu führen. All diese Aussprachen bereitete sie gründlich vor, und nicht selten kam sie mit „Verstärkung", etwa aus dem Zentralrat der FDJ oder aus dem Demokratischen Frauenbund Deutschlands (DFD) oder aus der dem Betrieb übergeordneten VVB. Für ihre Besuche hatte sie sich zunächst drei Betriebe ausgewählt: den VEB Mineralölwerk Lützkendorf, den VEB Gasturbinenbau und Energiemaschinenentwicklung Pirna und den VEB Vakutronik Dresden. In Lützkendorf nahm sie auch mit Schülern der Betriebsberufsschule (BBS) Kontakt auf. Die Ergebnisse waren recht unterschiedlich, aber bei all ihren „Inspektionen" wurde deutlich, dass es ganz wesentlich auf Struktur und Qualität der Leitung ankommt, auf das gute Miteinander der staatlichen Leitung und der Gremien von Gewerkschaft, FDJ und Partei im Betrieb. In Lützkendorf sprach sie – in Anwesenheit von Vertretern der Werkleitung und gesellschaftlicher Organisationen – mit rund 50 Mitarbeitern und Mitarbeiterinnen, die über Hoch- oder Fachschulausbildung verfügten. Sie fühlten sich im Betrieb ihrer Qualifikation gemäß eingesetzt und gefordert. Von der Leitung des Betriebes wurde allerdings moniert, dass die Hochschulabsolventen zwar wissenschaftlich gut ausgebildet, aber in gewisser Hinsicht eben doch nur „Halbfabrikate" seien, da die Persönlichkeitsbildung an der Hochschule wohl nicht in gleicher Weise erfolgt sei wie die fachliche. Die Absolventenvermittlung müsse verbessert werden, darin waren sich die Betriebsleitung und die jungen diplomierten Kräfte einig. 40 bis 50 Prozent der Betriebsangehörigen waren Frauen, die Unsicherheit in der Angabe ihres Anteils war der großen Fluktuation geschuldet. Diese wiederum hing direkt mit fehlenden Kinderkrippenplätzen, aber auch mit ungenügenden Einkaufsmöglichkeiten im Ort zusammen. Hier fehlte es, so Lieselott Herforths Einschätzung in ihrem Bericht, an der zielstrebigen Arbeit der Gewerkschaft mit den örtlichen Organen, um wirklich alle bestehenden Möglichkeiten und vorhandenen Reserven voll auszunutzen. Das Klubhaus, das ein Zentrum mannigfacher kultureller Begegnungen und Freizeitangebote sein sollte, wurde nicht genügend ausgelastet, was – so Lieselott Herforths Meinung – wohl weniger mit den teilweise weiten Wegen der Mitarbeiter dorthin zusammenhinge, als vielmehr dem zu wenig interessanten Programm geschuldet sei. Den Schülern der BBS wurde die Nutzung des Klubhauses zu sehr erschwert, da für jede einzelne Veranstaltung die Erlaubnis des Direktors der BBS eingeholt werden musste und es keine regelmäßig eingetakteten jugendgemäßen Veranstaltungen gab. In ihrem Gespräch mit rund 30 Schülerinnen und Schülern der BBS ging es jedoch vor allem um deren späteren Einsatz im VEB Erdölverarbeitungwerk Schwedt und um die zu schlechten Lernergebnisse. Es stellte sich heraus, dass viele Schülerinnen und Schüler mit falschen Vorstellungen an die Erlernung des Berufes eines Chemielaboranten oder Chemiefacharbeiters herangegangen waren, was übrigens im näheren Umfeld des Heimatortes auch nahezu die einzigen Lernberufe waren. Nur wenige der Schülerinnen und Schüler, die sich für (das Erdölkombinat) Schwedt entschieden hatten, möchten dort später auch wirklich arbeiten, allerdings zöge es diejenigen nach Schwedt, die sich bereits dort vor Ort kundig gemacht hatten. Auf einer Forschungsberatung im Betrieb (am gleichen Tag) wurde eine Themenverteidigung („Deutsches Rohöl") durchgeführt. Durch Lieselott Herforths Besuch und ihre Vermittlung war es möglich, den hierfür verantwortlichen Mitarbeiter des Betriebes als Fachmann zur RGW-Spezialistentagung in Rumänien (Isotopenanwendung in der Erdölindustrie) mitzunehmen; hier leistete er sehr gute Arbeit. In der ihren Besuch abschließenden Aussprache mit Werk-, Partei-, Gewerkschafts- und FDJ-Leitung wurde die Zusammenarbeit zwischen Parteileitung und FDJ-Sekretär als schlecht herausgestellt und die Arbeit der Kaderleitung als teilweise zu formal und daher verbesserungswürdig eingeschätzt.

Verallgemeinerungsfähige Anregungen an die Kanzlei des Staatsrates nach ihrem Besuch in Lützkendorf: Verbesserung der Leitungstätigkeit und des Zusammenwirkens der staatlichen Leitung und aller gesellschaftlichen Organisationen in den Betrieben, praxisnähere Ausbildung der Studenten, Verbesserung der Berufsberatung und Berufslenkung der Schüler, an den Hochschulen müsse die fachliche Ausbildung der Studenten enger mit ihrer Erziehung zu verantwortungsbewussten sozialistischen Persönlichkeiten verknüpft werden.[268]

Zu dem Gespräch im VEB Gasturbinenbau und Energiemaschinenentwicklung Pirna, an dem 26 Hoch- und Fachschulkader und der 1. Sekretär der Betriebs-Partei-Organisation teilnahmen, hatte Lieselott Herforth den kommissarischen Generaldirektor der VVB hinzugebeten, außerdem einen Referenten aus dem Prorektorat für Studienangelegenheiten der TU Dresden. In diesem Betrieb waren die jungen Kader unzufrieden, da sie vielfach nicht ihrer Ausbildung gemäß eingesetzt waren und für sich keine Perspektive im – mehrfach umstrukturierten Betrieb – sahen. Der kommissarische Generaldirektor ging ausführlich auf die volkswirtschaftlichen Gründe der Umstrukturierungen ein und begründete die Notwendigkeit des nicht fachgerechten Einsatzes in Einzelfällen. Auch mit den gebotenen Fortbildungsmöglichkeiten waren die jungen Kollegen nicht zufrieden. Der Parteisekretär schlug als erstes vor, in Zukunft öfter über die Probleme in der FDJ und in den Arbeitskollektiven zu diskutieren. Nach etwa einem halben Jahr machte sich L. Herforth über erfolgte Veränderungen im Betrieb kundig. Der Betriebsdirektor war ausgewechselt worden, und die Umstrukturierungen im Betrieb waren zu einem vorläufigen Ende gekommen.[269]

Das Gespräch im VEB Vakutronik hatte Lieselott Herforth in einer Vorbesprechung mit Werkdirektor und Parteisekretär vorbereitet, auch war ihr – auf ihre Bitte – eine statistische Übersicht über die Beschäftigten und deren Einsatz zur Verfügung gestellt worden. An der Aussprache nahmen 17 Kollegen und 3 Kolleginnen teil, dazu der Werkleiter, Vertreter der Gewerkschaft, der Partei und der VVB Nachrichten- und Messtechnik. Da „Vakutronik" eng mit dem Institut für Anwendung radioaktiver Isotope zusammenarbeitete, war Lieselott Herforth im Betrieb gut bekannt, was die sehr offene und freimütige Diskussion begünstigte. Der Betrieb hatte über 1000 Beschäftigte, davon verfügten fast 80 – darunter nur eine Frau – über einen Hochschul- und nahezu 120 über einen Fachschulabschluss, vier waren promoviert. Alle anderen waren Techniker/innen (noch mit alter Ausbildung) und Facharbeiter/innen, technische Assistentinnen und Assistenten für Physik, Meister, dazu ungelernte Frauen in der Zählrohrproduktion. Die einzige Hochschulabsolventin hatte kein naturwissenschaftlich-technisches Diplom erworben, sondern eines für Außenhandel. Mehr als 40% der Belegschaft waren Frauen, rund 20% waren Jugendliche. Lieselott Herforth hatte acht Fragen als Leitfaden für die Diskussion vorbereitet. Es wurde sehr deutlich gesagt, dass von Frauenförderung im Betrieb nichts zu spüren sei. Ein großes Problem waren die fehlenden Krippenplätze; bei 20 Geburten in der letzten Zeit konnten nur zwei Krippenplätze zur Verfügung gestellt werden (insgesamt besaß „Vakutronik" nur acht), d. h. 18 Frauen konnten ihre Berufstätigkeit vorerst nicht fortsetzen. Die Frauen meinten, der Bau einer Krippe wäre wichtiger gewesen als der Bau eines komfortablen Ferienheimes. Bei „Vakutronik" gab es keine Möglichkeit der Halbtagsbeschäftigung von Frauen. An der TU war man da durchaus flexibler, wie Lieselott Herforth – auch als Anregung gedacht – berichtete: Sie selbst beschäftigte an ihrem Institut eine ehemalige Mitarbeiterin von „Vakutronik", Mutter von zwei Kindern, halbtags als Ingenieurin. Außerdem bot die TU technisch qualifizierten Mitarbeiterinnen mit „Familienbelastung" nach gründlicher Prüfung als *Übergangslösung* die Möglichkeit, zu zweit eine Planstelle zu besetzen. L. Herforth empfahl dem Vertreter der VVB, über entsprechende Möglichkeiten *in Ausnahmefällen* nachzudenken. Die Qualifizierung von Facharbeitern zum Meister wurde gewünscht; die Bereitschaft dazu sei auch groß, jedoch werde den künftigen Meistern von der VVB keine klare Perspektive gegeben. Auf ihre Frage an die Leitung, ob sie von den Universitäten und Hochschulen „richtig" ausgebildete Kader bekäme (Dipl.-Ing., Dipl.-Phys. [...]), erhielt Lieselott Herforth die ernüchternde Antwort: „Die Hochschulabsolventen sind generell für die Praxis ungenügend ausgebildet. So fehlen etwa den Industriephysikern Kenntnisse im technischen Zeichnen, in Werkstoffkunde, Technologie, Bauelemente [...]" Auf ihre Frage an die Diplom-Ingenieure und (Fachschul-) Ingenieure nach deren ständiger berufsbegleitender Weiterbildung, erfuhr sie, dass viel zu wenig Zeit dafür zur Verfügung stehe, für das Studium der Fachzeitschriften blieben höchstens 5 % der Arbeitszeit. Sie würden mit organisatorischen Aufgaben überhäuft, die ihnen oft unsinnig erschienen. Kurze Termine durch die VVB erschwerten einwandfreie Arbeit, müssten aber erfüllt werden („Hektische Betriebsamkeit", „Fehler werden im Betrieb organisiert"). Außerdem müssten Hoch- und Fachschulkader häufig Arbeiten ausführen, für die sie nicht eingestellt und – vor allem – für die sie überqualifiziert seien. So mangele es wegen der zu schlechten Bezahlung an Schreibkräften und technischen Zeichnern. Die Sollvorgabe „Auf 1 Konstrukteur kommen 1 Teilkonstrukteur und 2 Technische Zeichner" stehe daher nur auf dem Papier, der Ist-Zustand zeige „Auf 3 Konstrukteure kommen 2 Technische Zeichner (und kein Teilkonstrukteur)". Nach der Aussprache wurden im Betrieb Schritte eingeleitet, um die wissenschaftlichen Kräfte organisatorisch zu entlasten. Lieselott Herforth gewann den Eindruck, dass die Physiker, Elektrotechniker und (Fachschul-) Ingenieure im VEB Vakutronik durchaus richtig eingesetzt seien. Junge Ingenieure, die ein – sehr mühevolles und langes – Hochschul-Fernstudium aufgenommen hatten, fragten sich aber, ob sich ihre berufliche Perspektive im Betrieb durch das Diplom verbessere. Für eine leitende Tätigkeit gebe es im Betrieb keinen materiellen Anreiz, da die Abstufung im Gehalt keinesfalls der Abstufung in der Verantwortung entspräche. Augenblicklich sei den Führungskräften die wissenschaftliche Arbeit praktisch nicht mehr möglich.

In ihrem Bericht an die Kanzlei des Staatsrates vermerkte Lieselott Herforth hierzu: „Meine persönliche Meinung: Diese Erscheinung zeigt sich leider überall, ist aber für den wissenschaftlich-technischen Fortschritt in der DDR sehr schädlich, da naturgemäß die besten Fachkräfte die leitenden Funktionen haben bzw. haben sollten. Helfen würde z. B. bessere Arbeitsorganisation, Übertragen von Verwaltungsaufgaben auf Sachbearbeiter usw."

Zu der Tatsache, dass es im Betrieb unter den technisch ausgebildeten Hoch- und Fachschulkadern keine einzige Frau gab, vermerkte sie im Bericht, dass das wohl kein Zufall sei: „Es wird auch hier so wie in vielen anderen Betrieben sein: der Betrieb hat Terminaufgaben, und der Ausfall von Frauen (der natürlich immer da sein wird) bringt möglicherweise die Planerfüllung in Gefahr. (Das ist, wie ich aus eigener Erfahrung bestätigen kann, tatsächlich ein Problem.)"

Insgesamt schätzte L. Herforth ein, „dass diese Aussprache helfen wird, vor allen Dingen die Fragen der Qualifizierung und der Perspektiven voranzutreiben. Es war auch sicher nützlich, dass ein Vertreter der VVB [...] teilnahm, nicht alle Schwierigkeiten lassen sich im Betrieb selbst lösen.“ [270]

Zur Reform des Bildungssystems der DDR bis zum „Gesetz über das einheitliche sozialistische Bildungssystem“ von 1965

Zur Entwicklung des Schulwesens in der DDR: Das demokratische Schulwesen in der SBZ/DDR hatte sich kontinuierlich entwickelt. Schon im Mai/Juni 1946 wurde von den Volksbildungsverwaltungen der fünf Länder und Provinzen[271] in der SBZ aufgrund einer von der Deutschen Verwaltung für Volksbildung in Berlin erarbeiteten gemeinsamen Vorlage das „Gesetz zur Demokratisierung der deutschen Schule“ beschlossen, dessen Kern die Errichtung einer für alle Kinder gemeinsamen, acht Schuljahre umfassenden Grundschule war. Daran schlossen sich Berufsschulen, Fachschulen und die zum Abitur führende vierjährige Oberschule an. Durch das gemeinsame Lernen über acht Schuljahre hinweg erhielten alle Kinder die gleichen Bildungschancen – unabhängig von der gesellschaftlichen Stellung und dem Einkommen der Eltern. Ein Teil der Kinder eines Jahrgangs wurde in die „Hilfsschule“ eingeschult oder wechselte nach ein, zwei Grundschuljahren in diese über, um dort geeignet und maximal gefördert zu werden und die Freude am Lernen nicht zu verlieren. Daneben gab es Sonderschulen für behinderte Kinder. Bis 1949 waren etwa zwei Drittel der „alten“ Lehrer, die politisch belasteten, aus dem Schuldienst entlassen und durch (zunächst recht kurzzeitig ausgebildete) Neulehrer ersetzt worden. Gleich nach Kriegsende erfolgte in der SBZ die strikte Trennung von Staat und Kirche im Schulwesen; der Religionsunterricht blieb den Kirchgemeinden vorbehalten. Die ersten Zehnklassenschulen wurden im Schuljahr 1950/51 eingeführt, seit 1956 „Mittelschulen“ genannt. Nach der Abschlussprüfung am Ende der Grundschule gingen die Besten jeder Klasse zur Oberschule, die guten zur Mittelschule, und die durchschnittlichen Schüler verließen die Schule und begannen eine Lehre. Letztmalig fanden am Ende des Schuljahres 1958 für *alle* Schüler der 8. Klasse – vor der genannten Differenzierung – mündliche und schriftliche Grundschul-Abschlussprüfungen statt. Eine grundlegende Veränderung bedeutete die Einführung des polytechnischen Unterrichts ab Klasse 9 vom Schuljahr 1958/59 an. Das Konzept der polytechnischen Bildung war wichtiges Element „einer von Karl Marx ausgehenden Bildungs- und Schultheorie, die auch in westlichen Ländern, darunter in der Bundesrepublik, Aufmerksamkeit fand.“[272] Fixiert im neuen Schulgesetz vom 2. Dez. 1959, wurde die Zehnklassenschule zur „allgemeinbildenden polytechnischen Oberschule“ (POS) ausgebaut, der Regelschule für das Gros der Schüler; zum Abitur führte die „Erweiterte Oberschule“ (EOS). Der VI. Parteitag der SED hatte 1963 u. a. die Aufgabe gestellt, ein einheitliches Sozialistisches Bildungssystem zu entwickeln. Damals „vermochten nur wenige die tiefgreifenden

Veränderungen abzusehen, die sich in Erfüllung dieses Auftrags auch für das Hochschulwesen unserer Republik ergeben würden".[273]

Große Volksaussprache zum Entwurf des neuen Gesetzes: Seit Juli 1963 arbeitete Lieselott Herforth in der Kommission zur Gestaltung des künftigen Bildungssystems beim Ministerrat mit, – und damit am Entwurf des „Gesetzes über das einheitliche sozialistische Bildungssystem". Bestandteile dieses Systems waren:

- Einrichtungen der Vorschulerziehung (Krippen für die Unter-Drei-Jährigen ausgenommen),
- die zehnklassige allgemeinbildende polytechnische Oberschule (POS),
- die Einrichtungen der Berufsausbildung,
- die zur Hochschulreife führenden Bildungseinrichtungen (vor allem die EOS),
- die Ingenieur- und Fachschulen,
- die Universitäten und Hochschulen,
- die Einrichtungen der Aus- und Weiterbildung der Werktätigen.

Alle Bestandteile des Bildungssystems wurden aufeinander abgestimmt gestaltet.

Zu den EOS gehörten auch Spezialschulen mit besonderem Profil, in Dresden etwa die Martin-Andersen-Nexö-Schule mit mathematisch-naturwissenschaftlichem Profil, oder die EOS in Cotta mit erweitertem Russischunterricht oder die Romain-Rolland-Schule, in der verstärktes Gewicht auf die romanischen Sprachen gelegt wurde. Und natürlich gab es Musikschulen und Sportschulen. Arbeitsgemeinschaften (AG) an den POS und an den EOS deckten eine breite Palette von Freizeitinteressen der Schülerinnen und Schüler ab. Ihr Besuch war kostenlos. Der Entwurf des neuen Bildungsgesetzes war der Bevölkerung für lange Zeit zur Diskussion gestellt worden. Er wurde in den Schulen, Betrieben, Hochschulen und Universitäten beraten; Eltern, Lehrer, Hochschullehrer, Studenten, Schüler meldeten sich zu Wort – in Zeitungen, Zeitschriften, Fernsehsendungen. Auch an der TU Dresden hatte es viele Diskussionsrunden und viele Meinungsäußerungen gegeben, etwa von Vertretern der Berufspädagogik, aber auch von Professoren technischer Richtungen, wie von Professor Albring. Dabei spielte immer auch der enge Zusammenhang von schulischer Bildung und Hochschulbildung eine Rolle, d. h. auch Probleme der nötigen Reform des Hochschulwesens kamen mit auf das Tapet. Verantwortungsbewusste Hochschullehrer, die – nach eigenen Worten – selbst zu wenig Zeit sogar für ihre Forschung hatten, studierten den über 80 Seiten umfassenden „Entwurf des Gesetzes [...]" gründlich, um gut fundiert eine Meinung äußern zu können. Ihnen war klar, dass das neue Gesetz entscheidende Weichen für die weitere Entwicklung der Schulen und der Hochschulen für lange Zeit stellen würde. Daher sahen sie es als ihre Pflicht an, an dem Gesetz durch kritische Bemerkungen und durch Vorschläge mitzuwirken. Prof. Albring führte u. a. an: „Auf den Grund- und Oberschulen wird immer noch Wissen vermittelt, das an einem der nächsten Tage als Gedächtnisleistung abgefragt und sofort wieder vergessen wird. [...] Anders scheint es mit Fächern zu sein, die zum Aneignen nicht reines Auswendiglernen, sondern Verständnis und Eindenken erfordern. In der Mathematik lernt man große Prinzipien, die als Anwendungen mit Beispielen beleuchtet werden. Die Beispiele sind nach einiger Zeit zwar vergessen, doch die Prinzipien graben sich tiefer in das Gedächtnis ein. Alle Fächer, die von der Mathematik durchdrungen sind, können in solcher Weise gelehrt werden. Vielleicht lassen sich aber auch Fächer wie Geographie und Geschichte vortragen durch Herausarbeiten großer Prinzipien. Einzelfakten sind dann Beispiele, die das Verständnis der Prinzipien fördern. Doch müsste auch manches in der Ausbildung der Technischen Hochschulen in diesem Sinne reformiert werden. Was als Tatsachenhäufung gelehrt, als Gedächtnisstoff in Prüfungen abgefragt wird, sollte verschwinden. Das ‚angeklebte Wissen' – wie es schon Immanuel Kant nannte – wird niemals für die lebendige Ingenieurarbeit genutzt. Wenn ich gelegentlich mit der Eisenbahn fahre, so genügt es zu wissen, dass es Fahrpläne gibt, niemand wird verlangen, dass ich im Hinblick auf späteres Reisen das Kursbuch auswendig lerne. Doch im Ausbildungsprozess wird manchmal Analoges gefordert. Bei der gemeinsamen Planung von Lehre und Forschung durch VVB und Hochschule, [...] ist dem Hochschullehrer ein Initiativ-Spielraum zu gewähren. Das Neue, das noch nicht Dagewesene, das man als Weiterentwicklung von Technik und Wissenschaft vom Hochschullehrer erwartet, kann sich nur unter solchen Bedingungen entwickeln. Es ist zu beklagen, dass heute die dienstliche Belastung der meisten Hochschullehrer viel zu groß ist. (Mir selbst bleiben für tiefdringende wissenschaftliche Untersuchungen nur der Urlaub, die Sonntage und das Krankenbett.) Hier sind andere sozialistische Länder beispielhaft, wo dem Hochschullehrer neben einem Erholungsurlaub von 4 Wochen weitere 4 Wochen außerhalb des Institutes zugebilligt werden zur vertieften wissenschaftlichen Arbeit. Auch die Grundschul- und Oberschullehrer sind zu stark belastet. [...] Wenn in der Weimarer Republik die Lehrer verhältnismäßig wenig Unterrichtsstunden hatten und man ihnen den langen Urlaub der Schüler zubilligte, so war damit die Erfahrung verbunden, dass die Ausbildungsziele erreicht wurden. [...] Es wäre eine ernste Rechenschaft über die Erfolge und die ökonomischen Aufwendungen des Fernstudiums nötig. Wenn in den „Grundsätzen" als begrüßenswertes Faktum herausgearbeitet wird, dass der Ausbildung mittlerer technischer Kader große Aufmerksamkeit zu widmen ist, dann muss man bedenken, dass gerade im letzten Jahrzehnt diese Berufssparte sehr geschwächt wurde. *Wir haben zu viele gute Fachschulingenieure durch das Fernstudium in mittelmäßige Diplomingenieure verwandelt. Zum Schluss möchte ich den Vorschlag als sehr glücklich bezeichnen, Spezialschulen einzurichten, auf denen besonders begabte und talentierte Schüler zur Hochschulreife geführt werden sollen. [...].* Neben dem Anheben des gesamten Bildungsniveaus besteht die Verpflichtung, diejenigen stark zu fördern, ihnen ausgezeichnete Lehrer zu geben, die besondere geistige Leistungen erwarten lassen. Auch das kürzlich eingeführte Auslesesystem zur Immatrikulation [...] wird manche Schwierigkeiten der Vergangenheit künftig vermeiden.“ [274]

Nach mehreren Aussprachen zum Entwurf hatte der Dekan der Fakultät Berufspädagogik und Kulturwissenschaften mehrere Schwerpunktprobleme formuliert: „*Die eigentliche Abiturstufe scheint mit zwei Jahren [...] zu kurz bemessen zu sein.* In diesem Zusammenhang ergibt sich auch der Vorschlag, den optimalen Zeitpunkt der Auslese von Schülern für Abiturstufen durch entsprechende Versuche zu bestimmen und internationale Erfahrungen hinzuzuziehen. [...] *Die sich kontinuierlich vollziehende Studienplanreform muss gleichzeitig als Inhaltsreform der Oberschulen angesehen werden* (besonders im Hinblick auf die Fähigkeitsbildung). Zwischen Hochschulwesen und Oberschulen muss kontinuierlich eine Verbindung bestehen, die die entsprechende Anpassung gewährleistet. [...]“[275] Man sollte prüfen, ob für die nächsten Jahre der Übergang zum Abiturzug nach der achten Klasse beibehalten werden sollte.

Die in vielen Diskussionsrunden geäußerten kritischen Bemerkungen, Vorschläge und Anregungen aus den Instituten und Fakultäten bildeten die Basis für die vom Senat der TU Dresden am 7. Nov. 1964 verabschiedete Stellungnahme der TU, die Magnifizenz Kurt Schwabe im Rahmen der 5. Sitzung der Staatlichen Kommission für die Gestaltung des einheitlichen soz. Bildungssystems am 11. Nov. 1964 in Berlin überreichte.[276]

Die Förderung der besonders Begabten, schon vom VI. Parteitag gefordert und von der Regierung aufgegriffen,[277] wurde in vielen Seminargruppen diskutiert. Dabei wurde der Zusammenhang zwischen dieser Forderung und dem Ringen um wissenschaftlich-technischen Höchststand von den Studierenden oft unzureichend erfasst, waren sie doch gewöhnt, dass es bisher in einseitiger Orientierung meist nur um die Überwindung von Leistungsschwächen gegangen war, Probleme der Besten hingegen kaum oder überhaupt nicht behandelt wurden.[278]

Nun wurden an den Universitäten und Hochschulen selbst – in Verbindung mit einer EOS – Spezialklassen eingerichtet, um die für ein – insbesondere mathematisch-naturwissenschaftliches – Fach besonders befähigten Schüler in den letzten beiden Schuljahren (11. und 12. Klasse) optimal fördern zu können. Die erste dieser Spezialklassen entstand 1964 an der TH für Chemie Leuna-Merseburg.

Das „Gesetz über das einheitliche sozialistische Bildungssystem“ wurde – nach langer Diskussion seines Entwurfs und vielen Veränderungen am Entwurf – am 25. Februar 1965 von der Volkskammer der DDR beschlossen. Das humanistische Anliegen des einheitlichen Bildungssystems war eine hohe Bildung des ganzen Volkes, die Bildung und Erziehung allseitig und harmonisch entwickelter sozialistischer Persönlichkeiten, die bewusst das gesellschaftliche Leben gestalten, die Natur mit hoher Effektivität verändern und ein erfülltes, glückliches, menschenwürdiges Leben führen.[279] Nachdem sich das System eingespielt hatte, bewirkte das Aufeinander-Abgestimmt-Sein seiner Teile u. a., dass der Übergang von der Schule zur Hochschule im wesentlichen reibungslos verlaufen konnte. Die noch bestehenden „Übergangsprobleme“ von der EOS zur Hochschule blieben jedoch auch nach 1965 im Blick. So erarbeitete Dozent Dr.-paed. Lothar Berndt von der TH Otto von Guericke Magdeburg eine Studie zu deren Ursachen konkret im Fach Physik, der auch eine Befragung der Hochschullehrer mittels eines umfassenden Fragebogen zugrunde lag.[280]

Lieselott Herforth und die Frauenförderung

In der DDR war die Frau von Anfang an dem Manne gleichberechtigt, garantiert durch die Verfassung und die demokratische Gesetzgebung; ein frühes Gesetz dazu war das „Gesetz über den Mutter- und Kinderschutz und die Rechte der Frau“. Frauen hatten alle Möglichkeiten, einen Beruf zu erlernen oder – nach Erwerb der entsprechenden Schulbildung – eine Fachschule, Hochschule oder Universität zu besuchen. Sie erhielten für gleiche Arbeit den gleichen Lohn wie der Mann. Die verheiratete Frau entschied selbst über ihre Berufstätigkeit[281]. Die Berufstätigkeit der Frau und Mutter wurde von Staat und Gesellschaft gefördert und insbesondere durch Kinderbetreuungsstätten, auch durch Einkaufsmöglichkeiten im Betrieb und Betriebskantinen mit preiswertem Angebot von Mittagsessen erleichtert. Doch auch Mitte der 1960er Jahre konnten die Erfolge der Frauenförderung noch nicht befriedigen. Ein über Generationen verfestigtes Frauen- und Familienbild ließ sich nicht so schnell aus den Köpfen entfernen. Obwohl seit 1958 durch den Unterrichtstag in der Produktion ab Klasse 9 Schülerinnen wie Schüler an die verschiedenen Seiten der Arbeit in Betrieben herangeführt wurden, wählten noch zu wenige Mädchen technische Berufe, zu wenige junge Frauen nahmen nach dem Abitur ein mathematisch-naturwissenschaftliches oder technisches Studium auf. Dabei hatten sich schon in den 20er/30er Jahren – besonders im hochindustrialisierten Sachsen – Abiturientinnen keinesfalls gescheut, Mathematik, Physik, Chemie oder Biologie zu studieren. Natürlich gab es auch in den 50er/60er Jahren Physikstudentinnen und Physikabsolventinnen an der TH/TU Dresden, deren Anzahl genügte Lieselott Herforth jedoch nicht – und konnte unter volkswirtschaftlichen Gesichtspunkten auch keinesfalls befriedigen. Als rohstoffarmes Land war die DDR auf die Hände, Köpfe und Herzen ihrer Menschen angewiesen, auf die der Männer und Frauen gleichermaßen, und eben besonders in den zukunftsträchtigen naturwissenschaftlich-technischen Berufsfeldern.

Das Thema „Frauenförderung“ zieht sich wie ein roter Faden durch die Reden und Taten Lieselott Herforths.

Als sie sich am 4. Oktober 1963 bei einem Gespräch in Dresden, zu dem Lotte Ulbricht als Mitglied der Frauenkommission des ZK der SED eingeladen hatte, zu Wort meldete, thematisierte sie das noch zu geringe Interesse der Mädchen an naturwissenschaftlich-technischen Berufen. Damit klang das Problem an, dem sie sich immer widmete: Bedingungen dafür zu schaffen, dass sich Mädchen und junge Frauen beruflich mehr als bisher auf den mathematisch-naturwissenschaftlich-technischen Bereich orientieren und ihre Fähigkeiten dann auch ausschöpfen können.

Auf der *Frauenkonferenz vom 2. Juni 1964 in Karl-Marx-Stadt*, auf der sie das Hauptreferat hielt, äußerte sie: „Ich glaube, das Staatssekretariat für das Hoch- und Fachschulwesen hat erkannt, dass in dieser Frage in der gesamten Leitungstätigkeit Fehler gemacht worden sind. Die gesamte Arbeit zur Entwicklung und Förderung der Frau muss zum Prinzip der Leitungstätigkeit in allen Instituten, Ausbildungsstätten und Industriezweigen werden.“[282] Die Konferenz wertete sie mit dem Rektor und seinem Kollegium aus. In Vorbereitung des bevorstehenden Frauenkongresses führte sie an der TU Dresden gesonderte Aussprachen mit wiss. Mitarbeiterinnen und Assistentinnen der naturwissenschaftlich-technischen Bereiche und der Gesellschaftswissenschaften, mit Absolventinnen der TU und mit Studentinnen höherer Semester. Am *Frauenkongress vom 25. bis 27. Juni 1964 in Berlin* nahm sie als Ehrengast teil. In ihrem Referat „Frauenförderung und technische Revolution“, dem sich ein Rundfunkgespräch anschloss, vertrat sie die Auffassung, dass früh die Weichen gestellt würden, dort, wo die Interessen der heranwachsenden Mädchen beeinflusst werden könnten, im Elternhaus, in der Schule. Eltern und Lehrer müssten Hand in Hand arbeiten, wenn es darum ginge, Neigungen und besondere Fähigkeiten der Mädchen (und natürlich auch der Jungen) zu erkennen, zu fördern und in die richtigen Bahnen lenken. „Wenn ein Mädchen gut tanzen oder singen kann, überlegen die Eltern, ob die Tochter auf die Ballett- oder die Musikschule gehen könnte. Sie wissen: Wenn man nicht früh mit dem Üben anfängt, dann wird nichts. Wenn jedoch eine Tochter im Mathematikunterricht sehr gute Leistungen vollbringt, welche Eltern richten dann schon die Aufmerksamkeit darauf und machen dem Kind klar, dass es [...] Berufe gibt, für die die Mathematik gute Voraussetzungen schafft!“ Den künftigen Studentinnen aber müssten rechtzeitig – durch Oberschulen und Hochschulen gemeinsam – klare Vorstellungen über ihre Studienmöglichkeiten, besonders auch für naturwissenschaftliche Berufe, vermittelt werden. Dabei konnte sie auf die von den Hochschulen jüngst erarbeitete Broschüre über (akademische) Berufsbilder verweisen, die dabei Unterstützung geben sollte. (Der Beitrag zum Physikstudium darin stammte von ihr selbst.) Die gelegentlich vertretene Meinung, dass das Spielen mit Puppen die Mädchen von der Wahl naturwissenschaftlich-technischer Berufe wegführe, wies sie nachdrücklich zurück, und aus eigener Erfahrung fügte sie hinzu: „Wenn ich [...] meinen Beruf nach meinem Spielzeug gewählt hätte, wäre ich nie Physikerin geworden.“ Wesentlich sei eben, dass Lehrer und Eltern dann, wenn sich mathematisch-naturwissenschaftlich-technische Neigung zeige, diese, auch bei Mädchen, geeignet förderten. „Das setzt allerdings voraus, dass die Lehrer und Eltern selbst klare Vorstellungen über technische Berufe für unsere Mädchen haben. Dass dies schon in genügendem Maße der

Fall ist, bezweifle ich.“ Das „Gesetz über das einheitliche sozialistische Bildungssystem“ würde da künftig einiges ändern, war sie überzeugt. Weiter ging Lieselott Herforth in ihrem Beitrag der Frage nach: Warum sind zuwenig Frauen in leitenden Stellungen der Industrie zu finden? Durch „Bestimmungen“ ließe sich daran natürlich nichts ändern, nein, zunächst müsse die „Basis“ breiter werden, dann erst werde die eine oder andere zur Spitze durchdringen. „Erhöhen wir die Anzahl der Absolventinnen in den technischen Fakultäten, so wird sich bei richtiger Ausbildung und Vorbereitung für die Praxis auch der Anteil der leitenden weiblichen technischen Kader erhöhen. Eine Diplomingenieurin auf dem Gebiet der Elektronik oder des Maschinenbaues ist noch eine Seltenheit. Solange wir aber noch Seltenheitswert in den technischen Berufen haben, sind die Männer in der Überzahl. Es ist daher nicht verwunderlich, dass sie auch die leitenden Funktionen innehaben.“ Und sie betonte: „Wir müssen auch bei den Mädchen schon auf der Hochschule dafür sorgen, dass diese neben dem Erwerb fachlicher Kenntnisse auch zu Persönlichkeiten erzogen werden, die schon wissen, was Leiten überhaupt bedeutet.“ Besonders am Herzen lag der Professorin Lieselott Herforth natürlich die Frage, „warum so wenig Frauen als Hochschullehrer tätig sind“. Sie war überzeugt, dass es auch an den Technischen Hochschulen eine Anzahl von Assistentinnen und Oberassistentinnen gebe, die bei echter Förderung Hochschullehrer auf technischen Gebieten werden könnten. Doch verkannte sie die Schwierigkeiten auf dem Weg dorthin nicht, der für Frauen noch weit steiniger sei als für deren männliche Kollegen. „Wie sieht nämlich die Praxis aus?“, fragte sie und gab die Antwort: „Der Weg von der Studentin bis zum Hochschullehrer ist ein langer Weg, und er ist nicht nur lang, sondern das ist auch ein Beruf, in dem es gerade auf technischem Gebiet keinen Abschluss in der Ausbildung gibt. Zunächst muss die Frau gerade in den Jahren, in denen sie eine Familie gründet und die Kinder klein sind, also zwischen 20 und 30 Jahren, sehr intensiv arbeiten. Sie muss ihr Diplom machen, ihren Doktor machen. Aber damit ist noch nicht Schluss. Dann kommt die Habilitation. Das dauert nochmals etwa vier Jahre. [...] Es ist daher besonders schwierig für eine Frau, dieses Ziel zu erreichen, wenn sie nicht auf eine Familie verzichten will. [...] Und wenn sie dieses Ziel erreicht, so muss man sich darüber klar sein, dass [...] bis zur Pensionierung es mit einem 8-Stunden-Tag nicht getan ist. Man kann zwar noch für eine Assistentin eine Halbtagsstelle beantragen. Aber um eine Professur mit hoher Verantwortung auszufüllen, dazu braucht man zehn bis zwölf Stunden am Tag, und wenn man noch gesellschaftlich besonders aktiv ist und in staatlichen Gremien mitarbeitet, dann braucht man 14 bis 16 Stunden am Tag und noch manchen Sonntag dazu. Auch muss man in der Lage sein, einmal für vierzehn Tage auf eine Dienstreise zu gehen. Ich frage: Wie stellen sich die Männer zu diesem Frauenberuf, wenn es um ihre eigenen Frauen geht?“ Was ist zu tun? „Wir werden im gesamten Bereich des Hochschulwesens mehr als bisher bei den weiblichen Absolventen zu prüfen haben, ob sie für eine Hochschullaufbahn in Frage kommen. Wir dürfen sie bei besonderer

Befähigung bis zur Erreichung ihres Ziels nicht mehr aus den Augen lassen. Die Aspirantur und die Habilitationsaspirantur jedoch stellen dabei eine echte Frauenförderung dar. Eine große Verantwortung tragen dabei die Professoren, die staatlichen Leitungen und Parteileitungen, diejenigen, die sowohl eine fachliche wie auch ideologische Einschätzung geben können. Ich hoffe, dass das Staatsekretariat für das Hoch- und Fachschulwesen für den gesamten weiblichen wissenschaftlichen Nachwuchs in der DDR Perspektiven festlegt und dass die Fakultäten hierbei mit großer Verantwortung mithelfen. Ich bin davon überzeugt, dass manche befähigte Wissenschaftlerin trotz großer Familienbelastung bei guter Perspektive eine Habilitation eher auf sich nimmt, als wenn sie weiß, dass es für sie im Bereich des Hochschulwesens keine Möglichkeiten gibt."[283]

Und es ging mit der Unterstützung junger Wissenschaftlerinnen voran; so forderte der SfHF bei der Beratung mit den Rektoren am 20. Okt. 1964: „Für die weiblichen wiss. Nachwuchskräfte sind individuelle, die familiären u. a. Bedingungen berücksichtigende Förderungspläne auszuarbeiten. Ihnen ist eine kontinuierliche und systematische wiss. Betreuung durch die Professoren und Institutskollektive zu sichern."[284]

Bereits 1964 war es der Name Herforth, der in der Öffentlichkeit mit dem Thema, mehr Mädchen für technische Berufe zu gewinnen, eng verknüpft wurde. Ihre Diskussionsbeiträge und Aufrufe fanden bei Schülern, Eltern, Lehrern, bei den Werktätigen positive Resonanz, da sie niemals als Agitation, sondern stets als gute, wohldurchdachte Ratschläge einer Expertin mit weitreichender eigener Erfahrung wahrgenommen wurden, die selbst viel auf dem Gebiet erreicht hatte, für das sie warb.

Nach ihrem Beitrag auf dem Frauenkongress bekam Lieselott Herforth soviel Einladungen und Anfragen, dass sie eine kluge Auswahl treffen musste, nach ihrem Leitsatz: „Mach all das selbst, von dem Du sicher bist, dass es kein anderer besser kann als Du". Sie sprach vor Mädchen, vor Frauenkollektiven, vor Schulklassen, vor Lehrern. Den Besuch ihres Institutes ermöglichte sie am 12. Okt. 1964 30 Schülerinnen und Schülern der 3. Oberschule Berlin-Köpenick und am 17. November 1964 50 Frauen vom DFD-Bezirksvorstand Berlin und rund 30 Schülerinnen und Schülern der Oberschule Reinhardtsdorf bei Bad Schandau.[285]

Sie äußerte sich in Zeitungen und Zeitschriften, im Rundfunk, im Fernsehen, gab Interviews zur eigenen Entwicklung. Nur einige dieser Beiträge aus der frühen Zeit ihrer Volkskammer- und Staatsratstätigkeit seien angeführt: „Deutsche Lehrerzeitung" vom 6. März 1964: „Mädchen und die technische Revolution"[286], Gewerkschaftszeitung „Tribüne" vom 18. Juni 1964: „Noch zu rar: Frau Dipl.-Ing.", Frauenzeitschrift „für Dich" (nicht von ihr verfasst, aber nach einem Gespräch mit ihr niedergeschrieben und von ihr autorisiert): „Lieselott Herforth – eine Physikerin".

Am 14. August 1964 hielt sie vor Mädchen des Pioniertreffens in Karl-Marx-Stadt einen Vortrag über „Mädchen in der technischen Revolution". Sie schilderte zunächst ihren eigenen Berufsweg, arbeitete dabei klar die Vorteile heraus, die eine Berufsausbildung im heutigen sozialistischen Staat böte – jede Ausbildung, jedes Studium seien unabhängig vom Geldbeutel der Eltern, um einen ganz entscheidenden Vorteil zu nennen –, berichtete über die Arbeit an ihrem Institut und führte, das war der Clou, eine Reihe von Experimenten aus dem Gebiet der technischen Isotopenanwendung vor. Die Mädchen waren begeistert. In der anschließenden Aussprache zeigte sich, dass viele von ihnen bisher weder durch Schule und Jugendorganisation noch durch das Elternhaus genügende Unterstützung bei ihrer Berufswahl erhielten.[287]

Am 29. September 1964 nahm sie an einer Aussprache der Frauenkommission beim Politbüro des ZK der SED unter Leitung von Inge Lange teil, zu der eine Reihe von Frauen in Führungspositionen geladen waren. Dieser Erfahrungsaustausch zeigte deutlich die Schwierigkeiten, die Frauen in ihren Betrieben hatten, wenn sie leitende Funktionen übernehmen sollten.[288]

Im Kunstseidenwerk „Friedrich Rädel“ Pirna hatte das Institut von Lieselott Herforth schon mehrere Isotopeneinsätze zur Klärung technologischer Prozesse mit Erfolg durchgeführt, sie war daher dort seit längerer Zeit auch persönlich bekannt. Im Werk gab es die Ausbildung „Textilfacharbeiter mit Abitur“. Eine Lernbrigade von 13 Mädchen, die im September 1964 mit der Ausbildung begonnen hatten, wandte sich an die Wissenschaftlerin mit der Bitte, ihrer Brigade den Namen „Lernaktiv Professor Herforth“ geben zu dürfen. Sie stimmte zu, nachdem sich die Mädchen verpflichtet hatten, bis zum Ende der Ausbildung einen Lerndurchschnitt von mindestens 2,0 zu halten. Am 10. Nov. 1964 besuchte Lieselott Herforth jedes Mädchen an seinem Arbeitsplatz und führte danach eine Aussprache mit allen Mädchen gemeinsam durch. Die Lehrausbilderin der Mädchen war Textilingenieurin; Lieselott Herforth verhalf ihr zu einem Fernstudienplatz am Institut für die Aus- und Weiterbildung von Lehrmeistern in Karl-Marx-Stadt.[289]

Am 25. Nov. 1964 sprach Lieselott Herforth auf einer Frauenversammlung in der Deutschen Bücherei (DB) in Leipzig vor rund 120 Teilnehmerinnen – und in Anwesenheit von staatlicher Leitung, Gewerkschaftsleitung und Parteileitung der DB – zum Thema „Die Frau – die Familie – der Beruf und unser Staat“. Qualifizierungssorgen gab es hier kaum, da es sich um ausgebildete Kräfte handelte, aber genügend andere Sorgen sprachen die Frauen in der sehr lebhaften Diskussion an: Wohnungsprobleme, fehlende Kindergartenplätze, zu wenig Dienstleistungsangebote, die für die berufstätige Frau besonders wichtig sind. Alles in allem aber doch überschaubare, lösbare Probleme, vermerkte sie in ihrem Bericht.[290]

Am 2. Dez. 1964 führte Lieselott Herforth ein Rundtischgespräch mit den besten Pionieren (Schüler/innen bis zur 9. Klasse) der „Pestalozzischule“ in Glauchau durch, an der auch Lehrer und der Pionierleiter teilnahmen; auf ihren ausdrücklichen Wunsch waren viele Mädchen dabei. Das Thema hatten die Schüler/innen selbst vorgeschlagen, sie wollten etwas über die Rolle und die Aufgaben des Staatsrates der DDR hören. Zum Schluss berichtete sie über Probleme, die sie selbst besonders beschäftigten: Technische Revolution, mehr Mädchen in technische Berufe. Das Gespräch brachte sie in Gang, indem sie wohlbedachte Fragen an die Schüler richtete, die Interessen der Schüler, die Schule, die Pionierarbeit betreffend. Alle waren sehr aufgeschlossen und interessiert, stellten viele Fragen, – aber besonders bei den Mädchen traten, wie sie feststellen musste, noch viele Unklarheiten über die spätere Berufswahl hervor.[291]

Ein Jahr später war sie Rektorin. Den neuimmatrikulierten Studentinnen des Studienjahres 1965/66 schärfte sie ein: „Sie leben in einer für uns Frauen guten und glücklichen Zeit, uns stehen alle Berufe offen. Aber, und das möchte ich Ihnen heute mit auf den Weg geben, wir müssen täglich aufs Neue beweisen, dass wir uns unseren Platz in der Gesellschaft mit Recht erworben haben. Wenn Sie also heute Ihr Studium beginnen, so werden viele Studienkollegen und Hochschullehrer mit großen Erwartungen auf Sie blicken, [...] Alle Möglichkeiten werden Ihnen eingeräumt, um die schönsten und höchsten Ämter zu bekleiden, jedoch die Voraussetzungen dazu müssen Sie sich selbst erarbeiten. Dabei können wir Ihnen zwar helfen, aber die Schaffung der fachlichen Voraussetzungen sowie die Entwicklung zu einer sozialistischen Persönlichkeit kommt auf Sie in gleicher Weise zu wie auf die männlichen Studenten."[292] Sinnvolle Förderung ja, aber eine „Quote" war ihre Sache eher nicht.

Wir greifen vor: Nach zehn Jahren im Staatsrat und in der Volkskammer konnte Lieselott Herforth feststellen, dass sich die Probleme insofern verschoben hätten, dass es nun nicht mehr darum gehe, Mädchen und Frauen für naturwissenschaftlich-technische Berufe zu gewinnen, sondern darum, mehr Frauen aus diesen Berufen heraus in leitende Positionen zu bringen. Das war ein großer Erfolg nicht nur des Bildungssystems der DDR, sondern auch ihrer eigenen gesellschaftlichen Tätigkeit.

Zur Tätigkeit der Volkskammerabgeordneten in den ersten beiden Jahren

Ihre Tätigkeit als Volkskammerabgeordnete und Staatsratsmitglied war sehr vielschichtig, und auch die Aktivitäten zur Frauenförderung lassen sich hier einordnen. Ein Höhepunkt für sie war sicher der Besuch der Volksrepublik Bulgarien im September 1964 mit einer vom Staatsratsvorsitzenden Walter Ulbricht geleiteten Partei- und Regierungsdelegation.[293] Sie hatte als Staatsratsmitglied die unterschiedlichsten „Auftritte", und sie führte regelmäßig Abgeordnetensprechstunden durch, in denen sie Eingaben der Bevölkerung entgegennahm.

„Auftritte": Um deren Verschiedenartigkeit, aber vor allem auch, um die zeitliche Dichte und damit die Belastung deutlich zu machen, sollen einfach einmal diese Ereignisse von März bis Oktober 1965 aufgelistet werden; in diesem Zeitraum war

sie noch nicht Rektorin. Dabei werden die Sitzungen der Volkskammer und des Staatsrates nicht mit aufgeführt.

Am 13. März 1965 traf sie sich – nach einem vorangegangenen Treffen am 30. Januar – mit dem Oberbürgermeister und dem Stadtschulrat von Dresden.[294] Es ging um die fehlenden Wohnmöglichkeiten für Studierende, eine Situation, die die TU an ihre Grenzen brachte und sie allmählich daran hinderte, die immer neuen und wichtigen Aufgaben, die an sie herangetragen wurden, auch zu übernehmen. Es gab nicht genug Internatsplätze, und die Zahl der Privatzimmer für Studierende wuchs nicht weiter an, da diese für Familien gebraucht wurden.[295] 1965 mussten teilweise acht und mehr Studierende in einem Raum arbeiten und leben, und alle Klubräume der Internate waren zu Wohnräumen umfunktioniert worden. Das Problem der Kindergartenplätze für die TU hingegen konnte bereits 1965 im wesentlichen gelöst werden.

Im Februar und März hatte sie das öffentliche Frauenforum der Stadtleitung Dresden mit vorbereitet, das am 27. April 1965 stattfand und auf dem sie das Hauptreferat „Die Frau – ihre Qualifizierung und die technische Revolution“ hielt. Auf diesem sehr gut besuchten Forum entwickelte sich eine so angeregte und ausgedehnte Diskussion, dass für den eigentlich noch geplanten Film keine Zeit mehr blieb.

Am 6./7./8. Mai 1965 nahm sie im Bezirk Dresden im Auftrag des Staatsrates Auszeichnungen mit dem Vaterländischen Verdienstorden vor und beteiligte sich an Feierlichkeiten zum 20. Jahrestag der Befreiung[296] im Bezirk und auch in Berlin.

Am 15. Mai war sie auf der Delegiertenkonferenz der UGL der TU Dresden und am 24. Mai auf einer Konferenz des Ministeriums für Volksbildung zum einheitlichen sozialistischen Bildungssystem in der Kongresshalle Berlin, hierüber berichtete sie in Dresden mehrfach ausführlich, so am 31. Mai in der Versammlung ihrer Abteilungs-Partei-Organisation (der SED).

Am 6. Juni 1965 besuchte sie „ihre“ Mädchen aus dem „Lernaktiv Professor Herforth“ des Kunstseidenwerkes Pirna und beriet mit ihnen über den aktuellen Leistungsstand und über Probleme während der Ausbildung, sie lud sie zum 22. Dez. an das Institut für angewandte Radioaktivität ein – mit anschließender erneuter Aussprache.

Am 4. August 1965 gab sie auf der Stadtverordnetenversammlung Dresden, die in Vorbereitung der kommunalen Volkswahlen am 10. Okt. stattfand, einen längeren Diskussionsbeitrag.

Am 8. Sept. 1965 empfing der Rat des Bezirkes Dresden Mitglieder einer Interparlamentarischen Gruppe aus England; Lieselott Herforth war dazu eingeladen worden. In ihrem „Bericht“ notierte sie, wie wichtig es sei, über Probleme der DDR mit Parlamentariern anderer Länder zu sprechen (z.B. über Fragen des Travel-Office in Westberlin).

Am 10. Sept. 1965 sprach sie sich in Vorbereitung der Volkswahlen mit dem Oberbürgermeister von Dresden über Staatsratseingaben aus der Stadt Dresden aus. Am 15. Sept. nahm sie im Hygienemuseum an einer Wählervertreterkonferenz der Stadt Dresden teil.

Am 4. und 6. Okt. fuhr sie zur 800-Jahrfeier der KMU nach Leipzig und beteiligte sich dort am Philosophischen Symposium. Ein großes Ereignis für die TU Dresden – und für Lieselott Herforth selbst – waren am 8./9. Okt. 1965 der Besuch des Kosmonauten Leonow, die Großkundgebung und der Kosmonautenball mit ihm.[297]

Eingaben aus der Sprechstundentätigkeit: Lieselott Herforth nahm in den regelmäßig von ihr abgehaltenen Sprechstunden Eingaben – aber auch Anregungen und Informationen – der Bevölkerung entgegen. Die Eingaben überstrichen ein weites Feld, in etwa der Hälfte jedoch ging es um Wohnungsprobleme, Krippenplätze, Kindergartenplätze, um Studienplätze, um den Einsatz nach dem Studium. Sie baute viele gute – und hilfreiche – Kontakte auf, zum Oberbürgermeister von Dresden, zum Vorsitzenden des Rates des Bezirkes, zu den Gremien von Gewerkschaft und Partei [...] Das war für sie als Mitglied des Staatsrates natürlich nicht so schwer. So ließen sich die meisten Eingaben vor Ort lösen, einige jedoch überstiegen ihre Möglichkeiten und sie gab sie zur Weiterverfolgung an die Kanzlei des Staatsrates weiter. Als Beispiel seien drei der Eingaben aus ihrer „Anfangszeit" angeführt.[298]

Eine Eingabe der 55. Oberschule Dresden machte die Klärung grundsätzlicher Probleme des Schulwesens in Dresden und besonders im Stadtbezirk Süd nötig. Konkret ging es um fehlenden Schulraum durch a) Mangel an Geld, b) Standortplanung unabhängig von den Volksbildungsorganen, c) zweckentfremdete Nutzung von Schulen (als Hilfskrankenhaus, Schwesternschulen, Wohnheime). Hierzu hatte Lieselott Herforth am 9. Januar 1965 eine Aussprache mit dem Vorsitzenden des Rates des Bezirkes (Scheler), dem Oberbürgermeister der Stadt Dresden (Schill) und dem Bezirksschulrat. Man einigte sich darauf, dass die Frage des fehlenden Schulraums bei der Diskussion des Perspektivplanentwurfs geklärt werden müsse. Bis zur Klärung solle gewährleistet werden, dass bei jeder Elternversammlung ein sachkundiger, auskunftsfähiger staatlicher Vertreter anwesend sei. Außerdem wurde das Fehlen von Oberstufenlehrern vor allem in naturwissenschaftlichen Fächern bemängelt. Lieselott Herforth schätzte in ihrem Bericht ein: „Die Leitung der Volksbildung der Stadt Dresden war schlecht."

Am 25. Januar 1965 nahm Lieselott Herforth an einer Aussprache beim Rektor, Professor Kurt Schwabe, mit hohen Vertretern von Regierung, Partei und Bezirk teil (Dr. Apel, Dr. Mittag, Krolikowski, Scheler). Es ging einmal wieder um Lohnfragen, diesmal aber um die der technischen Kräfte an der TU Dresden. In dieser Angelegenheit hatte Rektor Kurt Schwabe an Günter Mittag geschrieben, während sich Lieselott Herforth an Walter Ulbricht gewandt hatte. Nach einem Jahr war das

Problem gelöst. Seit 1. Januar 1966 erfolgte eine bessere Einstufung der technischen Kräfte entsprechend ihrer Qualifikation.

Zu den Eingaben, die Lieselott Herforth im Jahr 1965 klären konnte, gehörte auch das Wohnungsproblem von Gudrun Erzgräber geb. Haberer, einer Absolventin des Instituts für Anwendung radioaktiver Isotope. Die bekannte Wissenschaftlerin und Wissenschaftsorganisatorin (vgl. Kap. VI. 4.) erinnerte sich noch Jahrzehnte später dankbar daran. Sie arbeitete am ZfK Rossendorf (mit recht weitem Arbeitsweg), hatte einen Säugling, den sie vor Arbeitsbeginn in die Krippe brachte und nach Arbeitsschluss abholte, und musste sich um ihren verwitweten erkrankten Vater Sorgen machen. Lieselott Herforth verhalf ihr sehr engagiert zu einer angemessenen Wohnung: Ihr Vater konnte zu ihr ziehen und bekam durch den kleinen Enkel Kraft und Lebensmut zurück, – und sie so allmählich durch ihren Vater eine zusätzliche Stütze bei der Bewältigung des Alltags.[299]

6. LIESELOTT HERFORTH ALS REKTORIN: 1965 BIS 1968

Die erste deutsche Universitätsrektorin

1962 hatte Walter Ulbricht die TU Dresden besucht und dabei mehrere Institute besichtigt, so das des Rektors Kurt Schwabe, aber auch das von Lieselott Herforth geleitete, – ein Zeichen ihrer Wertschätzung. Bereits in der Sitzung des Senats der TU Dresden vom 7. November 1964 war sie von diesem als „rector designatus" gewählt worden, am 29. Oktober 1965 trat sie das Amt als Nachfolgerin von Kurt Schwabe an. Ihre Amtseinführung war mit der Immatrikulation der neuen Studierenden des Studienjahres 1965/66 verbunden. Diesen jungen Leuten gab sie mit auf den Weg: „Wenn Sie nach fünf Jahren das Studium beendet haben werden, so wartet auf Sie ein Arbeitsplatz in der Industrie oder in einem Institut oder auch an einer Hochschule. Sie haben während dieser fünf Jahre nur eine Sorge und die wird und muss darin bestehen, sich zu einer sozialistischen Persönlichkeit zu entwickeln, ausgerüstet mit bestem Fachwissen. Diese Sorge ist auch unsere Sorge, d. h. die Sor-

Abb. V.11: Bei der Einführung in das Amt der Rektorin: L. Herforth neben Staatssekretär Prof. Gießmann

ge des gesamten Lehrkörpers. [...] Wir werden Ihnen durch besonders intensive Anleitung in den ersten Semestern den Anfang erleichtern helfen. [...] Die Anforderungen an Sie werden wachsen. Sie werden jedoch bald erkennen, wenn Sie die 24 Stunden des Tages gut nutzen und die Arbeit richtig einteilen, dann bleibt Ihnen auch noch Zeit für Sport, Musik, Theater und andere kulturelle und gesellschaftliche Betätigung".[300]

Nach der feierlichen Aufnahme der Neuimmatrikulierten wandte sich Lieselott Herforth an die Gäste von den Hochschulen, aus der Staatsführung und den gesellschaftlichen Organisationen, an die Kollegen, an Verwandte und Freunde; darunter waren ihre Mutter Elsa Herforth und ihre Tante Frieda Stein geb. Herforth, die aus der BRD angereist war. Die Rektorin betonte, dass sie ihre Wahl „als besonderes Vertrauen in die Gleichberechtigung" betrachte, das die „männlichen Kollegen hiermit zum Ausdruck bringen". „Hierdurch ist erneut unter Beweis gestellt, dass unseren Frauen in der DDR alle Wege offen stehen, die mit höchster Verantwortung verbundenen Ämter einzunehmen. Gerade an einer Technischen Universität sollte dies uns helfen, mehr Frauen und Mädchen für ein technisches Studium zu gewinnen." Unter dem Rektorat ihres Amtsvorgängers sei es gelungen, „der TU den Charakter zu verleihen, den man von ihr bei der Umbenennung erwartete". „Das Gesicht den Betrieben zu!" Diese Aufforderung, die der Festredner 1961 der TU Dresden zurief, sei sehr ernst genommen worden. Nur so sei es möglich gewesen, „die geistige Kapazität unserer Universität mit Erfolg in den Dienst der Technischen Revolution zu stellen". Dann streifte sie die Beziehungen zum Ausland: „In der weiteren Festigung der Zusammenarbeit der TU mit den Universitäten des Auslands und mit Westdeutschland sehe ich eine wissenschaftliche und große politische Aufgabe. Gerade in Westdeutschland müssen wir die Wissenschaftler in ihren Bestrebungen gegen die Atomkriegspolitik, die immer mehr die Wissenschaft in eine Bahn zwingt, die niemals zu verantworten ist, unterstützen. Ich bin mir der großen Verantwortung bewusst, die auch die TU für die Erfüllung der nationalen Mission der DDR trägt. Der raschen Verwirklichung unseres neuen Bildungsgesetzes kommt hierbei eine große nationale Bedeutung zu." „Der weitere Abschluss von Freundschaftsverträgen mit Universitäten und Hochschulen des sozialistischen Auslandes wird helfen, die Zusammenarbeit der sozialistischen Länder auf dem Gebiet der Lehre und Forschung zu festigen, und die DDR wird auch hierdurch ihr Ansehen in der Welt vergrößern." Im zweiten Teil ihrer Rede gab sie einen Einblick in die Arbeit des von ihr geleiteten Instituts, sie sprach zum Thema: „Radiometrische Verfahren für die Industrie und ihre Bedeutung für die Technische Revolution".[301]

Abb. V.12: Bei der Amtseinführung unter den Gästen: Dora Herforth und Frieda Stein (3. und 2. v. r.)

Auch in den westdeutschen Medien wurde auf das Ereignis eingegangen, so hieß es im „Spiegel“: „Lieselott Herforth, 49, sowjetzonale Physikerin, seit 1962 Leiterin des Dresdner Instituts für Anwendung radioaktiver Isotope und seit 1963 Mitglied des DDR-Staatsrats, wurde Rektorin der Dresdner Technischen Universität. Die Naturwissenschaftlerin ist die erste deutsche Universitätsrektorin.“[302]

Abb. V.13: Die erste Rede der Rektorin

1965 bis 1968 war Lieselott Herforth Rektorin der TU Dresden, zunächst für zwei Jahre gewählt und dann für ein weiteres Jahr im Amt bestätigt. Gerade in diesen Jahren forderten die Vorbereitung und Durchführung der 3. Hochschulreform der DDR höchstes Verantwortungsbewusstsein, starkes Durchsetzungsvermögen und große Entschlusskraft. Es war außerdem eine Zeit, in der das Geschehen in der Welt klare politische Haltung und Geradlinigkeit nötig machte. Was „Leiten" für sie bedeutete, hatte sie auf dem Frauenkongress im Juni 1964 in Berlin so ausgedrückt: „Leitende Stellung [...] heißt ja keineswegs, nur anleiten zu können, indem man vielleicht durch seine fachlichen Mehrkenntnisse den Kollegen, die weniger wissen, weiterhilft, sondern, ‚leitende Stellung' bedeutet auch, Verantwortung tragen können, entscheiden können, sich durchsetzen können, ökonomisch denken können, sozialistisch leiten können." Diese Fähigkeiten hatte Lieselott Herforth in hohem Maße.[303] Ein weiteres wichtiges, für erfolgreiches Leiten wohl kaum zu überschätzendes Merkmal von Lieselott Herforth hatte C. F. Weiss in seiner Beurteilung von 1957 so gefasst: „Sie versteht es ausgezeichnet, die für erfolgreiche Team-Arbeit notwendigen Eigenschaften wie Kameradschaftlichkeit und Duldung auch bei den Mitarbeitern zu erwecken."[304]

Abb. V.14: Besuch des Rektors der Universität Damaskus 1965 an der TU Dresden: Unterzeichnung eines Vertrages über Zusammenarbeit

Mit Brief vom 21. Nov. 1965 hatte sie Walter Ulbricht für Glückwunsch und Blumen zur Amtsübernahme gedankt. „Der Inhalt Ihres Glückwunschschreibens zeigt mir, mit welcher persönlichen Anteilnahme Sie diesen Tag in der Geschichte der TU Dresden verfolgt haben und dass Sie große Erwartungen auf mein Wirken an der TU als Genossin, als Frau, als Wissenschaftlerin, als Hochschullehrer, als Mitglied des Staatsrates und als Volkskammerabgeordnete setzen. Die mir übertragene Aufgabe ist von höchster Verantwortung unserem sozialistischen Staat gegenüber getragen, die Verantwortung für die Ausbildung und Erziehung unserer Studenten. Ich versichere, dass ich mir in jeder Minute dieser hohen Verantwortung bewusst bin und mich unermüdlich einsetzen werde, um das in mich gesetzte Vertrauen zu rechtfertigen. [...]“[305] Da wussten beide noch nicht, dass ein leichter Schatten über die erste Zeit der Amtsausübung der Rektorin fallen würde.

Wenige Tage nach ihrem Brief erhielt Walter Ulbricht als Hausmitteilung eine Information über eine Gruppe von 10 Studenten, alle Mitglieder der FDJ, alle im 1. Studienjahr der Fachrichtung Chemie an der TU Dresden, die während des Ernteeinsatzes, der dem Studienbeginn vorausgegangen war, eine „Partei“ gegründet hatten, namens „Studentische Nationalistische Oppositionspartei“. Das ZK der SED schätzte ein, dass die Parteileitung der Fakultät N der TU die Lage offenbar nicht richtig beurteilt und eine Reihe von FDJ-Mitgliedern das Verhalten der Zehn bagatellisiert habe. Die vier aktivsten Studenten hatten in der Schule sehr gute Leistungen und waren gesellschaftlich engagiert (bei den Jungen Pioniere, in der FDJ und im Deutschen Roten Kreuz). Die Vier mussten das Studium – zeitweilig – unterbrechen und eine Arbeitsstelle annehmen. Auf jeden Fall überschattete dieses Vorkommnis den sonst so erfolgreichen Start der Rektorin.[306]

Die Rektorin in Aktion bei Ereignissen an der TU und im Umfeld

1965/66 jährten sich mehrere bedeutende Ereignisse zum 20. oder 10. Male, wie die Wiedereröffnung der TU, die Gründung des Instituts für Anwendung radioaktiver Isotope, des ZfK, des VEB Vakutronik. Weitere „runde Jubiläen“ kamen hinzu. Zumindest eine kurze Rede wurde meist von ihr erwartet. Über allem lag in den Rektoratsjahren von Lieselott Herforth die breite Solidaritätsbewegung mit dem vietnamesischen Volk.

10. Jahrestag der Gründung des Instituts für Anwendung radioaktiver Isotope

Der 10. Gründungstag des Instituts für Anwendung radioaktiver Isotope wurde am 16. November 1965 mit einem Absolventen- und Mitarbeitertreffen im „Andreas-Schubert-Bau“ feierlich begangen. Die Aufstellung der bisherigen Absolventen hatte ergeben: Professor Lange hatte für die Anwendung radioaktiver Isotope 19 Physiker und 13 Chemiker ausgebildet, Dr. Große-Ruyken – nun habilitiert und Dozent in der Abt. Biologie und Chemie der Fakultät N – 38 Chemiker, Professor Herforth 37 Physiker. Frau Professor Herforth, Dr. Koch und Dr. Stolz zeichneten in ihren Vorträgen die bisherige Geschichte und die Leistungen des Instituts nach. Im Vestibül des IV. Stocks war eine Ausstellung zu besichtigen, und die Absolventin und Assistentin Dipl.-Phys. Karin Müller führte durch das Institut. Nachmittags traf man sich im Klub der Intelligenz „Victor Klemperer“, und abends war man in der

Mensa Dülferstraße zwanglos beisammen. 31 Absolventen waren erschienen und immerhin fünf Absolventinnen: Johanna Girschik, Gudrun Haberer verh. Erzgräber, Karin Müller, Ingrid Storbeck, Gisela Zeppenfeld, vier davon promovierten und zwei habilitierten sich. Zu diesen 36 Ehemaligen kamen fünf derzeitige Diplomanden des Instituts. Auch der frühere Direktor des Instituts, Professor Werner Lange, war mit seiner Frau dabei.[307]

Zwei frühe Absolventinnen des Instituts arbeiteten bei Ernst Rexer: Ernst Rexer hatte an den Univ. Freiburg und Berlin Chemie studiert, in Berlin promoviert und sich als Assistent für Theoretische Physik an der Univ. Halle-Wittenberg dort 1937 habilitiert. Nach zwei Jahren an der Front arbeitete er während des 2. Weltkriegs als Physiker u. a. an der Physikalisch-Technischen Reichsanstalt. Von 1946 bis 1955 war er in der SU auf dem Gebiet der Festkörperphysik tätig. Er begründete und leitete seit 1956 in Dresden das „Institut für angewandte Physik der Reinststoffe“, das zunächst dem AKK unterstellt war, 1962 aber Akademie-Institut wurde und später Teil des „Zentralinstituts für Festkörperphysik und Werkstofforschung“ (ZFW) der DAW bzw. der AdW der DDR war. Nebenamtlich lehrte er als Professor mit Lehrauftrag für Werkstoffe der Kerntechnik an der TH/TU Dresden. Ingrid Storbeck und Gisela Zeppenfeld, beide unter dem Direktorat von Werner Lange aus dem Institut für Anwendung radioaktiver Isotope hervorgegangen, begannen ihre Berufstätigkeit bei Ernst Rexer.

Ingrid Storbeck wurde am 13. Okt. 1937 geboren, hatte nach dem Krieg – während des Einsatzes ihres Vaters – einige Jahre die Schule in der SU besucht, mit besonders gutem Unterricht in den math.-nat. Fächern, 1955 das Abitur in Leipzig abgelegt und das Studium der Physik an der KMU aufgenommen. Hier war sie mit Lieselott Herforth während des Praktikums zur angewandten Radioaktivität in Berührung gekommen, hatte die Einführungsvorlesung zum Praktikum jedoch bei Carl Friedrich Weiss gehört. Wegen der Berufung des Vaters zog die Familie nach Dresden, und Ingrid Storbeck setzte das Studium seit dem 7. Semester am Institut für Anwendung radioaktiver Isotope in der Sektion K der TH Dresden fort. Nachdem sie das Diplom erworben hatte, begann sie am Institut für angewandte Physik der Reinststoffe Dresden zu arbeiten, schrieb hier ihre Dissertation, mit der sie 1968 promovierte. Am ZFW war sie zuletzt Abteilungsleiterin, schrieb ihre Dissertation B und nahm Lehraufgaben auf dem Gebiet „Werkstoffe der Mikroelektronik“ wahr. Von ihren Schriften seien genannt: „Untersuchung der elektrischen, thermo- und photoelektrischen Eigenschaften von metallfreien und metallhaltigen Polymeren aus Tetracyanäthylen“, 1968 (388 Seiten); „Beitrag zum Verständnis des Leitungsmechanismus von Dickschichtwiderständen“, 1985 (262 Seiten); dazu „Organische Halbleiter“ (A. W. Toptschijew (Hrg.), Institut für Halbleiter bei der AdW der UdSSR) – in deutscher Sprache herausgegeben von Ernst Rexer unter Mitwirkung von Ingrid Storbeck (und einigen anderen), Berlin 1966. Frau Dr. Ingrid Storbeck ist verheiratet und hat zwei Söhne.

Gisela Zeppenfeld war nach erlangtem Diplom ebenfalls am Institut von Ernst Rexer tätig und schrieb hier ihre Dissertation. Später finden wir sie sehr erfolgreich im VEB Textilkombinat Cottbus. Publikationen von ihr sind: „Der Einfluss des Lösungsmittels Tetrahydrofuran auf die Peroxidbestimmung in Polyvenylchlorid", in: Die Makromolekulare Chemie 109 (1967), entstanden noch im Akademieinstitut, „Zur strahlenchemischen Synthese weicher, elastischer Polymerisate auf der Basis ungesättigter Polyesterharze für den Einsatz im Textilsektor", 1976 (506 Seiten) und – gemeinsam mit vier Mitautoren – „Curing of epoxides", in: Angew. Makromolekulare Chemie, 1989. Sie erarbeitete allein oder mit anderen mehrere Patente für ihren Betrieb, darunter „Verfahren zur Herstellung von Isoliermaterialien" und „Process for the Radiation Treatment of Polyethylene" (1971). Dr. Gisela Zeppenfeld hatte bereits als Studentin ein Kind, das sie gelegentlich im Kinderwagen mit zum früheren „Hauptgebäude" der Fakultät K in der Liebigstraße brachte. Sie starb in der Wendezeit.[308]

200 Jahre Bergakademie Freiberg

Als die Technische Bildungsanstalt Dresden (TBA) 1828 als Vorgängereinrichtung der jetzigen TU Dresden ihre Arbeit aufnahm, besaß das Königreich Sachsen mit der 1765 begründeten Bergakademie Freiberg schon die älteste höhere technische Bildungsstätte der Welt, die sich bereits hohes internationales Ansehen erarbeitet hatte und an der zeitweilig mehr Ausländer als Deutsche studierten. Sie zählt Novalis und Lomonossow zu ihren Schülern, aber auch Julius Ambrosius Hülsse und Gustav Zeuner, deren Namen untrennbar mit der Entwicklung der späteren TU Dresden verbunden sind. Grundlage des Erfolgs der Bergakademie Freiberg war das von Anfang an befolgte Prinzip „Theoria cum praxi".

In Freiberg überbrachte Lieselott Herforth am 13. November 1965 in ihrer Eigenschaft als Staatsratsmitglied Grüße und Glückwünsche der Universitäten, Hochschulen und Medizinischen Akademien der DDR. Sie erinnerte daran, dass die Geburtsstunde der BA Freiberg „in einer Zeit großen gesellschaftlichen Fortschritts" gelegen habe. „Während die in der zweiten Hälfte des 14. Jahrhunderts erfolgten Gründungen deutscher Universitäten Bedürfnisse der Kirche und kirchlicher und weltlicher Fürsten nach akademisch ausgebildeten Kräften zur Aufrechterhaltung ihrer Macht widerspiegeln, erfolgt die Gründung der Bergakademie Freiberg unter den Bedingungen des sich entfaltenden Kapitalismus. Die neuentstandene bürgerliche Klasse brauchte zur raschen Entfaltung ihrer Produktivkräfte die Kenntnis der Gesetze der Natur, die Entwicklung von Technik und Technologie, brauchte ihre eigene Intelligenz und ihre eigene Bildungsstätte."[309]

150 Jahre Forstakademie Tharandt

Am 18. Oktober 1966 eröffnete die Rektorin die Feierlichkeiten zum 150. Jahrestag der Gründung der „Forstakademie Tharandt". Unter den Gästen waren hochrangige Wissenschaftler und Vertreter aus Vietnam, aus der CSSR, den Volksrepubliken Polen, Ungarn und Bulgarien, der Vereinigten Arabischen Republik, aus Finnland, aus Schweden und aus dem Staatsapparat und dem Forstwesen der DDR, dazu die in Tharandt studierenden Aspiranten und Studenten aus der syrisch-arabischen Republik. Nach Tharandt war Heinrich Cotta im Jahre 1811 mit seiner von ihm 1785 in Zillbach (Thüringen) begründeten privaten Forstschule übergesiedelt, nachdem er zum Forstrat und Direktor der Forstvermessungsanstalt in Sachsen berufen worden war. Diese Lehranstalt wurde 1816 vom sächsischen Staat als „Königlich Sächsische Forstakademie" übernommen, sie wurde 1929 eine Abteilung bzw. später Fakultät der TH Dresden. Lieselott Herforth würdigte, dass die Fakultät für Forstwirtschaft der Demokratischen Republik Vietnam (DRV) solidarische Hilfe bei der Lösung forstwirtschaftlicher Probleme geleistet habe; die Zusammenarbeit mit der DRV würde im Rahmen der großen Solidaritätsbewegung an der TU weiter entwickelt werden. Von den Forstwirtschaftlern und Forstwissenschaftlern werde aber auch ein schöpferischer Beitrag zur Lösung der anstehenden volkswirtschaftlichen Aufgaben der DDR erbracht, es gehe darum, „die Produktivität der Wälder, ihre materiellen Leistungen und nicht zuletzt den Einfluss des Waldes z. B. auf Volksgesundheit, Klima, Wasserhaushalt, die vor Erosion und Austrocknung des Bodens schützende Wirkung zu erhöhen". Die Forschungsthemen, die im Perspektivplan der Fakultät für Forstwirtschaft enthalten seien, darunter „Landschaftsökologische Forschungen zur Erarbeitung der Grundlagen optimal gegliederter, nachhaltig ertragreicher Kulturlandschaften", trügen zur Lösung der Aufgaben der Forstwirtschaft im Rahmen der komplexen sozialistischen Rationalisierung in der Volkswirtschaft der DDR bei. Professor Mette, der Dekan der Fakultät für Forstwirtschaft, wies in seiner Ansprache darauf hin, dass die vielen ausländischen Gäste für „das große Ansehen" sprächen, „das die Fakultät für Forstwirtschaft und die TU in der ganzen Welt genießen". Am Abend des 18. Oktober gab Lieselott Herforth den „Empfang des Rektors", und am darauffolgenden Tag beteiligte sie sich aktiv am „Gesamtdeutschen Gespräch" mit westdeutschen Kollegen und Gästen der Forstfakultät.[310]

70 Jahre Maschinenbaulaboratorium

Dieser 70. Geburtstag wurde am 29. September 1966 mit einer Tagung feierlich begangen – mit einer großen Zahl von Gästen „aus dem sozialistischen und dem kapitalistischen Ausland und der Deutschen Bundesrepublik". Lieselott Herforth begrüßte die Gäste im Namen der Universitätsleitung und wandte sich dann an den Direktor des Laboratoriums. Sie habe das Vortragsprogramm der Tagung genau angesehen und dabei festgestellt, dass „die Vorträge von der Thematik her und die hierdurch sicher in Gang kommende Diskussion eine Fülle von Rationalisierungsvorschlägen beinhalten". Durch die enge Zusammenarbeit mit ihrem eigenen Institut sei ihr bekannt, „wie aufgeschlossen Sie und Ihre Mitarbeiter modernen Unterrichtsverfahren gegenüberstehen und welche Bedeutung Sie in Ihrer Forschungsarbeit der Gemeinschaftsarbeit beimessen." „Sicher werden insbesondere unsere westdeutschen Gäste, die zum ersten Mal in der DDR sind, wenn sie aufmerksam durch Dresden und durch die TU wandern, feststellen, dass wir eine akzeptable technische Bildungsanstalt sind in einem sozialistischen Staat. Mein Wunsch geht dahin, dass es uns gelingen möge, ihnen auch in diesen Tagen einen guten Einblick zu geben in alle hochschulpolitischen Probleme, mit denen wir uns z. Zt. befassen und über die sie in ihrem Lande keine Möglichkeit haben, sich so gut wie bei uns an der TU zu orientieren. [...]"[311]

Solidarität mit Vietnam

Seit Februar 1965 ließen die USA Nordvietnam bombardieren und erhöhten die Präsenz der amerikanischen Bodentruppen in Südvietnam, deren Stärke zeitweilig rund eine halbe Million Mann betrug. Im Vietnamkrieg, der 1955 als Bürgerkrieg in Südvietnam begonnen hatte, starben Millionen Vietnamesen – Schätzungen bewegen sich zwischen 2 und 5 Millionen. Dazu kommt eine große Zahl Schwerversehrter und durch das Giftgas Agent Orange, von den USA-Truppen zur Entlaubung eingesetzt, direkt Geschädigter oder an Spätfolgen Leidender. Auch mehr als 58 Tausend US-Soldaten ließen ihr Leben in Vietnam. Protest gegen das Vorgehen der USA und ihrer Verbündeten erhob sich weltweit in allen Schichten der Bevölkerung und auch in den USA selber. In der DDR entwickelte sich eine breite Bewegung der Solidarität mit dem vietnamesischen Volk, die ganz unterschiedliche Facetten hatte, von den Blutspendeaktionen über Solidaritätskonzerte mit hohem Spendenaufkommen, Spenden aus Studierenden- und Arbeitskollektiven bis zur Ausbildung und zum Studium von Vietnamesen in der DDR und Hilfe vor Ort, wie sie etwa durch die Fakultät für Forstwirtschaft Tharandt der TU Dresden erbracht wurde. 1966 war ein Jahr vielfältiger Solidaritätsaktionen für Vietnam auch an der TU Dresden, unter ihrem Lehrkörper und in der Studentenschaft. Auf dem Meeting „Solidarität für Vietnam", das am 26. Februar 1966 im Kongress-Saal stattfand, sagte Lieselott Herforth dazu: „Kollektive der TU Dresden haben sich an der Solidaritätsspendenaktion von Radio DDR beteiligt. Hunderte von Studierenden und andere Angehörige der TU spendeten von ihrem Blut, um dem Leben des vietnamesischen Volkes zu dienen, und wir sind bereit, schon morgen die Aktion zu wiederholen! Am 5. Februar 1966 wandten sich die Teilnehmer eines Konzils der TU Dresden über die UNESCO an alle Wissenschaftler der Welt, ihre Autorität einzusetzen, um die Einstellung der Aggressionsakte zu erzwingen. Mit tiefer Abscheu verurteilen wir den Vernichtungskrieg des USA-Imperialismus gegen die Bevölkerung Südvietnams und die Aggressionsakte gegen die demokratische Republik

Vietnam und andere Nachbarvölker in Südostasien. Mit tiefer Abscheu verurteilen wir die Schützenhilfe des Bonner Regimes, die es im Interesse der eigenen aggressiven Politik des westdeutschen staatsmonopolistischen Kapitalismus den USA in Vietnam leistet. [...] Es lebe die Freiheit des vietnamesischen Volkes! Es lebe der Frieden!"[312] Mit dem Protestmeeting des Internationalen Studentenkomitees und der FDJ am 15. März 1966 wurde der Auftakt gegeben zur 2. Blutspendeaktion, auch hier hielt die Rektorin eine kurze Ansprache, die mit den Worten schloss: „Unterstützung des Kampfes des vietnamesischen Volkes ist Kampf an der gleichen Front, Kampf auch für das deutsche Volk, Kampf für den Frieden der Welt."[313] Im Febr. 1966 sprach Lieselott Herforth auch auf einem Protestmeeting, das vom Kulturbund im Hygiene-Museum veranstaltet wurde. Ein eindringlicher „Dresdner Appell" wurde von Arbeitern, Wissenschaftlern, Ärzten, Ingenieuren, Künstlern, Pädagogen und geistlichen Würdenträgern verfasst und unterschrieben, die sich zusammenfanden, um, „getragen vom Geiste des Humanismus und in nationaler Verantwortung, das grauenhafte Verbrechen der amerikanischen Mordbrenner in Vietnam zu verurteilen und einen eindringlichen Appell an alle Menschen diesseits und jenseits der Grenzen unserer Republik zu richten, damit diesem Morden Einhalt geboten wird".[314]

20. Jahrestag der Wiedereröffnung der TH Dresden

Dieser Jahrestag war an der TU unter der Leitung von Lieselott Herforth gut vorbereitet worden, schließlich war er ein Höhepunkt während ihrer Rektoratszeit. Im Juni 1966 hatte in Leipzig eine Rationalisierungskonferenz stattgefunden. Eine Kommission unter der Leitung von Professor Koloc nahm eine erste Auswertung der Konferenz vor. Es ging um eine bessere Unterstützung der Industrie, aber auch um rationelleres Arbeiten in den TU-Bereichen selbst. Aus den Kollektiven der TU heraus hatte es viele Einzelverpflichtungen und eine Reihe von Beiträgen zur komplexen Rationalisierung gegeben, die in einer speziellen Mappe festgehalten wurden und zum Inhalt einer Geschenk-Kassette gehörten. Der Festakt zum 20. Jahrestag der Wiedereröffnung der TH Dresden fand am 4. November 1966 im Hygiene-Museum statt. Der Staatsratsvorsitzende Walter Ulbricht selbst hielt die Festrede vor den vielen Gästen aus dem In- und Ausland.

Zur künftigen Rolle der Wissenschaften und ihrer Vertreter führte Ulbricht u. a. aus: „Die Zeit der technischen Revolution des sozialistischen Aufbaus ist gleichzeitig die Zeit der äußerst hohen Verantwortung des Wissenschaftlers. Dieser Verantwortung gerecht werden kann der Wissenschaftler nur, wenn er einerseits die Fragen seines Wissenschaftsgebiets beherrscht und gleichzeitig mit [...] Grundkenntnissen der Politik, Ökonomie, Psychologie und Philosophie vertraut ist. Die Wahrnehmung dieser Verantwortung verlangt objektiv die enge Zusammenarbeit mit den Vertretern der marxistisch-leninistischen Gesellschaftswissenschaften."[315] Von der TU erhielt er die erwähnte Kassette überreicht. In ihren Ausführungen auf dem Konzil der TU am 17. Dez. 1966 bezog sich die Rektorin mehrfach auf ihn, sie erinnerte: „Walter Ulbricht machte in seiner Festrede darauf aufmerksam, dass eine Grundvoraussetzung für richtige Entschlüsse in Wissenschaft und Politik darin besteht, dass von den realen Tatsachen ausgegangen wird. [...] Realität ist, dass wir nur durch die Stärkung der DDR unseren Beitrag zur Festigung der Sicherheit in Europa und zur Sicherung des status quo in Deutschland leisten und damit zur Entspannung, Annäherung und schließlich Verständigung zwischen den beiden deutschen Staaten beitragen können."[316] Auch auf die Kassette ging sie noch einmal ein. Die Verpflichtungen, die in die Mappe darin aufgenommen worden waren, hatte sie kopieren lassen und allen Hochschullehrern zusammen mit Empfehlungen für die weitere Arbeit ausgehändigt, denn, so die Rektorin: „Die bis zum 4.11.1966 geleistete Arbeit kann natürlich nur ein Anfang sein."

Abb. V.15: Festakt zum 20. Jahrestag der Wiedereröffnung der TH Dresden (v. l.: Werner Krolikowski, Lotte Ulbricht, Walter Ulbricht, Lieselott Herforth, Staatssekretär Prof. Gießmann)

Das Militärlager 1967

Die aus dem Militärlager Seelingstädt zurückkehrenden Studenten wurden am Freitag, dem 8. September, von Lieselott Herforth auf dem Sportplatz Zellescher Weg begrüßt. Sie beschwor die Kraft der Gemeinschaft: „In ihrem weiteren Studium geht es darum, [...] die erworbenen Kenntnisse und Erfahrungen im gesamten Studienprozess nutzbringend anzuwenden. Grundlage dazu bildet der im militärischen Ausbildungslager geführte sozialistische Wettbewerb. Dort haben Sie besonders in der Taktikausbildung und in der militärischen Körperertüchtigung die Kraft und Rolle des Kollektivs verspürt. *Sich an den Starken anlehnend und den Schwachen mitreißend, haben Sie ein Prinzip angewendet, das im sozialistischen Studentenwettstreit weitergeführt werden muss.* [...]"[317]

50. Geburtstag von Lieselott Herforth am 13. September 1966

Die Kette der Gratulanten aus den Instituten und Gremien der TU, von anderen Dresdner Hochschulen, aus Partei, Regierung und den gesellschaftlichen Organisationen, von Hochschulen aus der DDR und dem Ausland riss nicht ab.[318]

Abb. V.16: 50. Geburtstag: Volkskammerpräsident Prof. Dr. Johannes Dieckmann gratuliert

Abb. V.17: Das eigene Institut gratuliert: (v. l.) Gerhard Kleindt, Manfred Frank, Annemarie Stoll, Siegfried Koch, Werner Stolz, Helmut Löffler, Lieselott Herforth

Die Kolleginnen und Kollegen des Instituts für Anwendung radioaktiver Isotope hatten als besonderes Geburtstagspräsent für die Chefin ein Album „zur bleibenden Erinnerung“ gestaltet, das alle Institutsangehörigen, eingeschlossen die Gruppe Technik und die Werkstattmitarbeiter, an ihrem Arbeitsplatz zeigte.[319]

Die Rektorin in ihrer Tätigkeit als Abgeordnete und Staatsratsmitglied 1965/66

In ihrer Arbeit als Staatsratsmitglied konzentrierte sich die Rektorin auf die Probleme der TU Dresden, wobei sich ihre Tätigkeitsbereiche meist in glücklicher Weise verbinden ließen. Nach zwei Monaten Amtszeit konnte sie in ihrem Bericht an die Kanzlei des Staatsrates einschätzen: „Die Verbindung Rektor und gleichzeitig Mitglied des Staatsrates zu sein und umgekehrt, als Mitglied des Staatsrates Rektor zu sein, ist gerade für mich als erste Rektorin eine sehr gute Kombination, die mein Wirken sehr unterstützt und mir manches erleichtert. Natürlich können nicht alle Rektoren Mitglied des Staatsrates sein, aber wichtig ist, dass der Rektor zu jeder nur auftretenden Frage [...] eindeutig und klar Stellung bezieht." Andererseits wurde ihr Zeitbudget nun noch mehr beansprucht, so dass sie eine noch strengere Auswahl treffen musste, was Veranstaltungen, Versammlungen, Einladungen betraf. Sie betonte aber, dass es zahlreiche Verpflichtungen gebe, bei denen sie „gleichzeitig als Mitglied des Staatsrates und als Rektor wirken" könne. Sehr wichtig war ihr, „weiterhin mit der Stadt und dem Bezirk sehr guten Kontakt zu pflegen". Natürlich hatte sie bei den Veranstaltungen, an denen sie teilnahm, fast immer einige Worte zu sprechen, oft ein Referat zu halten oder das Gespräch zu führen; damit nahm bereits die Vorbereitung Zeit in Anspruch, ebenso wie die häufig nötigen An- und Abreisen. An ihren Referaten arbeitete sie selbst (wie viele handschriftliche Ausarbeitungen zeigen). Lieselott Herforth hatte eine sehr gute Zeitplanung, sie konnte sich auf all ihre Mitarbeiter verlassen, auf die wissenschaftlichen Kräfte genauso wie auf die technischen, und insbesondere auch auf ihre Sekretärinnen im Rektorat, im Institut und für die Staatsratstätigkeit. Alle ihre Mitarbeiterinnen und Mitarbeiter konnten sich aber jederzeit auch auf sie verlassen. Sie hatte einen Fahrer, Günter Priedemuth, der während ihrer gesamten Staatsratstätigkeit nicht wechselte, und sie wird während der notwendigen Fahrten oft gearbeitet haben. Trotz vieler Erleichterungen blieb die Arbeitslast, die Lieselott Herforth stemmte, unglaublich hoch. Das zeigt wieder eine kleine – von Staatsrats- und Volkskammersitzungen „bereinigte" – Auflistung ihrer Termine, nur im November und Dezember 1965, also unmittelbar nach der Übernahme des Rektorats:

Am 31. Okt. fuhr sie nach Jena, um am 1./2. Nov. 1965 an der Rektorenkonferenz teilzunehmen. Auf deren Tagesordnung standen „Fragen der sozialistischen Erziehung der Studenten", „Die weitere Entwicklung des Studiums an den Universitäten und Hochschulen", „Der Stand der Diskussionen über die Entwicklung der Leitung an den Universitäten und Hochschulen". Unter den 34 Teilnehmern waren neben der Rektorin Herforth 19 Rektoren, alle anderen waren Staatssekretäre und deren Stellvertreter, der Stellvertreter des Ministers für Volksbildung und weitere hochrangige Vertreter aus der Regierung und von gesellschaftlichen Organisationen.[320] Weiter im Terminplan der Rektorin: Sie eröffnete am 3. Nov. die Universitätsfesttage der TU, war am 6. Nov. zur Festveranstaltung anlässlich des 48. Jahrestages der Oktoberrevolution in die Sowjetische Botschaft in Berlin geladen, feierte am 16. Nov. mit Absolventen und Mitarbeitern das 10-jährige Bestehen des eigenen Institutes (siehe oben), nahm am 19. Nov. mit einem kurzen Diskussionsbeitrag über ihre Auffassung des Rektoramtes an der Sekretariatssitzung der Bezirksleitung Dresden der SED teil, und am Tag darauf, am 20. Nov., empfing sie 25 Gäste aus den USA und Kanada an der TU.

Am 28. Nov. nahm sie am Festakt anlässlich des zehnjährigen Bestehen des VEB Vakutronik Dresden teil, hatte am 1. Dez. in Berlin eine Aussprache mit dem SfHF Gießmann u. a. über prinzipielle Fragen zu Reisen von Wissenschaftlern der DDR in die USA, empfing am 9. Dez. eine rumänische Parteidelegation an der TU, sprach am 13. Dez. auf der Bezirksleitungssitzung der SED „Zur Verantwortlichkeit der staatlichen Leitung an der TU Dresden“ und war am 15./16./17. Dez. 1965 Gast des 11. Plenums des ZK der SED.[321]

Nach wie vor erforderte die Eingabentätigkeit einen erheblichen Teil ihres Zeitbudgets, wobei sich am Charakter der Eingaben nichts geändert hatte. Die – insgesamt 61 – Eingaben des Jahres 1965 betrafen fast zur Hälfte Wohnungsfragen, Probleme der Ausbildung und des Berufseinsatzes. Das Wohnungsproblem bleibe für Dresden zentral, betonte sie in ihrem Bericht. Allein an der TU gab es 685 Wohnungssuchende, während die Zuweisung für 1965 nur 30 Neubau- und 12 Altbauwohnungen betrug.[322] Sie mahnte an, dass das Problem „Schwerpunktbetrieb“ dringend und grundsätzlich geklärt werden müsse. Im Bezirk Dresden gebe es viele „Schwerpunktbetriebe“, die alle vorrangig mit Wohnungen bedacht würden, während die TU Dresden für etliche dieser Betriebe in vertraglicher Bindung arbeite, selbst aber nicht den Status „Schwerpunktbetrieb“ habe. Das führe dazu, dass sogar von außerhalb berufene Professoren bis zu Jahren auf eine Wohnung warten müssten. Dabei gab es in Dresden durchaus nicht genutzten Wohnraum, auf den aber gesetzlich kein Zugriff möglich war; auch darauf verwies Lieselott Herforth in ihren Berichten mehrfach. Das waren z. B. sehr große Wohnungen oder gar Häuser, die von Witwen verstorbener Hochschulangehöriger oft allein bewohnt wurden, bei denen jedoch ein „Verständnis [...] durch Aussprachen nicht erlangt werden“ könne. Die Bevölkerung sähe das als große „Ungerechtigkeit“.[323]

Ein ganz schwieriges Problem für die Rektorin blieb die Unterbringung der Studenten. Allen „Bemühungen, die Exmatrikulationsziffern zu senken“, stünden die schlechten Wohnverhältnisse der Studenten entgegen. Ein anderes Problem betraf die Forschung (auch an ihrem eigenen Institut): Für Forschungen an der Spitze der Wissenschaft war es nötig, aktuell beste Geräte auch aus dem westlichen Ausland zu beziehen. Dafür stand dem Hochschulwesen der DDR der „Technofonds“ zu Verfügung. Dieser Fond sei zu niedrig. Zwar sei er für 1966 erhöht worden, decke aber immer noch nur einen Bruchteil von dem ab, was beantragt wurde. „Der wissenschaftlich-technische Vorlauf wird hierdurch sehr behindert. [...] Oft handelt es sich nur um im Preis geringe Objekte. Etwas besser ist es, wenn über die VVB Anträge gestellt werden können." Sie schlug in ihrem Bericht vor, die aktuelle Lage bei der Zentralstelle für Forschungsbedarf zu überprüfen.[324]

Zur Hochschulreform – die Vorbereitung

Allen verantwortungsbewussten Hochschullehrern, die den Entwurf mitdiskutiert und so zum „Gesetz über das Einheitliche Sozialistische Bildungssystem" beigetragen hatten, war von Anfang an klar, dass dieses Gesetz weitreichende Konsequenzen auch für die Universitäten und Hochschulen und damit für die eigene Arbeit haben würde. Das Hochschulwesen war Teil des Bildungssystems, und daher war auch dieses zeitgemäß zu reformieren, d. h. es war in seiner inneren Struktur, in seiner Leitung und in seiner Wirkung zum einen auf die Belange der Volkswirtschaft auszurichten, zum anderen aber musste es den Erfordernissen der sich weltweit vollziehenden wissenschaftlich-technischen Revolution Rechnung tragen: Zur Lösung der immer komplexer und komplizierter werdenden Prozesse waren die engen Grenzen der Institute und auch der Fakultäten zu überwinden. Die Lehre musste praxisnäher werden und die Forschung, theoretisch auf hohem Niveau, sollte stärker mit den Betrieben kooperieren, um die Überführung ihrer Ergebnisse in die Praxis beschleunigen zu können. Dazu waren neue Ausbildungsprogramme und Studienpläne auszuarbeiten und nach und nach einzuführen, und alle Formen des wissenschaftlich-produktiven Studiums der Studierenden waren zu stärken. Da die Kapazitäten an Personal und Mitteln beschränkt waren, musste das wissenschaftliche Potential zur Erhöhung seiner Effektivität konzentriert werden, sowohl innerhalb der einzelnen Hochschule als auch darüber hinaus in der ganzen DDR. Dem musste die neue Leitungsstruktur in den Hochschulen angemessen sein; sie sollte eine flachere Hierarchie aufweisen und über Kontroll- und Beratungsorgane verfügen, die die Möglichkeiten demokratischer Mitwirkung aller Hochschulangehörigen bei Entscheidungsfindungen erhöhten. Der im Januar 1966 veröffentlichte Entwurf der „Prinzipien zur weiteren Entwicklung der Lehre und Forschung an den Hochschulen der DDR" (im folgenden kurz „Prinzipien" genannt) stellte bereits eine wohldurchdachte Diskussionsgrundlage dar. Wie schon der Entwurf des „Bildungsgesetzes", wurde auch der Entwurf der „Prinzipien" umfassend zur Diskussion gestellt, – an Universitäten und Hochschulen, in Betrieben und vorakademischen Bildungseinrichtungen.

Anfang 1966 wurde Lieselott Herforth in den neu begründeten Hoch- und Fachschulrat der DDR berufen, dessen konstituierende Sitzung am 25. Jan. stattfand. Er sollte das SfHF in allen grundsätzlichen Fragen beraten; ihm gehörten hervorragende Vertreter der Forschung und der Praxis an. Das war eine sehr ehrenvolle und verantwortungsvolle Aufgabe für Lieselott Herforth, die sich aber mit ihren Aufgaben als Hochschullehrerin, als Rektorin und Staatsratsmitglied organisch verbinden ließ.

1965/66: Drei Linien, die zur Hochschulreform an der TU hinführen

1965/66 lassen sich an der TU Dresden drei zur späteren Reform führende Linien verfolgen:

- Auseinandersetzungen um die Erhöhung der politischen Verantwortung des Hochschullehrers und aller Universitätsangehörigen in Erziehung, Ausbildung und Forschung, in den internationalen wissenschaftlichen Beziehungen, in der Führungstätigkeit der Dekane und Institutsdirektoren (3. Konzil der TU Dresden am 5. Febr. 1966 zu Problemen der sozialistischen Erziehung als Höhepunkt);
- Bemühen um die Durchsetzung der ganz überwiegend auftragsgebundenen Forschung, der Konzentration auf Wirtschaftsverträge und auf strukturbestimmende Partner der Volkswirtschaft – als Teil der Bemühungen um die Erhöhung des Nationaleinkommens in der DDR;
- Zunehmende Einbeziehung aller Angehörigen der Universität in die Planung und Leitung – besonders durch gemeinsame Arbeitsprogramme der Kollektive, Institute, Fakultäten, der gesamten Universität – und dem angemessene Führung des Wettbewerbs.

Das Konzil an der TU am 17. Dez. 1966 und das Referat der Rektorin

An allen Hochschulen und Universitäten der DDR fanden bis Anfang 1967 Konzile zur Vorbereitung auf die IV. Hochschulkonferenz und auf den VII. Parteitag statt, – das Dresdner Konzil am 17. Dez. 1966 in Anwesenheit eines Vertreters des SfHF. Die Rektorin hielt das Hauptreferat. Zunächst würdigte sie die Erfolge der TU Dresden für die Zeitspanne zwischen dem VI. und dem bevorstehenden VII. Parteitag. „Neue Lehrpläne wurden ausgearbeitet, die den Erfordernissen der Volkswirtschaft und der Entwicklung der Wissenschaft mehr Rechnung tragen. Mit der Einführung des Ingenieurpraktikums leistete die TU Pionierarbeit und verbesserte dadurch die Verbindung mit der Praxis. Die Einheit von Lehre, Ausbildung und politisch-ideologischer Erziehung wurde stärker betont." Seit dem VI. Parteitag „wurden 780 Forschungsthemen abgeschlossen" – mit bemerkenswerten Ergebnissen insbesondere auf den Gebieten „Verarbeitungsmaschinen, Hochfrequenztechnik und Nachrichtenelektronik, Verfahrenstechnik, Anwendung radioaktiver Isotope, Landmaschinentechnik, Maschinelle Rechentechnik, Werkzeugmaschinen". Sie schätzte ein, dass „das politische Engagement vieler Professoren stärker geworden ist". Das sei gut, haben doch wir „Hochschullehrer eine besondere Verantwortung gegenüber unserem Volk und besonders gegenüber den uns zur Erziehung anvertrauten jungen Menschen." Sodann ging sie auf die Lage in Westdeutschland ein. „Es muss daran erinnert werden, dass in Westdeutschland eine qualitativ neue Situation eingetreten ist, die eine Verschärfung des reaktionären Kurses in der westdeutschen Politik nicht nur nach innen, sondern auch nach außen, besonders gegenüber der DDR, zur Folge hat." „Wie dürfen nicht vergessen, dass Wehner Mitverfasser und Verfechter des ‚Grauen Planes' des Forschungsbeirates des sogenannten ‚Kuratoriums unteilbares Deutschland' ist, d.h. jenes Programmes, in dem die Annexion und Ausplünderung der DDR bis ins einzelne programmiert wurde. [...] Es ist selbstverständlich, dass die Wissenschaft und die Wissenschaftler in diesem Prozess nicht neutral sein können. Insbesondere können sich für uns die Wissenschaftsbeziehungen gegenüber Westdeutschland wie alle anderen Beziehungen nicht außerhalb der Realitäten im politischen Raum vollziehen." Ganz wesentlich sollte die Schlussfolgerung werden, die ihr für die künftige Berufungspraxis nötig erschien: „Die Verantwortung des Hochschullehrers für die sozialistische Erziehung der Studenten als eines wesentlichen Teiles seines gesellschaftlichen Auftrages, gebietet es, in Zukunft eindeutiger von neuen Maßstäben bei Ernennungen auszugehen. Über den Nachweis hoher wissenschaftlicher Leistungen hinaus müssen die Fähigkeit und Bereitschaft zur sozialistischen Erziehung der Studenten und Nachwuchskräfte, sowie die Fähigkeit zur Ausbildung auf hohem wissenschaftlichem Niveau in gleichem Maße vorhanden sein. Die Neuformulierung der Anforderungen an Ernennungen, die von der Einheit wissenschaftlicher, pädagogischer und erzieherischer Fähigkeiten ausgeht, ist eine wesentliche Konsequenz aus den sozialistischen Veränderungen unseres Hochschulwesens." In den letzten Monaten seien die „Prinzipien" diskutiert worden, und zahlreiche Vorschläge seien gekommen, auch von den Dekanen und Prorektoren der TU, die dem SfHF zur Auswertung übergeben würden. Die Rektorin gab einige Hinweise auf noch bestehende Mängel, so sei der „Studentenwettstreit als Mittel der politischen und fachlichen Leistungssteigerung" noch immer zu wenig entwickelt. Die FDJ-Seminargruppe und die Leitung der FDJ müssten bei „den staatlichen Leitungen volle Anerkennung finden" und „die Autorität der Leitungen und Funktionäre der FDJ" müsse erhöht werden. „Die Ergebnisse des Studentenwettstreites und der Beitrag der TU zur II. Zentralen Leistungsschau der Studenten und jungen Wissenschaftler" seien auch als „Rechenschaftsberichte" der Angehörigen des Lehrkörpers zu werten. Auf der Grundlage der „Richtlinie für die Tätigkeit der (Seminar-) Gruppenberater" sei deren Wirksamkeit auf die Studierenden weiter zu verbessern. Schon mit Beginn des Studienjahres 1966/67 traten an mehreren Fakultäten, darunter M und E, neue Studienpläne in Kraft, in die das Ingenieurpraktikum bereits integriert wurde. Die Arbeit an der Erneuerung der Studienpläne müsse nun durch die Studienplankommission, in den Fakultäten und Fachrichtungen konzentriert weitergeführt werden. „Ein weiteres sehr ernsthaftes Problem auch an unserer Universität ist das der vorzeitigen Exmatrikulationen. Sie sind im letzten Jahr sogar noch angestiegen." 1966 liege der Prozentsatz vorzeitiger Exmatrikulationen bei 6,4% (gegenüber den 5,9% von 1965). Die Rektorin erläuterte die Tragweite des Studienabbruchs an zwei Beispielen: „An der Fakultät für Maschinenwesen wurden 1960 466 Studenten immatrikuliert. Im Verlauf von 5 Studienjahren wurden 213 Studenten vorwiegend aus fachlichen Gründen vorzeitig exmatrikuliert. Das sind 45,7%. An der Fakultät für Elektrotechnik wurden 1960 534 Studenten immatrikuliert. Im Verlauf von 5 Studienjahren kam es zu 174 vorzeitigen Exmatrikulationen. Das sind 32,5%. Es wird höchste Zeit, diesen Mangel energisch zu bekämpfen. [...] Es kann die zum Teil an der Universität vertretene Auffassung nicht gebilligt werden, dass das Studium ein Ausleseprozess sei und die Aufgabe darin bestünde, vermeintliche Versager möglichst zu Beginn der Studienzeit zu erkennen und rechtzeitig zu exmatrikulieren. Es ist die Pflicht eines jeden Angehörigen der Universität, alle zum Studium zugelassenen Studierenden zu befähigen, das Studienziel zu erreichen." Es sei unabdingbar, „alle Anstrengungen zur Senkung der vorzeitigen Exmatrikulationen" zu unternehmen. „Die Möglichkeiten der methodischen Vervollkommnung der Lehrveranstaltungen und des kollektiven Studiums in den Seminargruppen" seien durch alle Lehrkräfte wesentlich besser zu nutzen. Hierzu gehöre auch „ein neuer Maßstab für das Festigen sozialistischer Beziehungen zwischen Lehrkörper und Studenten"; denn *„die Lehrveranstaltungen, der akademische Unterricht"* seien *„das Hauptfeld der sozialistischen Erziehung."* Der Senat der TU hatte am 29. Okt. 1966 die Durchführung von marxistischen Professorenzirkeln in Form von Aussprachegruppen beschlossen, wodurch „die marxistisch-leninistische Bildung des Lehrkörpers auf eine neue Ebene" gehoben würde. Nun sei auch „das System der marxistisch-leninistischen Bildung des wissenschaftlichen Nachwuchses" zu überprüfen. Dann ging die Rektorin auf den „Komplex von Problemen der Rationalisierung, Profilierung und Forschung" an der TU ein, beschränkte sich dabei im wesentlichen auf Grundzüge der Rationalisierung, und verwies darauf, dass die „Prinzipien" letztlich darauf gerichtet sind, „die Effektivität des Hochschulwesens langfristig zu erhöhen, die Universitäten und Hochschulen komplex und organisatorisch in die perspektivischen volkswirtschaftlichen Aufgaben einzuordnen." Die abgegebenen Verpflichtungen, die Teil der am 4. Nov. 1966 an Walter Ulbricht übergebenen Kassette wurden, müssten nun realisiert werden. [325]

Fünf Phasen der Hochschulreform an der TU Dresden

Die größte Herausforderung für die Rektorin war, die 3. Hochschulreform an der TU Dresden auf einen guten Weg zu bringen. Dass ihr das, wenn auch nicht gänzlich ohne Reibungen und Missstimmungen, gelungen ist, muss als herausragende Leistung angesehen werden.

Nach den vorbereitenden „drei Linien" 1965/66 verlief die Hochschulreform an der TU Dresden in „fünf Phasen".

1. Phase: Mit der Vorbereitung der IV. Hochschulkonferenz erhielten die Diskussionen, Vorschläge und Auseinandersetzungen um den Entwurf der „Prinzipien" eine klare Orientierung. Es gab konkrete Vorschläge zur Neugestaltung der Ausbildung und zur Profilierung der Forschung. Es war ein Novum in der deutschen Hochschulgeschichte, „dass ein Staat die Hochschulangehörigen in ihrer Gesamtheit – vom Professor bis zum Studenten – nach ihren Vorstellungen über die Perspektiven der Hochschulen fragt und ihre Gedanken in seiner planenden, gesetzgeberischen und exekutiven Arbeit berücksichtigt".[326]

2. Phase: In Auswertung des VII. Parteitages und der IV. Hochschulkonferenz an der TU wurde mit Senatsbeschluss das konkrete Programm zur Ausarbeitung neuer Ausbildungsdokumente festgelegt, der Prozess der Klärung des Profils der Universität wurde intensiviert und erreichte mit der Ökonomischen Konferenz im Nov. 1967 einen Höhepunkt.

3. Phase: Nach der *Weisung des MHF* von Ende Nov. 1967 zur Profilierung der Ausbildung und *zur Bildung von „Sektionen"* wurden an der TU die vorrangigen praktischen Veränderungen angegangen. Nach gründlichen Auseinandersetzungen und Diskussionen gelang es, die künftigen Grundstudienrichtungen festzulegen und die Ausbildungsdokumente für das Grundstudium beschlussreif auszuarbeiten. Besondere „Verantwortliche für die Vorbereitung der Sektionsbildung" wurden ernannt. Die ersten Sektionen legten ihre Gründungsdokumente vor und verteidigten sie. Für die Herausbildung des neuen Leitungssystems konnten erste Erfahrungen gewonnen werden.

4. Phase: Im März 1968 wurde ein „Führungsplan" der Rektorin erarbeitet, ein Netzwerk entwickelt und zur Arbeit mit besonderen „Stabsgruppen" übergegangen. Damit gelang es, noch mehr Universitätsangehörigen und Studenten als bisher bei konkret zu lösenden Aufgaben in die Hochschulreform einzubeziehen.

5. Phase: Die erweiterte Senatssitzung vom 21. Juni 1968 hatte mit einem großen Kreis von Hochschullehrern, Studenten und Mitarbeitern „Die weiteren Aufgaben zur Durchsetzung der sozialistischen Hochschulreform an der TU Dresden bis zum 20. Jahrestag der DDR" beraten und die Hauptaufgaben abgesegnet. Die Universitätsleitung beschloss jedoch nach Einschätzung des bereits Erreichten, dass die entscheidenden Veränderungen – vor allem die Sektionsgründungen – bereits bis zum 22. Oktober 1968, dem Tag der Amtsübernahme durch den neuen Rektor, vorgenommen werden sollten.

Die genannten „fünf Phasen" werden durch die im folgenden aufgeführten Aktivitäten der Rektorin vom Sommer 1966 bis zum Ende ihrer Amtszeit beleuchtet.

Lieselott Herforth in Dubrovnik zur Entwicklung des Hochschulwesens in der DDR

Vom 11. Juli bis 27. Juli 1966 leitete Lieselott Herforth die DDR-Delegation, die am Internationalen Symposium zu hochschulpolitischen Fragen „Universität heute" in Dubrovnik (Sozialistische Föderative Republik Jugoslawien) teilnahm. Hier hatte sie den Hauptvortrag der DDR-Delegation zu halten.

Abb. V.18: Lieselott Herforth 1966 in Dubrovnik – im Gespräch mit Kollegen

In Dubrovnik war auch der Rektor von Beograd (Belgrad) anwesend, und mit ihm unterschrieb sie vor Ort den Freundschaftsvertrag zwischen den beiden Hochschulen. In ihrem Vortrag gab sie einen Bericht über Inhalt und Ziel der künftigen Entwicklung des Hochschulwesens in der DDR auf der Grundlage des „Gesetzes über das einheitliche sozialistische Bildungssystem" und der „Prinzipien zur weiteren Entwicklung des Hochschulwesens in der DDR", die sich derzeit noch in der Diskussion befanden, dabei besonders auf einige an der TU bereits erprobte Neuerungen im Studienablauf eingehend,[327] die zeigten, dass die Erfordernisse der künftigen Hochschulreform bereits seit einigen Jahren zu Tage traten und man – zumindest an der TU – mit Lösungsansätzen bereits Erfahrung gemacht habe.

Lieselott Herforth auf der IV. Hochschulkonferenz 1967 in Berlin

Die IV. Hochschulkonferenz, die am 2./3. Februar 1967 in Berlin stattfand, hatte zum Thema „Die Aufgaben der Universitäten und Hochschulen im einheitlichen Bildungssystem der sozialistischen Gesellschaft". Es nahmen Vertreter aus allen Hochschulen, aus dem Staatsapparat, aus den Parteien und Massenorganisationen und natürlich auch von der Presse daran teil. Aus Dresden kamen mit der Rektorin zwanzig Mitarbeiter der TU: Professoren, darunter Gustav E. R. Schulze, Frühauf,

Lunze, Mette, wiss. Oberassistenten und Assistenten und der 1. Sekretär der SED-Kreisleitung.[328] Im Vorfeld hatten sich alle Teilnehmenden mit dem Entwurf der „Konzeption zur IV. Hochschulkonferenz" des SfHF befasst. Hierin wurde auf die Trends der Entwicklung von Wissenschaft und Technik im Weltmaßstab eingegangen. Die weitere „Steigerung der Arbeitsproduktivität durch die ständige Vervollkommnung der Produktionsmittel und der technologischen Prozesse und damit das weitere rasche Wachstum der Produktivkräfte" erfordere „die stärkste Förderung der Wissenschaft und Technik in der DDR, ihre planmäßige und proportionale Entwicklung sowie die rasche Einführung ihrer Ergebnisse in die Produktion bzw. in das gesellschaftliche Leben der DDR". Der Prozess der ständig zunehmenden „Differenzierung und Spezialisierung der einzelnen Wissenschaften" sei notwendig mit der immer enger werdenden gegenseitigen „Verbindung und Durchdringung der einzelnen Wissenschaften miteinander" verknüpft, und es zeige sich, dass der höchste und progressivste Erkenntnisgewinn „an den Nahtstellen oder Grenzflächen zweier oder mehrerer Wissenschaften" erfolge. Diese Entwicklung der Wissenschaft erfordere „von der Sache her die Gemeinschaftsarbeit der Wissenschaftler verschiedenster Fachrichtungen". In der Lehre komme es darauf an, „den Studenten durch ein breites, umfassendes Grundlagenstudium ein festes Fundament zu geben, auf dem fußend [...] eine Spezialisierung erfolgen" könne und das sie „in die Lage versetzt, die ‚Sprache' der angrenzenden Wissensgebiete zu verstehen und sich deren Erkenntnisse nutzbar zu machen". Es sei notwendig, „Formen [...] zu finden, die das schöpferische, selbständige Studium der Studenten fördern". „Die Forschungsarbeit der Wissensgebiete, die unmittelbare volkswirtschaftliche Bedeutung haben", müsse „straff koordiniert werden", und es sei streng zu kontrollieren, „wie die Forschungsergebnisse in die Praxis überführt werden". Da die DDR „aufgrund kapazitätsmäßiger und materieller Grenzen nicht in der Lage" sei, „in der ganzen Breite zu forschen", müsse sie sich „auf die Fragen orientieren", die ihr „im Rahmen der internationalen Arbeitsteilung zukommen". [329]

Das waren entscheidende Vorgaben, in deren Rahmen den Universitäten und Hochschulen ein Spielraum für die spezifische Umsetzung blieb. Die Rektorin der TU Dresden ging auf die internationale Arbeitsteilung ein, sie sprach über „Die Verantwortung der Hochschulen in der Zusammenarbeit mit den Sozialistischen Ländern, insbesondere mit der Sowjetunion". 1966 hatte an der TU Dresden ein Symposium über Anwendung sowjetischer Wissenschaftserkenntnisse in Lehre und Forschung stattgefunden, auf dem namhafte Wissenschaftler über ihre Erfahrungen berichteten. Hieran knüpfte Lieselott Herforth an. Grundziel aller Wissenschaftsbeziehungen müssten die allseitige Stärkung der DDR und die brüderliche Zusammenarbeit mit der Sowjetunion und den anderen sozialistischen Ländern sein. Diesem Ziel sollten alle anderen wissenschaftlichen Kontakte untergeordnet werden. So könnten auch „für das Auftreten westdeutscher Wissenschaftler auf Tagungen an unseren Universitäten [...] nicht traditionelles subjektives Empfinden oder irgendwelche anderen Aspekte“ maßgeblich sein, „sondern einzig und allein der Nutzen für die Lösung unserer Aufgaben“. Das sei zwar nicht immer ein bequemer Standpunkt, „aber es ist der einzig richtige“, nämlich der, „der der politischen und ökonomischen Lage entspricht“ und damit der „Stärkung der DDR und letztlich auch den Interessen des einzelnen Wissenschaftlers am besten dient“. Sie zog eine durchaus positive Bilanz, was den Abschluss von Verträgen über Freundschaft und Zusammenarbeit zwischen der TU und ausländischen Hochschulen und auch die Gesamtheit der außervertraglichen Kontakte betraf, benannte aber auch noch nicht genügend erschlossene Reserven. Dazu gehörten das frühe Heranführen der Studenten an hochwertige sowjetische Fachliteratur und Streitgespräche mit Diplomanden und Assistenten über sowjetische Forschungsergebnisse oder Arbeitsverfahren. Auch müsse der Studentenaustausch mit der SU ausgeweitet werden, der in jedem Fall – durch FDJ und Hochschullehrer gemeinsam – sehr gut vorbereitet und ausgewertet werden müsse. Die Wissenschaftsbeziehungen sollten sich auf solche Schwerpunkte konzentrieren, die den volkswirtschaftlichen und politischen Zielen von Partei und Regierung der DDR entsprächen. An der TU Dresden sei ein solcher Schwerpunkt die „Arbeitsgemeinschaft Datenverarbeitung“, die Kontakte zu sowjetischen Fachkollegen in einer Weise entwickelte, die der weiteren Entfaltung der wissenschaftlich-technischen und ökonomischen Zusammenarbeit beider Länder – der SU und der DDR – diene. Nach einer im Oktober 1966 mit der TU Prag gemeinsam durchgeführten wissenschaftlichen Tagung sei für beide Technische Universitäten ebenfalls der „Schwerpunkt Datenverarbeitung“ für die künftige planmäßige Zusammenarbeit festgelegt worden. Die Beziehungen zur VR Bulgarien – und ihren Hochschulen – seien auf den Schwerpunkt Landmaschinen- und Traktorenbau orientiert. Gemeinsam mit den technischen Universitäten in Leningrad und Prag werde eine Konferenz zu den Problemen der sozialistischen Erziehung der Studierenden vorbereitet. Sie verwies darauf, dass an der TU Dresden begonnen wurde, „Voraussetzungen für eine ständige Vervollkommnung der Leitungstätigkeit auch auf dem Gebiet der Wissenschaftsbeziehungen zu schaffen“. Beispielsweise führe die TU „in Kooperation mit den Industrie- und Außenhandelsorganen die Ausbildung von Spezialisten durch“, die zuständig „für Exportanlagen, die unsere Republik in die VAR [Vereinigte Arabische Republik] liefert“ sein sollten. Besonders wichtig sei die Beherrschung der russischen Sprache. „Neben der Vervollkommnung der Sprachausbildung im Bereich unserer Volksbildung“ käme es auf eine gute fachorientierte Sprachausbildung für die Studierenden und auch für die jungen Wissenschaftler/innen an. An der TU Dresden würden der fachorientierte Sprachunterricht, die Fachübersetzerausbildung und die sprachliche Vorbereitung wissenschaftlicher Nachwuchskräfte auf ihre Tätigkeit im Ausland mit wachsendem Erfolg durchgeführt.[330]

Lieselott Herforth zur Gemeinschaftsarbeit auf der Staatsratssitzung vom 31. März 1967

Der von einer Kommission unter dem Stellvertretenden Vorsitzenden des Ministerrates Alexander Abusch erarbeitete Bericht „Jugend und Sozialismus" wurde diskutiert und ein Beschluss dazu gefasst. Zu diesem Tagungsordnungspunkt fanden sich viele Gäste ein, darunter SfHF Prof. Dr. Gießmann und Jugendliche aus Betrieben und Hochschulen. Aus der lebhaften Diskussion heraus kamen wichtige Hinweise und kritische Verbesserungsvorschläge. Lieselott Herforth als Rektorin einer Universität mit mehr als 11 Tausend jugendlichen Direktstudenten unter 25 Jahren, die zu 95% der FDJ angehörten, war berufen und verpflichtet, zu allen die Jugend betreffenden Fragen Stellung zu beziehen. Sie konzentrierte sich in ihrem Diskussionsbeitrag auf das Thema *„Gemeinschaftsarbeit"*. Gemeinschaftsarbeit wirke sich positiv auf die Entwicklung des jungen Menschen aus. Aus ihrer Erfahrung an der TU Dresden heraus legte sie die vielen Möglichkeiten dar, die Studierenden in die sozialistische Gemeinschaftsarbeit einzubeziehen: Im „Komplexpraktikum" Bearbeitung von im Betrieb gestellten Themen durch mehrere Studierende gemeinsam, Verbindung von fachlichen und gesellschaftswissenschaftlichen Problemen beim Ingenieurpraktikum, Einbeziehung von Studierenden in Instituts-Kollektive der TU, die um den Titel „Kollektiv der sozialistischen Arbeit" kämpfen, in den Seminargruppen das Streben nach dem Titel „Sozialistisches Studentenkollektiv". Wichtig sei dabei stets, dass die FDJ „in vollkommener Gleichberechtigung neben dem staatlichen Leiter an der Leitungstätigkeit in allen Bereichen" teilnehme. Die Rektorin wies darauf hin, dass das viele Positive von den Studierenden der TU unter erschwerten Bedingungen erreicht worden sei, denn die Wohnraumsituation sei noch immer angespannt und die als Ausgleich dringend notwendigen sportlichen und kulturellen Freizeitaktivitäten seien nur sehr eingeschränkt möglich, da noch immer „alle Kultur- und Klubräume der Internate [...] mit Betten belegt werden" müssten.[331]

VII. Parteitag der SED – Diskussionsbeitrag von Lieselott Herforth

Auf dem VII. Parteitag der SED, der vom 17. bis 22. April 1967 in Berlin stattfand, wurden die wesentlichen Eckpunkte für die weitere wirtschaftliche und gesellschaftliche Entwicklung der DDR und – darin eingebettet – ihres Hochschulwesens gegeben. Lieselott Herforth zog in ihrem Diskussionsbeitrag zunächst die Bilanz der Arbeit der TU Dresden für die Zeit zwischen dem VI. (15. bis 21. Januar 1963) und dem VII. Parteitag. 7700 Absolventen hatten die TU Dresden verlassen, 650 Promotionen und 60 Habilitationen waren erfolgreich durchgeführt worden; rund 1000 Themen der Grundlagen- und Vertragsforschung waren abgeschlossen worden, deren Ergebnisse in 4300 Publikationen und 212 Patente einflossen; mit staatlichen Investitionen von 24 Millionen MDN waren neben Hörsälen und Arbeitsplätzen fünf Studentenwohnheime mit 1600 Plätzen entstanden; die Summe der Stipendien belief sich im Zeitraum auf über 86 Millionen MDN. Nach dieser positiven Bilanz kam sie zum Schwerpunkt ihres Vortrags, die *sozialistische Gemeinschaftsarbeit*, die nach der IV. Hochschulkonferenz „zu einem entscheidenden Hebel für höchste Effektivität in Erziehung, Lehre und Forschung" gemacht werden konnte.[332] Sozialistische Gemeinschaftsarbeit sei kein „Teamwork", sie unterscheide „sich wesentlich von der im Kapitalismus vorzufindenden Gruppenarbeit", da es bei ihr „sowohl um hohe Effektivität" der Arbeit, als auch um „die Formung und Bildung des sozialistischen Bewusstseins" der Wissenschaftler/innen, Mitarbeiter/innen und Studierenden ginge, um „ihre Entwicklung zu sozialistischen Persönlichkeiten".[333] Lieselott Herforth ging weiter auf konkrete Beispiele erfolgreicher Gemeinschaftsarbeit der TU mit der Industrie ein. Es zeigte sich, dass es dabei häufig nötig war, wie etwa in einer Rahmenvereinbarung mit dem VEB Carl Zeiss Jena, zur Lösung von bestimmten Schwerpunktvorhaben *Kooperationsbeziehungen über die Institute hinaus* zu bilden. So werde die an der TU bereits bestehende Arbeitsgemeinschaft Datenverarbeitung „durch die Anforderungen des Schwerpunktgebietes Wissenschaftlicher Präzisionsgerätebau vor die Notwendigkeit gestellt, ihre Aufgabenstellung weiter zu präzisieren und zu einer Intensivierung der Gemeinschaftsarbeit zu gelangen."[334]

Zurück vom VII. Parteitag: Eindrücke und Schlussfolgerungen von Lieselott Herforth

Vom VII. Parteitag zurück an der TU, schilderte Lieselott Herforth ihre Eindrücke. Sie hob hervor, „welche Rolle die Produktivkraft Wissenschaft in der Phase der Vollendung des Sozialismus" spiele. Die Forschung auch an der TU müsse in noch stärkerem Maße „auf den Vorlauf für volkswirtschaftliche Themen" konzentriert werden, und Forschungsthemen sollten nur dann zugelassen werden, „wenn gesichert ist, dass Abnehmer vorhanden sind". Als besonders wichtig sah sie an, Themen auch auszusondern, – ein Standpunkt, den sie seit längerem einnahm. Als Schwerpunkte für die weitere Arbeit an den Hochschulen und Universitäten benannte sie: Gestaltung des wissenschaftlichen Profils, um so zu einem modernen sozialistischen Hochschulwesen zu gelangen; Steigerung der Effektivität der Ausbildung; Stärkung der klassenmäßigen Erziehung der Studierenden; weitere Verbesserung auf den Gebieten: sozialistische Gemeinschaftsarbeit, Kooperation mit der Industrie; wissenschaftliche Zusammenarbeit mit der UdSSR und mit anderen sozialistischen Ländern, geistig-kulturelles Leben.[335]

Hoch- und Fachschulratskonferenz und Rektorenkonferenz am 13./14. Juni 1967 in Leipzig

Am 13. und 14. Juni 1967 fand in Leipzig die Hoch- und Fachschulrats- und Rektorenkonferenz statt, an der Staatssekretär Gießmann teilnahm. In seinem einführenden Referat stellte er die Aufgaben des Hoch- und Fachschulwesens in Auswertung des VII. Parteitags der SED heraus. Lieselott Herforth war die erste Diskussionsrednerin. Sie erinnerte daran, dass Walter Ulbricht bereits bei seinem Besuch an der TU 1962 gesagt habe: *Der wichtigste Beitrag der DDR zur Erhaltung des Friedens liegt auf ökonomischem Gebiet.* Nach wie vor stehe, so Lieselott Herforth, vor den Universitäten und Hochschulen die Frage: „Welchen Beitrag können wir zur ökonomischen Stärkung der DDR leisten?". Hauptinhalt des Vortrages war das an der TU bisher Erreichte. Es sei gelungen, „die sozialistische Gemeinschaftsarbeit zu einem entscheidenden Hebel für höchste Effektivität in Erziehung, Lehre und Forschung zu machen". Derzeit arbeite bereits „die Mehrzahl der Wissenschaftler und Nachwuchskräfte der Universität in über 300 verschiedenen sozialistischen Arbeitsgemeinschaften mit, an der Fakultät für Bauwesen zum Beispiel in 41 sozialistischen Arbeitsgemeinschaften der Bauindustrie". Seit Jahren bestünden „28 Rahmenvereinbarungen zwischen Ministerien, VVB's und Leitinstituten der TU Dresden, auf deren Grundlage Wirtschaftsverträge realisiert" würden. 35 Kollektive der Universität kämpften bereits „auf der Grundlage exakter Arbeitsprogramme" um den Staatstitel „Kollektiv der sozialistischen Arbeit", und ebenso 20 Seminargruppen um den Titel „Sozialistisches Studentenkollektiv". In den nächsten Monaten stehe die TU vor der grundlegenden Aufgabe, neue Bildungsinhalte so festzulegen, dass sie „den Erfordernissen der Entwicklung der Wissenschaft zur Produktivkraft" voll entsprächen; bis zum 30. Sept. 1967 werde der Senat der TU nach den Zuarbeiten aus den Fakultäten „eine erste Entscheidung über Profil und Inhalt der Grund-, Fach- und Spezialstudienrichtungen treffen". *„Schwerpunkte können nur in dem Maße ihr Gewicht erhalten, wie Altes und Überholtes konsequent ausgemerzt wird"*, betonte sie und wiederholte damit ihre bereits mehrfach erhobene Forderung, bisher bearbeitete Themen auch auszusondern, wenn es nötig sei. Der Forschungsplan für 1968 werde gründlich überarbeitet, „um durch stärkere Konzentration auf volkswirtschaftliche Schwerpunkte schnell wissenschaftlichen Vorlauf bei hohem ökonomischen Nutzen zu erreichen". Dazu sei für Herbst 1967 eine Ökonomische Konferenz an der TU vorgesehen.[336] An der TU werde die elektronische Datenverarbeitung in Forschung und Lehre „zu einem echten Schwerpunkt" gemacht, so würde bereits 1968 kein Absolvent die TU verlassen, „der nicht eine Grundausbildung" in Anwendung und Betrieb „elektronischer Datenverarbeitung" bekommen hätte, „ganz gleich welcher Fakultät oder Fachrichtung er angehört". Durch eine Sofortmaßnahme würden 50 Absolventen der Fakultät Elektrotechnik eine Spezialausbildung auf dem Gebiet der elektronischen Datenverarbeitung erhalten, diese 50 sollten bereits 1968 in der VVB Elektronische Datenverarbeitung ihre Tätigkeit aufnehmen. An der TU würden alle Voraussetzungen dafür geschaffen, „mit ‚Rafena'[337] in kürzester Zeit einen Wirtschaftsvertrag mit Terminen abzuschließen". In diesem Vertrag sollten die Aufgaben konkret fixiert werden, die die TU „zur Sicherstellung und Weiterentwicklung von ‚Robotron'"[338] zu übernehmen habe. Damit war sie bei der im Okt. 1967 bevorstehenden Volkskammerwahl angelangt, für die der FDGB sie erneut als Kandidatin aufgestellt hatte. Sie habe bereits den sehr wichtigen *Wählerauftrag* erhalten, „*die elektronische Datenverarbeitung durch Forschung und Lehre an der TU Dresden im Bezirk Dresden zu sichern*". Sie nehme diesen Wählerauftrag sehr ernst, und sie bat den Staatssekretär, sie bei dessen Erfüllung „nach besten Kräften zu unterstützen".

Die Hochschulreform an der TU Dresden – die Endphase

Die ständige harte Arbeit ging nicht spurlos an Lieselott Herforth vorüber. Gerade in der Endphase der Hochschulreform im Jahr 1968 musste sie ihre Tätigkeit aus gesundheitlichen Gründen über vier Monate hinweg, vom 15. Febr. bis zum 17. Juni, aussetzen, nach einem Krankenhausaufenthalt folgten die Rehabilitation und eine dringend notwendige Kur.[339] Ihr Vertreter an der TU war Professor Heyde, der 1. Prorektor. Es wurde auch ohne sie – seit März in „Stabsgruppen" – konzentriert, engagiert, kompetent weitergearbeitet, so war für die „Sektionsbildung" der allseits geschätzte Physiker Professor Recknagel verantwortlich.

Konferenz zur Reform in den Wirtschaftswissenschaften

Am 3. Juli 1968 fand im Otto-Buchwitz-Saal der TU Dresden, Dülferstraße, die Konferenz zur „Verwirklichung der Hochschulreform auf dem Gebiet der Wirtschaftswissenschaften" statt. Der Minister für Hoch- und Fachschulwesen[340], Prof. Dr. Gießmann, nahm daran teil. Eröffnet wurde die Konferenz von der Rektorin der TU Dresden. Das Hauptreferat hielt Professor Hildebrand über „Ergebnisse und Erfahrungen aus der Arbeit am Modell der ingenieurökonomischen Ausbildung", dem einige Korreferate von Vertretern der TU Dresden, der Hochschule für Ökonomie Berlin-Karlshorst, der Hochschule für Chemie „Carl Schorlemmer" Leuna-Merseburg und der Universität Rostock folgten. Thematisch ging es dabei um „Die Mitwirkung der Studenten am Modell der ingenieurökonomischen Ausbildung" (TU Dresden, FDJ-Vertreter), um „Inhalt und Aufgaben der Lehre der marxistischen Organisationswissenschaften in der Aus- und Weiterbildung ökonomischer Kader" (Berlin-Karlshorst), um die „Erhöhung der Praxiswirksamkeit von Dissertationen" (Leuna-Merseburg) und um „Neue Wege zur Verbindung von Wirtschaftswissenschaften und Praxis".[341] Die Aufgabe sei nun, so die Rektorin in ihrem Schlusswort, das vorgestellte „Modell" in die Wirklichkeit umzusetzen und bereits den Immatrikulationsjahrgang 1968 danach auszubilden. Sie beauftragte den Dekan, Professor Hildebrand, dafür alle erforderlichen Maßnahmen durchzuführen und erteilte ihm die Vollmacht, notwendige Umgruppierungen in der Fakultät vorzunehmen, um die Kräfte auf die neue Aufgabe zu konzentrieren.[342]

Schatten über dem Ende des Rektorats

Am 21. August 1968 beendeten Truppen der Warschauer Vertragsstaaten den sogenannten „Prager Frühling", um Beistand ersucht von der Regierung der Tschechoslowakei. Einheiten der NVA wurden zwar auch in Bewegung gesetzt, sie betraten aber nicht tschechischen Boden, sondern standen im DDR-Grenzgebiet in Bereitschaft. An der TU wurden – wie anderswo – Maßnahmen erhöhter Sicherheit und Dienstbereitschaft in Gang gesetzt. Eine erste kurze Anleitung der Dekane fand bereits früh 6 Uhr am 22. August statt. Eine weitere Dekansbesprechung wurde für 14 Uhr einberufen, Schwerpunkte waren: Herstellung erhöhter Sicherheit in den Instituten; Anweisung, besondere Vorkommnisse sofort zu melden; Aufbau eines ständigen Informationssystems innerhalb der TU (täglich dreimalige Meldung über die politisch-ideologische Situation). Bei der Rektorin wurde eine „Informationsstelle" eingerichtet, die Tag und Nacht besetzt und in das umfassende Informationssystem eingebunden war. Auch die Dekanate waren ständig besetzt und die Dekane stets erreichbar; entsprechendes traf für die Leitungen von Partei, FDJ, Gewerkschaft zu. An den Pforten der Studentenwohnheime wurden die Ausweise kontrolliert, um Unbefugten den Zutritt zu verwehren. In den Arbeitsbereichen der TU wurden innerhalb von drei Tagen rund 300 Versammlungen durchgeführt. In allen Internaten wurden durch Angehörige des Lehrkörpers unter verantwortlicher Leitung der FDJ Aussprachen geführt. Im TU-Zeltlager am Kölpinsee fand eine Lagerversammlung statt. All diese Maßnahmen führten dazu, dass es an der TU wenig Irritationen gab und im allgemeinen eine ruhige und sachliche Arbeitsatmosphäre herrschte. „Zustimmungserklärungen" von Angehörigen des Lehrkörpers der TU erschienen in größerer Anzahl in der SZ. Im 3. „Bericht der TU zur Lage", telegrafiert am 3. September 1968 an das MHF, hieß es bereits: „Das Leben an der Universität nimmt seinen gewohnten Gang; die Ereignisse in der CSSR spielen keine außergewöhnliche Rolle mehr. Im Mittelpunkt der ideologischen Arbeit stehen die Weiterführung des sozialistischen Wettbewerbs zum 20. Jahrestag der DDR, die Eröffnung des Studienjahres. [...] Heute finden die Fakultätsimmatrikulationsfeiern statt, die entsprechend der Anleitung des Rektors politisch profiliert sind [...] und die gesellschaftliche Verpflichtung der Studenten besonders betonen. [...] Die Informationen aus den Fakultäten sowie besondere Vorkommnisse werden tagsüber im Rektorat entgegengenommen. Von 16-7 Uhr besteht im Rektorat eine Nachtbereitschaft. Die Sicherheitsmaßnahmen im TU-Gelände und in den Studentenheimen werden weitergeführt. [...]"[343]

Die Rektorin zum Stand der Hochschulreform an der TU Dresden im Herbst 1968

Über den aktuellen Stand der Hochschulreform an der TU Dresden referierte Lieselott Herforth im September in der Dienstbesprechung des MHF, zu der sie mit einer Delegation der TU geladen war. Die Empfehlungen des Ministers hatte sie in den

Bericht bereits eingearbeitet, den sie in der erweiterten Senatssitzung vom 28. September 1968 zum aktuellen Stand gab. Er wurde vom Senat bestätigt und bildete die Grundlage für die Konferenz am 17. Okt. 1968, an der 750 TU-Angehörige teilnahmen, darunter 300 Studenten.

Das neue Wissenschaftsprofil in neuen Strukturen: Die Herausbildung des Profils der TU Dresden war ein komplizierter Prozess gewesen, vor allem infolge der Vielzahl der vertretenen Gebiete mit fast ausnahmslos volkswirtschaftlicher Bedeutung und der historisch gewachsenen sehr differenzierten Verflechtungen in Ausbildung und Forschung. Nun aber lagen die künftigen fünf profilbestimmenden Schwerpunkte für die TU fest:

1. Elektronische Datenverarbeitung (EDV)
2. Sozialistische Betriebswirtschaft/Kybernetik/Organisationswissenschaften
3. Energiewirtschaft
4. Maschinenbau auf den Gebieten Konstruktion und Technologie von rechnergestützten und -gesteuerten Maschinen, eingeschlossen Maschinensysteme der Land- und Nahrungsgüterwirtschaft und der Lebensmittelindustrie
5. „Chemisierung der Volkswirtschaft".

Dieses Profil, ausgerichtet auf besonders zukunftsträchtige, Vorlauf schaffende Gebiete, bestimmte die Stellung der TU im „Neuen ökonomischen System" des Sozialismus.

Im Herbst 1967 verfügte die TU Dresden über 8 Fakultäten mit 152 Instituten und selbständigen Lehrstühlen.[344] Fast alle Institute und die Fakultäten in ihrer bisherigen Form wurden aufgelöst. An ihre Stelle traten im Herbst 1968 22 Sektionen. *11 der 22 Sektionen gehörten in Lehre und Forschung nahezu vollständig zu den fünf Schwerpunkten und bildeten vier Fünftel der Absolventen der TU aus.* Nicht alle, manchmal nur sehr kleine, Forschungsgruppen konnten an jeder Hochschule weiter bestehen bleiben, das konnte sich ein kleines Land wie die DDR mit begrenzten Ressourcen nicht leisten. Disziplinen, die im Zuge der Reform zwar an der TU Dresden zurückgedrängt wurden, gab es jedoch in der DDR weiter, nur eben konzentriert an einer anderen Universität oder Hochschule oder an einem Akademieinstitut. Für einige Professoren und Mitarbeiter an der TU – wie auch an anderen Universitäten und Hochschulen – war das hart, jeder und jede aber bekam ein dem Können entsprechendes Angebot, wenn auch nicht unbedingt in Dresden. *Aber, und das ist entscheidend, niemand wurde arbeitslos.*[345] Die elf der künftigen Sektionen der TU, die außerhalb der fünf Schwerpunkte lagen, zeichneten sich durch ihre Einmaligkeit in der DDR aus. Diese Sektionen der TU könnten künftig durch Kooperation den Effekt der wissenschaftlichen Arbeit erhöhen, etwa durch Orientierung auf das Feld „Gebietsplanung und Umweltgestaltung", auf dem sich die Sektionen Bauingenieurwesen, Architektur, Geodäsie und Kartographie, Hydrowissenschaften und Forstwissenschaften fruchtbar einbringen könnten. Als erste Sektion der TU Dresden war die „Sektion Fertigungstechnik und Werkzeugmaschinen" bereits am 25. Juni 1968 im „Otto-Buchwitz-Saal" in Anwesenheit des MHF Professor Dr. Gießmann und der Rektorin feierlich gegründet worden.[346] Ihr folgte die „Sektion Sozialistische Betriebswirtschaft".

Veränderungen im Studium und in der Weiterbildung: Im Studienjahr 1967/68 wurde an der TU Dresden in 57 Fachrichtungen ausgebildet, deren Grundstudien 33 unterschiedliche Grundstufenpläne zugrunde lagen. Mit dem Studienjahr 1968/69 reduzierte sich die Zahl auf 42 Fachstudienrichtungen mit 10 Grundstudienplänen. Lehrerinnen und Lehrer für Berufsausbildung und Forstwissenschaftler/innen schlossen ihr Studium derzeit bereits nach vier Jahren ab, künftig war das auch für die Studierenden der Betriebswirtschaft so. Die *Studiendauer* der anderen Fachrichtungen wurde von derzeit fünfeinhalb auf 5 Jahre *verkürzt*; durch Übergangsmaßnahmen sollte erreicht werden, dass auch die Immatrikulationsjahrgänge 1966 und 1967 bereits nach 5 Jahren die Diplomprüfungen ablegen und damit zum Sept. 1971 und Sept. 1972 in die Berufstätigkeit eintreten könnten. Die *Weiterbildung* wurde 1966/67 im Fernstudium für 6388 Studierende, im postgradualen Studium für 163 und im Teil- und Zusatzstudium für 1366 durchgeführt. Prognosen ergaben, dass die Zahl der Fernstudierenden etwa gleich bliebe, die postgraduale Weiterbildung hingegen künftig wesentlich mehr nachgefragt würde als bisher. Für die postgraduale Weiterbildung waren künftig drei Formen vorgesehen: Kurzlehrgänge von etwa 14 Tagen an der TU (Vorlesungen, Übungen), Weiterbildung bis zu 1 Semester Dauer (Selbststudium mit Lehrbriefen und kurze Direktstudienabschnitte bis zu einer Woche), eine Weiterbildung bis zu 4 Semestern, die etwa dem bisherigen Zusatzstudium entsprach.

Schwerpunkt EDV: Der Schwerpunkt „Elektronische Datenverarbeitung" hatte Vorrang an der TU. Kooperationspartner waren sowohl die Betriebe, die die Datenverarbeitungstechnik produzierten (im zukünftigen Kombinat Robotron) als auch die Anwender der EDV – einmal in den Sektionen der TU, zum anderen in der Industrie und in den Bildungs- und Forschungseinrichtungen der DDR. Nur unter großen Anstrengungen war es der TU möglich, die dafür rasch benötigte Anzahl von Absolventen auszubilden. Aber, so Lieselott Herforth, allein durch Umprofilierung und Umverteilung an der TU könne „die moderne, dem Welthöchststand entsprechende materielle Basis für Ausbildung und Forschung auf dem Gebiet der EDV, der Hauptstrukturlinie Nr. 1 der DDR", *nicht* gesichert werden. Trotz aller „inneren Anstrengungen" benötige die TU für die Ausbildungs- und Forschungskomplexe „Systemingenieure" und „Technologie des Wissenschaftlichen Gerätebaus" neue materielle Kapazitäten.

Das Ausbildungsprofil: Die Hauptaufgabe der TU bestand darin, der sozialistischen Volkswirtschaft hochqualifizierte und disponibel einsetzbare Absolventen zur Verfügung zu stellen. Die moderne Ausbildung sollte auf folgenden Pfeilern ruhen:

- Marxistisch-leninistische Weltanschauung als fester Bestandteil einer allgemeinen wissenschaftlich-politischen Orientierung.
- Hinreichende Beherrschung der russischen und einer zweiten lebenden Sprache, die in wissenschaftlich führenden Ländern gesprochen wird.
- Spezielle Berücksichtigung der modernen Führungswissenschaften, wie sozialistische Betriebswirtschaftslehre, marxistische Organisationswissenschaft, Kybernetik, Operationsforschung, elektronische Datenverarbeitung und Arbeitswissenschaften.
- *Im für große Studentenzahlen einheitlichen Grundstudium wird das den Wissensgebieten Gemeinsame betont und damit trotz zunehmender Spezialisierung einer Zersplitterung der Wissenschaften entgegengewirkt.*
- Die Beschränkung der Vorlesungsinhalte auf das Wesentliche, das jedoch in seiner Komplexität darzustellen ist.
- Herabsetzung der Wochenstundenbelastung durch Lehrveranstaltungen, verbunden mit der wissenschaftlich-produktiven Tätigkeit der Studierenden.
- Die zeitliche Ordnung des zu vermittelnden Stoffes bei strenger Beachtung aller wesentlichen logischen Abhängigkeiten.
- *Schrittweise Einführung des programmierten Unterrichts nach pädagogischen Gesichtspunkten.*
- Fußend auf fester wissenschaftlich-technischer Grundausbildung selbständige Wissensaneignung auf Spezialgebieten.
- Stärkere Durchdringung des Vorlesungsstoffes mit mathematischen Methoden und physikalischen Theorien.

Nach diesen Grundsätzen wurde seit dem Studienjahr 1968/69 in allen Grundstudienrichtungen mit der Ausbildung nach neuen Lehrplänen begonnen.

Bis zum 31. März 1969 standen dann auch die neuen Fachstudien-Dokumente bereit.

Zur Forschung: Bereits begonnene Forschungsvorhaben wurden beendet, davon reichten einige bis in das nächste und sogar übernächste Jahr hinein.

Ein Blick auf die Forschungsplanung für 1969 zeigt starke Veränderungen: 1968 war beinahe ein Drittel der Forschung aus Haushaltsmitteln finanziert worden, 1969 betrug dieser Anteil weniger als 1%. Das heißt, der ganz überwiegende Teil der Forschung an der TU war 1969 – und in den folgenden Jahren – vertragsgebunden. Die Forschungsmittel waren 1969 fast zweieinhalbmal so hoch wie 1968. Die Forschung an der TU war insgesamt weniger zersplittert, bearbeiteten 1968 TU-Forscher noch 350 Einzelthemen, so waren es 1969 nur noch 20. Hingegen wurden

1969 dreimal soviel Komplexthemen bearbeitet wie im Vorjahr. Die Forschungskapazität insgesamt in Vollbeschäftigteneinheiten (VBE) stieg leicht an, die davon durch Studierende und Aspiranten und Aspirantinnen erbrachte jedoch überproportional – auf im Jahre 1969 fast 140% gegenüber dem Vorjahr. Das war ein klares Indiz für die starke Integration dieser Personengruppe in die Vertragsforschung, Voraussetzung dafür war eine sehr gute Betreuung und Anleitung durch wissenschaftliche Mitarbeiter.[347] Um den zu niedrigen Forschungsanteil der Wissenschaftler zu erhöhen, sollten sie gezielt entlastet werden:

- durch den Integrationsprozess von Ausbildung und Forschung, also durch das wissenschaftlich-produktive Studium;
- durch die Einschränkung der Spezialvorlesungen mit dem naturgemäß schnell veraltenden Faktenwissen;
- durch eine optimale Arbeitskräftestruktur in den Sektionen nach Berufen und Funktionen.

Zur Einbeziehung der Studierenden: Die Einbeziehung der Studierenden in die Hochschulreform erfolgte über

- das Streben nach dem Titel „Sozialistisches Studentenkollektiv der TU",
- den Studentenwettstreit,
- Diskussionsberatungen mit Studierenden zu Problemen der Ausbildung, Erziehung und Forschung innerhalb der Sektionen,
- die Mitarbeit in Kommissionen der staatlichen Leitung,
- die Übernahme von Jugendobjekten.

Bereits 1968 hatten 25% der Seminargruppen den Titel „Sozialistisches Studentenkollektiv" angestrebt; und bis September des Jahres konnte der Titel bereits achtmal vergeben werden. Die Anzahl der vorzeitigen Exmatrikulationen konnte 1968 gegenüber dem Vorjahr bereits erheblich verringert werden. Dieser Anteil ging 1969 und in den folgenden Jahren weiter zurück. Entscheidend dafür war die Begleitung des Studiums durch den Seminargruppenbetreuer und die ständige Kontrolle des Studienfortschrittes durch Assistenten in den Übungen, ergänzt durch Konsultationen für schwache, aber auch für leistungsstarke Studenten. Dazu wurde der „akademische Mittelbau" personell stark ausgebaut.[348]

Zum Schluss ihrer Ausführungen gab die Rektorin den Plan für den Zeitraum vom 22. Okt. (Rektoratsübergabe) bis zum Ende des Jahres 1968 bekannt: Mit akademischen Festtagen am 22. und 23. Oktober 1968 werden

- die Amtseinführung des neugewählten Rektors, Prof. Dipl.-Wirtschaftler Liebscher,
- die Gründung der Sektionen,
- die Berufung und Konstituierung des Gesellschaftlichen und des Wissenschaftlichen Rates der TU Dresden sowie
- die Umgestaltung der Leitungsorgane feierlich vollzogen.

Der Zeitraum vom 22. Okt. bis Ende des Jahres dient der Überleitung der Aufgaben, Kapazitäten und Aktivitäten an die neuen Leiter und ihre Organe. Die Leitungskollektive der Sektionen sind zu formieren und ihre Tätigkeit ist zu sichern. Die Räte der Sektionen sollten sich möglichst bis zum 22. Okt. konstituieren und nur in begründeten Ausnahmefällen später, – als letzter Termin jedoch war der 15.12.1968 vorgesehen.[349]

Abb. V.19: Bei der Übergabe der Amtsgeschäfte an den neuen Rektor

Bemerkungen zur Hochschulreform und zum Agieren von Lieselott Herforth

Die Hochschulreform war an allen Hochschulen, so auch an der TU Dresden, ein komplizierter Prozess, der sich von vorbereitenden Anfängen bis zur Gründung der Sektionen über mehrere Jahre erstreckte. Die Grundlinien der neuen Hochschulstruktur lagen – nach umfassenden Diskussionen der „Prinzipien" – fest, mussten dann aber entsprechend den spezifischen Gegebenheiten der einzelnen Universität oder Hochschule realisiert werden. In den Fakultäten und Instituten wurde hart gerungen. Die Institutsdirektoren standen an der Spitze ihrer Institute und eines eingespielten Teams; am Ende der Hochschulreform wurden sie als Institutsdirektoren abberufen, ein Stück lange praktizierter Selbständigkeit, bei der Wahl der Forschungsthemen etwa, ging ihnen verloren, und nicht alle sahen die Notwendigkeit neuer Strukturen. Auch die Rektorin selbst musste ihr bisheriges Institut hinter sich lassen. Das Institut für Zoologie wurde bereits zum 1. Sept. 1967 aufgelöst. Dessen Direktor, Ulrich Sedlag, ein ausgewiesener Entomologe, konnte mit seinem Forschungsgebiet nicht an der TU bleiben, er wurde an das Institut für Forstwissenschaften der Deutschen Akademie der Landwirtschaftswissenschaften zu Berlin in Eberswalde berufen und erhielt damit eine seinen Kompetenzen adäquate Stelle.[350] Vor der Gründung der Sektion Mathematik hatte es in der Fachrichtung Mathematik Umschichtungen gegeben, die in einzelnen Fällen durchaus als schmerzhaft und auch demütigend empfunden werden konnten. Der Schwerpunkt EDV war denjenigen Mitarbeiterinnen und Mitarbeitern sehr willkommen, die auf den entsprechenden Gebieten der angewandten Mathematik auch bisher gearbeitet hatten, insbesondere natürlich dem renommierten Professor Nikolaus-Joachim Lehmann und seinen Schülern. Frau Professor Maria Hasse hingegen, in ihrer Forschung algebraisch-kombinatorisch ausgerichtet, fühlte sich in den Hintergrund gerückt und in ihrem Wirkungsfeld eingeschränkt. Möglicherweise hing mit der starken psychischen Belastung zusammen, dass sie für mehrere Jahre invalidisiert war und erst 1976 ihre reguläre Lehrtätigkeit in der Sektion Mathematik wieder aufnahm.[351] Konkrete personelle Absprachen im Vorfeld der Reform erfolgten in den Fachrichtungen; sie wurden nicht etwa von der Rektorin oder der Universitätsleitung insgesamt (oder gar „von ganz oben") diktiert. So wandte sich Frau Prof. Hasse im Dez. 1967 an Prof. Schwabe, derzeit Dekan der Fakultät N, und sprach ihm gegenüber von dem Druck, der in der Fachrichtung auf sie ausgeübt werde. Darüber informierte Prof. Schwabe den Kaderleiter und dieser den 1. Stellvertreter der Rektorin (Prof. Heyde). Durch die Mitteilung des Kaderleiters erfuhr der 1. Stellvertreter auch, dass der 1. Sekretär der SED-Kreisleitung der TU, Meißner, von ihm bereits „über die Situation, die sich aus dem Verhalten der Professoren der Fachrichtung Mathematik zu Frau Prof. Hasse ergibt", informiert worden sei. Ihm sei bekannt, dass aus diesem Grunde „Gen. Meißner in der letzten Zeit persönlich in der Mathematik tätig" war.[352]

Und nach der Sektionsgründung war die Herausbildung der Forschungskollektive in der Sektion zu etwas Neuem und Leistungsfähigerem wieder ein längerer Prozess. Auch das geeignete „Vokabular" musste erst gefunden werden; die Bezeichnung „Sektion" war „vorgegeben". Anstelle des Begriffs „Wissenschaftsbereich" (WB) sprach man an der TU Dresden zunächst auch von „Arbeitsgruppen" und „Bereichen", erst 1974 wurden in der Sektion Physik die Arbeitsgruppen in „Wissenschaftsbereiche" umbenannt.[353] In der Sektion Physik erinnerte man sich 1988, mit dem Abstand von 20 Jahren, an die Anfänge: „Aus den Instituten wurden 1968 zunächst Arbeitsgruppen; jeder, der bisher auf einer Planstelle in der Physik an der TU gearbeitet hatte, war einer solchen der neuen Struktur zugeordnet worden. In einem Entwicklungsprozess, dessen Kompliziertheit alle Voraussicht übertraf, wurden wir zu einer einheitlichen Institution, die in ihrem Umfeld wirkt. Während es schon 1969 gelang, alle Lehrveranstaltungen ordnungsgemäß zu besetzen und durchzuführen, dabei alle Arbeitsgruppen angemessen zu beteiligen und dafür eine für die weiteren Jahre stabile Organisation einzuführen, war es schwieriger, die Sektion in der Forschung als neue Einheit zur Geltung zu bringen. [...] Die einzelnen konkreten Themen [...] waren von der übernommenen Standortverteilung der Großgeräte und vom Vorhandensein der Erfahrungsträger abhängig – entsprachen also im wesentlichen der wissenschaftlichen Arbeit der ehemaligen Institute, wobei zweifellos, bedingt durch zahlreiche Neuerungen im Dienstablauf, zunächst eine Einbuße an Effektivität hingenommen werden musste. Als 1974 die Arbeitsgruppen in ‚Wissenschaftsbereiche' umbenannt wurden, war ihre Forschungstätigkeit voll und koordiniert in Gang gekommen."[354]

Mit der Arbeit an der Hochschulreform und deren Einführung in der TU Dresden hatte Lieselott Herforth als Rektorin eine sehr verantwortungsvolle Aufgabe gemeistert. Jeder andere an ihrer Stelle an der Spitze der TU hätte vor derselben Herausforderung gestanden wie sie, so wird sie niemand um das Amt beneidet haben. Nicht jeder wäre aber mit so guten Voraussetzungen an die Aufgabe gegangen wie Lieselott Herforth, war sie doch bereits seit ihrer Zeit in Berlin-Buch fachübergreifendes interdisziplinäres Arbeiten, die notwendige enge Zusammenarbeit mit der Industrie und die damit verbundene Organisation fruchtbarer Gemeinschaftsarbeit gewöhnt. Sie war weitaus stärker geneigt, über die Grenzen des eigenen Institutes hinauszusehen wie wohl manch anderer. Das zeigte sich, als es 1967/68 – aufgabenbedingt[355] – Absprachen zwischen der Institutsdirektorin Herforth und dem Institutsdirektor Pose gab, die auf die Bildung eines „Großinstitutes" zielten. Die Vorbereitungen, einschließlich der Lehrpläne, waren recht weit gediehen. Mit der Einheit „Kernphysikalische Methodik" wäre das geplante „Großinstitut" auf jeden Fall mehr gewesen als die Summe der beiden in dieses eingehenden Institute. Es lag also bereits voll in der Zielrichtung der Hochschulreform, die zu einer Konzentration der Mittel und Kräfte führte. Es war, wenn man so will, ein Schritt hin zur späteren „Sektion Physik", der aber so dann nicht gegangen wurde.[356] Die Rektorin Lieselott Herforth hat eine herausragende organisatorische Leistung vollbracht, die gegen die Zeit, die sie in den drei Jahren ihres hohen Amtes für die Forschung weniger zur Verfügung hatte, nicht aufgerechnet werden sollte. Sie selbst betonte, dass „die Anforderungen im Jahre 1968 sich ständig erhöhten" und die für die „Hochschullehrertätigkeit zur Verfügung stehende Zeit", damit auch die für das Institut, „immer geringer" wurde. „Für eine intensive Weiterbildung auf seinem Fachgebiet bleibt dem Rektor die allerwenigste Zeit, während, durch Parteiarbeit und gesellschaftliche Arbeit, in Bezug auf politische Bildung keine Rückstände entstehen." Man „kann nicht länger als drei Jahre von den Reserven leben".[357]

7. LIESELOTT HERFORTH IN DER SEKTION PHYSIK BIS ZUR EMERITIERUNG 1977

1969: Professorin in der Sektion Physik und Ordentliches Mitglied der DAW

Lieselott Herforth hatte das Ziel erreicht, dem nachfolgenden Rektor, Professor Fritz Liebscher, bei dessen Amtsantritt die neugeschaffene funktionsfähige Hochschulstruktur zu übergeben. Dem neuen Rektor blieb die Aufgabe, alle bisherigen Institutsdirektoren von ihren Pflichten zu entlasten. Mit Brief vom 11. Nov. 1968 wurde Lieselott Herforth von ihrem Amt als Direktorin des Instituts für Anwendung radioaktiver Isotope entbunden.[358] Der Direktor der Sektion Physik ernannte sie mit Wirkung vom 1. Januar 1969 zum Leiter des Wissenschaftsbereiches Experimentalphysik III.[359] Auf der Grundlage der Hochschullehrerberufungsverordnung vom 6. Nov. 1968 wurde sie vom MHF mit Wirkung vom 1. Sept. 1969 zur ordentlichen Professorin für Experimentalphysik (Radioaktivität und Dosimetrie) an der TU Dresden berufen.[360]

Eine große Freude und Ehre erfuhr die Wissenschaftlerin 1969: Bei der Festsitzung der DAW zum Leibniz-Tag am 3./4. Juli 1969 erhielt sie die Ernennungsurkunde zum „Ordentlichen Akademiemitglied" und die Ehrennadel der Akademie in Gold.[361] In seinem Gutachten hatte ihr ehemaliger Leipziger Chef Carl Friedrich Weiss noch einmal darauf hingewiesen, dass sie bereits in Leipzig „eine Reihe von guten Diplomarbeiten und überdurchschnittlichen Dissertationen betreut" habe. Und weiter schätzte er ein: „Seit Beginn ihrer Arbeit in Dresden hat sie an einem gar nicht sehr großen Institut erstaunliche Anzahlen von Diplomanden, Doktoranden und Habilitanden erfolgreich angeleitet. Betrachtet man die Leistungen von Frau Herforth im Ganzen, so ist zunächst außer der bereits erwähnten pädagogischen Befähigung (ausgezeichnete Vorlesungen!) darauf hinzuweisen, dass sie schon sehr früh erfolgreiche sozialistische Gemeinschaftsarbeit unter der Beteiligung der Industrie zu organisieren verstand. [...] Besonders bekannt – auch im Ausland – ist sie durch ihre Buchpublikationen geworden. [...] Frau Herforth hat einen guten Blick für technische Realisierungen wissenschaftlicher Ergebnisse und verfügt über sehr gute Beziehungen zur Industrie. Ihre Hauptarbeitsgebiete sind: Dosimetrie, Lumineszenzforschung und technische Anwendungen von Nukliden. Erstaunlich ist, dass Frau Herforth ihre wissenschaftlichen und organisatorischen Tätigkeiten neben einer sehr stark belastenden politischen Arbeit durchzuführen verstand. [...] Im übrigen ist Frau Herforth sehr beliebt bei ihren Schülern und Studenten und von großer Bescheidenheit. Sie ist angenehm im Umgang und hat einen tadellosen Ruf. [...]"[362]

Die DAW war nicht nur Träger der Gelehrtengesellschaft, zu der nun auch Lieselott Herforth gehörte, sondern vereinigte in ihren über 60 Instituten ein großes Forschungspotential, orientiert vorwiegend auf mathematisch-naturwissenschaftlich-technische Bereiche. Auch Lieselott Herforth hatte nacheinander in zwei der Akademieinstitute gearbeitet, in ihrer Berlin-Bucher und in ihrer Leipziger Zeit. Auch die Akademie durchlief etwa von 1969 bis 1972 einen Umstrukturierungsprozess. Bei der Akademiereform ging es ebenfalls um die Konzentration der Wissenschaftspotentiale, um den Blick über die Grenzen der Institute hinaus. Es wurden größere, einheitlich strukturierte „Zentralinstitute" gebildet. Zwar wurden die Themen der wissenschaftlichen Arbeit auch auf die Belange der Volkswirtschaft ausgerichtet, doch wurde – nach anfänglich weitergehenden Plänen – nur in sehr beschränktem Umfang zu auftragsgebundener Forschung übergegangen.

Am 7. Oktober 1972 wurde die reformierte Deutsche Akademie der Wissenschaften in Akademie der Wissenschaften der Deutschen Demokratischen Republik umbenannt.

Funktionen nach der Rektoratsübergabe

Nach der Rektoratsübergabe hatte Lieselott Herforth noch folgende Funktionen inne:

Übergeordnete Funktionen:

1. Mitglied des Hoch- und Fachschulrates der DDR,
2. Mitglied der Kommission zur Weiterführung der 3. Hochschulreform (unter Leitung von Kurt Hager) gemäß Staatsratsbeschluss,
3. Komitee zur Vorbereitung des 20. Jahrestages der DDR (Leitung W. Ulbricht).

Gesellschaftliche Funktionen:

1. Mitglied der SED-Kreisleitung der TU Dresden (seit 1967),
2. Mitglied des Gesellschaftlichen Rates der TU Dresden (vom Minister berufen als Mitglied des Staatsrates und Volkskammerabgeordnete).

Staatliche Funktionen:

1. Mitglied des Wissenschaftsrates der TU als Vertreter der Sektion Physik in der Fakultät Energiewirtschaft,
2. Mitglied des Präsidiums des Wissenschaftsrates (vom Rektor berufen),
3. in der Sektion Physik Professorin mit Lehrstuhl, Leiterin des Bereichs Experimentalphysik III in Lehre und Forschung,
4. innerhalb der Sektion Physik Leiterin des Forschungskomplexes „Kernphysikalische Messtechnik", dessen Hauptauftraggeber der VEB RFT Messelektronik „Otto Schön" Dresden war (vormals, bis 1969, VEB Vakutronik),

5. Mitglied des Wissenschaftlich-technischen Beirates des VEB RFT Messelektronik,
6. Leiterin der selbständigen Einrichtung „Arbeitsstelle Isotopentechnik der TU Dresden“ der TU Dresden.[363]

Dem Präsidium des neukonstituierten Wissenschaftsrates der TU gehörten neben dem Rektor die Prorektoren, Dekane und hervorragende Wissenschaftler der TU an. Lieselott Herforth wurde von Rektor Professor Liebscher um ihre Mitarbeit im Präsidium gebeten: „Für die vor der TU Dresden stehenden großen Entscheidungen zur Wissenschaftsentwicklung, zur Prognose und zur Forschung sind Ihre außerordentlichen Erfahrungen als Wissenschaftler und früherer Rektor von größtem Gewicht.“[364]

Seit Ende 1969 gehörte Lieselott Herforth zum Redakteursgremium der „Radiochemical and Radioanalytical letters“, die bei Elsevier in Amsterdam und bei Akadémiai Kiadó in Budapest erschienen.[365]

Als Volkskammerabgeordnete und Mitglied des Staatsrats nach Abgabe des Rektorats

Als Wissenschaftlerin hatte Lieselott Herforth einiges nachzuholen, das in den Jahren des Rektorats hatte hintangestellt werden müssen. Im 1. Halbjahr 1969 wollte sie daher ihre Tätigkeit als Mitglied des Staatsrates im wesentlichen auf folgende Punkte ausrichten: Eigene Weiterbildung, Arbeit in der Sektion Physik der TU, Zusammenarbeit mit der Industrie; sie wollte sich weiterhin der Problematik „Frauen und Mädchen in technischen Berufen“ widmen und sich in Kommission und Komitee des Staatsrates (siehe oben), wie auch bei der Eingabenbearbeitung als Abgeordnete engagieren.[366] Zur Qualifizierung in EDV war der Rektorin keine Zeit geblieben; im Juni/Juli 1969 erhielt sie daher „Privatunterricht“ von ihrem ehemaligen Schüler Dr. Manfred Frank, der nun als Abteilungsleiter im Rechenzentrum tätig war. Im Anschluss daran nahm sie zu Beginn des neuen Studienjahres an der – an der TU obligatorischen – Hochschullehrerausbildung in EDV teil, um die neugewonnenen Kenntnisse zu vertiefen. Als Bereichsleiterin, Leiterin der selbständigen „Arbeitsstelle Isotopentechnik der TU Dresden“ und Forschungskomplexverantwortliche hatte sie zunächst „viel organisatorische Probleme zu lösen“. Die Zeit nach dem Rektorat sei sehr anstrengend für sie gewesen, sie stünde im 2. Halbjahr 1969 nun aber wieder „mehr als bisher auch für repräsentative Staatsratspflichten zur Verfügung“.[367] Des ungeachtet nahm sie auch im 1. Halbjahr 1969 viele unterschiedliche Termine wahr, bei denen sie allerdings das Fachliche mit dem Gesellschaftlichen verbinden konnte. Einige der Aussprachen, Veranstaltungen, Versammlungen, an denen sie von Januar bis Juli 1969 teilnahm, seien hier genannt:

Am 11. März 1969 war sie mit Mitgliedern des Forschungsrates am ZfK Rossendorf. Die Expertenkommission zur Vorbereitung der Ministerratsvorlage der DAW beriet über die Umstrukturierung im Zuge der Akademiereform; die Akademieinstitute Rossendorf, Leipzig und Berlin (zur Atomenergie und deren Anwendung) sollten zu zwei Zentralinstituten verschmolzen werden. Lieselott Herforth war als Expertin geladen, konnte jedoch auch als Mitglied des Staatsrates einige Hinweise geben. Am 24. April 1969 gab sie in der Sitzung des Rates der Sektion Physik die grundlegenden Ausführungen zum Staatsratsbeschluss „Weiterführung der 3. Hochschulreform [...]". Am 30. April 1969 ging es im VEB Messelektronik in einer gezielten Aussprache um den Einsatz von zwei promovierten Diplom-Ingenieuren der Elektrotechnik. Am selben Abend führte sie im Studentenwohnheim mit Studierenden der Sektion und insbesondere ihres eigenen Bereichs über drei Stunden hinweg in kleinen Gruppen Aussprachen zu deren Hauptanliegen. Bereits am 14. Mai besuchte sie erneut das Wohnheim, um – auf Wunsch der Studierenden – über das Thema „Wie kommt es zu Staatsratsbeschlüssen, Gesetzen usw." zu sprechen. Zur Erläuterung zog sie die 3. Hochschulreform heran und beantwortete in der folgenden zwanglosen Aussprache die ihr gestellten Fragen. Am 8. Mai 1969 nahm sie in Berlin am Empfang einer Bulgarischen Delegation teil und am Tag darauf an der 10-Jahresfeier des AKW Rheinsberg. Am 13. Mai tagte der Wissenschaftlich-technische Beirat des VEB Messelektronik, dem sie angehörte; zum derzeitigen Hauptproblem, der Arbeitskräftelenkung, wurde eine Eingabe an den Minister vorbereitet. In einer Veranstaltung der URANIA sprach sie am 20. Mai gemeinsam mit dem Direktor für Ausbildung und Erziehung der TU Dresden, Prof. Dr. Arnold, im Dresdner Zwinger zum Thema „Die Frau, der Sozialismus und die wissenschaftlich-technische Revolution" – mit langer freimütiger Diskussion im Anschluss. Vom 11. bis 13. Juni 1969 fand der 2. Frauenkongress in Berlin statt, an dem Lieselott Herforth mit einer Staatsratsdelegation teilnahm. In ihrem Diskussionsbeitrag sprach sie zum Thema „Frauen – Mädchen – technische Berufe – leitende Funktionen". In Auswertung des Frauenkongresses war sie am 11. Juli im Betriebsteil II (Messelektronik-Montageabteilung) des VEB Messelektronik „vor Ort" und besuchte Frauen an ihrem Arbeitsplatz. Damit bereitete sie die Veranstaltung vom 16. Juli 1969 vor: Auswertung des Frauenkongresses mit etwa 150 Frauen (als Vertreter der 1600 Frauen des Großbetriebes), mit Partei- und Gewerkschaftsleitung und in Anwesenheit aller staatlichen Leiter. Nach dem Eingangsbericht des Werkdirektors sprach Lieselott Herforth zu den Frauen und unterbreitete auch Vorschläge für die kontinuierliche Fortsetzung der Auswertung.[368]

Mehrere ihrer Aktivitäten betrafen die „Arbeit mit dem sozialistischen und kapitalistischen Ausland und den Nationalstaaten": Anfang März 1969 hatte sie eine Einladung vom Generalsekretär der Liga für Völkerfreundschaft der DDR zur Teilnahme an einer Vortragsreise durch Schweden erhalten. Thema der Vortragsreihe war: „Die Frau und die technisch-wissenschaftliche Revolution unter den Bedingungen des entwickelten gesellschaftlichen Systems des Sozialismus in der DDR". Leider konnte sie aus gesundheitlichen Gründen nicht teilnehmen. Die Wahl war auf sie gefallen, da sie nicht nur selbst ein Beispiel für „die Frau im Sozialismus" war, sondern auch wegen ihrer mannigfachen Kontakte zum Ausland überhaupt und auch zu Schweden. So unterhielt ihr Institut wissenschaftliche Beziehungen zur Universität Lund, und 1967 hatte Manfred Frank, ihr Assistent und Promovend, dort Gastvorlesungen gehalten. Zwei ihrer promovierten Mitarbeiter waren derzeit als Dozenten an der Technischen Universität Santiago de Chile tätig: Winfried Pippel von 1966 bis 1970, Helmut Löffler von 1969 bis 1971. Im Zusammenhang mit der Forschungs- und Lehrtätigkeit verstärkten sich die Beziehungen ihres Bereichs zur Sowjetunion, nach Dubna, Riga, Leningrad, Wilnius, Kiew. In ihrem Bereich arbeiteten 1969 ein Aspirant aus der Vereinigten Arabischen Republik und eine promovierte Mitarbeiterin aus Ungarn (Debrecen), und ab 1970 betreute sie für drei Jahre eine Aspirantin aus Leningrad. Es bestanden gute Kontakte zu Jugoslawien; Prof. Lolic, Direktor der Laboratorien für Elektrotechnik, Institut „Boris Kidric" Beograd, war wie sie Mitglied des Kuratoriums der DDR-Zeitschrift „Isotopenpraxis".[369]

Eine Aktivität des Staatsratsmitglieds Lieselott Herforth führt zu einer Gesetzesanpassung

Im Nachlass von Lieselott Herforth fand sich der Dankesbrief einer jungen Dresdner Familie mit drei Kindern; beide Eltern waren Akademiker. Frau Dr. A., die junge Frau von damals, erinnerte sich 2015 an eine für sie sehr schwierige Situation, aus der ihr Frau Professor Herforth heraushalf: „Ich habe im Oktober 1971 als befristete Assistentin bei Prof. Recknagel angefangen zu arbeiten. Im Frühjahr 1972 habe ich meine Tochter zur Welt gebracht, bekam einen Krippenplatz und arbeitete ab September weiter. Im Sommer 1974 bekam ich Zwillinge. Ich nahm das ‚Babyjahr' und arbeitete ab September 1975 weiter. Ende 1976 begann dann der Streit um meine Verlängerung. Ich dachte, man könnte mir eine reale Chance einräumen und mir fünf Arbeitsjahre zugestehen, also um die Ausfallzeiten durch die Kinder verlängern. Aber der O-Ton einer Mitarbeiterin der Kaderleitung war: ‚Ein befristetes Arbeitsverhältnis dauert maximal fünf Jahre, wieviel Kinder Sie in dieser Zeit bekommen, ist Ihre Privatangelegenheit.' Inzwischen war die Gesetzeslage für Männer, die während der befristeten Assistenz zur NVA mussten, zu deren Gunsten geändert worden. Ich fühlte mich also reichlich ungerecht behandelt. Nun war ich in keiner Partei, konnte von der Seite keine Unterstützung erwarten. Die Gewerkschaft hat mich erst hingehalten, aber auch nicht geholfen. Dann kam mir die Idee, dass doch Frau Prof. Herforth im Staatsrat ist, das wäre doch die richtige Adresse. Ich bekam auch schnell einen Termin und erzählte ihr meine Geschichte. Sie schien mir (ich war ja noch sehr jung und kann mich also täuschen) ziemlich entgeistert von dieser Situation.[370] Sie bat mich, was ich ihr erzählt hatte, aufzuschreiben und möglichst schnell zu bringen, damit sie das Papier zur nächsten Staatsratssitzung mitnehmen könne. Das tat ich. Ich war am Nachmittag bei ihr und steckte mein Schreiben am nächsten Morgen zeitig in ihren Briefkasten. Im Laufe des Vormittags klingelte mein Telefon: ‚H., Kaderleiter, Frau A., das mit Ihrer Verlängerung geht selbstverständlich in Ordnung!' Na, das war doch mal was! Ich denke, zwei [...] drei Monate habe ich mit meinen Mitteln versucht, etwas zu erreichen. Ich hörte dann später, dass die Gesetzeslage dahingehend geändert wurde, dass die ‚Kinderzeiten' generell verlängert wurden. Ich habe es dann tatsächlich geschafft, mit den drei kleinen Kindern meine Promotion fertig zu bekommen und im Frühjahr 1979 zu verteidigen. In diesem Zusammenhang muss ich auch Prof. Recknagel und seinem Oberassistenten Dr. Müssig für viel Verständnis dankbar sein. *Aber an der wichtigsten Stellschraube hat Frau Herforth gedreht.* [...] So, das ist meine Geschichte. Sie zeigt, was ich den jungen Menschen immer wieder erzähle, man muss kämpfen um das, was einem wichtig ist. Und manchmal gewinnt man einen Kampf." [371]

Frau Dr. A. war und ist Mitarbeiterin an der TU Dresden und nach wie vor im Lehrbetrieb tätig.

Auf dem Weg zum Titel „Kollektiv der sozialistischen Arbeit" Nov. 1969 bis Okt. 1971[372]

Im Vorfeld: Berufungsanträge vom November 1968

Am 22. November 1968 unterbreitete Lieselott Herforth dem Direktor der Sektion Physik, Prof. Dr. Heber, „drei Vorschläge zur Berufung zum Dozenten für die Sektion Physik". „In einer Rücksprache mit Magnifizenz Liebscher" habe sie „die Zusage für drei Dozentenstellen erhalten, da auch seiner Meinung nach wir alles tun müssen, um die Kadersituation in der Sektion Physik zu verbessern". Sie nannte die drei Herren Dr.rer.nat Siegfried Koch, der ihr Stellvertreter für den in Pirna-Copitz arbeitenden Teil der Mitarbeiter ihres Bereichs und derzeit Oberassistent war, Dr.rer.nat. Volkmar Schuricht, derzeit wiss. Mitarbeiter und ihr Stellvertreter für den in Dresden arbeitenden Teil der Mitarbeiter, außerdem seit fünf Jahren ihr persönlicher Referent für die Staatsratstätigkeit, und Dr.rer.nat Werner Stolz, wiss. Oberassistent, dessen Habilitation für den 2. Dez. 1968 angesetzt war und damit unmittelbar bevorstand. Die beiden anderen seien mit ihrer Habilitationsschrift weit fortgeschritten, und von Volkmar Schuricht läge ihr bereits der erste Entwurf vor. Die drei Genannten hatten schon seit mehreren Jahren praxisnahe Forschung (Vertragsforschung) betrieben und arbeiteten derzeit in den Forschungskomplexen „Analysenmesstechnik" (Koch) und „Messelektronik" (Schuricht, Stolz) der Sektion Physik.[373] Diese Anträge wurden recht schnell realisiert. Als die TU Dresden im Nov. 1969 eine kleine Delegation zu einer Wissenschaftswoche an die befreundete

Universität Damaskus schickte, waren die beiden Physikdozenten Volkmar Schuricht und Werner Stolz dabei, sie hielten je zwei Vorträge in englischer Sprache.

Abb. V.20: Volkmar Schuricht und Werner Stolz in Damaskus: Ausflug mit syrischen Kollegen am 7.11.1969 nach Mzaireeb (Sch. und St. 1. und 3. v. l.)

Verteidigung des Programms und Beginn seiner Verwirklichung

Am 1. Nov. 1969 nahm der Forschungskomplex „Kernphysikalische Messtechnik“ des Bereiches Experimentalphysik III der Sektion Physik mit seinen 20 Mitarbeiterinnen und Mitarbeitern – wissenschaftlichen und technischen Kräften – den „Kampf um den Titel Kollektiv der sozialistischen Arbeit“ auf. Der Forschungskomplex wurde von Lieselott Herforth geleitet, die auch an der Spitze des Bereichs Experimentalphysik III stand. *Ziel war die Schaffung eines einheitlichen Systems der Strahlenschutzüberwachung und -kontrolle für die DDR.* (Die Pirna-Copitzer „Arbeitsstelle Isotopentechnik der TU Dresden“, ebenfalls von Lieselott Herforth geleitet, arbeitete am Forschungskomplex „Analysenmesstechnik“ und kämpfte gesondert ebenfalls um den Titel „Kollektiv der sozialistischen Arbeit“.) Das Arbeitsprogramm wurde am 2. Dez. 1969 vor den Vertretern des Sektionsdirektors, der Sektionsgewerkschaftsleitung und des VEB Messelektronik „Otto Schön“ Dresden[374] – Prof. Dr. Kleinstück, Dr. Rennert und Dr. Weber – erfolgreich verteidigt; mit seiner Verwirklichung konnte nun begonnen werden.[375] Es beinhaltete die Punkte Forschung, Lehre und Erziehung, Weiterbildung, Gesellschaftspolitische Veranstaltungen, Kulturelle und sportliche Veranstaltungen, Arbeits- und Lebensbedingungen (Arbeitsorganisation, Arbeitsbedingungen und Arbeitsschutz). Bis zur Verleihung des Titels im Okt. 1971 gab es einige personelle Veränderungen, u. a. kam Dr. Weber vom VEB Messelektronik „Otto Schön“ Dresden, dem Hauptvertragspartner, hinzu, ebenso drei Forschungsstudenten, und einige technische Kräfte schieden wegen Wechsels der Arbeitsstelle aus.[376]

Berufungen, Promotionen und Verteidigung eines Abschlussberichtes

1970 wurde Dozent Volkmar Schuricht zum Professor berufen; in der Sektion Physik wurde ihm ab Mai 1970 die verantwortungsvolle Tätigkeit als Stellvertreter (des Sektionsdirektors) für Forschung übertragen. Die beiden Oberassistenten Klaus Hübner und Klaus Schillinger wurden zu Dozenten berufen.[377] Zwischen Ende 1969 und Anfang 1971 fanden drei Promotionen zum Dr.rer.nat. statt, alle „magna cum laude" abgeschlossen, die Forschungen dazu waren noch nicht an den VEB Messelektronik vertraglich gebunden. Die erste Promotion – bereits nach neuer Promotionsordnung –[378] war am 16. Dez. 1969 die von Karin Müller (*1940) über Verweilzeitmessungen. Nach der erfolgreich abgelegten Promotionsprüfung wartete auf sie der Deutsche Fernsehfunk in Person der Schauspielerin Renate Blume zu einem Interview, was der „Berichterstatter" Dr. Prokert so kommentierte: „Dr. Müller, blumenbeladen, überstand auch diese zusätzliche Prüfung und kann sich nun rühmen, die erste und bisher einzige ‚Fernsehpromotion' bestanden zu haben."

Abb. V.21: Dr.rer.nat. Karin Müller (r.) unmittelbar nach der Promotion, neben ihr Renate Blume

Am 20. Okt. 1970 wurde Birgit Dörschel (*1945) aufgrund der Dissertation „Neutronen-Personendosimetrie mit Festkörperdetektoren" und am 19. Febr. 1971 Dietmar Zappe (*1941) aufgrund der Dissertation „Digitale Verarbeitung der Information von Halbleiterdetektoren in der Isotopentechnik unter besonderer Berücksichtigung des Einsatzes von Vielkanal-Analysatoren" promoviert.[379]

Zu den Promotionen wurde die nicht ganz ernst gemeinte Zeitschrift „Interprom" verfasst. Überhaupt gab es nach erfolgreicher Promotion viel Spaß, bei der „Nachprüfung" durch die Kolleginnen und Kollegen, die manch Überraschungen – gelegentlich auch für die Chefin – bot, und natürlich beim abendlichen gemütlichen Beisammensein.

Abb. V.22: Dr.rer.nat. Birgit Dörschel nach der Promotion mit „Doktor-Mutter" L. Herforth

Abb. V.23: Dr.rer.nat. Dietmar Zappe direkt nach der Promotion mit Lieselott Herforth

Zur Promotion von Birgit Dörschel wurde ein (natürlich ironisch gemeinter) „Exclusivbericht" in das Tagebuch des Forschungskomplexes aufgenommen.[380] Eine der „Überraschungen" für die Chefin, noch aus „Institutszeiten", sei hier angeführt. Hauptteil der „Nachprüfung" von Manfred Frank war „die Bedienung eines speziell entwickelten und gebauten Elektronikschrankes". Johann Lingertat, ebenfalls Promovend am Institut, erinnerte sich: „Der von uns erdachte Clou bestand darin, dass bei Betätigung eines Schalters eine im Schrank befindliche Rauchbombe gezündet wurde, die irgend jemand von der Nationalen Volksarmee beschafft hatte. Da wir keine Erfahrungen mit Rauchbomben hatten, konnten wir nicht ahnen, was geschehen würde. Die Bombe zündete perfekt, und innerhalb einer Minute entwickelte sich ein schwarzer Rauchvorhang, der zu unserem Entsetzen nahezu die gesamte Vorderfläche des Instituts verhüllte. Lieselott Herforth, die sich in einer oberen Etage in ihrem Arbeitszimmer befand, bemerkte natürlich die ungewöhnliche Verdunklung des Tageslichts und konnte nur mit Mühe von der Sekretärin, die ahnte, dass wir nur eine etwas grobe „Nachprüfung" durchführten, an der Benachrichtigung der Feuerwehr gehindert werden. Kurze Zeit später erschien sie am Ort des Geschehens, schüttelte den Kopf und fragte, was wir uns eigentlich bei solchen Streichen dächten und was wir denn gesagt hätten, wenn jetzt die Feuerwehr erschienen wäre. Wir schauten etwas betreten und schuldbewusst zu Boden, und damit war die Affäre erledigt."[381]

Am 3. Dez. 1970 verteidigte die Forschungsstudentin Ulrike Schmidt sehr erfolgreich den Abschlussbericht zum Forschungsthema „Gammaelimination", das vertraglich an das Ministerium für Nationale Verteidigung gebunden war. Mitgearbeitet hatten Dr. Schillinger auf wissenschaftsorganisatorischem Gebiet und der Werkstattmeister Kleindt, der bei der Konstruktion verschiedener Teile der Messeinrichtung beraten hatte. Der Auftraggeber war sehr zufrieden und gewährte einen leistungsabhängigen Zuschlag von 50%. Der Minister für Nationale Verteidigung drückte seine Anerkennung auch in einem Brief an den Rektor der TU Dresden aus, mit der Bitte, Frau Prof. Herforth und dem erfolgreichen Forschungskollektiv seinen Dank auszusprechen. Rektor Liebscher begleitete die Ablichtung dieses Briefes für Lieselott Herforth mit den Worten: „Ich bin sehr froh darüber, dass ich durch Ihr Wirken sowohl für die Universität, als auch für mich selbst eine ständige Unterstützung spüre.“[382]

Anpassung des Arbeitsprogramms Ende Febr. 1970

In der Arbeitsbesprechung am 24. Februar 1970 wurden mehrere Beschlüsse gefasst, die die Effektivität der wissenschaftlichen Arbeit erhöhen sollten. Der Forschungskomplex „Kernphysikalische Messtechnik“ wurde *intern* in zwei Teilthemen mit festgelegtem Aufgabenbereich und je einem Teilthemenverantwortlichen aufgegliedert: „Strahlenschutzmesstechnik“ (Schuricht) und „Personendosimetrie“ (Stolz). Die Arbeiten innerhalb der beiden Teilthemen wurden relativ unabhängig voneinander durchgeführt. Die Forschungskomplex-Verantwortliche (Herforth) arbeitete im wesentlichen mit einem Beratergremium, bestehend aus den beiden Teilthemenverantwortlichen, einem Oberassistenten und dem Vertreter des Vertragspartners. Treffen aller am Gesamt-Forschungskomplex Beteiligten zur gegenseitigen Information fanden vierteljährlich statt.[383]

Der Prozess zur Erfüllung des Arbeitsprogramms

Rechenschaftslegungen zum Erfüllungsstand gab Lieselott Herforth nach Zuarbeiten aus dem Team: am 15. April 1970, am 8. Dez. 1970 und am 21. Mai 1971.[384]

Forschung: Hatte es 1970 noch drei Auftraggeber für die Forschung gegeben, war seit 1971 der VEB Messelektronik der einzige Auftraggeber, bis 1975 war der Forschungskomplex „Kernphysikalische Messtechnik“ vertraglich an ihn gebunden.[385] Die Arbeitsgruppe Strahlenschutzmesstechnik verlor ursprünglich eingeplante Arbeitskapazität durch die Berufung von Volkmar Schuricht zum Stellvertreter für Forschung (des Sektionsdirektors). Damit die Forschung überhaupt effektiv sein konnte, wurden die Aufgaben weiter konzentriert, und durch Verbesserung der Gemeinschaftsarbeit wurden Reserven aufgedeckt. Bald konnte die Chefin einschätzen: „Wir sind ein sehr großes Stück vorangekommen, [...] Fragen wir: wie haben wir diesen Fortschritt erzielt, so können wir feststellen, wir haben uns eins zum Prinzip gemacht: *Jeden gewinnen, Alle erreichen, Keinen zurücklassen!*“[386] Eine besondere Leistung war die Schaffung eines Jugendobjektes, das die Teilaufgabe „Strahlungsfeld“ bearbeitete.[387] In der Arbeitsgruppe Personendosimetrie wurde die Mitarbeit an einer Pionier- und Spitzenleistung (PSL) übernommen, die bis zum 30. Juni 1971 abgeschlossen werden musste. Die Mitarbeit erfolgte auf kurzfristigen Wunsch des Vertragspartners, eine Planung konnte daher nicht erfolgen, – eine absolute Ausnahme. Diese PSL brachte für einige Kollegen eine große Umstellung mit sich. Hier zeigte sich bereits die Qualität des bearbeitenden Teams und seines Leiters. Auch für die PSL konnte eine wichtige Teilaufgabe herausgefiltert und als Jugendobjekt „Dosimetrie“ an eine Gruppe von Studierenden und Mitarbeitern übergeben werden.[388] Das Hauptmerkmal von PSL ist, dass sie „den wissenschaftlichen bzw. wissenschaftlich-technischen Höchststand in der Welt bestimmen oder ihm entsprechen“. Dafür gab es verschiedene Anhaltspunkte, so sollten „die Leistungen schutzfähig (patentierbar)“ und „gesellschaftlich notwendig oder nützlich“ sein.[389]

Was den Stellenwert der Forschung betrifft, erinnerte Lieselott Herforth ihr Team nachdrücklich: *„Die große Bedeutung der Forschung liegt auch darin, dass sie der ständige und unmittelbare Test auf die gegenwärtige Leistungsfähigkeit eines Kollektivs und auf die spätere ihrer Absolventen ist. Aus diesem Grunde darf die Forschung nie als Restkapazität geplant werden, sondern muss als Minimalkapazität abgesichert werden. [...]“* Im Hochschulwesen[390] habe sie vor allem Bedeutung „als Umschlagplatz der Information über den Welthöchststand der Wissenschaft“, nur dadurch sei es möglich, „den Welthöchststand in der Aus- und Weiterbildung zu sichern“. [...] „In diesem Zusammenhang gewinnt die Einbeziehung der Studenten in die Forschung und die Heranführung unserer Studenten an die sozialistische Gemeinschaftsarbeit besondere Bedeutung.“[391]

Der Plan für 1971 wies für Lieselott Herforths Forschungskomplex „Kernphysikalische Messtechnik“ eine Forschungskapazität von 20,7 VBE aus, davon entfielen 5,3 VBE auf wiss. Mitarbeiter/innen, 8,7 VBE auf Studierende und 6,7 VBE auf technische Mitarbeiter/innen, Angehörige der Werkstätten eingeschlossen. Das Team von Professor Herforth arbeitete daneben auch aktiv an der Konzeption des neuen Forschungskomplexes „Gewinnung und Verarbeitung röntgen- und kernphysikalischer Informationen“ mit.[392]

Die Zusammenarbeit mit anderen Institutionen ließ sich nicht in vorgesehenem Umfang realisieren, da sie durch den Vertraulichkeitsgrad – als Vorlaufsforschung für die geräteproduzierende Industrie – eingeschränkt wurde. Es bestanden aber enge Kontakte etwa zur Staatlichen Zentrale für Strahlenschutz der DDR. Auf dem Gebiet der TLD wurde Kooperation mit dem Physikalischen Institut der Lettischen AdW in Riga angestrebt. Lieselott Herforth nahm während ihrer Reise mit einer Volkskammer-Delegation in die SU Kontakt mit der Universität Riga auf; es wurde vereinbart, dass Herr Konschak 1971 eine Studienreise nach Riga durchführen und dort vortragen sollte. Der Kontakt mit dem VIK, Abt. Strahlenschutz-Dosimetrie, bestand und war gut, so dass Dr. Stolz, Frau Dörschel und Herr Schmitt bereits im Sommer 1970 dort ein für ihre Arbeit sehr wichtiges Messprogramm durchführen konnten. Absprachen zwischen deren Betreuer in Dubna und Frau Professor Herforth waren auf der Physikertagung 1970 in Dresden getroffen worden.

Lehre und Erziehung: Die Aufgaben in Lehre, Weiterbildung und Erziehung wurden von der Sektion zentral verteilt, alle Dozenten und wiss. Mitarbeiter/innen des Forschungskomplexes hatten ihren Anteil zu leisten. Darüber hinaus waren einige im Rahmen der wahlobligatorischen Ausbildung im Bereich Experimentalphysik III eingesetzt. Auf Weisung des Sektionsdirektors wurde im Forschungskomplex ein Erzieherkollektiv unter Leitung der Komplexverantwortlichen Herforth gebildet, dem die Koordinierung und Kontrolle aller zu lösenden Ausbildungs- und Erziehungsaufgaben oblag. Zur Bedeutung der Bildungs- und Erziehungsaufgaben mahnte sie: „Wir sollten bedenken, dass ein großer Teil unserer Forschungskapazität durch unsere Studenten getragen wird. Wenn dies nicht so wäre, könnten wir unsere Forschungsverpflichtungen überhaupt nicht erfüllen. Dabei muss von den Hochschullehrern und wiss. Mitarbeitern ein erheblicher Aufwand betrieben werden, um zu hohen Leistungen zu kommen. Die betreuenden Mitarbeiter können dabei selbst weniger unmittelbar forschen.“[393] Entsprechend ist die Unterstützung der Arbeit der FDJ-Gruppe zu werten, hier hatte sich Frau Dörschel als FDJ-Leitungsmitglied und Verbindungsmann zur staatlichen Leitung besonders engagiert. Im Februar 1970 fand eine „Erzieherkonferenz“ mit allen Studierenden des 4. und 5. Studienjahres zu Problemen der Lehre und Erziehung statt. Auf dieser Beratung wurde der fachliche und gesellschaftliche Entwicklungsstand jedes einzelnen Studenten ausführlich und kritisch eingeschätzt.

Weiterbildung: Mit dem Forschungsprozess wurde „gleichzeitig der wichtigste Teil der fachlichen Weiterbildung der Hochschullehrer und wiss. Mitarbeiter gesichert“.[394] Die „Winterschule“, die erstmals vom 3. bis 5. April 1970 (Freitag bis Sonntag) im TU-Heim Weißig stattfand, organisiert von Dr. Stolz, war ein Höhepunkt in der Weiterbildung. Die „Winterschule“ entwickelte sich für die kommenden 20 Jahre zu einer alljährlich wiederkehrenden festen Einrichtung. Auf dem Tapet standen die Forschungsergebnisse, gesellschaftspolitische und kulturelle Themen, aber auch ein gutes geselliges Miteinander. Insgesamt fünf Vorträge über Dosimetrie wurden von Dr. Schuricht, Dr. Prokert, Dipl.-Phys. Müller, Dipl.-Phys. Schmitt, Dipl.-Phys. Dörschel in deutsch und von Dr. Stolz in englischer Sprache gehalten und rege diskutiert. Am Sonnabendmittag legte Frau Professor Herforth ihre Gedanken zur Akademiereform dar, wie sie sie in einer Diskussion an der DAW vorgetragen hatte. An den Nachmittagen wurde in kleinen Gruppen gewandert oder geklettert. An einem Abend fand ein Rundtischgespräch über „Lenins Stellung zum vereinten Europa“ statt, am anderen gaben Dr. Schuricht und Dr. Stolz einen Bericht von ihrer Dienstreise nach Syrien, sie schilderten ihre Erlebnisse während der Reise und beim Aufenthalt in Syrien und zeigten Dias von Damaskus und Aleppo.[395] Die nächste „Winterschule“ fand im März 1971 im Ferienheim Gohrisch des Kombinats Robotron statt, Robotron war ebenfalls ein Vertragspartner der Sektion Physik. Auch zwei Vertreter des Vertragspartners VEB Messelektronik nahmen daran teil. In den freien Stunden wurde wieder – nach eigenem Ermessen – gewandert oder geklettert, und an einem Abend berichtete Frau Prof. Herforth über ihre Reise mit einer Volkskammerdelegation durch drei

Republiken der UdSSR.[396] Außer den Winterschulen wurden nur wenige gemeinschaftliche Weiterbildungsmaßnahmen organisiert. Schwerpunkte dabei waren Marxismus-Leninismus (ML) und Fremdsprachen. ML wurde in den Zirkeln von Partei, FDJ und Gewerkschaft gelehrt. Es war auch gewünscht, dass alle am Forschungskomplex Beteiligten am Physikalischen Kolloquium der Sektion teilnähmen, das ließ sich jedoch nicht realisieren, solange sich das Kolloquium zeitlich mit spätnachmittäglichen Lehrveranstaltungen überschnitt. Hingegen nahmen alle an – im Forschungskomplex organisierten – Seminaren zu aktuellen Problemen der Rationalisierung in der Forschung teil, die jeweils über ein Semester liefen; im ersten dieser Seminare wurde „Netzplantechnik" behandelt, im zweiten „Systematische Heuristik", im dritten „Anwendung der EDV in den Naturwissenschaften". Im übrigen waren die Kaderentwicklungsgespräche Grundlage der Weiterbildung der einzelnen Mitarbeiter/innen, in ihnen wurden – abhängig von den beruflichen Perspektiven und Zielen – die individuellen Weiterbildungsmaßnahmen festgelegt und terminlich fixiert.

Gesellschaftspolitische Veranstaltungen, Ereignisse und Leistungen: Jeder aus dem Forschungskomplex verpflichtete sich zu 25 Stunden im Rahmen der „Volksmasseninitiative", die im Wohngebiet, aber auch im Wissenschaftsbereich abgeleistet werden konnten, hier etwa durch Werterhaltungsmaßnahmen an Möbeln. Diese Verpflichtung wurde mit 140% übererfüllt. – Zunächst gab es einige Ausnahmen, doch bis zum „Titel" hatten sich alle Mitglieder des Herforth'schen Forschungsteams zu einem monatlichen Solidaritätsbeitrag in Höhe von (mindestens) 30% ihres Gewerkschaftsbeitrages verpflichtet. Diese Verpflichtung wurde (im Durchschnitt) überboten, und neben dem „Soli-Beitrag" wurden auch andere Solidaritätsleistungen erbracht. Der Besuch der Gewerkschaftsversammlungen konnte nicht genügen, teilweise lag die Beteiligung unter 50 %. Das lag allerdings auch daran, dass sich zuviel auf den Mittwochnachmittag konzentrierte, dem einzigen Tag, an dem nach Dienstschluss keine Lehrveranstaltungen stattfanden.

Der 100. Geburtstag Wladimir Iljitsch Lenins am 22. April 1970 wurde würdig begangen: durch den Diskussionsabend auf der „Winterschule" in Weißig bereits, durch die Gestaltung von Wandzeitungen, durch thematische Mitgliederversammlungen der Gewerkschaftsgruppe und durch eine Festveranstaltung, die – sehr zeiteffektiv – mit einer Rechenschaftslegung des Forschungskomplexes verbunden wurde.[397] Das Ziel, alle Kolleginnen und Kollegen und auch alle Diplomanden des Bereichs Experimentalphysik III als Mitglieder der DSF zu gewinnen, war bereits im Frühjahr 1970 erreicht worden – und damit eine Voraussetzung für den Titel „Kollektiv der DSF". Die Studierenden der Immatrikulations-Jahrgänge 1967 und 1968 waren ebenfalls alle Mitglied der DSF und wurden in die Arbeit einbezogen; in den beiden FDJ-Gruppen dieser „Imma-Jahrgänge" arbeitete je ein DSF-Verantwortlicher, der die DSF-Arbeit koordinierte. Auf Anregung der Gewerkschaftsleitung wurden die ersten beiden Teile des sowjetischen Filmwerks „Befreiung“ angesehen: „Der Feuerbogen“ und „Der Durchbruch“, – beide als Mahnung dafür empfunden, alles für die Erhaltung des Friedens zu tun.[398]

Abb. V.24: Rechenschaftslegung der Komplexleiterin L. Herforth am 15.4.1970

Ein großes Gemeinschaftserlebnis, dokumentiert im „Tagebuch des Forschungskomplexes“ auf etlichen Seiten, war die Dreitagefahrt vom 12. bis 14. Juni 1970 (Freitag bis Sonntag) nach Berlin, Potsdam und zum KZ Sachsenhausen in Oranienburg[399], vorbereitet von Frau Stoll. Die Chefin konnte ihre Volkskammer-Kollegin und Oberbürgermeisterin von Potsdam, Brunhilde Hanke, zur Bereicherung des Programms gewinnen und unterstützte die Fahrt finanziell. Emotionaler Höhepunkt war der Besuch des KZ Sachsenhausen, 1936 gebaut, zur gleichen Zeit, als in Berlin die Olympischen Sommerspiele stattfanden. Hier wurden allein 1941 18 Tausend sowjetische Kriegsgefangene getötet, an anderen Gefangenen wurden vielfältige medizinische Versuche durchgeführt, wieder andere wurden an deutsche Großunternehmen „vermietet“ und dort durch Arbeit vernichtet. (Übrigens lebten viele der an den Versuchen beteiligten Ärzte nach dem Krieg in der BRD, sie waren entweder straflos ausgegangen oder hatten nur eine kurze Haftstrafe verbüßen müssen.) Am 22. April 1945 brachte eine Vorausabteilung der Sowjetarmee den im Lager Sachsenhausen verbliebenen 3000 Kranken die Freiheit. Mehr als 30 Tausend Häftlinge waren zuvor Richtung Ostsee in Marsch gesetzt worden, Anfang Mai 1945 befreiten Panzerkräfte der Sowjetarmee den Rest dieser Marschkolonnen, der die Strapazen überlebt hatte.[400] Bei der feierlichen Eröffnung der Mahn- und Gedenkstätte Sachsenhausen war ein Gelöbnis abgelegt worden, das auch 1970, angesichts des Vietnamkrieges, und auch heute (im Jahre 2016), angesichts der vielen Kriege in der Welt, wohl nichts von seiner Gültigkeit verloren hat:

„Wir Kämpfer gegen Faschismus, Militarismus und Krieg geloben an dieser heiligen Stätte, alle unsere Kräfte einzusetzen für die allgemeine und vollständige Abrüstung in der Welt, für einen dauerhaften Frieden der Völker. Die Ideale des antifaschistischen Freiheitskampfes, für die unsere Brüder, Kampfgefährten und Freunde kämpften und starben und in deren Namen wir schließlich siegten, erfordern auch heute unseren festen Zusammenschluss, unseren gemeinsamen entschiedenen und beharrlichen Kampf, bis der Friede gesichert ist und die Todfeinde der Menschheit, Militarismus und Faschismus, endgültig überwunden sind. Gemeinsam sichern wir den Triumph des Friedens und der Menschlichkeit.“[401]

Kultur und Sport, Arbeits- und Lebensbedingungen: Um die Arbeitseffektivität zu erhöhen, wurden seit Anfang Februar 1970 feste Sprechzeiten – und damit ungestörte Arbeitszeit – eingeführt. Das Team besuchte den Mathematisch-Physikalischen Salon im Zwinger. Theater- und Konzertpläne wurden regelmäßig ausgehängt und Kartenbestellungen auch für andere Bereiche der Sektion entgegengenommen. Anrechte für Theater und Konzert wurden bestellt und 16 Jahreskarten für die Kunstsammlungen Dresden verkauft. Frauentagsfeiern und Promotionen wurden gemeinsam begangen. (Insgesamt war jedoch die Teilnahme an kulturellen Veranstaltungen zu niedrig.) Organisiert von Dr. Hübner, wanderten die Kolleginnen und Kollegen an einem Sonnabend im Okt. 1970 „mit Kind und Kegel" von Pillnitz zum Borsberg und von dort weiter über Friedrichsgrund, Meixmühle, Keppmühle (Kaffeetafel!) und durch den Keppgrund nach Hosterwitz.[402]

Abb. V.25: Wanderung am 10.10.1970: Rast

Abb. V.26: Wanderung am 10.10.1970: Frau Professor „mitten d'rin"

Die tägliche Pausengymnastik wurde wiederbelebt, wegen der unterschiedlichen Lehraufgaben der einzelnen Kolleginnen und Kollegen konnten natürlich nie alle daran teilnehmen. Auch am Sektionssportfest und am Belegschaftssportfest der TU nahm das Team teil, wobei sich allerdings die jüngeren Frauen sehr zurückhielten.

Das Ziel wurde erreicht: Nach knapp zwei Jahren stellte sich der Forschungskomplex „Kernphysikalische Messtechnik" der Beurteilung seiner Leistung. Professor Zimmer von der Sektionsleitung war beeindruckt und empfahl dem Sektionsdirektor, den Antrag auf Verleihung des Staatstitels „Kollektiv der sozialistischen Arbeit" zu unterstützen. Er hob als besonders erwähnenswert hervor, „dass hier nicht ein Programm abgearbeitet wurde, sondern dass das Programm Leitfaden für die Arbeit war und ständig wieder neu aktiviert wurde. Was hier praktiziert wurde ist neu, und (es ist) gut durchgeführt worden."[403]

Dr. Weber als Vertreter des Vertragspartners VEB Messelektronik sah die wesentlichen Ursachen für die erreichten Erfolge in der streng wissenschaftlichen Arbeitsmethodik. Das begänne mit der präzise formulierten Aufgabenstellung. Durch sehr gute Organisation und Planung der Forschungsarbeiten hätte ein erheblicher Teil im Rahmen von Diplom- und Doktorarbeiten geleistet werden können. Von der Seite des Betriebes würde das allseitig hohe Verantwortungsbewusstsein besonders positiv gewertet, das sich in der Verwaltung der finanziellen Mittel, in den Arbeitsergebnissen, in den zwischenmenschlichen Beziehungen und Kontakten, in der kameradschaftlichen gegenseitigen Hilfe zeigte. Im Namen und im Auftrag des Betriebes sprach Dr. Weber Dank und Anerkennung an alle Mitarbeiterinnen und Mitarbeiter aus.[404]

Der Titel „Kollektiv der sozialistischen Arbeit" wurde dem Forschungskomplex „Kernphysikalische Messtechnik" der Sektion Physik am 4. Oktober 1971 verliehen, und am 7. Okt. 1971 erhielt die (gesamte) Arbeitsgruppe Experimentalphysik III den Namen „Kollektiv der Deutsch-Sowjetischen Freundschaft".

Mehr aus Arbeitsgruppe und Wissenschaftsbereich (WB)

Promotion des Ägypters El Fiky

1972 fand die Promotion des ägyptischen Aspiranten Mohamed El Fiky statt. Er war von Doz. Dr. Werner Stolz betreut worden, und Lieselott Herforth hatte eines der Gutachten verfasst. El Fiky wurde in Ägypten später Professor und Direktor eines großen nationalen Institutes für Standardisierung, vergleichbar etwa mit der Physikalisch-Technischen Bundesanstalt.[405]

Abb. V.27: Lieselott Herforth, Werner Stolz, Mohamed El Fiky (v. l.) nach der Promotion des ägyptischen Aspiranten 1972

Abb. V.28: Doktorvater Stolz (l.) mit dem frischgebackenen Doktor Mohamed El Fiki in heiterer Stimmung

Personelle und organisatorische Veränderungen

1973/74 gab es einige personelle und organisatorische Veränderungen in der „Arbeitsgruppe Experimentalphysik 3".[406] Lieselott Herforth hatte die Leitung in die Hände ihres Schülers Volkmar Schuricht gelegt, Dr.rer.nat.habil. und ord. Professor. Der Gruppe gehörten, neben Schuricht und Herforth, weiterhin an die Hochschuldozenten Dr.rer.nat.habil. Werner Stolz, Dr.rer.nat. Klaus Hübner, Dr.rer.nat. Klaus Schillinger, sieben Assistenten und Assistentinnen, Oberassistenten und Oberassistentinnen, ein Lehrer im Hochschuldienst (Dr.paed. Georg Oswald). Unter diesen dreizehn waren immerhin drei Frauen: neben Lieselott Herforth die Oberassistentin Dr.rer.nat. Birgit Dörschel und die Assistentin Dr.rer.nat. Karin Müller, die Mutter von drei Kindern war. Die selbständige „Arbeitsstelle Isotopentechnik" wurde nicht mehr in Personalunion mit der „Arbeitsgruppe Experimentalphysik III" geführt, sondern stand nun unter der Leitung des ord. Professors Dr.rer.nat.habil. Siegfried Koch. In ihr arbeiteten die Assistentin Diplom-Chemikerin Gerlinde Grahl und 13 weitere Physiker, Chemiker und Ingenieure. Vier hatten ihren Arbeitsplatz im Andreas-Schubert-Bau (Zellescher Weg 19, Dresden), alle anderen in Pirna-Copitz (Pratzschwitzer Straße 15).[407]

Ehrenpromotion und andere Auszeichnungen

Am 25. April 1974 wurde Lieselott Herforth die Ehrendoktorwürde der Technischen Hochschule für Chemie Veszprém (Ungarn) verliehen. Im Kollektiv der gesamten Sektion Physik erhielt sie am 1. März 1975 die „Verdienstmedaille der Nationalen Volksarmee“, verliehen durch den Minister für Nationale Verteidigung. Im Sept. 1976 wurde sie mit der Humboldt-Medaille in Gold geehrt. [408]

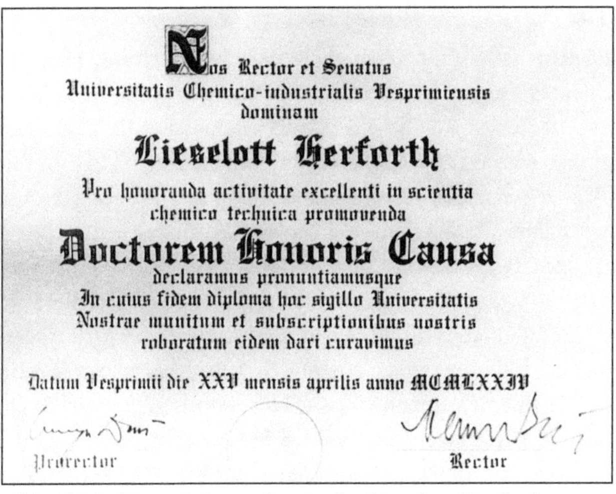

Nos Rector et Senatus
Universitatis Chemico-industrialis Vesprimiensis
dominam
Lieselott Herforth
Pro honoranda activitate excellenti in scientia
chemico technica promovenda
Doctorem Honoris Causa
declaramus pronuntiamusque
In cuius fidem diploma hoc sigillo Universitatis
Nostrae munitum et subscriptionibus nostris
roboratum eidem dari curavimus

Datum Vesprimii die XXV mensis aprilis anno MCMLXXIV

Prorector Rector

Abb. V.29: Ehrendoktorurkunde für Lieselott Herforth

Noch einmal zur Forschung unter Lieselott Herforth an der TU Dresden – seit 1965

Radioaktive Markierungsverfahren und Verweilzeitspektren

Seit 1965 wurde in der „Gruppe Technik“ intensiv an der Messung von Verweilzeitspektren an industriellen Anlagen und an deren Auswertung gearbeitet. Als Vertragsforschung wurden in vielen Betrieben und Institutionen Verweilzeituntersuchungen (etwa von Dr. Karin Müller, siehe oben) durchgeführt. Die wichtigsten Aufgaben lagen auf den Gebieten der Produktion von Polyamid- und Polyesterfasern (Chemiefaserkombinat Wilhelm-Pieck-Stadt Guben, Chemiefaserwerk Premnitz), der Hochdruckhydrierung (Schmierstoffkombinat Zeitz) und der Wirbelschichttechnik (Institut für Leichtbau Dresden, Chemiewerk Nünchritz, Zementanlagenbau Dessau). Es wurden auch Trocknungsanlagen, Mühlen, Absetzbecken, ein Flugstaubreaktor zur Spaltung von Magnesiumchlorhydrat und eine Produktionslinie zur Herstellung von Zellwolle untersucht. Entsprechend der Aufgabenstellungen betrugen die Verweilzeiten zwischen 40 Stunden (in der Chemiefaserindustrie) und einer Sekunde (in der Wirbelschichttechnik). Daher waren die Weiterentwicklung der Messtechnik und die Rationalisierung der Auswerteverfahren Schwerpunkte der Arbeit. Der industrielle Einsatz von Radionukliden zur Verweilzeitmessung brachte hohe ökonomische Ergebnisse nicht nur durch die Optimierung der chemischen Reaktoren, sondern auch dadurch, dass die Untersuchung ohne Störung der laufenden Produktion und ohne Verunreinigung der Reaktionsprodukte durchgeführt werden konnte.

Dosimetrie

Die enge und dauerhafte Zusammenarbeit zwischen Lieselott Herforth und dem VEB Vakutronik Dresden, dem späteren (seit 1969) VEB RFT Messelektronik „Otto Schön“ Dresden, hatte bereits 1960 begonnen. Mit den unter Lieselott Herforths Leitung durchgeführten Forschungsarbeiten zur TLD wurden die entscheidenden Voraussetzungen für die Entwicklung und Produktion dosimetrischer Messgeräte mit hohem Produktionsvolumen des Betriebes und großem volkswirtschaftlichen Nutzen geschaffen, die derzeit die besten im RGW waren. Nach der 3. Hochschulreform wurde diese Zusammenarbeit wesentlich vertieft. Forschungen des Teams um Lieselott Herforth führten zu Farbstoff-Festkörperdosimetern für den Hochdosis-Bereich, insbesondere zu einem Schwellwertdosimeter, bei dem sich bei Erreichen einer bestimmten Energiedosis (Schwelldosis) die Farbe in charakteristischer Weise ändert. Diese Dosimeter wurden bei der Strahlensterilisation medizinischer Artikel verwendet, gewannen aber auch für die Strahlensterilisation und – pasteurisierung von Lebensmitteln immer mehr an Bedeutung. Sie geben dem Anwender der strahlensterilisierten Produkte durch einfachen visuellen Nachweis die Sicherheit, dass die zur Sterilisation erforderliche Energiedosis tatsächlich erreicht wurde. Die Strahlensterilisation hat gegenüber den herkömmlichen thermischen oder chemischen Sterilisationsverfahren den Vorteil, dass die Forderung nach Beständigkeit der Produkte gegenüber Hitze oder bestimmten Chemikalien entfällt. So können etwa bei Transfusionssystemen in der Medizin auch Stoffe wie Plaste eingesetzt werden. Das im Bereich Experimentalphysik III der Sektion Physik der TU Dresden entwickelte Schwellwertdosimeter bot auch die Möglichkeit, die Schwellwertdosimeter-Folien zur Sichtbarmachung von Strahlungsfeldern und Flussdichteverteilungen von Strahlungsbündeln zu verwenden. Dadurch stand bei Experimenten an intensiven Quellen ionisierender Strahlung (Elektronenbeschleuniger, Zyklotron usw.) ein einfaches Hilfsmittel zur Strahljustierung zur Verfügung. Die ökonomischen Vorteile wurden in einem Gutachten von Mitarbeitern des VIK hervorgehoben: bei Verwendung von Schwellwertdosimetern zur Strahlabbildung am 660 MeV-Protonen-Synchrozyklotron konnte gegenüber den herkömmlichen Methoden eine Zeiteinsparung um den Faktor 3 erreicht werden. Auch das Schwellwertdosimeter wurde durch ein Patent geschützt und rasch in die Produktion überführt. Seit 1969 produzierte der VEB Chemiewerke Nünchritz, Betriebsteil Dohna, Schwellwertdosimeter unter dem Namen „Steridohn" für den ständig wachsenden DDR-Bedarf (1970: 500 Tausend, 1971 750 Tausend); von ihm wurde das Dosimetersystem in 10 Ländern als Auslandspatent angemeldet.

Strahlenschutzphysik

Bereits im Institut für Anwendung radioaktiver Isotope und danach in der Arbeitsgruppe Experimentalphysik III waren die wissenschaftlichen Grundlagen für die 1972 einsetzende Entwicklung des Gebietes „Strahlenschutzphysik" (SSP) gelegt worden. Der Wissenschaftsbereich SSP – WB SSP – befasste sich „mit der Untersuchung von Strahlungsfeldern, mit der Wechselwirkung zwischen Strahlung und Stoffen, insbesondere biologischem Gewebe, (mit) Detektor- und Abschirmmaterialien", außerdem wurden äußere und innere Strahlenbelastung des Menschen – in Abhängigkeit von der Bewegung radioaktiver Substanzen in der Umgebung des Menschen und in seinem Organismus – berechnet. Die Strahlenschutztechnik war dabei eine wichtige Teilaufgabe. Die Forschung in der Zeit von 1972 bis etwa 1982 diente auch der Kernenergienutzung. „Bei Kernspaltungs-Reaktionen können mehr als 100 Spaltprodukte und weitere Aktivierungsprodukte entstehen, die fast ausnahmslos radioaktiv sind. Für diese Gemische wurden Zusammensetzung, Gamma- und Betaspektren, die resultierende Dosisleistung und für spezielle Geometrien der weitere Strahlungstransport berechnet. Eine wichtige Voraussetzung für den Neutronenstrahlenschutz bildete die Berechnung von Neutronenfeldern [...] hinter Abschirmungen sowie an der Oberfläche und im Innern körperähnlicher Phantome."[409]

60. Geburtstag und Emeritierung fast ein Jahr danach

Lieselott Herforth empfand es als ungerecht, dass Frauen bereits mit 60 Jahren in den Ruhestand treten mussten, Männer hingegen erst mit 65. Dabei hatte sie – sicher nicht gewollt, aber so war es nun einmal – keine eigene Familie, keine Kinder, keine Enkel, und sie fühlte sich noch voll auf der Höhe ihrer geistigen Leistungsfähigkeit. Hochschullehrer wurden zum Ende des Studienjahres abberufen, in denen sie das 60. bzw. 65. Lebensjahr erreicht hatten. Da sie am 13. Sept. 1976, kurz nach Beginn des neuen Studienjahres, ihren 60. Geburtstag hatte, gewann sie noch fast ein Jahr regulärer Berufstätigkeit. All ihre Bemühungen um eine Neu- oder Ausnahmeregelung fruchteten nicht, da, so der FDGB-Vorsitzende Harry

Tisch in einem Gespräch mit ihr, durch die Ungleichbehandlung ein Präzedenzfall geschaffen würde.

Der 60. Geburtstag wurde mit einem Festkolloquium begangen, eingeleitet von der Laudatio ihres Schülers Volkmar Schuricht. Ehe er den verdienstvollen Lebensweg der Jubilarin in seinen Grundzügen nachzeichnete, schickte er voraus: „Ich weiß [...], dass es Ihnen gar nicht recht ist, wenn an Ihrem Ehrentage soviel über Sie gesprochen wird, da Sie doch immer nur Ihre Pflicht erfüllten, da Ihnen die Erfüllung persönlicher Wünsche nie Selbstzweck war. Aber Ihre Hochschullehrertätigkeit, die Sie so begeistert ausübten und noch ausüben, verpflichtet, insbesondere den Jüngeren unter uns mehr von Ihrem wissenschaftlichen Werdegang zu berichten, als Ihnen wünschenswert erscheinen könnte."[410]

Das Heft 9/1976 der „Isotopenpraxis" enthielt ausschließlich ihr zum 60. Geburtstag gewidmete Beiträge ihrer Schüler; die „Isotopenpraxis" war von C. F. Weiss mitbegründet worden und Lieselott Herforth gehörte lange Zeit ihrem Herausgebergremium an. Von der großen „Gratulationscour" und der abendlichen Feier legt ein von den Kolleginnen und Kollegen gestaltetes Fotoalbum Zeugnis ab.

Am 31. Mai 1977 erfolgte die Abberufung von Lieselott Herforth als Professorin an der TU Dresden mit Wirkung vom 1. September 1977 durch den Minister für Hoch- und Fachschulwesen, Hans-Joachim Böhme, verbunden mit der Emeritierung „in Anerkennung ihrer Verdienste um die Ausbildung, Erziehung, Forschung und Weiterbildung".[411]

Im Unruhestand

1. Zwischen „61." und „65.": 1977 bis 1981[412]

Arbeitsvereinbarung mit der TU: 1. Sept. 1977 bis 31. August 1979

Am 15. August 1977 wurde zwischen der TU Dresden und Lieselott Herforth eine Vereinbarung über ihre weitere Tätigkeit geschlossen, unterschrieben vom Rektor, Prof. Fritz Liebscher, vom Direktor der Sektion Physik, Prof. Rudolf Knöner, und von Lieselott Herforth. Diese Vereinbarung sollte zunächst zwei Jahre gelten. Die Aufgaben, die sie im WB SSP übernahm, bezogen sich zum einen auf die Neuherausgabe des „Praktikumsbuches Herforth/Koch" unter Mitarbeit von Klaus Hübner. Als Termin für die Manuskriptabgabe war mit dem VEB Deutscher Verlag der Wissenschaften Berlin der 31. Dez. 1978 vereinbart worden; das Buch sollte 1980/81 erscheinen. Zum anderen erarbeitete sie die Studie „Suche nach physikalischen und chemischen Strahlungseffekten mit ionisierender Strahlung in Festkörpern und festen Flüssigkeiten", mit der sie zur Vorbereitung der Forschungsarbeit im Zeitraum 1981 bis 1985 des WB SSP beitrug. Hier war als Abgabetermin der 31. August 1979 vorgesehen. Dazu übernahm sie Aufgaben für die Sektion Physik: Gutachten für Dissertationen, Prüfungsvorsitz bei Verteidigungen. Sie blieb Mitglied des Senats, des Wissenschaftlichen Rates der TU und des Rates der Sektion Physik. Außerdem erhielt sie Einladungen zu den Sitzungen des Gesellschaftlichen Rates der TU Dresden. Ihre Arbeiten hatte sie eigenverantwortlich zu organisieren; sie erhielt dafür eine Vergütung von 1000 Mark monatlich. Lieselott Herforth erledigte alle vereinbarten Aufgaben, ließ den Vertrag mit der TU nach Ablauf von zwei Jahren aber nicht verlängern. Sie arbeitete nun nach eigenem Ermessen im WB SSP mit und blieb in verschiedenen Funktionen an der TU. Sie übte selbstverständlich ihre Wahlfunktionen als Mitglied der Volkskammer und des Staatsrates aus und erhielt dabei von der TU Dresden die gewohnte Unterstützung: eine teilbeschäftigte Sekretärin, zwei Räume im Andreas-Schubert-Bau und die Garage im Barkhausenbau.[413]

Vorträge, Publikationen, Tagungen, Ehrungen

Lieselott Herforth arbeitete intensiv an dem gemeinsamen Buch Dörschel/Herforth: „Neutronen-Personendosimetrie". Der Termin für die Abgabe des Manuskripts lag noch im Jahre 1977, 1978 stand dann das Korrekturlesen an. Für das Sonderheft „Kernenergie" erarbeitete sie zur 150-Jahrfeier der TU Dresden gemeinsam mit Birgit Dörschel den Beitrag „Messprinzipien der Personendosimetrie". Dazu kam eine weitere gemeinsame Arbeit der beiden Kernphysikerinnen. Ebenfalls aus Anlass des 150. Geburtstages der TU schrieben Lieselott Herforth und Kurt Irmer für die „Isotopentechnik" einen Beitrag über die Isotopenanwendung an der TU Dresden. Er war Teil der umfassenderen Darstellung von Siegfried Koch, Irmer, Herforth: „Forschungsarbeiten des Wissenschaftsbereichs Kernstrahlungsphysik und Isotopentechnik der Sektion Physik der TU Dresden". Lieselott Herforth nahm alljährlich an der Winterschule des WB SSP teil, die sie 1970 selbst ins Leben gerufen hatte. An der Winterschule 1977 war sie mit zwei Vorträgen beteiligt, einen erarbeitete sie gemeinsam mit Birgit Dörschel, den anderen mit Dietmar Zappe. Sie hielt Vorträge über „Neutronen für friedliche und nichtfriedliche Zwecke" und Referate auf Foren und anderen Veranstaltungen. Vom 31. Jan. bis 3. Febr. 1978 belegte sie einen Mikroelektroniklehrgang an der TU Dresden. In der Regel besuchte sie die Jahrestagungen der Physikalischen Gesellschaft der DDR. 1979 nahm sie an der Wissenschaftlich-methodischen Konferenz in Jena teil, ebenso an der Einsteinkonferenz in Berlin. Sie war Ehrengast des Symposiums der Weltföderation der Wissenschaftler vom 15. bis 17. Mai 1980 zum Thema „Wiss. und technische Hochschulbildung in der modernen Welt", nahm am Kolloquium in Leipzig zu Ehren des 75. Geburtstages von Prof. Kurt Schwabe, des Präsidenten der Sächs. AdW, teil und war am 4./5. Sept. 1980 auf der V. Hochschulkonferenz. Seit April 1981 gehörte sie der Vorbereitungsgruppe der AdW der DDR für die Ehrung von Prof. Walter Friedrich zu dessen 100. Geburtstag an.

Am 2. Okt. 1979 erhielt Lieselott Herforth einen TU-Preis 1. Stufe. Von Erich Honecker wurde ihr die Medaille zum 30. Jahrestag der Gründung der DDR überreicht.[414]

Mitwirkung bei Promotionen und Diplomarbeiten, Gutachten

Lieselott Herforth begutachtete Dissertationen A und B und hatte den Vorsitz der Prüfungskommission bei Promotionen inne. Für den Zeitraum zwischen ihrem 60. und 65. Geburtstag listete sie (namentlich) auf: fünf Gutachten für Dissertationen A, sechs Gutachten für Dissertationen B, darunter die von Dr. Birgit Dörschel und Dr. Kurt Irmer. Den Vorsitz hatte sie bei 22 Promotionen A und B. Die Promovenden kamen von der TU Dresden, aus Berlin-Buch, von der TH Leipzig, aus Rossendorf, aus Dubna, ein Promovend war Ägypter. Darüber hinaus begutachtete sie einige Diplomarbeiten und war an mehreren Diplom-Verteidigungen beteiligt. Sie schrieb Gutachten im Zusammenhang mit den Berufungsvorgängen ihrer Schüler Klaus Hübner, Werner Stolz und Manfred Leistner, begutachtete für Verlage und Herausgebergremien Manuskripte von Büchern und Schriften (1977, 1978, 1980, 1981), darunter Stolz: „Radioaktivität", Bd. 2, und Schuricht/Steuer: „Praktikum der Strahlenschutzphysik", wie auch zwei Arbeiten für die „Radiochemical and Radioanalytical letters" (1978), deren Hauptredakteurin für die DDR sie war. Dazu kamen gesellschaftspolitische Gutachten, wie etwa die Befürwortung eines Besuchs der Bezirksparteischule oder die Bürgschaft für einen Antrag auf Aufnahme in die SED.[415]

Zur Arbeit in der AdW der DDR

Als Mitglied der AdW der DDR arbeitete Lieselott Herforth in der Neutronentherapiekommission in Berlin-Buch mit. Sie nahm selbstverständlich an den Plenar- und Klassensitzungen der Akademie teil. Als besondere Aktivitäten von ihr sind die „Hahn-Ehrung" und das „Neutronenkolloquium" hervorzuheben. Am 15. März 1979 fand auf der Plenartagung der AdW die Würdigung von Otto Hahn und seiner Mitstreiter anlässlich seines 100. Geburtstags statt. Lieselott Herforth war darum gebeten worden, den Festvortrag zu halten. Sie wird viel Arbeit hinein gesteckt haben, – wie auch die „allerletzte Überarbeitung" ihres Manuskripts zeigt.[416] Nach einem Vortrag, den Professor Helmut Abel 1978 vor der Klasse Physik der AdW der DDR gehalten hatte, „wurde im Protokoll der Vorschlag festgehalten, eine Sitzung zum Problem der Wirkung von Neutronen auf belebte und unbelebte Materie abzuhalten".[417] Mit der Vorbereitung des entsprechenden Kolloquiums „Neutronen zur Lösung von Problemen in Wissenschaft und Praxis" wurde Lieselott Herforth betraut; es fand am 10. April 1980 statt. Im Vorfeld hatte sie umfangreiche Absprachen zu treffen. Sie selbst trat mit kurzen einführenden Worten zu Beginn und mit einem Resümee am Ende der Veranstaltung auf.[418]

Volkskammer und Staatsrat (Auswahl)

Lieselott Herforth war auch 1976 als Kandidatin des FDGB aufgestellt worden, am 17. Okt. 1976 wurde sie in die Volkskammer gewählt und am 29. Okt. auf der konstituierenden Sitzung der Volkskammer erneut in den Staatsrat. Walter Ulbricht hatte 1971 die Funktion als Erster Sekretär des ZK der SED an Erich Honecker übergeben, war aber bis zu seinem Tod am 1. August 1973 Vorsitzender des Staatsrates geblieben. Ihre vierte und letzte Periode im Staatsrat begann sie unter dem Vorsitz von Erich Honecker.

Als Mitglied des Staatsrates wurde sie – wie üblich – auch damit betraut, Glückwünsche, Grußworte oder auch Beileidsbekundungen des Staatsrates zu verschiedenen Anlässen in der näheren Umgebung zu überbringen; konkret waren das Städtegeburtstage (1977: Oederan 750 Jahre, 1978: Naumburg 950 Jahre, 1979: Königstein 600 Jahre), sehr hohe Geburtstage (1979 in Dresden, 1980 in Coswig und Gröditz), runde Geburtstage von Genossen (1978 Hans Modrow 50.; 1979 Manfred Scheler 50.), Drillingsgeburten (1978, 1980 in Dresden), Trauerfeiern (1979 Willi Grandetzka), Auszeichnungsakte (1979 VEB Möbelkombinat, Vorbereitung; am Auszeichnungsakt selbst konnte sie wegen Erkrankung nicht teilnehmen), Eröffnung von Feierlichkeiten und Festen. Im ersten Halbjahr 1978 war sie an je einem Staatsratseinsatz in Riesa und Suhl beteiligt.

Der 150. Geburtstag der TU Dresden wurde im Okt. 1978 mit einer Festwoche begangen. Eine Delegation mit Erich Honecker, Kurt Hager und Günter Mittag besuchte am 9. Okt. 1978 die TU. Als Staatsratsmitglied und TU-Angehörige war Lieselott Herforth selbstverständlich mehrfach eingebunden. Zur Festwoche waren Vertreter aus Hochschulen des In- und Auslandes angereist; Prof. Julius Straub von der TH Veszprém (Ungarn), ein Kollege und – mit seiner Familie – nun schon sehr guter Bekannter über viele Jahre, wurde von ihr betreut.

1979 nahm sie an der Sondertagung des Kongresses des Weltfriedensrates in Berlin teil. Am 6. Sept. 1980 war sie bei der Eröffnung der 67. Konferenz der Interparlamentarier in Berlin (mit Staatsratsempfang) dabei. Vom 21. bis 23. Sept. 1980 weilte eine Interparlamentarierdelegation in Sachsen und Dresden, am 23. Sept. auch der Volkskammerpräsident; sie trat dabei als Staatsratsmitglied auf.[419]

TU Dresden, SED-Kreisleitung der TU, gesellschaftliche Gremien (Auswahl)

Bei dem nachfolgend Aufgeführten wurde Lieselott Herforth immer auch in ihrer Eigenschaft als Volkskammerabgeordnete und Staatsratsmitglied wahrgenommen. Am 18. Nov. 1976 nahm sie an einem Treffen von Nationalpreisträgern der TU Dresden mit Beststudenten teil, das sie selbst mit vorbereitet hatte und bei dem sie Gesprächspartner der Gruppe Physik war. (Sie hatte 1971 einen Nationalpreis für Wissenschaft und Technik erhalten.) 1979 berichtete sie als Mitglied der SED-Kreisleitung der TU auf einem Studentenforum der TU über die jüngste Bezirksdelegiertenkonferenz der SED. Ihre Gedanken zum Wahlaufruf 1979 – für die im Mai stattfindenden Kommunalwahlen – hatte sie im März für die Kreisleitung formuliert, sie trug vor der Gewerkschaft darüber vor und schrieb im August einen Artikel für die UZ. Am 14. Jan. 1980 nahm sie an dem Konzil der TU Dresden teil, auf dem der Gesellschaftliche Rat der TU gewählt wurde. (Sie selbst war Mitglied in diesem Beratungsgremium des Rektors.) Auf der Schulung der SED-Kreisleitung der TU im März 1980 in Gaußig hielt sie – gemeinsam mit einem Kollegen – das Referat „Aufgaben und Erfahrungen bei der weiteren Festigung der sozialistischen Demokratie". Im Mai 1980 fuhr sie zu einer Informationstagung, die im Finanzministerium in Berlin stattfand, trat anlässlich des 35. Jahrestages der Befreiung[420] vor einem Frauenforum in Riesa auf und hielt die Festrede auf einer Veranstaltung, die der WBA 85 und die DFD-Gruppe des Wohnbezirks gemeinsam durchführten. Sie sprach im Nov. 1980 vor der Frauenkommission der UGL und im Dez. 1980 auf der Jahresabschlussfeier der Volkssolidarität des WBA 81, jeweils verbunden mit einer Rechenschaftslegung als Abgeordnete. Bereits Mitglied seit 1967, wurde sie 1981 erneut in die SED-Kreisleitung der TU gewählt; sie arbeitete dort in den Kommissionen „Wissenschaftspolitik" und „Geschichte" mit. 1981 war sie Teilnehmerin der Bezirksdelegiertenkonferenz der SED; sie wurde zum X. Parteitag der SED delegiert.

Einige „Auftritte" hatte sie im FDGB, für sie als vom Gewerkschaftsbund nominierte Abgeordnete war das auch immer eine Rechenschaftslegung: Im März 1976 – vor den Volkskammerwahlen – diskutierte sie auf der FDGB-Bezirksdelegiertenkonferenz mit, nahm im Mai 1977 mit Diskussionsbeitrag an der Delegiertenkonferenz des Zentralvorstandes der Gewerkschaft Wissenschaft teil und vom 16. bis 19. Mai 1977 am FDGB-Bundeskongress. Am 26. Jan. 1980 war sie Gast auf der Bezirksdelegiertenkonferenz der Gewerkschaft Wissenschaft und nahm am 16. Febr. 1980 an der FDGB-Delegiertenkonferenz teil. Zu den vielen Beiträgen, die sie in der UZ, in der SZ und anderen Zeitungen veröffentlichte, gehörte im März 1980 ein SZ-Artikel zu dem wichtigen Thema: „Wie kann man die Jugend zum Schöpfertum erziehen?"[421]

1981: Die entscheidende Veränderung vor dem 65. Geburtstag

Lieselott Herforth war Delegierte des X. Parteitages der SED, der vom 11. bis 16. April 1981 in Berlin stattfand. In ihrer „Stellungnahme zum Rechenschaftsbericht", die sie für Rudi Vogt, den Sekretär der TU-Kreisleitung der SED schrieb, hieß es u. a.: „Ich möchte behaupten, dass der Rechenschaftsbericht uns in die Lage versetzt, auf alle Fragen, die die Genossen und Kollegen an uns Delegierte stellen werden, besonders auch in der Zeit der Vorbereitung auf die Wahlen, eine konkrete Antwort zu geben. Besonders beeindruckt hat mich die Darstellung der internationalen Lage und die außenpolitische Tätigkeit der DDR."[422] Zu diesem Zeitpunkt hat sie wohl noch damit gerechnet, wieder als Kandidatin für die Volkskammer aufgestellt zu werden. Im Mai wurde sie im Regierungskrankenhaus behandelt. Am 7. Mai teilten ihr dort Dr. Klaus Sorgenicht und Horst Wagner vom ZK der SED in einem längeren Gespräch (am Krankenbett) mit, dass sie nicht wieder kandidiere. Im Krankenhaus hatte sie Zeit, alles in Ruhe zu überdenken, und letztlich kam sie selbst zu dem Schluss, dass zur Erfüllung der anspruchsvollen Aufgaben der nächsten Jahre, die auf dem X. Parteitag gestellt worden waren, jüngere, noch voll im Berufsleben stehende Wissenschaftler in Volkskammer und Staatsrat wirken müssten. Sie selbst wäre gegen Ende der neuen Wahlperiode 70 Jahre gewesen. Erich Honecker wurde allerdings bereits 1981, zu deren Beginn, 69 Jahre alt. Am 18. Juni 1981 fand die letzte Sitzung des Staatsrates in der alten Legislaturperiode statt; zum Abschied erhielt sie eine große Meißner Vase und ein förmliches Dankesschreiben Erich Honeckers überreicht. Zu seinem Geburtstag im August sandte ihm Lieselott Herforth einen Brief, in dem sie auch über die Gefühle sprach, die sie am 18. Juni nach fast 18 Jahren Staatsratstätigkeit bewegt hatten. Honeckers Antwortbrief war persönlicher gehalten als sein Dankesschreiben, er kehrte hierin auch zum zwischen Genossinnen und Genossen üblichen „Du" zurück. Leider, so versicherte er ihr, habe er zu spät Kenntnis davon erhalten, dass der FDGB sie nicht mehr als Kandidatin für die Volkskammer aufgestellt habe. „Das nahm mir die Möglichkeit, Dich wiederum als Mitglied des Staatsrates vorzuschlagen, was ich sehr bedauerte. Du kannst sicher sein, dass Deine langjährige Tätigkeit als Abgeordnete der Volkskammer und als Mitglied des Staatsrates stets gewürdigt wird."[423]

Der 65. Geburtstag

Zum 65. Geburtstag Lieselott Herforths fand ein Kolloquium an der TU Dresden statt. Es wurde von Volkmar Schuricht eröffnet, der in seinen einführenden Worten auf die zum 60. Geburtstag von ihm gegebene Laudatio verwies und sich im übrigen auf die Leistungen beschränkte, die von der Jubilarin in den letzten fünf Jahren erbracht worden waren. Auf ihre Tätigkeit in Volkskammer und Staatsrat, die sie lange und erfolgreich ausgeübt hatte, war sie besonders stolz, doch „ihre größte Freude an diesem Tag" waren, wie sie betonte, ihre „Schüler und alle [...] ehemaligen Mitarbeiter", die in so großer Zahl zu ihrem Ehrentag nach Dresden gekommen waren. Viele von ihnen waren nun selbst in verantwortlicher Position an der TU, in Berlin, Merseburg, Jena, Leipzig, Zittau, Freiberg, in Akademieinstituten, beim SAAS, in den AKW, in Industriebetrieben tätig. Drei waren derzeit, 1981/82, Sektionsdirektoren an der TU Dresden – und zwar Direktoren von drei unterschiedlichen Sektionen: Physik, Chemie, Informationsverarbeitung, etwas bisher noch nicht Dagewesenes und eine Tatsache, die allein schon das interdisziplinäre Arbeiten in Lieselott Herforths früherem Institut bezeugt[424]. Vom MHF kamen der Stellv. Minister Harry Groschupf und Dr. Müller, von der TH Veszprém Prof. Julius Straub. In ihren Dankesworten bat die Jubilarin Harry Groschupf, Herrn Minister Böhme „herzliche Grüße auszurichten und ihm zu sagen", sie „wäre ein sehr zufriedener und glücklicher emeritierter Professor". Und sie fügte an: „Wollte ich alle meine Pläne in der wissenschaftlichen und gesellschaftlichen Arbeit verwirklichen, müsste ich 100 Jahre alt werden. Aber sage ihm auch, ich genieße den Status eines Emeritierten. Es ist wunderbar, seinen Interessen ohne Hektik nachgehen zu können und dabei ein gutes Kollektiv von Genossen und Kollegen an der TU zur Seite zu haben, [...]"[425] Am 3. Sept. 1981 war sie in Berlin durch den Minister für Hoch- und Fachschulwesen der DDR, Prof. Hans-Joachim Böhme, mit einer „Ehrenplakette" „für Verdienste um die Hoch- und Fachschulbildung" geehrt worden, verbunden mit der Eintragung in das Ehrenbuch des MHF. Den Vaterländischen Verdienstorden in Gold erhielt sie ebenfalls 1981.

Die Probleme, die ihr Ausscheiden aus Volkskammer und Staatsrat mit sich brächten, hatte sie Dr. Klaus Sorgenicht gegenüber angesprochen. Sie wurden in Absprache auch mit der TU und der SED-Kreisleitung der TU und mit anderen Organen großzügig geregelt. Günter Priedemuth hatte sie als ihr zugeordneter „Staatsratsfahrer" 18 Jahre lang zu ihrer vollsten Zufriedenheit begleitet, und bei den Gesprächen „über ihre Zukunft" vergaß sie nie, sich für ihn einzusetzen und auf seine besondere Tüchtigkeit hinzuweisen, war er doch nicht nur ein exzellenter Fahrer, sondern Automechaniker von Beruf, was sich gerade bei Reisen ins Ausland (darunter zweimal in die SU) als sehr vorteilhaft erwiesen hatte. Es wurde geregelt, dass er sie nach Voranmeldung bei seiner vorgesetzten Dienststelle in gewissem Umfang weiterhin fahren durfte, jedoch in ihrem eigenem Auto (einem Lada) und auf eigene Benzinkosten. Diese Anforderungen beschränkte sie auf das Nötigste: in der Regel waren es zwei Fahrten monatlich zur Akademie oder zur Wahrnehmung anderer wissenschaftlicher Verpflichtungen. Sie behielt die Garage im Barkhausen-Bau, die sie bereits seit 1963 nutzte. (Erst Ende 1996 gab sie diese auf.) Lieselott Herforth selbst hatte keinen Führerschein, sollte aus gesundheitlichen Gründen aber längere Zugfahrten möglichst vermeiden, sie hätte kein Gepäck, nicht einmal eine schwere Aktentasche, tragen können. (Das war bereits so am Ende ihrer Zeit in Berlin-Buch.) Frau Annemarie Stoll (*1920), Lieselott Herforths Dresdner Sekretärin für Staatsratsaufgaben, blieb ihr zunächst erhalten. Sie hatte bereits das Rentenalter erreicht und schrieb noch etliche Jahre privat für Lieselott Herforth, – selbstverständlich von dieser selbst bezahlt. Die Wissenschaftlerin wurde weiterhin regelmäßig im Regierungskrankenhaus „durchgecheckt" und bei Bedarf behandelt, wenngleich sie meist ihre langjährigen Dresdner Ärzte aufsuchte. Auch ihre bisherigen Kur- und Urlaubsplätze in der DDR wurden ihr weiterhin vermittelt.[426]

2. AUS DEN JAHREN 1981 BIS 1989/90

100. Geburtstag Walter Friedrichs

Am 25. Dez. 1983 wäre der 1968 verstorbene Walter Friedrich 100 Jahre alt geworden. Aus diesem Anlass fand am 1. Dez. 1983 an der AdW der DDR ein Festkolloquium statt, an dem auch der Friedensrat der DDR, die HUB und der Rat der Stadt Magdeburg beteiligt waren. Auch Lieselott Herforth war gebeten worden zu sprechen. Sie wählte das Thema „Erinnerungen an Walter Friedrich – mein Chef und Lehrer von 1949 bis 1954". Ursula Bove, die Tochter Walter Friedrichs, hatte ihr bei der Materialsammlung durch Rückgriff „auf eigene Bestände" geholfen, die sie Lieselott Herforth übereignete.[427] Im Jahr zuvor hatte Lieselott Herforth angeboten, für „spectrum"[428] etwas über Walter Friedrich zu schreiben; diese Anregung war vom Hauptredakteur Joachim Mörke aufgegriffen und gleich „festgeklopft" worden. Sie rezensierte auch die von Eike Schierhorn verfasste Biographie „Walter Friedrich", die 1983 erschien. Werner Stolz las das Buch ebenfalls und hatte einiges zu bemängeln. Lieselott Herforth besprach den 100-seitigen Band im Ganzen positiv, fügte aber eine Liste empfohlener Änderungen für eine Nachauflage an. Selbstverständlich vermerkte sie im Anschreiben, dass sie „auch Hinweise (ihres) ehemaligen Schülers, Professor Dr.habil. Werner Stolz, aus Freiberg" eingearbeitet habe, „der Ihnen ja als Autor gut bekannt ist."

Beratung beim Verfassen und Herausgeben von Büchern

Im Nov. 1983 hatte Ruth Seydewitz den ersten Entwurf ihrer Arbeit über Kurt Schwabe fertiggestellt. Mit Lieselott Herforth vereinbarte sie ein Gespräch, verbunden „mit einer Plauderstunde mit Max" (Seydewitz). Da nicht vom Fach, hoffte sie auf die Hilfe der Physikerin und weiterer Schwabe-Kenner bei der Einschätzung der Bedeutung von Kurt Schwabe für Wissenschaft, Technik, Wirtschaft. Bei einem Treffen im Januar 1984 in erweiterter Runde begann die endgültige Fassung Gestalt anzunehmen.[429] Das Buch erschien 1986 im Akademie-Verlag Berlin. – Ein Gutachten zum Buch „Stolz: Messung ionisierender Strahlung" lieferte L. Herforth im Nov. 1983 ab.[430]

Gedanken zum 35. Jahrestag der DDR

Lieselott Herforth war von der UZ-Redaktion interviewt worden; ihre dabei geäußerten „Gedanken zum 35. Jahrestag der DDR" wurden in Nr. 18, 1984, der UZ veröffentlicht. Auf die Frage, was das Wichtigste sei, das man den Studenten mit auf den Weg geben müsse, antwortete sie: „Sie sollen [...] begreifen, dass wir Alten auf die Jugend in unserer DDR fest bauen und ihr vertrauen, uns den Frieden weiter zu erhalten. Dazu gehört, dass sie, ganz gleich auf welchen Platz gestellt, beste Leistungen [...] vollbringen und mit großem Fleiß und Freude sowie großem Verantwortungsbewusstsein ihrer Arbeit nachgehen. Dabei sollen sie Persönlichkeiten werden, die sich durch großes Wissen und Können und hohe Einsatzbereitschaft, aber auch durch Bescheidenheit auszeichnen. In ihrer Familie müssen sie ihre Kinder zur Liebe zur DDR und zur Sowjetunion erziehen, zur internationalen Solidarität und zur Liebe zur Arbeit. Das ist ganz wichtig für die weitere Entwicklung unserer DDR und für die Erhaltung des Friedens." Zuletzt wollte die UZ-Redaktion von ihr wissen, was sie sich für dieses Land und für sich persönlich wünsche. Sie antwortete: *„Frieden. Frieden ist das, was ich in erster Linie unserem Geburtstagskind wünsche, und ich möchte sagen: ewigen Frieden!* [...] Meine Generation hat den 2. Weltkrieg, den der Hitler-Faschismus von deutschem Boden auslöste, noch in grausamer Erinnerung. Unserer Jugend und unserer Deutschen Demokratischen Republik wünsche ich, dass sie niemals einen Krieg erleben. *Dass dieser Wunsch in Erfüllung geht, dafür wollen wir arbeiten, kämpfen und leben!"*[431]

Lieselott Herforths Arbeitsjahr 1987 – als typisches Beispiel im Zeitraum 1981 bis 1989

Lieselott Herforth blieb über die 80er Jahre hinweg sehr aktiv und plante jeden Tag, aber sie ging nun ihren Interessen in Ruhe nach. Kam unerwarteter Besuch, wich sie von ihrem Tagesplan ganz selbstverständlich ab, war sie gesundheitlich „nicht auf dem Posten", so fehlte sie bei der einen oder anderen Sitzung, in der Regel entschuldigt. Auch die Hausarbeit und die verschiedenen Besorgungen wurden von ihr mitgeplant, aber eben alles locker. Die Fotos, die zu ihrem 70. Geburtstag entstanden waren, lagen ihr Anfang 1987 vor. Sie schickte kleinere oder größere Kollektionen davon im Laufe der nächsten Monate an Freunde und Bekannte aus ihrem wissenschaftlichen, gesellschaftlichen und privaten Umfeld, darunter auch an Minister Böhme und an Lotte Ulbricht.

Wir wollen einen genaueren Blick auf Lieselott Herforths Aktivitäten des Jahres 1987 werfen.[432] Sie hatte eine Fülle von telefonischen und brieflichen Kontakten zu Kolleginnen und Kollegen und Bekannten früherer Jahre. Diese Kontakte waren mit ihren aktuellen Tätigkeiten in der Wissenschaft, an der Universität, in Partei und Gewerkschaft verknüpft, reichten aber auch weit in die Vergangenheit zurück. Eine von ihr angelegte, immer wieder aktualisierte und akribisch geführte Liste enthielt rund 80 Namen und Anschriften von Personen, die regelmäßig Neujahrs- und Geburtstagsgrüße erhielten. Davon abgesehen, hat sie 1987 in ihrem Jahresplanungskalender Kontakte unterschiedlicher Art zu rund 150 Bekannten notiert, mit denen sie meist mehrfach oder häufig zu tun hatte, nicht mitgezählt dabei Ärzte, Krankenschwestern und Geschäftsleute.

Beteiligung an Promotionen 1987 – etwas näher ausgeführt

Lieselott Herforth, nun schon über 70 Jahre alt, blieb in die wissenschaftliche Arbeit – nicht nur ihres WB SSP – involviert. Wie bisher wirkte sie bei Promotionen mit. Auf jede Promotion, an der sie teilnahm, bereitete sie sich gewissenhaft vor, insbesondere natürlich dann, wenn sie Gutachterin oder Vorsitzende war. Anfang des Jahres sah sie die Dissertation von Peter Sahre vom ZfK durch, die er dann bei ihr abholte, ihr dabei einige gewünschte Bücher aus der Rossendorfer Bibliothek mitbringend. Sahre hatte an der TU Dresden von 1973 bis 1978 angewandte Kernphysik studiert und hatte seine Dissertation über ein Thema aus Lieselott Herforths ureigenstem Gebiet geschrieben, der Thermolumineszenzdosimetrie. Am 15. Jan. sprach sie telefonisch mit Prof. Werner Roßbander, seinem Chef, über die Dissertation; bei der Gelegenheit bat sie ihn gleich, sie als Gast bei der Mai-Tagung in Rossendorf anzumelden. Im April und Mai arbeitete sie die Dissertation B von Dr. Siegfried Matschke durch und empfing diesen danach zu einem Gespräch. Im Mai las sie auch die Dissertation A des Koreaners Kim, eines Promovenden ihres früheren Schülers Werner Stolz, das Gutachten dazu stellte sie im wesentlichen bis Ende Mai fertig, traf sich mit dem Promovenden jedoch am 3. Juni noch einmal „im Institut"[433], von Dr. Konrad Prokert zurück nach Hause gebracht; am 11. Juni abends holte Prof. Stolz das Gutachten bei ihr in der Wohnung ab. Sie bereitete sich auf die Promotion von Kim vor, die am 2. Juli 1987 an der Bergakademie Freiberg stattfand. Ebenso bereitete sie sich auf die Promotion B von Dr. Matschke vor, telefonierte im Zusammenhang damit mit Professor Helmut Abel, ihrem ersten Diplomanden aus der Bucher Zeit, und fuhr gemeinsam mit Prof. Dieter Seeliger, dem Leiter des WB Kernphysik und derzeitigem Direktor der Sektion Physik der TU, am Mittwoch, dem 10. Juni 1987, nach Berlin-Buch, wo sie den Vorsitz bei der B-Verteidigung von Dr. Matschke hatte. Dr. Matschke sandte ihr wenig später die Kopien einiger von ihr gewünschter, schwer zu bekommender Arbeiten nach Dresden, bedankte sich noch einmal für ihre Mitwirkung bei seiner B-Promotion und wünschte, „dass noch viele Kandidaten von (ihr) betreut" würden. An einem Sonntag im Juni begann sie mit der Durchsicht der Dissertation B von Dr.rer.nat. Gerd Streubel, einem Mitarbeiter im WB SSP, mit dem sie am 22. Juni telefonierte und der sich am 26. Juni, 9 Uhr, in ihrer Wohnung zu einer Beratung über die Kap. 1, 2, 3 einfand. Parallel dazu vertiefte sie sich in die Dissertation B von Dr. Konrad Prokert, dessen Verteidigung auf den 6. Juli festgesetzt war. An diesem Tag wurde sie gegen 10 Uhr von Professor Schuricht abgeholt und sprach vor der Verteidigung noch den Dekan der für die Promotion zuständigen Fakultät Naturwissenschaften und Mathematik, Prof. Winfried Pippel, einen früheren langjähriger Mitarbeiter. Abends nahm sie an der Promotionsfeier teil.

Abholen, Nach-Hause-Fahren, Bücher besorgen, Gespräche bei ihr zu Hause, – Lieselott Herforth arbeitete noch immer viel, aber sie war wirklich „gut aufgehoben“ unter ihren akademischen Schülern und Schülerinnen!

WB SSP und Sektion

Am Vormittag des 11. Januar 1987 wurde sie von ihrer Schülerin Birgit Dörschel – nun Dozentin im WB SSP – besucht, in der Beratung der beiden ging es einmal um den TU-Preis, zum anderen um den Rektorbeschluss zu CAD/CAM und die damit verbundenen Umzugsmaßnahmen im Andreas-Schubert-Bau. Auch Lieselott Herforth würde umziehen müssen, unterstützt beim Umräumen von Dr. Streubel. Sie musste all das, was sich im Laufe der Jahrzehnte bei ihr angesammelt hatte, durchsehen und auch einen noch von ihr genutzten Panzerschrank räumen. Schon in der zweiten Februarwoche hatte sie diese, ihr sicher nicht angenehmen, Arbeiten hinter sich gebracht, – nur der Panzerschrank musste noch bis Ende Juli warten. Sehr großen Kummer bereitete ihr die augenblickliche personelle Situation im WB SSP. Professor Schuricht war seit April 1983 zu der – sehr ehrenvollen – Tätigkeit am IAEA in Wien beordert worden. Sein Arbeitsverhältnis mit der TU ruhte, und er war in der Regel nur während des Urlaubs in Dresden. An der Spitze des WB stand nun Klaus Hübner, Lehrstuhlnachfolger von Lieselott Herforth. Dieser war schwer erkrankt, und Hoffnung auf vollkommene Wiederherstellung seiner Gesundheit bestand nicht. Dozentin Dr.sc.nat. Birgit Dörschel vertrat ihn. Ein WB ohne arbeitsfähigen Professor an der Spitze, – das war ein sehr unbefriedigender und auf Dauer unhaltbarer Zustand, der auf längere Sicht sogar die Existenz des Wissenschaftsgebietes SSP an der TU Dresden gefährden könnte. Einen WB SSP in dieser Form gab es in der DDR ausschließlich an der TU Dresden. Sie wandte sich an den Präsidenten des SAAS, Professor Georg Sitzlack, der der Berliner Chef des zur IAEA delegierten Professor Schuricht war, und stellte ihm die Probleme des WB dar. Als klar war, dass Volkmar Schuricht nicht sobald in seine alte Dresdner Position zurückkehren würde, setzte sie sich sehr dafür ein, dass Birgit Dörschel möglichst rasch zur Professorin berufen würde. Hier schlugen ihre guten Beziehungen bis in das MHF zu Buche. Nach mehrfacher Rücksprache mit Volkmar Schuricht, Klaus Hübner und dessen Frau, mit Birgit Dörschel machte sie das Dringliche der Situation in der SED-Kreisleitung der TU bei deren Sekretär Rudi Vogt deutlich, ebenso bei Rektor Liebscher und in der Kaderabteilung der TU, und sie schrieb an den MHF, Prof. Hans-Joachim Böhme, mit dem Vermerk „Eilbrief, persönlich, sofort auf den Tisch“ (14. April 1987). Die Berufung von Birgit Dörschel wurde durch diesen persönlichen Einsatz von Lieselott Herforth wohl nicht unwesentlich beschleunigt. Dr.sc.nat. Birgit Dörschel wurde für das Gebiet „Dosimetrie“ berufen – und kam damit weder Prof. Schuricht noch Prof. Hübner „ins Gehege“.

Lieselott Herforths „WB- und Sektionstag“ war in der Regel der Montag, an dem sie alle anstehenden Termine so weit wie möglich „erledigte“, – vom Umzug, über den Büchereibesuch und Absprachen mit der UZ bis hin zu Partei- und anderen Veranstaltungen am späten Nachmittag und Abend. Nicht selten wurde sie von einem ihrer früheren Mitarbeiter zu Hause mit dem Auto abgeholt und auch wieder zurückgebracht. An diesen Montagen ging es natürlich auch um aktuelle Arbeiten, wie am 2. März um ihren Hertz-Artikel und die Literaturrecherchen zu ihren Erinnerungen an Gerhard Hoffmann. Auch die UZ wollte ihre Erinnerungen an Gustav Hertz in geeigneter Weise veröffentlichen, dazu hatte sie mehrere Absprachen mit dem Redakteur der UZ, Herrn Hoyer; ihr Beitrag zu Gustav Hertz erschien dann in zwei Folgen in der UZ. Auch an den größeren Veranstaltungen des WB SSP nahm sie teil, wenn auch nicht immer über die gesamte Zeit, so im März 1987 an der „Winterschule“ und dem 19. Intern. Symposium Strahlenschutzphysik in Moritzburg.

Abb. VI.1: Lieselott Herforth auf dem 19. Internationalen Symposium SSP am 24. März 1987

Kontakt zu Kollegen auch außerhalb Dresdens – 1987

Enger Kontakt bestand insbesondere zu Werner Stolz. Dieser langjährige Mitarbeiter wirkte seit 1978 als Professor an der Bergakademie Freiberg, hatte aber mit seiner Familie die Wohnung im nahen Dresden behalten. Gleich Anfang des Jahres 1987 berieten Lieselott Herforth und Werner Stolz mehrfach über gemeinsame Publikationen für die Zeitschriften „Isotopenpraxis“ und „spektrum“ zum Thema „40 Jahre Szintillationszähler, 60 Jahre Geiger-Müller-Zählrohr“. Professor Stolz wusste es auch einzurichten, der früheren Chefin manchen „Bibliotheksdienst“ zu leisten. Als er ihr am 3. Febr. abends zwei Bände zu Gustav Hertz brachte, sprach sie mit ihm kurz über anstehende Termine und Probleme – und über „M“, die ins Auge gefassten „Memoiren“. Sie ließ Werner Stolz auch in ihre Arbeit über Gustav Hertz hineinsehen und notierte seinen Kommentar: „Es liest sich erfrischend!“ Am

10. Febr. sandte sie einen Durchschlag des Beitrags für die „Isotopenpraxis" an Prof. Stolz und das Original an den Herausgeber Prof. Dr. Heinrich Hübner[434]. An den Universitäten und Hochschulen der DDR waren in den 1980er Jahren Historische Kommissionen und Kabinette gebildet worden; auch Lieselott Herforth gehörte einer solchen Kommission an. Möglicherweise steht das Bestreben von emeritierten Professoren, etwas über ihr Leben und Wirken niederzuschreiben, damit in Zusammenhang. So schrieb auch der Leipziger Physikprofessor Werner Holzmüller an „Memoiren". Er telefonierte hierüber mit Lieselott Herforth; Anfang Juli sandte er ihr das Manuskript seiner Aufzeichnungen und bat sie, dazu ihre Meinung zu sagen. Sie nahm es als Lektüre in den Urlaub mit, den sie bei ihren Wildenthaler Verwandten – gemeinsam mit Inge Wölke, einer Bekannten aus der Berliner Jugendzeit – verbrachte, und schrieb ihm bereits von dort: „Sicher werden Sie wissen wollen, ob ich Ihr Werk für publikationsreif und -würdig halte. Ich möchte kurz sagen: Es ist sehr vieles d´rin, was für die Nachwelt sehr wertvoll ist, es ist manches d´rin, was einen fremden Leser weniger interessiert, und es ist einiges d´rin, was ´rausmüsste. Nachdem ein Verlag gefunden ist, müssten Sie es, die Wünsche der Gutachter berücksichtigend, noch einmal überarbeiten, und dann geht´s los! Wenn Sie wollen, würde ich nach einem interessierten Verlag suchen helfen."[435] Wieder in Dresden, notierte sie unter dem 13. August, sie habe das Manuskript Holzmüllers zum zweiten Mal zu Ende gelesen („dabei drei Trommeln Wäsche"), am Tag darauf schickte sie ihre Notizen dazu „mit ein paar Sätzen extra" an Professor Holzmüller ab.

Zum Akademieinstitut in Berlin-Buch, an dem sie ihre erste Arbeitsstelle nach der Promotion angetreten hatte, war sie immer in Kontakt geblieben, nicht zuletzt durch die klinische Erprobung der in ihrem früheren Dresdner Institut entwickelten TLD. Am 24. Juni 1987 feierte das Institut den 40. Jahrestag seiner Gründung, Lieselott Herforth wurde zur Teilnahme vom TU-Fahrdienst morgens nach Buch und abends zurück nach Dresden gefahren. Auch zu Hartwig Koch, Leipzig, stand sie stets in Verbindung, da beide an den Neuauflagen ihres gemeinsamen „Praktikumsbuches" mitarbeiteten, auch wenn nach und nach jüngere Kräfte aus Dresden und Leipzig unterstützend hinzugetreten waren. Am 12. August erfuhr sie telefonisch durch Hartwig Koch vom Tod Professor Walter Herrmanns, Mitstreiter von Carl Friedrich Weiss seit der Gründungsphase des IaR – und damit auch ein alter Kollege von ihr selbst. Das Symposium zum 100. Geburtstag von Gustav Hertz fand am 27. Okt. in Leipzig statt. Lieselott Herforth nahm selbstverständlich daran teil; an ihrem „Hertz-Beitrag" hatte sie im Januar und Februar intensiv gearbeitet.

Einen „guten Draht" behielt sie zu Lotte Ulbricht. Diese weilte Ende April 1987 in Dresden, war am 27. April zu Gast in der PH und am Tag darauf zu einem ganz privaten Besuch bei Lieselott Herforth. Man schrieb sich zu Geburtstagen und zu den Feiertagen und telefonierte gelegentlich miteinander.

Bücher und Schriften – 1987

Sonnabend, der 17. Jan. 1987, ist ein denkwürdiger Tag, nicht weil sie das erste Konzept für ihre Hertz-Ausarbeitungen zu Papier brachte, sondern weil sie – groß herausgehoben im Arbeitskalender – mit „M", ihren „Memoiren", nach ersten Überlegungen und Notizen bereits seit 1982, nun wirklich begann und die einleitenden ersten fünf Seiten dazu schrieb. Fünf Varianten von Nebentiteln für „M" hat sie an diesem Tag festgehalten, die allein schon einiges über ihre Persönlichkeit aussagen: „Mein Leben war Arbeit und der Arbeit galt meine große Liebe", „Mein Leben war schön, es war Arbeit, die ich liebte", „Mit 70 Jahren – ein Rückblick auf mein Leben", „Erinnerungen an meine Lehrer, meine Schüler und viele Wissenschaftler und Politiker, die zu meiner Persönlichkeitsbildung beigetragen haben", „Mein Leben für die Physik und die Politik". Außer zu „M" machte sie sich (am selben Wochenende) erste Gedanken zu dem Artikel über Gerhard Hoffmann, den sie in Absprache mit Doz. Christian Kleint von der KMU verfassen wollte, aber „Hertz" und „M" waren die Dinge, an denen sie vor allem arbeitete. Am 2. Februar notierte sie „Schreibtag"; sie überarbeitete den Hertz-Beitrag und bereitete ihren nächsten Besuch im WB vor, bei dem sie sich auch um Fotos und Schriften über und von Hertz kümmern würde, abends brachte ihr Professor Stolz zwei weitere Bücher über Hertz zu Hause vorbei. Nach der Kundgebung an der Ruine der Frauenkirche am 13. Febr. – im Gedenken an die Zerstörung Dresdens im 2. Weltkrieg ein alljährliches Ritual – kam Dr. Edith Franke[436], Parteisekretärin in der Sektion Physik, zu ihr; die beiden Frauen sprachen über „Hertz" und „M". Der Hertz-Beitrag wurde in Maschinen-Reinschrift gebracht und an Christian Kleint abgesandt. Nach früheren vorbereitenden Gedanken zu Gerhard Hoffmann, konnte sie am 18. Febr. in einem Zug die ersten 14 (handschriftlichen) Seiten ihrer Erinnerungen an ihn zu Papier bringen, und zehn Tage später beendete sie den ersten Entwurf. Daneben sandte sie einige Korrekturen zu „Hertz" an das „spektrum" und erarbeitete die gewünschte verkürzte Fassung des Hertz-Artikels für die UZ, dessen 1. Teil am 31. Juli erschien. Bereits am 28. April gingen ihre „Erinnerungen an G. Hoffmann" in zweifacher Ausfertigung an Dr. Kleint – mit Ablichtung einer Ionisationskammer aus ihrer Veröffentlichung des Jahres 1947 in den „Annalen der Physik".

Am 21. Juli aus dem Urlaub bei den Verwandten aus Wildenthal zurückgekommen, telefonierte sie sogleich mit Professor Stolz wegen der geplanten gemeinsamen Publikationen; am 29./30. Juli arbeitete sie intensiv daran und bereitete so auch die bevorstehende Besprechung mit ihm vor. Am 21. Okt. war ihre Arbeit am Artikel Stolz/Herforth für die „Isotopenpraxis" im Manuskript fertig. Am 24./25. Oktober, einem Wochenende, beendete sie ihren Entwurf für das „spektrum"; sie ließ ihn in Maschinenschrift übertragen[437], und am 29. bereits gelangte die Schrift in die Hand des Mitverfassers Stolz. Am 4. Nov. kam Professor Stolz abends mit dem von ihm fertiggestellten Manuskript und 4 Fotos bei ihr vorbei, am nächsten

Tag ging das Ganze mit dem Zentralen Kurierdienst (ZKD) von Freiberg aus an das „spektrum".

Mehr aus den Jahren 1981 bis 1989

Geplanter Rückzug aus der „Isotopenpraxis"

Ende 1988 begrüßte sie den Vorschlag von Prof. Heinrich Hübner, Editor-in-Chief der „Isotopenpraxis", Professor Dr. Werner Stolz in das Herausgebergremium mit aufzunehmen, dem sie selbst seit langem angehörte. Sie betonte, „dass eine Zusammenarbeit mit ihm sehr erfreulich" sei, zudem würde er sicher „noch mehr als bisher die Isotopenpraxis durch seine spezifische Forschungstätigkeit ‚Isotope im Bergbau' bereichern". Lieselott Herforth würde aus dem Gremium ausscheiden, wollte diesen Schritt aber gern erst nach dem Erscheinen der neuerarbeiteten Version des „Praktikumsbuches Herforth/Koch" gehen; es sollte 1991 – zu ihrem 75. Geburtstag – auf dem Büchermarkt sein.[438] Mit ihrem Schüler und Mitautor Klaus Hübner schrieb sie einen Aufsatz über die Geschichte dieses Standardwerkes seit 1956, der 1989 in der „Isotopenpraxis" erschien.

Zu Gesundheitszustand und Lebensweise

Schon in jungen Jahren hatte Lieselott Herforth unter rheumatischen Beschwerden zu leiden, bereits während ihrer letzten Zeit in Berlin-Buch, später kam ein Herzleiden hinzu. Die Polstermöbel in ihrer Wohnung ließ sie von einer privaten Dresdner Handwerksfirma an ihre spezifischen Bedürfnisse anpassen, zuletzt 1989. Beschwerden hielten sie niemals davon ab, das zu tun, was sie als ihre Pflicht ansah und das zu erledigen, was sie sich vorgenommen hatte. Sie hatte ihre „festen" Ärzte in Dresden und Berlin; sie war eine gute Patientin, das heißt, sie achtete stets auf gesunde Lebensweise. Dazu gehörte, dass sie in einem separaten, ganz privaten Büchlein ihren täglichen Kalorienverbrauch und regelmäßig das Körpergewicht festhielt.[439] Auch das ist ein Zeugnis für ihre eiserne Selbstdisziplin, übrigens auch hier nun mit der Gelassenheit des Ruhestandes: Zeiten, in denen sie Besuch hatte oder selbst zu Besuch oder im Urlaub war, blieben – mit entsprechender Bemerkung im Büchlein – ausgespart. Außerhalb dieser Sonderzeiten „sündigte" sie selten. In den zwei Jahren schwankte ihr Gewicht nur wenig und stieg nie über das „Normalgewicht", das ihr mit 170 cm Körperlänge zukam.[440] Wenn sich Gelegenheit bot und so oft wie möglich, ging sie an der Elbe spazieren, gelegentlich dabei auch mit Besuchern plaudernd, – so „zwei Fliegen mit einer Klappe schlagend". Im Jahr 1987 war sie vom 11. bis 19. März im Regierungskrankenhaus in Berlin und wurde hier untersucht und behandelt. Sie konnte in diesen Tagen nicht nur Besuch empfangen, sondern war selbst auch einmal „außer Haus", als Prof. Fritz Bernhardt und seine Frau, ihr bekannt aus der Studienzeit an der TH Berlin-Charlottenburg, sie zum gemeinsamen Kaffeetrinken in ihre Wohnung abholten („14-17.30 Uhr", von ihr vermerkt). Ende November war sie dann noch einmal für wenige Tage zur Kontrolle im Regierungskrankenhaus.

Haushalt

Im September 1980, also noch während ihrer Staatsratstätigkeit, hatte sie die Wohnung in der Schumann-Straße aufgegeben und war in eine kleinere Zweiraumwohnung in einem der 10-Geschosser in der Werner-Seelenbinder-Straße (jetzt Sarrasani-Straße) gezogen. Hier wohnte sie im gleichen Block wie die Familie ihres langjährigen Staatsratsfahrers Priedemuth, mit der sie eine gute Freundschaft und nun auch Nachbarschaft verband. Ihren Haushalt erledigte sie selbst, abgesehen von den schwereren Sachen, wie Fensterputzen, Abnehmen und Anbringen von Gardinen, große Hausordnung. Dafür kamen zwei junge Leute („Andrea und Peter") nach vorheriger Terminabsprache bei ihr vorbei. Die „große Wäsche" ging nach wie vor in den VEB Purotex, wurde hier stets zur vollen Zufriedenheit erledigt und kam schrankfertig zurück. Dieser Service war zu DDR-Zeiten recht preiswert und wurde daher von nicht wenigen berufstätigen Frauen genutzt.

Pflege alter Bekanntschaften und Verwandtschaften – und kultureller Interessen

Lieselott Herforth war auch in ihren Bekanntschaften unbedingt zuverlässig und treu. Zu ihren ältesten Bekannten zählte wohl Inge Wölke, deren Bruder ein Freund ihres verstorbenen Bruders Wolfgang gewesen war. Inge Wölke war Sekretärin von Walter Herforth und später – in Leipzig und Merseburg – von ihr selbst gewesen. Diese gute Bekanntschaft blieb immer bestehen, man besuchte sich gegenseitig, schrieb sich, telefonierte und verbrachte gelegentlich Urlaubstage gemeinsam, so auch 1987. Anfang 1988 feierte Inge Wölke ihren 60. Geburtstag. Die Gratifikation Lieselott Herforths, überwiesen Ende 1987, war erheblich, – aber sie konnte sich die Großzügigkeit, bei allem Kalkulieren und steter klarer Durchsicht ein Wesenszug von ihr, auch leisten.

Bei der vielen selbstauferlegten Arbeit, in die sie – wie in den früheren Jahren – die Wochenenden ganz selbstverständlich einbezog, blieb doch nun erstaunlich viel Raum für gegenseitige Besuche. Schon 1973 – in diesem Jahr starb ihre Mutter – hatte sie ihr Wochenendhaus in Moritzburg, für das sie Günter Priedemuth und dessen Familie ein Mitnutzungsrecht eingeräumt hatte, an Priedemuths käuflich, zu günstigen Konditionen, überlassen. Im Vertrag war nun das Mitnutzungsrecht für sie selbst festgeschrieben, als Gegenleistung zahlte sie die Pacht für das Grundstück. (Das tat sie übrigens noch in späten Jahren ihres Lebens, als sie aus gesundheitlichen Gründen keinen Gebrauch mehr von ihrem Mitnutzungsrecht machen konnte.) Lieselott Herforth nahm an Priedemuths Familienereignissen teil, so an Geburtstagen auch der Tochter und der Enkel.

Über Ostern 1987 war Inge Wölke bei ihr zu Besuch in Dresden. Seit 11. Mai 1987 verbrachte Beate Block aus dem erzgebirgischen Wildenthal einige Urlaubstage bei der „Tante". Beate war eine Nichte von Cousine Nora Block und Tochter von deren Bruder Rolf, sie wurde von Lieselott Herforth als eigene „Nichte" angesehen und bezeichnet, meist allerdings korrekt in Anführungszeichen. Beate Block war Kinderkrankenschwester.[441] Mit der „Nichte" war sie bei Goldschmied Geppart wegen eines Schmuckgeschenks und sah mit ihr den „Kaufmann von Venedig". Beide Frauen fuhren am 16. Mai mit dem Zug nach Leipzig zu Nora Block, deren Geburtstag an diesem Tag, einem Sonnabend, nachgefeiert werden sollte. Dazu war auch Liesbeth Block gekommen, Noras Schwägerin und Mutter von Beate. In Leipzig lebten gute alte Bekannte aus der Familie Starke, mit der die Herforths in der Bleichertstraße in einem Haus gewohnt hatten. Mit den Töchtern Christa Stolze und Anne-Marie Schäffer war Lieselott Herforth befreundet geblieben. Bei ihnen verbrachte sie die nächsten Tage, unterbrochen von einem Besuch bei Margit Rätzsch in Merseburg, ihr bereits seit der eigenen Merseburger Zeit bekannt und nun selbst Professorin an der TH für Chemie und dort derzeit Rektorin, und einem „Kaffeetrinken in Familie" bei Hartwig Koch. Am vorletzten Tag ihres Aufenthalts in Leipzig besuchte sie mit Nora Block die Gräber Herforth, Block und Karp auf dem Südfriedhof. Am 21. Mai fuhr sie nach Hause. Bereits vom 6. bis 8. Juni 1987 machten Schäffers bei ihr einen Gegenbesuch, man ging gemeinsam in die Dresdner Staatsoper. Wenige Tage danach fuhr Lieselott Herforth mit einer alten Dresdner Bekannten („Gretl") für eine Woche zu Familie Block in Wildenthal, allein verbrachte sie dort noch einmal zehn Tage im Juli. Vom 7. bis 18. September reiste sie mit Priedemuths nach Weisdin, den Ferienplatz hatte sie „von der Regierung" zur Verfügung gestellt bekommen, sozusagen ein ihr fortgewährtes „Gewohnheitsrecht", – ebenso wie der Urlaubsplatz in Gohrisch, zu dem sie am 22. September mit Cousine Nora aufbrach. Im Oktober waren „Nichte" Beate und deren Freundin Christa zu Besuch in Dresden, unternahmen aber auch allein etwas, so dass die „Tante" an einer Publikation arbeiten konnte. Es lässt sich generell sagen, ganz ohne Arbeit gingen private Besuche und Gegenbesuche nie ab: So las Lieselott Herforth in Wildenthal die Erinnerungen von Professor Holzmüller durch, telefonierte sogar als Kaffeegast bei Familie Koch in Leipzig mit Dr. Kleint von der KMU wegen ihrer „Erinnerungen an Gerhard Hoffmann" [...] An- und Abreise wurden zeitlich genau kalkuliert: Zurück in Dresden, standen in der Regel sofort Arbeit und nachbarschaftliche Verpflichtungen an, so auch bei ihrer Rückkunft aus Leipzig am 21. Mai: Unverzüglich übergab sie einen Brief und Geschenke für Professor Straub und dessen Familie an Priedemuths, die am nächsten Tag zu einem Urlaub in Vezsprém (Ungarn) aufbrachen, – mit vorheriger Schlüsselübergabe und einigen Aufträgen an Nachbarin Lieselott.

Seit dem Abschied von Volkskammer und Staatsrat hatte Lieselott Herforth nun mehr Zeit für Oper und Konzert. Seit 1984 hatte sie ein Anrecht für die Generalproben der Staatskapellenkonzerte, und auch die Möglichkeit, an öffentlichen Theatergeneralproben teilzunehmen. Am 13. Febr. 1985 war die im Krieg zerstörte Staatsoper Dresden, die „Semperoper", wiedereröffnet worden. Natürlich war der Ansturm auf die Karten groß, und Lieselott Herforth führte ihre Gäste gern in die Oper. Ihre, allerdings niemals unbescheidenen, Kartenwünsche trug sie stets rechtzeitig an den Direktor des Besucherdienstes heran, der sie ihr nach Möglichkeit erfüllte. So bat sie – im August 1986 – im Zusammenhang mit ihrem 70. Geburtstag um jeweils zwei Karten für Mittwoch, den 24. Sept., und Dienstag, den 28. Okt. oder Mittwoch, den 29. Okt., mit dem Vermerk „unabhängig davon, was zu welcher Tageszeit gespielt wird". Am 1. Jan. 1988 bestellte sie Karten für Februar und April, drei Karten für Sonntag, den 21. Febr., an dem „Die Meistersinger von Nürnberg" gegeben wurden, und zwei Karten für Montag, den 4. April, zu „Zar und Zimmermann" oder Sonntag, den 3. April, zu „Der Barbier von Sevilla"; und sie versprach gleichzeitig, dass sie weitere Wünsche „bis zu Beginn der Theaterferien" nicht hätte. Ähnlich waren ihre Wünsche für 1989.[442]

Abb. VI.2: Lieselott Herforth mit „Nichte" Beate Block

Erste Gliederung der geplanten Memoiren („M")

Am 18. Okt. 1987 übergab Lieselott Herforth die bisher von ihr vorgesehene Gliederung der „Memoiren" an Klaus Hübner, den sie als Herausgeber und „Mitautor" vorgesehen hatte, der zunächst aber von ihr gebeten wurde, Ergänzungen oder auch

Veränderungen vorzuschlagen. Die erste Gliederung soll hier so vorgestellt werden, wie sie maschinenschriftlich vorliegt.[443]

„Lieselott Herforth erinnert sich. Gedanken und Erinnerungen – 70 Jahre nicht umsonst gelebt [...]

I. Anekdoten:
1. Der verlorene Brillant oder Gibt es noch Wunder?
2. Das ‚verlorene' Knöpfchen oder Die Blamage auf der SED-Kreisdelegiertenkonferenz
3. Der Nervenarzt oder Der falsche Doktor oder Ein Missverständnis
4. Das falsche Manuskript zur Verteidigung!
5. Verleihung der Verdienstmedaille der NVA in Gold – im Morgenrock
6. „Natrium und Kalium sind d'rin, oder ich fress' einen Besen"[444]

II. Erinnerungen an: 1. Gustav Hertz; 2. Walter Friedrich; 3. Kallmann (Doktor-Vater); 4. Hans Geiger; 5. Wilhelm Westphal; 6. Werner Heisenberg; 7. Gerhard Hoffmann; 8. (Steinke – NSDAP); 9. Haxel; 10. Stuhlinger/Stubbe; 11. Brosers/ Martius; 12. Erika Barreau; 13. Fritz Bernhard (Lisa) (Ardenne); 14. Genossin Boll-Dornberger; 15. Oberschöneweide – Industrie 1946; 16. Dahlem – Institut Kallmann; 17. Max von Laue; 18. Robert Rompe; 19. Weiss / Herrmann / Koch; 20. Merseburg[445]

III. An mich oft gestellte Fragen aus der Sicht einer 70jährigen beantwortet ...
1. Wie wird man als Frau ein guter anerkannter Leiter?
2. Wie wird man Professor?
3. Wie wird man Volkskammerabgeordnete?
4. Wie wird man Mitglied des Staatsrates?
5. Wie wird man Rektor einer Universität?
6. Wie macht man eine große Erfindung?
7. Welche Jahre waren die schönsten und erfolgreichsten in meinem Leben?
8. Wie sah mein Privatleben ohne Familie aus? Ist Berufserfolg Ersatz für alles?
9. Und wenn ich noch einmal von vorne anfangen könnte, was würde ich anders machen?
10. Welchen Beruf hätten Sie gewählt, wenn Sie sich nicht für die Physik entschieden hätten und Hochschullehrer geworden wären?
11. Wie wird man Akademiemitglied?
12. Wie erwirbt man sich einen Ehrendoktor?

IV. Themen „Erinnerungen" (außer II. und III.)
1. Wie es doch noch zu einer Promotion kam oder „Aller guten Dinge sind 2"

2. Zweimal Doktorprüfung – ohne Doktorvater; Habilitation – ohne „Habil-Vater“
3. Wie ich 1946 als Physikerin in einem SAG-Betrieb die Industrie erlebte
4. Mein Doktorvater Kallmann – auf einem Lehrstuhl für Theoretische Physik – verteilt Doktorthemen in Experimentalphysik! (mit anorganischer und organischer Chemie) – „Die Theorie stimmt immer!“
5. Wie ich den Weg zur Partei fand und dann alles nachholen wollte
6. Wie es mir gelang mit List und Tücke durch mein Verhalten und mit Hilfe meines Vaters dem BDM – dem Arbeitsdienst – dem Pflicht-Funknachrichtendienst für Studentinnen zu entfliehen und der Überweisung in die NSDAP wegen „unwürdigen Verhaltens“ zu entgehen
7. Wie es zu meiner Berufswahl kam
8. Wodurch zeichnete sich meine Kind- und Jugendzeit aus? (Bis zum Studienbeginn und danach)
9. Was bedeuteten mir meine Eltern und mein Bruder?
10. Probleme als Frau vor, während und nach meinem Studium mit dem Abschluss eines Diplom-Ingenieurs an einer Technischen Hochschule. Untertitel: „Was wollen Sie mit der brotlosen Kunst, heiraten Sie lieber!“
11. Ich wollte immer Leiter und nie Stellvertreter sein, warum?
12. 26mal umgezogen! In 11 verschiedenen Instituten gearbeitet, in 6 verschiedenen Städten gelebt, 6 verschiedene Schulen besucht – Vorteil oder Nachteil?
13. Was bin ich nun: Sachse oder Preuße? Berliner oder Dresdner? – Eine gute Mischung –
14. Meine Geburtsstadt Altenburg erst zum 1000jährigen Bestehen als Sendbote des Staatsrates kennengelernt
15. Meine wissenschaftlichen Forschungsergebnisse zusammengefasst: Von der Radioaktivität – Lumineszenz – Fluoreszenz – Szintillation – radioaktive Isotope – Einsatz in Industrie/Medizin – Lumineszenzdosimetrie – TL und TL-Dosimetrie
16. Wie ich die Zusammenarbeit mit der Industrie ca. 1951 begann und wie sich diese weiterentwickelte
17. Über meine Tätigkeit in der Lehre / Ausbildung; Lehrbücher / Publikationen
18. Meine Lehrer – Meine Vorbilder?
19. Meine Schüler von A … bis Z (Abel … bis Zappe)
20. Schüler, auf die ich besonders stolz bin – und warum?
21. Warum Wissenschaft und Politik als Einheit so erfolgreich sind
22. Über meine politische und wissenschaftliche Entwicklung („Sie war stets fleißig, gewissenhaft und bescheiden“; besondere Kennzeichen: „Großes pädagogisches Geschick“)
23. Denken als produktive Tätigkeit: eine schöne, erfolgreiche Aufgabe, für die man sich Zeit nehmen muss
24. Wie lernte ich das Ausland kennen?

25. Über Schönheiten im Alter, wenn man sie erkennt und genießt! Untertitel: „Das Leben fängt mit 70 an."
26. 18 Jahre Volkskammerabgeordnete und Mitglied des Staatsrates, Bedeutung für meine Tätigkeit als Wissenschaftler und Hochschullehrer.
27. Wie ich den Krieg und das Kriegsende erlebte und überlebte, und warum es nur noch Frieden geben darf
28. Erinnerungen an die Fakultät Kerntechnik
29. Erinnerungen an die 3. Hochschulreform
30. Zweimal meinen Kopf getauscht – und den richtigen für das weitere Leben erhalten
31. Institutsbauten miterlebt, mitprojektiert (Berlin – Leipzig – Dresden)
32. Erinnerungen an meine ersten Arbeiten mit natürlicher Radioaktivität, als das Arbeiten mit künstlich-radioaktiven Isotopen noch nicht erlaubt war. – „Professor Lohmann wundert sich"
33. Erinnerungen an das 750 Jahre alte Berlin! (UZ)
34. Eine gute Vorbereitung ist schon der halbe Erfolg
35. Meine Sekretärinnen und ihre Chefin:
    Frau Nagorny, Frau Wölke – Berlin; Frau Ketscheck, Frau Wölke – Leipzig; Frau Wölke – Leipzig / Merseburg; Frau … (70), Frau … – Dresden, Liebigstraße; Frau Johne – Pirna-Copitz; Fräulein Magerstädt = Frau Johannsen, Frau Stoll, Frau Martin, Frau Eschwege, Frau Taube – Dresden"

Ein Exemplar der Memoiren sollte an die Akademie gehen. In „spectrum", herausgegeben von der AdW, hatte Lieselott Herforth mehrfach zur Geschichte der Radioaktivität veröffentlicht. 1984 wurde fertig gestellt: „Erleben, Erfahren, Erkennen. Akademiemitglied Lieselott Herforth gibt zu Protokoll", im Nachlass mit einem Umfang von neun Schreibmaschinenseiten und Beschriftung für vier Fotos. Hierin werden einige der in der obigen Gliederung genannten Personen und Themen angetippt oder auch ausführlicher besprochen. Diesen „Protokollen" waren mehrere Vorbesprechungen in ihrer Zweiraumwohnung vorausgegangen, wie es „im Vorspann" heißt. Dort wurde auch festgehalten: *„Die Harmonie – im Arbeitskollektiv, in der Musik – ist es, was sie liebt, was sie stimuliert. Weniger Widersprüche und Auseinandersetzungen, an diese möchte sie sich nicht gern erinnern."* und *„Über Vorzüge oder Nachteile einer Frau in der Kernphysik weiß sie beim besten Willen nichts zu berichten."*[446] 1984 beantwortete sie 14 Fragen für die AdW, die sich jedoch von den in der Gliederung unter III. 1 – 12 genannten „häufig gestellten Fragen" stark unterscheiden, die jedoch etliche der unter IV. aufgeführten 35 Themen berühren. Unter Frage 10 wurde sie auf ihren häufigen Arbeitsplatz- und Ortswechsel und deren Auswirkung angesprochen. Sie meinte dazu: „Ich halte es für die Persönlichkeitsentwicklung eines Wissenschaftlers und Hochschullehrers nicht für besonders günstig und den Weitblick fördernd, wenn er in seinem ganzen Leben nur eine Universität als Student, Assistent und Hochschullehrer kennengelernt hat.“ Auf die Frage 13 (entspricht etwa der Frage III. 10 der „Gliederung“) „Was würden Sie werden, wenn Sie noch einmal jung und vor die Berufswahl gestellt würden?“ antwortete sie: „Käme ich noch einmal auf die Welt und wäre ich noch nicht Physiker und Hochschullehrer gewesen, würde ich den gleichen Beruf wählen. Wäre ich dies allerdings schon einmal gewesen, so wäre ich neugierig und würde es mal als Chirurg probieren oder als Pianist oder auch als Diplomat, oder auch als Staatsanwalt. Auf jeden Fall müsste es auch ein Beruf mit großer Verantwortung sein, der den ganzen Menschen fordert.“

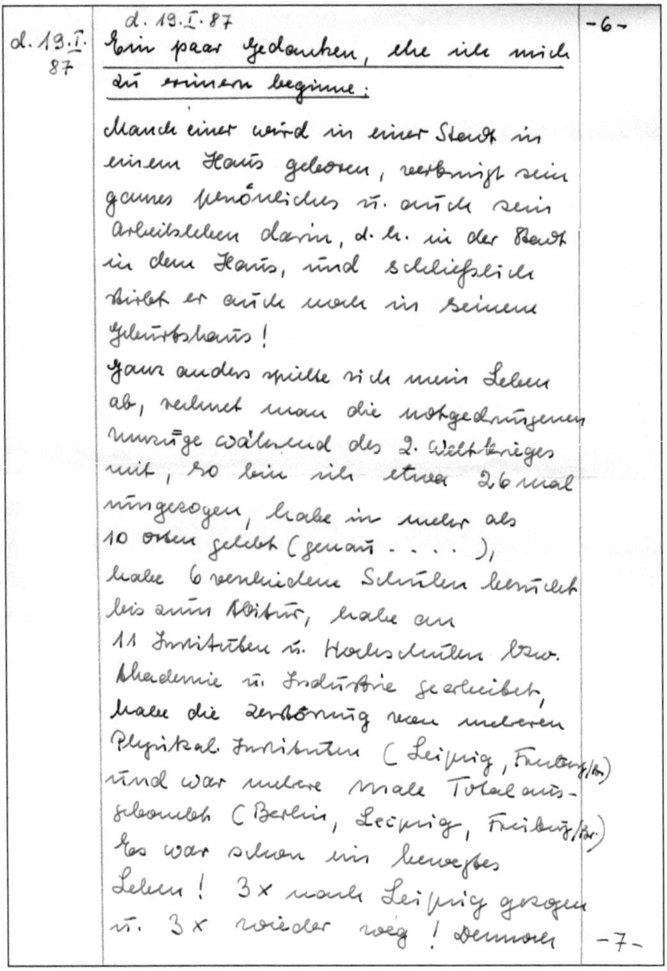

d. 19.I.87 -6-

d. 19.I.87 Ein paar Gedanken, ehe ich mich zu erinnern beginne:

Manch einer wird in einer Stadt in einem Haus geboren, verbringt sein ganzes persönliches u. auch sein Arbeitsleben darin, d.h. in der Stadt in dem Haus, und schließlich stirbt er auch wohl in seinem Geburtshaus!

Ganz anders spielte sich mein Leben ab, rechnet man die notgedrungenen Umzüge während des 2. Weltkrieges mit, so bin ich etwa 26 mal umgezogen, habe in mehr als 10 Orten gelebt (genau . . . .), habe 6 verschiedene Schulen besucht bis zum Abitur, habe an 11 Instituten u. Hochschulen bzw. Akademie u. Industrie gearbeitet, habe die Zerstörung von mehreren Physikal. Instituten (Leipzig, Freiburg/Br.) und war mehrere Male Totalausgebombt (Berlin, Leipzig, Freiburg/Br.) Es war schon ein bewegtes Leben! 3× nach Leipzig gezogen u. 3× wieder weg! Dennoch -7-

Abb. VI.3: Aus L. Herforths handschriftlichen Aufzeichnungen zu den Memoiren

„Und woran erfreut man sich im Alter, wenn man keine Enkel hat?“ Aus der Antwort: „Nun, natürlich hätte ich auch gerne Kinder und Enkel gehabt, aber was nicht ist, ist nicht. Ich erfreue mich an meinen Schülern, mit denen ich guten Kontakt habe und auf die ich auch stolz sein kann. [...] Aber ich habe auch noch andere ‚Kinder‘, die meine Zeit seit über 20 Jahren in Anspruch nehmen und mir viel Freude bereitet haben und auch noch bereiten, das sind die von mir als Autor [...] bzw. gemeinsam mit Kollegen und Schülern verfassten Lehrbücher bzw. Monographien. [...] Zu meinen Hobbies, die ich schon von Jugend an hatte, gehört neben Schwimmen (und) Wassersport das Lesen von Biographien. [...] Für das schöne Dresden mit seiner schönen Umgebung, seinen Museen und kulturellen Veranstaltungen hatte ich leider, leider in den vergangenen 24 Jahren viel zu wenig Zeit; hier manches nachzuholen habe ich mir vorgenommen. Ich will nur hoffen, dass ich alles, was ich mir vorgenommen habe, bei guter Gesundheit – aber vor allen Dingen in Frieden ausführen kann.“[447]

Sechs Geschichten aus dem Leben, vorgesehen für „M“ – eine davon

„Das falsche Manuskript [...]

Dr.-Ing. Löffler (jetzt Professor) und Dr.-Ing. Irmer (jetzt Dozent) hatten beide an der Fakultät Kerntechnik promoviert. Nun sollte die Verteidigung ihrer beiden Arbeiten zum Dr.sc. an der Fakultät Elektrotechnik erfolgen. Dr. Helmut Löffler benutzte hierzu seinen Heimaturlaub, denn er befand sich seinerzeit (1969-1971) mit seiner Familie als Dozent im Auslandseinsatz an der Universidad Tecnica del Estado in Santiago de Chile. Nachdem Herr Dr. Irmer, wie nicht anders zu erwarten, seine Arbeit bestens verteidigt hatte, kam nun Dr. Löffler dran. Er legte sein Vortragsmanuskript auf das Podium, sodann begann er mit seinem Vortrag in einer mitreißenden, überzeugenden Art, wie ich noch nie zuvor einen Vortrag von ihm gehört hatte. Alle Formeln, alle Zahlen, alle Gleichungen wurden, ohne auch nur einmal in das Manuskript zu blicken, jedoch uns, die Prüfungskommission dabei immer anblickend, an die Tafel geschrieben. (Damals wurde noch nicht mit vorbereiteten Folien gearbeitet, die man nur abzulesen brauchte, wie dies heute auch bei Doktorverteidigungen der Fall ist.) Mit den Noten ‚sehr gut‘ hatten beide Kandidaten ihre Arbeiten verteidigt. Nachdem wir nun Dr. Irmer und auch Dr. Löffler gratuliert hatten, schüttelte ich auch Frau Löffler, die Dr. Löffler mitgebracht hatte, kräftig ihre Hand mit der Bemerkung, dass sie wohl nun auch sehr froh und erleichtert sein wird. Beide Ehepartner warfen sich Blicke zu, die ich zunächst noch nicht richtig werten konnte. Als ich jedoch Dr. Löffler noch ein Extralob dafür aussprach, dass er so bestechend frei vorgetragen hatte, denn nicht einmal hätte er auf sein Manuskript geblickt, sah er noch einmal seine Frau an und sagte – nun lachend – zu mir: ‚Das hätte ohnehin keinen Zweck gehabt, denn ich habe mein Manuskript gar nicht mit. Meine Frau hat mir ein falsches Manuskript eingepackt.‘ Auf meine erstaunte Frage, ob er denn und warum das falsche Manuskript auf das Rednerpult gelegt hatte, antwortete er: ‚Ja, es war das falsche.' Er wollte aber die Prüfungskommission nicht merken lassen, dass er sein richtiges Manuskript vergessen habe. Oder noch schlimmer, die Prüfungskommission hätte auch annehmen können, dass er gar kein Vortragsmanuskript ausgearbeitet hätte! So musste sich der arme Doktorand sc. – sicher nach einem kurzen Disput mit seiner Frau, von dem wir aber nichts gemerkt hatten – doppelt konzentrieren, was zu doppelt gutem Erfolg führte! Schlussbemerkung: Erstens: Man sollte manchem Doktoranden ein falsches Manuskript einpacken! Und zweitens: Für seinen Füllfederhalter, seine Frau und sein Vortragsmanuskript muss man selbst verantwortlich zeichnen! Oder: Um seinen Füllfederhalter, seine Frau und sein Vortragsmanuskript muss man sich schon selbst kümmern!"[448]

3. SEIT 1990

Zurück zu den alten Besitzstrukturen, zurück zu den alten Hochschulstrukturen

Lieselott Herforth hatte bald 40 Jahre in einer Gesellschaftsordnung gelebt, in der das große Eigentum an den Produktionsmitteln Volkseigentum war. Sie kam aus einem Staat, in dem politisch entschieden worden war, dass jedes Kind, unabhängig von Stand und Besitz seiner Eltern, von der Gesellschaft die gleichen Entwicklungsmöglichkeiten bekam. Darauf war das gesamte Bildungssystem der DDR ausgerichtet. Es erzog jedes Kind zum sorgsamen Miteinanderumgehen, zur Hilfsbereitschaft, zu Verantwortungsbewusstsein und Selbständigkeit, zur Achtung vor den arbeitenden Menschen und vor den Älteren, zur – auch internationalen – Solidarität. „Die zehn Gebote der sozialistischen Moral", die den Kindern in Schule und Pionierorganisation vermittelt wurden und die sie mit dem Pionierausweis in schriftlicher Form erhielten, standen inhaltlich durchaus in der Nähe der christlichen „Zehn Gebote". Es war selbstverständlich geworden, dass auch die Mädchen – wie die Jungen – einen Beruf erlernten oder studierten. Auch verheiratete Frauen waren nicht „Zuverdiener", sondern sahen in der Berufstätigkeit und in dem selbst erzielten Einkommen die Basis ihrer Gleichberechtigung, ihrer Selbständigkeit und Unabhängigkeit und eine unverzichtbare Seite ihres Lebens. „Volkseigentum" gedeiht nur dann wirklich gut, wenn jeder an seinem Platz so wirkt, als gehörte ihm alles (aber nicht ein Einzelnes, das er mitgehen lassen könnte) und als hinge das Wohl und Wehe aller nur von ihm ab. Dieses Bewusstsein war leider nicht bei allen da. Immerhin hatte die DDR einen Platz unter den führenden Industrienationen der Welt erworben und war ein international anerkannter Staat geworden. Als die

Sowjetunion ins Wanken geriet, „totgerüstet“ im Rüstungswettbewerb und im Bewusstsein, im Interesse des Weltfriedens das Gleichgewicht der Kräfte zwischen den beiden Lagern erhalten zu müssen, und letztlich die DDR preisgab, waren die Würfel gefallen. Die „friedliche Revolution“ des Jahres 1989 und der „Einigungsvertrag“ für den Anschluss nach § 23 des Grundgesetzes der BRD brachten die alten Besitzverhältnisse, das Überstülpen der Strukturen der alten Bundesrepublik, das auch leistungsfähige Industriebetriebe sterben ließ, und millionenfache Arbeitslosigkeit, verbunden mit einem Abwandern, insbesondere der gut ausgebildeten Jugend, „in den Westen“. All dieses wurde nicht sofort und mit einem Schlage für alle deutlich. So gab es in den Schulen Übergangslösungen bei der Einführung des bundesdeutschen Schulsystems, die Wissenschaftler in den Akademieinstituten der DDR verloren „erst“ mit deren Abwicklung Ende 1991 ihre Arbeit, der massive Abbau des starken wissenschaftlichen „Mittelbaus“ an den Hochschulen der DDR nahm 1993 richtig an Fahrt auf, die Rentenanpassung bedurfte einiger Zeit, und auch die Feierabend- und Pflegeheime aus DDR-Zeiten verloren nicht sogleich alle bisherigen Merkmale. Lieselott Herforth hatte das kapitalistische Gesellschaftssystem in ihrer Jugend kennen gelernt. Zwei Kriege waren in dieser Zeit im Interesse des deutschen Imperialismus begonnen und verloren worden. Im ersten dieser Kriege war sie geboren worden, den zweiten hatte sie mit all seinen Schrecken durchlebt. Nach dem 2. Weltkrieg hatte sie die Befreiungsbewegungen in den früheren Kolonien Afrikas und das Aufblühen junger Nationalstaaten verfolgt. Sie war – wie so viele in aller Welt – empört über die Verbrechen der USA im Vietnamkrieg und war sich bewusst, dass die Welt einige Male nur knapp an einem neuen großen Krieg mit unkalkulierbaren Folgen vorbeigegangen war, ihm entkommen allein durch das „Gleichgewicht der Kräfte“. Dieses Korrektiv ging mit dem Untergang des sozialistischen Lagers verloren; die Wirkung des Verlustes für die Zukunft war theoretisch klar, aber im einzelnen nicht sogleich einsehbar.

Lieselott Herforth war 1990 bereits seit 13 Jahren im Ruhestand und daher von den Veränderungen in der Sektion Physik nicht direkt betroffen, aber selbstverständlich sorgte sie sich um die Zukunft ihrer akademischen Schülerinnen und Schüler und der früheren Mitarbeiterinnen und Mitarbeiter in Dresden und außerhalb Dresdens. Der Wandel von der Sektion zurück zu Instituten zeichnete sich schon 1990 ab. Nachdem das Sächsische Hochschulgesetz am 3. Okt. 1993 in Kraft getreten war, wurde die neue Struktur der TU Dresden beschlossen. Im SS 1994 war der Aufbau der Institute der Fachrichtung Physik abgeschlossen, auch die „Strahlenschutzphysik“ hatte darin ihren Platz. Die Erneuerung der Universitäten und Hochschulen in Sachsen (und in den neuen Bundesländern überhaupt) war mit einem drastischen Personalabbau aus fiskalischen Gründen verbunden, so wurden an der Univ. Leipzig die ehemals rund 10000 Planstellen auf 2400 reduziert. Das beanspruchte „alle an der Erneuerung Beteiligten psychisch und physisch bis an die Grenzen“, – aber natürlich besonders die auf diese Weise arbeitslos Gewordenen selbst.[449] Weiterblickende stellten sich auch die Frage, ob die Rückkehr zu den alten Strukturen wirklich zeitgemäß war. Der Rektor der Univ. Leipzig, Professor Cornelius Weiss, drückte in seiner Rede bei der „Feierlichen Gründung der Institute am 2. Dezember 1993“ seine Zweifel aus: „Was mich besonders schmerzt, ist die Tatsache, dass wir gehalten waren, klassische Strukturen [...] bei uns einzuführen. Mit anderen Worten, wir konnten nicht die Chance des Umbruchs nutzen, um andere nichtklassische, nichtorthodoxe Strukturen zu erproben. Wir haben nun Fakultäten und Institute, wir feiern den Tag der Institutsgründung. Wir sollten uns aber zugleich auch bewusst sein, dass diese Strukturen möglicherweise vor dem Krieg in den 30er Jahren den damaligen Problemen adäquat waren, möglicherweise aber nicht den heutigen Menschheitsproblemen. Diese Probleme, die uns ernsthaft bedrohen – sei es das Problem der ökologischen Katastrophe, der ethnischen Konflikte überall, des religiösen Fundamentalismus, der Wanderbewegungen, die gerade erst einsetzen und die sich noch ganz anders entwickeln werden, so fürchte ich[450] –, alle diese Probleme sind außerordentlich komplex und können im Grunde von Wissenschaftlern nur einer Disziplin nicht auch nur andeutungsweise gelöst werden. Hier bedarf es interdisziplinärer, multidisziplinärer Zusammenarbeit, und die wird natürlich durch Fakultätsgrenzen erschwert. Wir werden versuchen, über die Fakultätsgrenzen hinweg noch eine Art Overlay-Struktur herzustellen in Form von Zentren, Seminaren, multidisziplinären Gruppierungen, in denen sich Wissenschaftler und Studenten verschiedener Fakultäten zusammenfinden, zusammenraufen, diskutieren und vielleicht auch zu neuen Lösungen kommen.“[451]

Umzug in das Feierabendheim „Clara Zetkin“ in Dresden

1980 war Lieselott Herforth, zu der Zeit noch Volkskammerabgeordnete und Staatsratsmitglied, aus ihrer bisherigen hochschulnahen Dreieinhalbraum- in eine kleinere Zweiraumwohnung gezogen. Elf Jahre später, nach den politischen Umwälzungen, entschloss sie sich zum Wechsel in das Feierabend- und Pflegeheim „Clara Zetkin“. Das Heim liegt in der Nähe der Medizinischen Akademie und der Elbe, d. h. im Notfall ist ein Arzt schnell zu erreichen, und die Elbe lädt zu täglichen Spaziergängen ein. Das Heim umschloss einen schön begrünten Innenhof, an drei Seiten gesäumt von älteren Bauten und einem Neubau, an der vierten befand sich ein großer Kultur- und (täglich genutzter) Speisesaal. Am 2. August 1991 zog sie in das Heim, kurz vor ihrem 75. Geburtstag. Sie hatte sich dazu entschlossen, da sie alleinstehend war. Im „Clara-Zetkin-Heim“ traf sie einige alte Bekannte wieder. Zu der Zeit hatte auch dieses Heim noch die Merkmale eines „Feierabend- und Pflegeheims“. In solche Heime zog man zu DDR-Zeiten nicht nur, wenn man gebrechlich und pflegebedürftig war. Viele rüstige alleinstehende Menschen fanden dort nach dem Eintritt in den Ruhestand freundliche Gesellschaft in angenehmer

Atmosphäre, hatten ihr eigenes Zimmer oder ihre eigene kleine Wohnung, waren in allen Unternehmungen ganz unabhängig und bekamen doch viele Erleichterungen im täglichen Leben geboten, so die Mahlzeiten. Die Kosten waren gering, sie wurden weitgehend von der Gesellschaft getragen; auch Bewohnern mit sehr kleiner Rente blieb so genug für ihre persönlichen Bedürfnisse. (Das ist ein wesentlicher Unterschied zum heutigen „betreuten Wohnen".) Die Heime waren in die Wohngebiete eingebunden. Ihre Räumlichkeiten wurden (kostenlos) auch zu Versammlungen der WBA, des DFD, der DSF genutzt, auch zu gesellschaftlichen Veranstaltungen und Feierlichkeiten im Wohnbezirk, an denen die Heimbewohner teilnahmen, die natürlich auch ihre eigenen kulturellen Veranstaltungen (mit-) organisierten. Wenn ein Bewohner pflegebedürftig wurde, zog er in die Pflegestation „seines" Heimes um. Benachbarte Schulen pflegten die Nähe zum Heim. So gingen Klassen mit ihrer Lehrerin oder ihrem Lehrer etwa in der Vorweihnachtszeit ins Heim mit Weihnachtsgebäck, das die Mütter mitgegeben hatten. Sie sangen, übergaben ihr Mitgebrachtes, wünschten frohes Fest – und bereiteten damit besonders den pflegebedürftigen unter den Heimbewohnern Freude.[452] Lieselott Herforth zog – da sie eine gute Rente hatte, als „Selbstzahler" – in den neueren Bau, in das Haus C. Sie hatte hier, für mehr als zehn Jahre, zwei Zimmer, ein großes Wohnzimmer mit Nassecke (auch zum Kaffee- und Teekochen) und ein kleines Schlafzimmer, die sie mit ihren eigenen Möbeln ausstattete.[453] Im gesamten Haus C waren die Bewohner rüstige und aktive Rentner, so wie Lieselott Herforth selbst, die ihren Heimbeirat wählten, zu dem auch sie gehörte. Um es gleich zu sagen: Der Charakter des Heims ist heute ein ganz anderer. Das Haus C gehört nicht mehr zum Heim, das wie alle anderen „Seniorenheime" oder „Seniorenresidenzen" heute wohl nur noch Pflegebedürftige „mit Pflegestufe" versorgt, darunter nicht wenige mit der höchsten Stufe. Lieselott Herforth wird diese Entwicklung nicht vorausgesehen haben; heute wird kaum eine rüstige und geistig sehr rege 75-jährige in ein „normales" Seniorenheim gehen. (In der BRD gibt es elitäre Seniorenheime für besonders Betuchte, in denen diese unter sich sind.) Aber als sie dort einzog, war sie sehr zufrieden. Natürlich konnte sie in der nun noch kleineren Wohnung höchstens Cousine Nora oder „Nichte" Beate übernachten lassen, aber auch der Besuch mehrerer Personen war möglich: Das Heim hatte einige Gästewohnungen, und auch ein PKW konnte für einige Tage abgestellt werden. Es ließ sich also alles gut an, und Lieselott Herforth beklagte sich auch später niemals, – wären da nicht die stetig steigenden Heimkosten gewesen. Sie betrugen für sie Ende 1991 1200 DM; im April 1995 waren sie auf 1970 DM gestiegen, während ihre Rente sich damals – nach Kürzung und „Anpassung" – auf 2682 DM belief. (Für einen emeritierten Professor aus den alten Bundesländern kaum vorstellbar niedrig, verglichen mit der Pension, die er als Beamter erhält.) Aus heutiger Sicht lässt sich sagen, Lieselott Herforth wäre besser vorerst in ihrer (zentral gelegenen, fernbeheizten, mit Fahrstuhl erreichbaren) Wohnung geblieben – und wäre dann, nach langer Zeit und erst bei Pflegebedürftigkeit mit angemessen hoher Pflegestufe in ein Heim gewechselt, wenn überhaupt jemals. Ohne Umzug hätte sie aber nicht die gute Freundin ihres Alters kennen gelernt, Livia Klinger, ebenso rege wie sie selbst, auch im Heimbeirat arbeitend und in Haus C in der Wohnung direkt unter ihr wohnend. Beide haben noch manche Reise, auch ins Ausland, gemeinsam unternommen. Im Entwurf eines Glückwunschbriefes, den Lieselott Herforth zum 81. Geburtstag von Livia Klinger verfasste, hieß es: „Du bist mein Glückstreffer im Alter. Bleibe gesund, ich gebe mir auch Mühe, damit wir noch ein paar Jahre gemeinsam fröhlich verbringen können. Und Dank für alles, alles!“[454]

Anlässlich des 75. Geburtstages von Lieselott Herforth hatte das Institut SSP ein Kolloquium veranstaltet. Ihren 80. Geburtstag feierte sie mit Verwandten im Schwarzwald (nach). Glückwünsche zum 80. hatte sie von Schülern und Bekannten erhalten, – und auch vom Oberbürgermeister der Stadt Dresden, Dr. Herbert Wagner, selbst Absolvent der TU Dresden. Er hatte ihr ein Schreiben übermittelt, dem 50 DM beigelegt waren. Eine spezifische Würdigung waren die Zeilen nicht. Sie werden im selben Wortlaut in seinen Glückwunschschreiben für andere 80-Jährige gestanden haben. Herbert Wagner schrieb u. a.: „[...] heute ist das Taschenbergpalais fertiggestellt, Schloß und Frauenkirche werden wieder aufgebaut, viele Lücken, die der Krieg hinterlassen hat, werden geschlossen. Die Standhaftigkeit und Opferbereitschaft Ihrer Generation hat dazu beigetragen, dass *wir heute unsere schöne Stadt wieder aufbauen können.*“ Lieselott Herforth dankte ihm in gewohnter Liebenswürdigkeit (und mit feiner Ironie): „Ihrem Glückwunschbrief entnehme ich, dass ich noch nicht vergessen bin. Dies bestätigen mir auch heute noch meine ehemaligen Schüler der TU Dresden. Und so bin ich zufrieden mit meinen 80 Jahren! Ich kann noch gut sehen, gut hören, gut laufen, und der Verstand funktioniert auch noch gut! [...] Vielen Dank auch für den beigefügten 50 DM-Schein. Sie sollen wissen, dass ich mir dafür Blumen kaufen werde. Blumen sind für mich das Schönste! Für 50 DM kann ich mir schon dreimal zum Wochenende ein Sträußchen kaufen. Ihnen, verehrter Herr Oberbürgermeister, wünsche ich für Ihre verantwortungsvolle Tätigkeit viel Erfolg. [...] Mit freundlichen Grüßen und guten Wünschen bin ich Ihre 80jährige Einwohnerin von Dresden, die seit 1960 in Dresden lebt und gearbeitet hat und sich freut, im Alter in unserem schönen Dresden zu leben.“

Es zeigte sich ein partielles Vergessen und Ignorieren, – zumindest „im Osten“. So war „im Westen“ 1991 durch eine ARD-Sendung über die erste westdeutsche Universitätsrektorin wieder ins Gedächtnis gerufen worden, dass Lieselott Herforth die erste Frau an der Spitze einer deutschen Universität gewesen war. „Im Osten“ sollte das nicht mehr bekannt sein, nicht einmal in Dresden? Wie anders lässt sich erklären, dass nach der Mitteilung in den DNN 1995 über Frau Professor Dr. Dagmar Schipanski (TU Ilmenau) „als erster Rektorin einer deutschen Technischen Universität“ die Redaktion auf ihren Fehler hingewiesen wurde, trotzdem aber am 20. Januar 1996 beim Bericht über deren Wahl zur Vorsitzenden des Wissenschaftsrates in Deutschland denselben Fehler wiederholte. Durch einen – am 1.2.1996 veröffentlichten – Leserbrief wurde sie von derselben aufmerksamen Leserin auf die neuerliche Nachlässigkeit hingewiesen. Die Leserin vermutete, dass „die erste Rektorin“ bereits verstorben sei. Diesen Fehler und eine Ungenauigkeit berichtigte Lieselott Herforth im März in einem Brief an die Redaktion, nachdem sie, von einer Reise zurückgekehrt, von dem Leserbrief erfahren hatte. Sie verwies darin auch auf das erst vor wenigen Jahren unter Mitarbeit ihrer Schüler herausgekommene „Praktikumsbuch Herforth/Koch“ und damit auf ihre durchaus noch vorhandene Aktivität.[455]

Mitarbeit in Gremien der TU und Mitarbeit in der Wissenschaft bis 1992

Mitarbeit an der TU

Zum 17. Dez. 1990 erhielt Lieselott Herforth von ihrem ehemaligen Schüler Winfried Pippel, seit Jahren Dekan der Fak. für Naturwissenschaften und Mathematik, im Namen des Rates der Fakultät die traditionelle Einladung zu einer zwanglosen Gesprächsrunde der emeritierten Professoren, in der über die Arbeit der Fakultät während des vergangenen Jahres informiert werden sollte. Bei der Gesprächsrunde im Jahr darauf, im Dez. 1991, konnte sie nicht dabei sein; dort war u. a. das Thema „Altersversorgung“ auf ′s Tapet gebracht worden, das sie selbst natürlich auch brennend interessierte. Das wissend, informierte Professor Recknagel sie brieflich über Wichtiges.

Als Ehrensenatorin der TU Dresden erhielt sie Einladungen zu den Sitzungen des Senats, denen sie bis Mitte 1991 Folge geleistet hatte, wenn sie sich gesundheitlich dazu in der Lage fühlte. Sie konnte so die neue Immatrikulationsordnung, die neue Habilitationsordnung und die Konzeption zur Bildung einer „Gesellschaft von Freunden und Förderern der TUD e. V.“ noch mitberaten, wie auch die Aufgaben der Frauenkommission und der Frauenbeauftragten der TU. Am 9. Juni 1991 bat sie den Rektor, Professor Landgraf, sie „ab sofort von (ihrer) Mitgliedschaft als Senatsmitglied zu entbinden“. Sie teilte ihm mit, dass sie in das „Feierabendheim Clara Zetkin“ umziehen werde; dort wolle sie an dem geplanten Buch – an den Memoiren – arbeiten. „Mein Gesundheitszustand ist verhältnismäßig gut, wenn ich vormittags rausgehe, mich mittags ausruhen kann und am Nachmittag an meinem Schreibtisch, den ich mitnehme, etwas arbeiten kann.“ Sie bat ihn um ein „Abschiedsgespräch“, etwa im August 1991 – während der Semesterferien.

Das „23. International Symposium Radiation Protection Physics“ fand vom 8. bis 12. April 1991 in Gaußig statt, organisiert vom Institut SSP der TU Dresden, an dessen Spitze Birgit Dörschel, Schülerin von Lieselott Herforth, stand. Die 58 Wissenschaftlerinnen und Wissenschaftler, die daran teilnahmen, kamen aus den alten und neuen Bundesländern der BRD, aus der UdSSR, der Tschechoslowakei, Polen,

Ungarn, Jugoslawien, Dänemark und der Schweiz. Lieselott Herforth war unter ihnen. Für das „24. International Symposium [...]“, vom 6. bis 10. April 1992, wieder in Gaußig, hatte sie sich nicht angemeldet. Vielleicht waren ihr die Kosten diesmal zu hoch, vielleicht aber wollte sie sich verstärkt auf das konzentrieren, was sie sich fest vorgenommen hatte, auf die „Memoiren“.[456]

In der Gelehrtensozietät der AdW und in der Leibniz-Sozietät

Lieselott Herforth nahm an den Sitzungen der Klasse Physik, an anderen sie interessierenden Klassensitzungen und an den Plenarsitzungen der AdW teil. Dieser standen große Umwälzungen bevor. Die AdW der DDR ließ sich auf das Gründungsjahr 1700 und ihren geistigen Gründungsvater Gottfried Wilhelm Leibniz zurückverfolgen. Sie war 1972 aus der DAW zu Berlin hervorgegangen, die wiederum 1946 das Erbe der Preußischen Akademie angetreten hatte. Die AdW der DDR war ein Gebilde, das es so in der „alten“ BRD nicht gab. Sie war Forschungsgemeinschaft und Gelehrtengesellschaft in einem. In den Akademieinstituten der Forschungsgemeinschaft waren etwa 24 Tausend Wissenschaftler/innen und andere Mitarbeiter/innen tätig, der Gelehrtengesellschaft gehörten, durch Wahl, bedeutende Forscher/innen aus dem In- und Ausland an. Lieselott Herforth war seit 1969 Ordentliches Mitglied (der Gelehrtengesellschaft), hatte aber in den 50er Jahren auch in Akademieinstituten – in Berlin-Buch und in Leipzig – gearbeitet. Alle Mitglieder der AdW nahmen an den 1990 einsetzenden Entwicklungen regen Anteil, so auch Lieselott Herforth. Im Mai 1990 war Prof. Dr. Horst Klinkmann von den Angehörigen der Akademie – aus den Instituten und der Gelehrtensozietät – zum Präsidenten der AdW der DDR gewählt worden. Für den 30. August 1990 hatte der Präsident zu einer Geschäftssitzung des Plenums eingeladen, auf der er über die weitere Entwicklung der AdW aufgrund des „Einigungsvertrages“ informierte. Der „Vertrag zwischen der Bundesrepublik Deutschland und der Deutschen Demokratischen Republik über die Herstellung der Einheit Deutschlands“, der am 31. August 1990 unterzeichnet wurde, verfügte in Art. 38 (2) erstens, dass die Akademie „als Gelehrtensozietät von den Forschungsinstituten und sonstigen Einrichtungen getrennt“ wird, und zweitens, dass „die Entscheidung, wie die Gelehrtensozietät der Akademie der Wissenschaften der Deutschen Demokratischen Republik fortgeführt werden soll, [...] landesrechtlich getroffen“ wird. Die Akademieinstitute wurden abgewickelt, für die Wissenschaftler/innen und anderen Mitarbeiter/innen in den Instituten endeten die Arbeitsverträge Ende 1991. Hingegen lief 1990/91 für die Gelehrtensozietät, annähernd 400 Wissenschaftler aus dem In- und Ausland, alles noch fast wie bisher gewohnt. Am 4. Febr. 1991 hatte Lieselott Herforth dem Präsidenten mitgeteilt, sie sei „sehr damit einverstanden“, dass er „persönlich die Anwartschaft“ für ihre „Mitgliedschaft bei der personellen Neugestaltung der Akademie“ vertrete; gleichzeitig sicherte sie ihm „persönlich jede Unterstützung“ zu. Nur gelegentlich nahm sie an den Sitzungen der Akademie nicht teil. So konnte sie am

21. Febr. 1991 weder die Klassen- noch die Plenumssitzung besuchen, da gerade am selben Tag auf der in Dresden stattfindenden Physikertagung Vorträge über „Strahlen- und Umweltschutz“, ihr Interessengebiet, gehalten wurden.[457] Zunächst gab es berechtigte Erwartungen, dass zumindest die Gelehrtensozietät der AdW mit ihrem (möglicherweise in Teilen zu evaluierenden) Mitgliederbestand und ihren Einrichtungen – Bibliotheken, Archiv, Gebäudebestand, traditionelle Langzeitunternehmungen [...] – erhalten bliebe und in die Hoheit der Länder Berlin und Brandenburg überginge. Diese Hoffnungen sollten sich 1992 zerschlagen. Am 26. Juni 1992 wurde „mit der Festlichen Sitzung aus Anlaß der 292. Wiederkehr des Gründungstages“ der Gelehrtensozietät traditionell „das akademische Jahr beendet“. Vor dem Festvortrag, den der Präsident der Internationalen Gesellschaft für Geschichte der Medizin, Prof. Dr. Hans Schadewaldt, über „Grenzen von Gesundheit und Krankheit“ hielt, betonte der Akademiepräsident in seinen eröffnenden Worten, dass diese Festsitzung ihre „besondere Prägung durch die Ergebnisse“ erhalte, „wie sie im Mühen um den Erhalt unserer Gelehrtensozietät und ihre Fortführung erreicht werden konnten“ und dass sie „wahrscheinlich ebenfalls den Abschluss einer historischen Periode im Leben (der) Akademie und den Beginn einer neuen“ bedeute. So hatte er seiner rechenschaftslegenden „Leibniz-Rede 1992“ denn auch, Arthur Schopenhauer zitierend, den Titel „Der Wechsel allein ist das Beständige“ gegeben. Im letzten Teil der Rede sagte er bedenkenswerte Sätze: „Für die heute oft praktizierte pauschalisierende Dämonisierung gilt sicher auch das Wort unseres Mitgliedes Albert Einstein: *Es ist leichter, ein Atom zu spalten als ein Vorurteil.*“, und an anderer Stelle: „Selbstmitleid oder Fremdanklagen hilft uns nicht weiter; aber Geschichte aufzuarbeiten, und ganz besonders Geschichte unter Schwestern und Brüdern, wird niemals erfolgreich sein, wenn sie sich dem Respekt vor dem Leben, vor der Biographie des Einzelnen versagt und Ursache und Wirkung nicht in angemessenem Ausmaß zueinander ins Verhältnis setzt. Der primitive Dualismus von Gut und Böse bei der Vergangenheitsbewertung, der sicherlich bequem, einfach und im Sinne der Vorteilsverschaffung auch erfolgreich ist, wird zwar zunehmend erkannt, aber außer geübter Anpassung und teilweise resignativer Selbstbeklagung hat er bisher kaum wirksame Gegenströme produziert. [...] Vergessen sollten wir aber nicht, die wir am Ende unseres Weges stehen, daß es weitere Schuld bedeuten würde, wenn wir uns so einfach davonstehlen. *Unsere Verantwortung ist nicht mehr für uns, sondern sie ist für das, was wir hinterlassen und was wir in der Vergangenheit ernsthaft und mit großem Einsatz betrieben haben – ich meine unser Arbeitsfeld, unsere Ideen und vor allem unsere Schüler.* [...]“[458] Am 22. Mai 1992 hatten die Länder Berlin und Brandenburg in einem Staatsvertrag die Berlin-Brandenburgische Akademie der Wissenschaften (BBAdW) „neu konstituiert“, dieser Vertrag trat am 1. August 1992 in Kraft. Jedes Mitglied der Gelehrtensozietät der früheren AdW der DDR, darunter ausländische Nobelpreisträger, erhielt bereits im Juli, also nicht lange nach dem „Leibniz-Tag“, einen Brief des

zuständigen Senators des Landes Berlin, in dem es hieß: „Eine Fortführung der Gelehrtensozietät der ehemaligen Akademie der Wissenschaften der DDR in ihrer bisherigen Gestalt oder eine Überführung der annähernd vierhundert Mitglieder sieht der Staatsvertrag nicht vor. [...] Mit der Beendigung der früheren Gelehrtensozietät ist auch Ihre Mitgliedschaft erloschen." Etliche Mitglieder der Gelehrtensozietät begannen noch 1992 mit Vorbereitungen für die Gründung eines eingetragenen Vereins als neuer Organisationsform ihrer bisherigen Tätigkeit. Als „Mitglieder und Freunde der Leibniz-Akademie" setzten sie ihre monatlichen wissenschaftlichen Zusammenkünfte fort. Der Verein konstituierte sich am 15. April 1993 als „Leibniz-Sozietät". Der „Leibniz-Sozietät" gehören diejenigen bis 1990 gewählten Mitglieder der Akademie der Wissenschaften der DDR an, die ihre Bereitschaft zur Mitarbeit erklärten, seit 1994 wurden nach akademieüblichen Kriterien neue Mitglieder in geheimer Wahl hinzugewählt, so dass die „Leibniz-Sozietät der Wissenschaften zu Berlin" – so der Name seit 2007 – derzeit mehr als 300 Mitglieder aus dem In- und Ausland hat. Lieselott Herforth gehörte der „Leibniz-Sozietät" von 1993 bis zu ihrem Tod an. „Alle Habe" der früheren AdW der DDR fiel der BBAdW zu; die „Leibniz-Sozietät" erhält sich allein durch Mitgliedsbeiträge, Spenden und die ehrenamtliche Arbeit ihrer Mitglieder und Freunde. Trotzdem hat die „Leibniz-Sozietät" bisher nicht wenig geleistet.[459] Lieselott Herforth zahlte den Jahresbeitrag von 60, seit 1996 von 100 DM, und spendete dazu bis 1995 jährlich 200 DM. Anfang 1996 musste sie dem Präsidenten, Prof. Dr. Dr. Samuel Mitja Rapoport, mitteilen, dass ihre eigene finanzielle Lage – nach erneuter Anhebung der Heimkosten seit Januar 1996 – so angespannt sei, dass sie derzeit nicht spenden könne. Aus dem aktuellen Veranstaltungsprogramm der „Leibniz-Sozietät" interessierte sie, wie sie mitteilte, besonders der Plenarvortrag von Günther Vormum im April über „100 Jahre Radioaktivität – Rückblick und Versuch einer Bilanz", – aber sicher war auch der April-Vortrag in der Klasse Naturwissenschaften über „Radioökologische Probleme nach der Katastrophe von Tschernobyl", den die Professoren W. I. Korogodin (Moskau) und J. Kutlakhmedov (Kiew) hielten, für sie interessant.[460] 1996 wurde sie 80 Jahre alt; an den Sitzungen nahm sie in den nächsten Jahren kaum noch teil, da ihr die Fahrten nach Berlin zu beschwerlich wurden.[461] Als die Heimkosten zum 1. Januar 1997 erneut heraufgesetzt wurden, und ihre „Ersparnisse [...] nahezu erschöpft" waren, wurde ihr der Jahresbeitrag erlassen. Sie erhielt weiterhin alle Einladungen und Mitteilungen und die „Sitzungsberichte" zugesandt, und es wurde ihr versichert, dass vor allem wichtig sei, dass sie der Sozietät als Mitglied verbunden bleibe – „auch wenn (sie) nicht direkt an der Arbeit teilnehmen und keinen Beitrag zahlen" könne.[462] Anlässlich ihres 85. Geburtstages wurde sie in der Sitzung der Klasse Naturwissenschaften vom 18. Okt. 2001 gewürdigt.[463]

Veränderungen bei der „Isotopenpraxis"

Seit Jahren gehörte Lieselott Herforth dem Herausgebergremium der „Isotopenpraxis" an. Im Dez. 1991 starb Prof. Dr. sc. nat. Heinrich Hübner, der verdiente Chefherausgeber seit 1980, im Alter von nur 61 Jahren. Sein Tod, vor allem aber die drastischen Veränderungen in der Wissenschaftslandschaft führten zu einer vollständig neuen Situation für die Zeitschrift. Sie erschien ab Januar 1992 unter dem Titel „isotopenpraxis – isotopes in environmental and health studies", herausgegeben vom neugegründeten „Umweltforschungszentrum Leipzig – Halle GmbH" und gedruckt bei Gordon&Breach, London. Das Herausgebergremium wurde verkleinert und verändert. Lieselott Herforth wurde mit Dank für die geleistete Arbeit aus diesem Gremium entlassen.[464]

Das Praktikumsbuch Herforth/Koch von den Anfängen bis 1992

Als am 1. Januar 1956 das IaR offiziell gegründet wurde, gab es für Anwendungen radioaktiver Isotope in der DDR kaum Voraussetzungen. Es fehlte an Lehrbüchern, entsprechend ausgebildeten Mitarbeitern, geeigneten Laboratorien, kernphysikalischen Messgeräten, Strahlenschutzeinrichtungen. Das neue Institut musste also eine Vielzahl von Aufgaben gleichzeitig angreifen. Trotz aller Schwierigkeiten wurde das radiophysikalische und radiochemische Grundpraktikum im Sommer 1956 eröffnet, und Anleitungen dafür waren parat. Das „Praktikumsbuch Herforth/Koch" gehörte zu den ersten Werken, die der seit 1954 bestehende VEB Deutscher Verlag der Wissenschaften Berlin in sein Programm aufnahm. Im Mai 1957 erschienen bei ihm Arbeitsanleitungen für insgesamt 40 Versuche – je 20 radiophysikalische und radiochemische – in Buchform. Damit begann die Erfolgsgeschichte des „Praktikumsbuches Herforth/Koch", die Jahrzehnte währte und das Ende der DDR überdauerte. Es wurde zu einem Standardwerk für die Ausbildung von Spezialisten auf dem Gebiet der Anwendung radioaktiver Nuklide und ist es – mit seiner wohl einzigartig umfassenden Darstellung des Gebietes – auch heute noch. Das Praktikumsbuch wurde stets um Versuche erweitert, auf den jeweils neuen wissenschaftlichen Stand gebracht und mit dem angemessenen Titel versehen. Jüngere Wissenschaftler/innen konnten für die Mitarbeit gewonnen werden; nachdem Lieselott Herforth nach Dresden berufen worden war, kamen diese sowohl aus Leipzig als auch aus Dresden. 1959 erschien das Buch – bereits stark erweitert – unter dem Titel „Radiophysikalisches und radiochemisches Grundpraktikum", von dem 1962 eine 2. überarbeitete und wiederum erweiterte Auflage herausgebracht wurde. Diese 2. Auflage erschien 1963 in russischer Übersetzung in Moskau. Die rasch fortschreitende wissenschaftliche Entwicklung machte eine Neufassung nötig, die 1968 als „Praktikum der angewandten Radioaktivität" erschien. „Der wissenschaftlich-fachlichen Entwicklung wurde durch neue Aufgaben, wie Messungen mit Halbleiterdetektoren und Flüssigkeitsszintillationszählern, Dosisbestimmungen mit LiF-Thermolumineszenzdetektoren, dünnschichtchromatographische Trennungen von Radionukliden, Anwendung der Ringofentechnik, Analyseverfahren durch substöchiometrische Abscheidung usw., Rechnung getragen.“[465] Aus dem Dresdner Institut von L. Herforth hatten W. Stolz, G. Oswald, K. Hübner, K. Müller und aus dem Leipziger IaR J. Flachowsky, H. Bruchertseifer, W. Jockisch daran mitgearbeitet. Wegen der großen Nachfrage erschien 1972 eine durchgesehene 2. und 1975 eine unveränderte 3. Auflage. Neu bearbeitet kam 1981 das „Praktikum der Radioaktivität und der Radiochemie“ sowohl beim Deutschen Verlag der Wissenschaften Berlin, als auch beim Birkhäuser-Verlag Basel-Boston-Stuttgart heraus. Die russische Übersetzung folgte 1984 in Moskau. Als Mitautor von Teil I hatte Lieselott Herforth ihren Lehrstuhlnachfolger Klaus Hübner herangezogen. 1986 erschien die 2. Auflage in unveränderter Form und war sehr schnell vergriffen. Vollkommen überarbeitet sollte das Praktikumsbuch 1991 herausgebracht werden – laut Vertrag vom 29. Dez. 1988, geschlossen zwischen dem Verlag und den Autoren. Von den Erstautoren des Praktikumsbuches lebte nur noch Lieselott Herforth; Hartwig Koch war am 7. Oktober 1988 im Alter von 67 Jahren verstorben. Mitautoren waren Prof. Dr. Klaus Hübner und Kurt Irmer, Dresden, und Dr. Rosmarie Pfrepper und Dr. René Otto, Leipzig. Die politischen Umwälzungen des Jahres 1990 führten zu großen Veränderungen auch im Verlagswesen. Im Dez. 1991 erhielt Lieselott Herforth die Nachricht, dass „im zähen Ringen um die Zukunft des Deutschen Verlages der Wissenschaften“ die Treuhandgesellschaft „gleichsam in letzter Minute“ entschieden habe, „dass die Fortführung des Programms der Hüthig Verlagsgemeinschaft übertragen wird“. Der Programmbereich Mathematik, Physik und Chemie wurde von der Hüthig Verlagsgemeinschaft bald an den Verlag Johann Ambrosius Barth Leipzig-Berlin-Heidelberg gegeben. Dieser sandte der Autorin Herforth im Juli 1992 die erfreuliche Nachricht, dass „die zwischenzeitlich stornierten Arbeiten“ am Praktikumsbuch „wieder aufgenommen werden konnten“ und dass die ersten Korrekturbögen bereits vorlägen und an Prof. Hübner gesandt worden seien. Im November 1992 wurde das „Praktikumsbuch Herforth/Koch“ ausgeliefert; neben dem Verlag war angegeben „Edition Deutscher Verlag der Wissenschaften“. Die Bemühungen des Verlages, den Namen „Deutscher Verlag der Wissenschaften“ wenigstens in dieser Form zu erhalten, schlugen jedoch fehl. Künftig würde nur noch „Johann Ambrosius Barth“ „auf dem Haupttitel und im Impressum“ erscheinen. Lieselott Herforth wurde von Erika Arndt, der ihr vertrauten Lektorin, über den Absatz des Buches regelmäßig informiert. In den ersten fünf Monaten wurden 174 Exemplare verkauft, erste Rezensionen waren erschienen, und Lieselott Herforth nutzte ihre Verbindungen und jede Gelegenheit, um für das Buch zu werben und den Absatz weiter anzukurbeln. Der Preis war mit 160 DM hoch, für die meisten Studierenden zu hoch und daher eine „Absatzbremse“. Bereits 1995, viel zu früh, starb Lieselott Herforths Schüler und Dresdner Mitautor Klaus Hübner. Im

April 1997 übergab die nun bereits 80-Jährige „aus Altersgründen alle Vollmachten“, das Buch betreffend, an Herrn Dr. René Otto. Dr. Otto hatte ihr mitgeteilt, dass in Leipzig die Praktikumslehrgänge, die mit dem Buch arbeiten, voll besetzt seien. 1998 entschloss sich die Hüthig GmbH, ihr naturwissenschaftliches Programm dem Verlag WILEY-VCH in Weinheim zu übergeben. Mit Brief vom 4. Juni 1998 dankte die Hüthig GmbH Lieselott Herforth „für die engagierte und loyale Zusammenarbeit über viele Jahre hinweg“ und wünschte ihr „Erfüllung und Erfolg in der neuen verlegerischen Heimat“; das „Begrüßungsschreiben“ von WILEY-VCH folgte vier Wochen später.[466]

Weitere Auflagen des Praktikumsbuches Herforth/Koch erschienen bereits 1995 und 1999. Das Praktikumsbuch ist in der Lehre präsent u. a. an den Universitäten Jena, Potsdam, Hannover und Bochum, an den Fachhochschulen Lübeck und Zwickau, an der TU Ilmenau und natürlich an der TU Dresden. Nach PD Dr. Jürgen Hennig, hervorgegangen aus dem WB SSP und jetzt Leiter der Arbeitsgruppe Strahlenphysik des Instituts für Kern- und Teilchenphysik, zeichnet sich das Herforth/Kochsche Buch durch „brillante Schärfe“ aus. Es gebe keine ähnlich geschlossene und umfangreiche Sammlung wie dieses Buch, das nach wie vor eine Fundgrube für Praktika zur Radioaktivität sei.[467]

Abb. VI.4: Praktikumsbuch Herforth/Koch, 1992

Als Wissenschaftlerin und Zeitzeugin gefragt

In Bezug zu Margot Becke – der ersten *west*deutschen Universitätsrektorin

Im Oktober 1991 hatte Heide Soltau das Sendemanuskript für eine 15-minütige Hörfunksendung des WDR an Lieselott Herforth gesandt; die Sendung erfolgte am 22. Nov. 1991. Es ging um die Amtseinführung der ersten westdeutschen Universitätsrektorin, Margot Becke, an der Univ. Heidelberg vor 25 Jahren. Lieselott Herforth hatte 1965 ihr Amt als erste Rektorin einer deutschen Universität angetreten, gewählt dafür bereits im Nov. 1964. Frau Soltau bat sie, einige Fragen (13 genau) zu ihrem Leben und Wirken, zu ihrer Zeit als Rektorin zu beantworten. Das tat Lieselott Herforth, sie kündigte auch eine Zusendung von Zeitungsartikeln und Fotos an und beendete ihren langen Brief mit der Schlussbemerkung: „Ich wünsche mir, dass es auf der Welt überall bald wieder ruhig zugeht. Alle Menschen sollen gut leben, d. h. genug zu essen haben, Arbeit haben und in Frieden leben können." In der Sendung ist nach *Einblendung B, 4 – Erinnerung von Reinhard Mußgnug (1966 Heidelberger Student, nun Professor) an die Amtseinführung* ein Kommentar (Soltau) zu hören, in dem es u. a. heißt: „Im Überschwang des Lobes wurde allerdings gern unterschlagen, dass Margot Becke gar nicht die erste Rektorin einer deutschen Universität war. Aber die Mauer war längst auch in den Köpfen errichtet und ließ vergessen, dass im November 1964 ‚drüben' die Professorin für Experimentalphysik, Lieselott Herforth, zur Rektorin [...] gewählt worden war. [...] Margot Becke war also die zweite Frau, die in Deutschland zur Rektorin gekürt wurde. [...]"[468]

Beiträge zur Leipziger Physikgeschichte 1994 und 2001

An dem Beitrag zu Gerhard Hoffmann hatte Lieselott Herforth 1987 gearbeitet (siehe oben). Christian Kleint, ihre damalige Leipziger Bezugsperson, nun Professor in der Fakultät für Physik und Geowissenschaften der Univ. Leipzig, teilte ihr Anfang Januar 1994 mit, dass ihr Bericht in „Beiträge zur Geschichte von Technik und technischer Bildung, Folge 6" erschienen sei und sandte ihr diesen Band zu. Falls ihr noch weitere Einzelheiten zur Leipziger Zeit 1943/44 einfielen, die vielleicht auch aus „den Erzählungen der Herren Pose und Rexer über ihre Leipziger Tätigkeit stammen könnten", wäre er für solche Ergänzungen dankbar. Noch ehe sie den Band in den Händen hielt, war sie von Professor Christian Fischer angerufen worden, der in der Kriegszeit ebenfalls in Leipzig Assistent von Gerhard Hoffmann gewesen war und der auch in dem Band „vorkam". Sie schlug Professor Kleint vor, dass man sich Mitte Mai in Leipzig träfe. Besonders über Professor Kleint hatte Lieselott Herforth auch später Kontakt zur Leipziger Physikhistorie. So half sie ihm, einige alte, im Leipziger Physikalischen Institut noch vorhandene

Geräte als solche aus der Hoffmann-Zeit zu identifizieren, darunter eine Ionisationskammer. Kleint informierte sie über in Leipzig geplante Veranstaltungen anlässlich des 100. Geburtstages von Waldemar Ilberg und von Werner Heisenberg.[469]

Zum Entwurf „Kernforschung und Kerntechnik in der DDR“ eines Lübecker Wissenschaftshistorikers – 1995

PD Dr. Burghard Weiss, als Physiker und Wissenschaftshistoriker am Institut für Medizin- und Wissenschaftsgeschichte der Medizinischen Universität Lübeck tätig, sandte Lieselott Herforth im Febr. 1995 seinen Entwurf „Kernforschung und Kerntechnik in der DDR“ mit der Bitte um Meinungsäußerung. Außerdem bat er sie, die Zeitzeugin, um Angaben zu Hartmut Kallmann, ihrem Doktorvater. Am 27. Febr. 1995 telefonierte man miteinander. Lieselott Herforth teilte ihm mit, dass sie seinen Entwurf aufmerksam gelesen habe und schlug vor, dass er ihr bei beider Treffen Ende März Fragen stelle. Sie habe eine Fotokopie des Beitrags über Kallmann / Geiger im „spectrum“ für ihn anfertigen lassen und hielte auch ein Foto aus der Zeit um 1947 für ihn bereit. Sie empfahl ihm, Professor Immanuel Broser, TU Berlin, ebenfalls zu interviewen, da er wie sie ein Kallman-Promovend sei.[470]

Ein alter Artikel Lieselott Herforths aus der „Deutschen Lehrerzeitung“ interessiert

Im März 1964 hatte die „Deutsche Lehrerzeitung“, das Organ des Ministeriums für Volksbildung und des Zentralvorstandes der Gewerkschaft Unterricht und Erziehung, den Beitrag von Lieselott Herforth: „Mädchen und technische Revolution“ veröffentlicht. 1995 gehörte die Erziehungshistorikerin Dr. Heidemarie Kühn an der HUB zu einem Team, das eine Quellensammlung zum Thema „Erziehung und Bildung des weiblichen Geschlechts“ erstellte. Bei der Arbeit am Kapitel zur Bildung von Mädchen in der DDR war sie dabei auf den über 30 Jahre alten Artikel von Lieselott Herforth gestoßen. Sie fand ihn so interessant, dass sie ihn – versehen mit Kommentaren – als Eröffnungsbeitrag der Sammlung ausgewählt hatte, die in zwei Bänden erscheinen sollte. Zur Erinnerung sandte sie Lieselott Herforth eine Kopie des Artikels von 1964, ergänzt um ihren Kommentar dazu und in der Hoffnung, dass sie diesen Abdruck genehmige. Lieselott Herforth schrieb ihr am 16. Jan. 1995: „Liebe Frau Dr. Kühn! [...] Was soll ich dazu sagen? Natürlich freue ich mich darüber, dass ich (jetzt 78 Jahre alt) nicht ganz vergessen bin – und überlasse Ihnen ganz allein die Entscheidung über Ihr Vorhaben.“ Sie verwies darauf, dass sie in der Wissenschaft noch aktiv sei und belegte das mit dem 1992 erschienenen „Praktikumsbuch“, so zugleich dafür werbend. Für den biographischen Teil des Kommentars bat sie lediglich darum, „1963 SED“ durch „1963 SED, seit 1989 parteilos“ zu ersetzen.[471]

Zuarbeit zu einer TU-Dokumentation des Jahres 1996

Im Dez. 1996 veröffentlichte die TU Dresden den Band „Frauen aus Lehre, Forschung, Verwaltung – vorgestellt in Lebensläufen und Interviews". Herausgegeben wurde diese Dokumentation von der Physikerin Dr.rer.nat. Karin Reiche, der „Gleichstellungsbeauftragten an der TU Dresden". Lieselott Herforth hatte den Beitrag über sich durch „persönliche Informationen" ergänzt. Sie bedankte sich bei Frau Dr. Reiche „ganz herzlich" für den zugesandten Band mit den Worten: „Das Lesen hat mir viel Freude bereitet. Bitte richten Sie Ihren Kolleginnen, die an der Bearbeitung teilgenommen haben, vielen Dank und Grüße aus. Sollten Sie wieder einmal die Hilfe einer jetzt schon 80-jährigen ehemaligen Mitarbeiterin der TU (1965-1968 Rektor) benötigen, ich bin sofort zur Stelle. Ich habe das große Glück, dass mein Kopf noch klar ist."[472]

Geiger-Erinnerungsband

Zu Dr. Dieter Hoffmann, nun MPI für Wissenschaftsgeschichte, Berlin, hatte Lieselott Herforth bereits in den 80er Jahren im Zusammenhang mit dem 100. Geburtstag Hans Geigers Kontakt gehabt. Im Herbst 1995 hatte er ihr eine Einladung zum Geigerkolloquium „seines" MPI gesandt, die als „unzustellbar" zurückkam. Er war nun, im März 1996, dabei, die Vorträge für den Druck vorzubereiten (Reihe PTB-Texte, Braunschweig 1996) und wollte die geplante Publikation noch um einige Beiträge ergänzen. Er bat sie, „Erinnerungen an ihren Diplomvater" beizusteuern; dabei sei die einfachste Lösung für sie, ihren 1982 in „spectrum" erschienenen Beitrag zu überarbeiten, aber „selbstverständlich wäre auch jede andere, weitergehende Lösung hoch willkommen". Lieselott Herforth entsprach seinem Wunsch. Im Begleitschreiben für ihren überarbeiteten früheren Beitrag betonte sie: „So manches, was ich als Diplomandin bei Professor Geiger gelernt habe, hat heute, nach 56 Jahren [...] noch Gültigkeit. Besonders fasziniert mich heute noch seine Vorschrift, dass eine Diplomarbeit höchstens 25 Seiten umfassen durfte. So lernten wir es, mit wenig Worten viel zu sagen!"[473]

Würdigungen der Wissenschaftlerin und Persönlichkeit

Ehrung für die frühen Arbeiten auf dem Gebiet der Flüssigszintillationsspektrometrie 2001

Im September 1986 hatte Lieselott Herforth auf der Arbeitstagung der AG Radiochemische Analysenverfahren des Fachverbandes Analytik der Chemischen Gesellschaft der DDR, die sich mit der Messung geringer Radioaktivitäten befasste, einen Vortrag über die Frühzeit der (radioaktiven) Messtechnik gehalten. Mehr als zehn Jahre später, sich hieran erinnernd, erarbeitete Professor Siegfried Niese, nun tätig im „Verein für Kernverfahrenstechnik und Analytik (VKTA) Rossendorf e. V.", den Beitrag „Die Entdeckung der organischen Szintillatoren vor 50 Jahren durch H. Kallmann und L. Herforth", den er am 25. Juni 1998 im Seminar des Instituts für SSP der TU vortrug. Die Textfassung des Vortrages sandte er im August 1998 an Lieselott Herforth mit einigen Fragen und mit der Bitte, alles noch einmal historisch-kritisch durchzugehen und eventuelle Ungenauigkeiten zu korrigieren. Er hatte die Absicht, den – so verbesserten – Beitrag auf der Physikhistorischen Tagung vorzutragen, zu der die Deutsche Physikalische Gesellschaft zum Thema „Physik und Physiker in Deutschland nach dem 2. Weltkrieg (1945-1955)" für den 18. und 19. März 1999 nach Heidelberg eingeladen hatte. Unter dem oben angegebenen Titel erschien Siegfried Nieses Arbeit in 1/1999 der „Strahlenschutzpraxis". „Die heutige breite Anwendung organischer Szintillatoren in der Kernstrahlungs- und Strahlenschutzmesstechnik" war für ihn der Anlass gewesen, „an deren Entdeckung zu erinnern". Ende 2000 wurde die „Deutsche Gesellschaft für Flüssigszintillationsspektrometrie e. V. (DGFS)" in Karlsruhe gegründet, – mit dem Zweck, Forschung, Entwicklung und Erfahrungsaustausch auf dem Gebiet der Flüssigszintillationsspektrometrie durch Fachtagungen, Nachwuchsbildung und -förderung, durch Publikationen, Einrichtung einer Fachbibliothek und Erstellung von Messanleitungen zu fördern. In Kooperation u. a. mit der IAEA fand vom 7. bis 11. Mai 2001 in Karlsruhe die „LSC 2001, International Conference on Advances in Liquid Scintillation Spectrometry" statt. Auf einem Festakt der „LSC 2001" wurde Lieselott Herforth (in ihrer Abwesenheit) die Ehrenmitgliedschaft der DGFS verliehen. Professor Niese erinnerte in seinem Festvortrag an ihr Wirken. Die Professoren Helmut Abel und Johann Lingertat, beide Berlin, beide Schüler von Lieselott Herforth, wenn auch in unterschiedlichen Stadien ihrer wissenschaftlichen Qualifikation, nahmen an der Konferenz teil, und Johann Lingertat hielt einen Vortrag.[474]

„800 Jahre Dresden. Frauen von einst und jetzt"

Am 9. August 2006 wurde in der Begegnungsstätte Dresden-Klotzsche eine Ausstellung zum Thema „800 Jahre Dresden. Frauen von einst und jetzt" eröffnet. Zu den 17 dort gewürdigten Frauen gehörte auch Lieselott Herforth.

Historischer Wochenkalender 2008

Der POLITEIA-Kalender feierte 2008 sein zehnjähriges Bestehen. In diesem historischen Kalender wird in jeder Woche eine Frau aus der deutschen Geschichte vorgestellt, es sind alles Frauen, „die aktiv unser politisches Gemeinwesen gestalteten und gestalten". „Sie brachten ihre Erfahrungen aus der Weimarer Republik, dem ‚Dritten Reich' und dem Exil in den Aufbau beider Wirtschafts- und Gesellschaftssysteme ein, sie nutzten die Chancen der Vereinigung zur Entwicklung einer geschlechtergerechteren Zukunft."[475] Lieselott Herforth wird auf dem Blatt der 16. Woche (14.-20. April 2008) vorgestellt. Der Beitrag beginnt mit dem Satz: „Sie war die erste Rektorin einer deutschen technischen Universität (1965-1968, Dresden) und gilt bis heute als eine herausragende Wissenschaftlerin auf dem Gebiet der angewandten Radioaktivität.“ Dem Beitrag zu ihr wurde das Motto vorangestellt: „Wir müssen alles dafür tun, das der Frieden erhalten bleibt – ein jeder an seinem Platz.“[476]

Klassentreffen und Treffen mit Verwandten der väterlichen Linie

Einige der Klassenkameradinnen von Lieselott Herforth, mit denen sie gemeinsam das Rückert-Oberlyzeum besucht hatte, lebten noch in Berlin, andere in Hannover, Darmstadt und anderen Orten. Seit 1976 hatten sie regelmäßig „Klassentreffen“ organisiert. Bei dem, das im Okt. 1990 in Berlin stattfand, war nun auch Lieselott Herforth dabei. Eine Liste mit Anschriften und den Schicksalen der einzelnen in Kurzform hatte sie bereits erhalten. In den folgenden Jahren stand sie mit einigen telefonisch und brieflich in Verbindung. Als von der BfA im Zuge ihrer Rentenbearbeitung das Abiturzeugnis eingefordert wurde, das sie nicht mehr hatte, was nach mehrfachen Ausbombungen im Krieg nicht weiter erstaunt, schrieb sie an drei der Klassenkameradinnen mit der Bitte, zu bestätigen, dass sie gemeinsam mit ihnen im März 1936 das Abitur an der Rückertschule abgelegt habe, wobei sie die „Berlinerin“ bat, bei der Rückertschule nachzufragen, ob sich trotz der Kriegseinwirkungen diese alten Unterlagen vielleicht doch noch erhalten hätten. (Verstehen kann man den „Amtsschimmel“ natürlich nicht, umso weniger, als Lieselott Herforth nicht nur das Abitur, sondern alle Qualifikationen bis zum Doktorgrad im Deutschen Reich bzw. in Berlin-West erworben hatte.) Vom 24. bis 29. Okt. 1991 weilte Lieselott Herforth in Berlin und traf sich in dieser Zeit auch wieder mit ehemaligen Klassenkameradinnen. Nicht bei allen späteren Klassentreffen war sie dabei, und 1999, wieder in Berlin, war der Kreis der Mitschülerinnen bereits stark dezimiert.[477]

Lieselott Herforths Tante von väterlicher Seite, Frieda Stein geb. Herforth (*16. März 1894 in Eydtkuhnen), lebte nach dem Krieg mit ihrer Familie in Pforzheim. Es gab durchaus Kontakt zu den Herforths in der DDR. So war Frieda Stein dabei, als ihre Nichte Lieselott 1965 in das Amt der Rektorin der TU Dresden eingeführt wurde. Seit 1990 besuchte man sich gegenseitig, telefonierte, wechselte Briefe. Mehrfach kamen die „Homagks“ im PKW nach Dresden und wohnten in einem Gästeappartement des Clara-Zetkin-Heims. Renate Homagk („Nati“; 1926-2015) war eine geborene Stein, in Eydtkuhnen zur Welt gekommen. Auch Lieselott Herforth besuchte Familie Homagk im niedersächsischen Zeven-Brauel. Nicht sehr weit davon entfernt, in Bremen, wohnte eine andere Cousine, Ilse („Illa“) Becker geb. Stein, ebenfalls in Eydtkuhnen geboren. Die gesamte westdeutsche „Steinverwandtschaft“ mit Kindern und Kindeskindern stand in gutem Kontakt untereinander, und Lieselott Herforth lernte nach und nach alle kennen. Lothar Stein, Cousin von Lieselott Herforth, war mit seiner Frau Helga in Pforzheim ansässig geblieben.

Hier fand die private Feier anlässlich des 80. Geburtstags von Lieselott Herforth statt. Mehrfach war sie bei den „Steins“ in Pforzheim zu Besuch und diese bei ihr in Dresden.

Den 85. Geburtstag feierte Lieselott Herforth mit Schülern, Freunden und Bekannten in dem zum Clara-Zetkin-Heim gehörenden Café. In der Woche darauf kamen „Homagks“ zur Nachfeier nach Dresden. Bei ihren Besuchen in Pforzheim und Zeven-Brauel lernte Lieselott Herforth auch den einen oder anderen Bekannten der Verwandtschaft kennen – und umgekehrt. So gibt es kaum einen Brief oder eine Karte, in der Livia Klinger, die Altersfreundin von Lieselott Herforth, nicht gegrüßt wird.[478]

Abb. VI.5: Im Familienkreis in Zeven-Brauel (L. Herforth 3. v. l.)

Abb. VI.6: Mit Cousine Nora Block

Notwendige „Nachträge"

Wie aus oben Dargestelltem hervorgeht, war Lieselott Herforth in den 1990er Jahren publizistisch und als Gutachterin und Zeitzeugin rege, trotz des Unangenehmen und der Einschränkungen, die gerade in die ersten dieser Jahre fielen, die aber nie die „Oberhand" über sie gewannen und die ihre Aktivität als Wissenschaftlerin nicht zum Erliegen brachten. Daher werden die Unannehmlichkeiten als „Nachtrag" gebracht.

Rentenquerelen

Die „Rentenanpassung" der zu DDR-Zeiten emeritierten Hochschullehrer war demütigend für diese und ungerecht, auch was die Anerkennung der „Zusatzrenten" anbetraf, d. h. der Rentenansprüche und -anwartschaften, die sich aus Zusatzversorgungssystemen der DDR ergaben. Die Professoren wehrten sich. In der Gesprächsrunde des Dekans der Fakultät Naturwissenschaften und Mathematik mit den emeritierten Professoren im Dez. 1991 hatte Professor P. H. Müller „von seinen Erfahrungen beim Streit um die Altersversorgung" berichtet. „Er war pessimistisch. Die Hochschulen unterstehen dem Land und das hat kein Geld. Einzige Hoffnung sei die beim Bundesverfassungsgericht eingereichte Verfassungsklage. Trotzdem solle jeder gegen den neuen, von der Angestelltenversicherung zugeschickten Bescheid Widerspruch einlegen. Man solle nichts durch Stillschweigen anerkennen."[479] Die Rente Lieselott Herforts war, wie die der anderen Wissenschaftler, auf das 1,8 fache der Durchschnittsrente beschränkt worden; alles, was darüber lag, wurde also gekürzt.[480] Im Februar 1992 sandte sie an die Bundesversicherungsanstalt für Angestellte (BfA) in Berlin-Wilmersdorf ihren „Umwertungsbescheid sowie sämtliche Renten- und Anpassungsbescheide" in Kopie per Einschreiben mit Rückschein. Sie war um Mitteilung gebeten worden, ob sie bereits gegen die Begrenzung (der Renten) nach § 10 AAÜG Widerspruch bzw. Klage eingelegt habe. „Wie Sie den beigefügten Unterlagen entnehmen können, habe ich Widerspruch eingelegt. Von einer Klage habe ich bisher abgesehen"[481], teilte sie mit. Ende Nov. 1993 erhielt sie die – erfreuliche – Mitteilung von der BfA, dass die Ansprüche aus Zusatzversorgungssystemen der DDR in die gesetzliche Rentenversicherung überführt würden. „Im eigenen Interesse" solle sie noch fehlende Angaben nachreichen: die Bruttoarbeitsentgelte für die Zeit vom 1.1.1955 bis 31.8.1960 und auch Arbeitsverträge für diesen Zeitraum. Sie schickte die Unterlagen bereits am 3.12.1993 nach Berlin, einschließlich der Kopie eines Briefes an Cornelius Weiss, Rektor der Univ. Leipzig, in dem sie diesen um Bestätigung ihrer Angaben bat. (Sie kannte Cornelius Weiss als Sohn ihres Chefs am Leipziger IaR seit 1955.) Zu ihrem großen Erstaunen erhielt sie mit Brief vom 29.12.93 die Mitteilung, dass sie das Schreiben betreffs „Arbeitsentgelte bzw. Arbeitsverträge für die Zeit vom 1.1.55 bis 31.8.60" nicht beantwortet habe. Daraufhin sandte sie am 7.1.94 alles noch einmal, ergänzt durch ein Antwortschreiben von Cornelius Weiss und durch inzwischen noch eingegangene amtliche Bestätigungen aus etlichen Archiven – in Berlin, Leipzig, Merseburg, Halle/Saale –, die sie alle hatte anschreiben müssen. Das war ein immenser Arbeitsaufwand für eine immerhin 78 Jahre alte Wissenschaftlerin, die doch schon über 13 DDR-Jahre hinweg Rente erhalten hatte. Nur gut, dass Lieselott Herforth geistig fit und so noch in der Lage war, diese bürokratischen Hürden zu nehmen. Trotzdem wurden von ihr am 26. Mai 1994 weitere Angaben gefordert, damit ihr „Antrag auf Ausstellung einer Entgeltbescheinigung" bearbeitet werden könnte. Jetzt brauchte man von ihr nur noch: Geburtsdatum, Geburtsnamen, ehemalige Dienststelle – wenn möglich mit Dienststellen- und Personalnummer – und den ehemaligen Beschäftigungsort. Das alles hatte sie bereits mehrfach mitgeteilt, und entsprechend fiel ihr – wie immer sehr höfliches – Antwortschreiben aus. Sie sandte die gewünschten Angaben, obwohl ihr unklar wäre, nachdem sie „schon einen kleinen Koffer voll Bögen" über ihre „Person und Tätigkeiten" ausgefüllt habe, „dass immer noch Angaben gebraucht werden". Sicher sei die jetzige Bearbeiterin dafür nicht verantwortlich zu machen und diese solle „bitte nicht böse" sein, aber sie würde den „Eindruck nicht los", dass die Dienststellen und Bearbeiter die erhaltenen Angaben nicht weiter reichten.[482]

Abonnements und Mitgliedschaften – und deren Kündigung

Bis Juni 1990 bezog Lieselott Herforth im Abonnement 15 Zeitschriften und Zeitungen. Davon bestellte sie zum 1. Juli 1990 acht ab, sie behielt neben SZ und FF-Dabei fünf Fachzeitschriften. Über Zeitschriften und Beratermagazine aus den alten Bundesländern machte sie sich kundig. Regelmäßig ließ sie sich vom Meister-Verlag, München, und von der Focus Verlag GmbH beliefern und abonnierte Capital-Ost bei Gruner & Jahr, Hamburg. Beim Meister-Verlag hatte sie gleich drei Folgen bestellt: „Das große Garten-ABC", „Das Hausarzt-ABC" und „Faszination Tier und Natur". Seit 1.1.1991 war sie Mitglied der Deutschen Buchgemeinschaft (Bertelsmann Club) und seit 1.7.1991 gehörte sie dem Freizeit-Club, Stuttgart, an. Der Freizeit-Club lieferte Bücher, CD, Kassetten, „nette Geschenke und manch anderes" für Mitglieder zu reduzierten Preisen. Sie bestellte bei „Buch und Musik", Stuttgart, beim Janus-Versand, Langenfeld, und beim Weltbild Verlag, Augsburg. Im März 1996 ließ sie sich vom Weltbild Verlag das „Abiturwissen" in zehn Bänden und die Schriften „In 10 Tagen zum vollkommenen Gedächtnis" und „Teste deine Allgemeinbildung: 420 Fragen und Antworten aus allen Wissensgebieten" zusenden, sicher auch zum eigenen Training, das „Abiturwissen" aber wohl eher zum Verschenken. Manch Kleidungsstück bestellte sie bei den Versandhäusern „Charme", Aachen, und „Klingel", Pforzheim.

Die Ernüchterung muss aber doch groß gewesen sein; alle Mitgliedschaften wurden von ihr bis spätestens Ende 1993 „aus Altersgründen" wieder gekündigt.

Die über das Jahr 1993 hinaus nicht geklärte Rentensituation bei ständig steigenden Heimkosten wird die Entscheidung für die Kündigungen zusätzlich erleichtert haben.[483] Zum 15. März 1993 kündigte sie auch den Bezug der SZ. („Da ich sehr viel, auch auf längere Zeit, verreise, ist es für mich günstiger (finanziell gesehen), wenn ich die Zeitung in unserer Verkaufsstelle kaufe, wenn ich in Dresden bin.") Seit 1960 hatte sie die große Wäsche bei „Purotex" waschen lassen und war damit stets zufrieden gewesen. Am 2. April 1993 ließ sie zum letzten Mal ihre Wäsche abholen und kündigte dann den Vertrag. Dazu schrieb sie u. a.: „Seit eineinhalb Jahren befinde ich mich im Feierabendheim Clara Zetkin [...] Als Selbstzahler entrichte ich an das Heim einen hohen Betrag, so dass mir nur ein geringer Geldbetrag für persönliche Belange bleibt. Es besteht aber die Möglichkeit, dass wir unsere Bettwäsche und auch Kleinwäsche im Heim zum Waschen abgeben, ohne dass wir dafür einen Extrabetrag zahlen müssen."[484] Zum 31.12.1993 kündigte sie auch ihre Mitgliedschaft im KONSUM Dresden.

Die letzten Jahre

Lieselott Herforth blieb aktiv. Ihre Schüler/innen vergaßen sie nicht, allerdings starben einige von ihnen, und gerade die zu den engeren Vertrauten gehörenden, lange vor ihr: Klaus Hübner, Volkmar Schuricht und seine Frau, Birgit Dörschel. Die letzten vier Jahre waren leider sehr beschwerlich für sie. Darüber ist nicht mehr viel zu sagen.

Von ihr bleiben für immer die nicht auszulöschende wissenschaftliche Leistung, ihre vielen Schüler/innen, von denen nun auch schon viele im Ruhestand sind, etliche aber noch in einem erfolgreichen Berufsleben stehen, ihre Bücher. Und es bleibt die Erinnerung an einen immer pflichtbewussten, gütigen, stets hilfsbereiten und immer höflichen Menschen.

Abb. VI.7: Lieselott Herforth und Livia Klinger (r.) bei einer Weihnachtsfeier im Heim (2006)

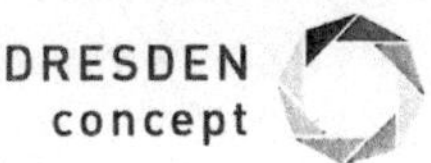

Der Rektor

Technische Universität Dresden, 01062 Dresden

Frau Prof. Dr. Lieselott Herforth
Senioren- und Pflegeheim "Clara Zetkin"
Fetscherstraße 111
Haus A, Wohnung 18
01307 Dresden

Dresden, 13. September 2010

Sehr geehrte Frau Professor Herforth,

zu Ihrem 94. Geburtstag möchte ich Ihnen im Namen der Universitätsleitung, aber auch ganz persönlich sehr herzlich gratulieren und Ihnen alles Gute wünschen.
Sie wurden im Jahre 1965 als erste Frau in Deutschland in das Amt der Rektorin einer Universität gewählt und hatten dieses an der TU Dresden bis 1968 inne.
Während Ihrer langjährigen und erfolgreichen wissenschaftlichen Laufbahn haben Sie als anerkannte Physikerin sowohl die Entwicklung Ihres Fachgebietes mitgeprägt als auch auf die kernphysikalische Forschung in der TU Dresden selbst Einfluss genommen. So arbeiten noch heute Wissenschaftler Ihrer Schule erfolgreich am jetzigen Institut für Kern- und Teilchenphysik.
Ihr Buch "Praktikum der angewandten Radioaktivität", das Sie gemeinsam mit Hartwig Koch verfassten, ist noch heute ein Standardwerk. Die letzte überarbeitete Auflage liegt nicht lange zurück.
Es ist mir ein Bedürfnis, mit diesen herzlichen Geburtstagsgrüßen Ihre Verdienste um die Kernphysik an der TU Dresden wie auch um die gesamte Universität zu würdigen.

Mit freundlichen Grüßen

Prof. Dr. Dr.-Ing. habil.
Hans Müller-Steinhagen

Abb. VI.8: Gratulation des Rektors der TU Dresden zum 94. Geburtstag (dem letzten erlebten)

4. EINIGE SCHÜLERINNEN UND SCHÜLER VON LIESELOTT HERFORTH

Klaus Frank

Am Anfang soll ein bisher nicht genannter Schüler stehen, Dr. Klaus Frank. Der Diplomand am Institut für Anwendung radioaktiver Isotope im Jahr 1965, betreut von Klaus Schillinger und Lieselott Herforth, hatte in der Wirtschaft Karriere gemacht und war 15 Jahre nach Studienabschluss Stellvertretender Direktor im VEB Rohrkombinat Riesa. 1980 schrieb er Lieselott Herforth: „Noch heute erinnere ich mich gut daran, wie aufmerksam, hilfsbereit und doch kritisch fordernd Sie unsere kleinen Forschungsaufgaben verfolgten. Damals war es nicht alltäglich: der Institutsdirektor diskutiert mit Studenten, ohne das Lehrer-Schüler-Verhältnis herauszustellen. [...] Durch Ihr gleichermaßen gesellschaftliches und fachliches Engagement wurden Sie mir zum Vorbild.“[485]

Manfred Frank

Manfred Frank wurde am 16. Juli 1934 in Jänkendorf (Kreis Niesky) geboren. Nach dem 1952 in Niesky erworbenen Abitur studierte er an der Univ. Leipzig Mathematik auf das höhere Schulamt, legte 1956 das Staatsexamen ab und wurde dann Dozent für Mathematik und Physik an der ABF der BA Freiberg. Ein Zusatzstudium der Physik an der KMU beendete er 1960 als Diplom-Physiker. Mit Lieselott Herforth kam er an die TH Dresden, wo er erst Assistent, dann (Promotions- und Habilitations-) Aspirant am Institut für Anwendung radioaktiver Isotope war. 1967 weilte er als Gastdozent an der Univ. Lund (Schweden). Am Institut fungierte er als Oberassistent und war in Betreuungsaufgaben eingebunden, so für die Diplomanden Klaus Hübner und Johann Lingertat und später für den Doktoranden Lingertat. Mit der Chefin fuhr er in die Kliniken in Berlin-Buch, Magdeburg, Chemnitz zur Erprobung der am Institut entwickelten Dosimetergeräte. Manfred Frank und Werner Stolz forschten gemeinsam über „Integrierende Festkörperdosimetrie“, einem damals noch jungen Zweig der Strahlungsmesstechnik. Beide schrieben ihre Habilitationsarbeiten auf diesem Gebiet, die die Basis für ein, auch international begehrtes, gemeinsam verfasstes Buch bildeten (siehe (Fran, 1969) und „Werner Stolz“, folgend). Manfred Frank hatte Strahlenfelder zu berechnen. Dazu benötigte er große Rechenmaschinen, mit denen er so vertraut wurde, dass er sich – nach der Habilitation 1968 an der TU Dresden – zum Wechsel des Arbeitsfeldes entschloss. Er wurde Problemanalytiker und Abteilungsleiter im Rechenzentrum der TU und war seit 1984 a. o. Professor für Mathematische Kybernetik und Rechentechnik. 1970/71 wurde von der SU der sowjetische Großcomputer BSM 6 an die TU geliefert, der an Ort und Stelle von 40 sowjetischen Spezialisten aufgebaut und eingerichtet wurde, Frank war verantwortlich am BSM 6 tätig. Der Großrechner der TU war nahezu ständig in Betrieb, er wurde von Statikern, Molekülchemikern, „Tragwerkleuten", Maschinenbauern, Umfeldmodelleuren, von Physikern, Mathematikern [...] gebraucht; rund 1000 Diplomarbeiten entstanden unter Nutzung des Rechners. Erst Anfang der 80er Jahre musste der BSM 6 vier Wochen lang stillgelegt und gründlich gereinigt werden; er war bis 1990 in Betrieb. 1990 begann Manfred Frank seine freischaffende und erfolgreiche Tätigkeit als Informatiker. Über Lieselott Herforth sagte Manfred Frank: „Sie war eine gütige Autorität." [486]

Werner Stolz

Werner Stolz wurde am 9. Dez. 1934 in Reichenberg (Böhmen) geboren. Er studierte Physik an der Univ. Leipzig mit dem Abschluss als Dipl.-Physiker. Lieselott Herforth lernte er 1957 kennen. Er hörte eine Vorlesung über Gasentladungsphysik bei ihr und kam in der Diplomphase in das von ihr aufgebaute Praktikum am IaR, seine Diplomarbeit wurde von C. F. Weiss und L. Herforth betreut. Bis 1960 blieb er Praktikumsassistent. Zum 1. Sept. 1960 ging er mit Lieselott Herforth als ihr Assistent an die TH Dresden, Fakultät K, Institut für Anwendung radioaktiver Isotope. Hier fertigte er seine Dissertation an, die er aber 1963 an der KMU bei Professor Ilberg verteidigte (Dr.rer.nat.). Er war mehrere Jahre als Oberassistent tätig. Gemeinsam mit Manfred Frank forschte er auf dem Gebiet der „Integrierenden Festkörperdosimetrie", dem damals noch jungen Zweig der Strahlungsmesstechnik, er habilitierte sich 1969. In diesem Jahr erschien bei Teubner in Leipzig und – als Lizenzausgabe – beim Verlag Chemie in Weinheim das Buch M. Frank / W. Stolz: „Festkörperdosimetrie ionisierender Strahlung", das 1973 in russischer Übersetzung auch in Moskau herausgebracht wurde. Werner Stolz wurde zum 1. Febr. 1969 zum Dozenten berufen, nun bereits im Bereich Experimentalphysik III der Sektion Physik. 1978 ging er als Professor für Angewandte Physik an die BA Freiberg, an der er bis zum regulären Eintritt in den Ruhestand lehrte und forschte. Von seinen Patenten und seinen vielen Schriften seien noch genannt: 1976 „Radioaktivität. Teil I: Grundlagen", 1978 „Radioaktivität. Teil II: Messung und Anwendungen" und beide Teile in einem Band 1990 (1996, 2005), alles bei Teubner erschienen, dazu 1981 „Dosimetrie", 1989 „Messung ionisierender Strahlung", 1994 „Physik in Übungsaufgaben" und ebenfalls 1994 (1995, 1998, 2001, 2005) „Starthilfe Physik". Dem Teubner-Verlag blieb Werner Stolz als Autor bis in die jüngste Zeit eng verbunden. – Werner Stolz (Katholik) ist verheiratet und hat zwei Söhne; er ist ein Freund klassischer Musik und reist gern. Guten Kontakt hielt er auch zur emeritierten Professorin Lieselott Herforth; sie konnte sich stets auf ihn verlassen.[487]

Karin Müller

Karin Müller wurde am 20. Juni 1940 in Lommatsch geboren. 1958 an der Fakultät K immatrikuliert, leistete sie das einjährige Vorpraktikum in verschiedenen VEB ab, im Schreibmaschinenwerk Dresden, bei Rafena Radeberg, im Funkwerk Zwönitz, im Funkwerk Dresden, bei Elektrowärme Sörnewitz, dabei auch an der integrierten fachbezogenen Fremdsprachenausbildung teilnehmend. Zu Beginn ihres Studiums am 1. Sept. 1959 gab es in der Fakultät K zwei Seminargruppen mit insgesamt 40 Studierenden, darunter waren zwei Frauen. Karin Müller diplomierte 1964 am Institut für Anwendung radioaktiver Isotope und war dort bzw. im Bereich Experimentalphysik III Assistentin bis 1982, seit 1969 im unbefristeten Arbeitsverhältnis. Im Dez. 1969 wurde sie zum Dr.rer.nat. promoviert. Nebenberuflich absolvierte sie ein Pädagogik-Studium und legte außerdem die Prüfung als Fachübersetzer für Russisch ab. In der Gewerkschaftsgruppe der Sektion Physik arbeitete sie in den Ressorts Wohnungskommission und Ferienplätze mit. Die Frauenförderung sei, so schätzte Frau Dr. Müller aus eigener Erfahrung ein, stets ein ernstes Anliegen von Lieselott Herforth gewesen. Als Anfang der 80er Jahre Stellen an der Sektion eingespart werden sollten, hätte sie bei Prof. Münzner am ZfK in Rossendorf arbeiten können. Mit drei zu versorgenden Kindern wäre ihr jedoch der tägliche lange Arbeitsweg schwergefallen. Sie fand eine geeignete Arbeitsstelle im „Amt für Standardisierung, Messwesen und Warenprüfung“ (ASMW), das dem Ministerrat unterstand. Das ASMW hatte in Dresden mehrere Sitze, einen davon in der Nähe des Bahnhofs Dresden-Mitte; hier arbeitete Karin Müller bis 1991. Danach musste sie sich wegen Abwicklung des Amtes neu orientieren, während ihr Mann im Eichamt tätig sein konnte, das aus dem ASMW ausgegründet worden war. Karin Müller hatte sich in Software-Entwicklung, Buchführung, Betriebswirtschaft, Volkswirtschaft qualifiziert und war hinfort freiberuflich tätig, in verschiedenen Bildungsinstituten und auch an der Volkshochschule. 2000 ging sie im Alter von 60 Jahren in Rente.[488]

Volkmar Schuricht

Volkmar Schuricht wurde am 6. Dez. 1932 in Döbeln geboren. Nach dem 1951 abgelegten Abitur studierte er Physik an der Univ. Leipzig und erwarb 1956 den Grad Dipl.-Physiker. Er wurde Assistent am Institut für Anwendung radioaktiver Isotope der Fakultät K der TU Dresden. 1964 wurde er zum Dr.rer.nat. promoviert aufgrund der Dissertation „Die Neutronenfeuchtemessung und ihre Anwendungsgrenzen“ (Gutachter: Lieselott Herforth und Prof. Dr.-Ing. habil. Werner Hartmann, Arbeitsstelle für Molekularelektronik Dresden). Im August 1969 habilitierte er sich (noch nach altem Recht) zum Dr.rer.nat.habil. aufgrund der Schrift „Halbleiterdetektoren in der Isotopentechnik"; in der Sektion Physik wurde er 1969 zum Dozenten und 1970 zum ord. Professor berufen. 1970 bis 1973 war er Stellv. des Sektionsdirektors für Forschung, 1979 bis 1981 Direktor der Sektion Physik und 1982 bis 1983 Dekan der Fak. für Naturwissenschaften und Mathematik. Seit 1972 leitete er Arbeitsgruppe bzw. Wissenschaftsbereich Strahlenschutzphysik (WB SSP). Die Internationale Atomenergie-Agentur (IAEA) mit Sitz in Wien war 1957 unter dem Dach der Vereinten Nationen gegründet worden; sie arbeitete mit sechs Hauptabteilungen für die Ressorts Technische Zusammenarbeit, Kernenergie, Nukleare Sicherheit, Verwaltung, Nuklearwissenschaften und Anwendungen, Kernmaterialüberwachung. Seit 1973 war die DDR Mitglied der IAEA. Volkmar Schuricht war seit 1. April 1983 bei der IAEA als Direktor verantwortlich für Kernmaterialkontrolle in einem Drittel der Welt. Sein Arbeitsort war hinfort Wien / Berlin. Seine Frau Dr. Renate Schuricht, leitende Ärztin in Dresden, begleitete ihn. Beider Arbeitsverhältnis in Dresden ruhte für die Zeit bei der IAEA. Der Einsatz, zunächst auf zwei Jahre festgesetzt, wurde mehrfach verlängert und am 30. April 1993 beendet. Mit diesem Datum wurde auch das Arbeitsverhältnis von Volkmar Schuricht mit der TU Dresden / Freistaat Sachsen im gegenseitigen Einvernehmen gelöst. In den folgenden Jahren hielt er Vorträge und Seminare bei Weiterbildungsveranstaltungen zum Strahlenschutz. Er verfasste mehrere Bücher zur Strahlenschutzphysik und über 100 weitere wiss. Arbeiten. Darunter sind: „Fusionsreaktoren und Umwelt", 1980 Berlin; „Techniques for radiation protection monitoring of personnel at fusion reactors", 1983 Berlin (SAAS); mit Joachim Steuer: „Praktikum der Strahlenschutzphysik", 1989 Berlin, und mit Birgit Dörschel und Joachim Steuer: „Strahlenschutz-Physik", 1992 Heidelberg, in englischer Übersetzung unter dem Titel „The Physics of Radiation Protection", 1996 Ashford.[489]

Volkmar Schuricht starb plötzlich und unerwartet am 31. Januar 2003, wenige Tage nach seiner Frau, die am 28. Januar ebenso plötzlich gestorben war.[490]

Birgit Dörschel

Birgit Dörschel wurde am 17. März 1945 in Chemnitz geboren. Nach dem 1963 in Dresden-Reick abgelegten Abitur studierte sie Physik an der TU Dresden und wurde 1968 Diplom-Physikerin; die Diplomarbeit hatte sie bei Lieselott Herforth zum Thema „Untersuchung der Festkörperspur-Anwendung in der Neutronendosimetrie" geschrieben. Im Bereich Experimentalphysik III der Sektion Physik war sie zunächst wiss. Aspirantin, seit Okt. 1969 dann wiss. Assistentin. Bereits vor der Promotion konnte sie sechs wiss. Veröffentlichungen und zwei Patente vorweisen. Im Okt. 1970 wurde sie aufgrund der Dissertation „Neutronen-Personendosimetrie mit Festkörperdetektoren" zum Dr.rer.nat. promoviert (Gutachter: aus der Sektion die Professoren Lieselott Herforth und Heinz Pose, dazu Dr.rer.nat. Karl-Heinz

Weber, Fachgruppenleiter im Bereich Forschung und Entwicklung des VEB (RFT) Messelektronik „Otto Schön" Dresden). 1977 folgte die Promotion B zum Dr.sc.nat. aufgrund der Schrift: „Neutronen-Personendosimetrie unter Berücksichtigung spektraler Änderungen des Neutronenfeldes". Birgit Dörschel war von 1971 bis 1979 wiss. Oberassistentin, von 1979 bis 1987 Hochschuldozentin und seit 1. Sept. 1987 ord. Professorin für Experimentalphysik (Dosimetrie) in der Sektion Physik. Von 1981 bis 1985 war sie stellvertretende Leiterin und seit 1985 Leiterin des WB SSP, zunächst kommissarisch. Seit 1976 gehörte sie der Vereinigung für Strahlenforschung an und hatte seit 1981 deren Vorsitz inne. Zum 31. Dez. 1992 wurde ihr die Kündigung wegen Bedarfsmangels ausgesprochen, gegen die sie Einspruch erhob. Am 28. Dez. 1992 teilte ihr Rektor Landgraf mit, dass die „Kündigung aus Rechtsgründen nicht aufrechterhalten werden" könne und bat sie, „die Kündigung als gegenstandslos zu betrachten". Am 18. Juni 1993 setzte er sie von ihrer positiven Evaluation in Kenntnis („unter dem Vorbehalt einer Überprüfung durch den Bundesbeauftragten für die Unterlagen des Staatssicherheitsdienstes der ehemaligen DDR"). Am 1. April 1995 übernahm Birgit Dörschel eine C3-Professur für Strahlenwirkung und Dosimetrie an der TU Dresden. Die Wissenschaftlerin hatte 136 Veröffentlichungen aufzuweisen, darunter mehrere Bücher, auch gemeinsam mit Lieselott Herforth verfasste, und hielt 15 Patente. Birgit Dörschel starb am 30. Dez. 2003 in Radebeul.[491]

Klaus Hübner

Klaus Hübner wurde am 19. Febr. 1940 in Eilenburg geboren. Nach dem Abitur begann er das Studium an der Fakultät K mit dem einjährigen Vorpraktikum in mehreren VEB: Schreib- und Nähmaschinenwerke Dresden, Vakutronik Dresden, Funkwerk Dresden, Rafena Radeberg, Röhrenwerke „Anna Seghers" in Neuhaus am Rennsteig. 1964 schloss er das Studium mit dem Grad Dipl.-Phys. ab. Die Diplomarbeit „Untersuchung von Strahlenwirkungen an LiF-Speicherphosphoren" hatte er bei Lieselott Herforth geschrieben, sie war von ihr und Manfred Frank betreut worden. Am Institut für Anwendung radioaktiver Isotope war er danach erst Aspirant und ab 1965 Assistent. 1969 wurde er zum Dr.rer.nat. promoviert aufgrund der Dissertation „Dosimetrie ionisierender Strahlung mit Azofarbstoffen in flüssiger und fester Phase" (Betreuer und Gutachter: Lieselott Herforth, Werner Stolz). Das patentgeschützte und weithin exportierte Schwellwertdosimeter „Steridohn", das seit Jan. 1969 im VEB Chemiewerke Nünchritz, Betriebsteil Dohna, produziert wurde, war Resultat auch seiner Doktorarbeit. 1974 folgte die Promotion B zum Dr.sc.nat. aufgrund der Schrift „Die biologische Wirkung ionisierender Strahlung auf den Menschen und daraus abgeleitete Grundanforderungen an die militärische Kernstrahlungsmesstechnik bei der Messung von Dosis und Dosisleistung“ (Gutachter: Lieselott Herforth; Prof. Dr. habil. Burkhardt, Staatliche Zentrale für Strahlenschutz der DDR, Berlin; Dr. Weber, VEB Messelektronik Dresden). In der Sektion Physik, Arbeitsgruppe Experimentalphysik III, war er von 1969 bis 1973 wiss. Oberassistent, von 1973 bis 1978 Dozent für Experimentelle Physik (Strahlenschutzphysik) und seit 1. Sept. 1978 ord. Professor. Seit 1971 gehörte er dem Rat der Sektion Physik an. 1974/75 wurde Klaus Hübner für drei Semester als Gastdozent an die Universität Damaskus (Syrien) delegiert. Als Nachfolger von Volkmar Schuricht leitete er den WB SSP. Nach schwerer Erkrankung wurde er zum 1. Okt. 1985 invalidisiert, durfte aber noch 14 Stunden in der Woche arbeiten. Im Juni 1990 wurde für ihn ein personengebundener geschützter Arbeitsplatz genehmigt. Zum 1. Jan. 1992 wurde er als ord. Prof. für Experimentalphysik an der TU Dresden abberufen „wegen Erreichens des Rentenalters infolge Invalidisierung“; den Professorentitel durfte er weiterführen.[492] Noch im selben Jahr wurde das Arbeitsverhältnis mit der TU Dresden im gegenseitigen Einvernehmen aufgelöst.

Klaus Hübner war seit 1962 verheiratet mit Dr.med. Ursula Hübner, das Ehepaar zog vier Töchter groß. Professor Klaus Hübner starb am 9. Juli 1995 in Dresden.[493]

Konrad Prokert

Konrad Prokert wurde am 16. Jan. 1936 in Iglau (CSR) geboren. 1954 legte er das Abitur in Halle/Saale ab und arbeitete danach, da er ursprünglich Geologie studieren wollte, ein Jahr am Halleschen Geologischen Institut. 1955 nahm er an der MLU das Studium der Chemie auf und wechselte nach 6 Semestern, zum Herbstsemester 1958, an die Fakultät K der TH Dresden zur Radiochemie. Er diplomierte 1962 und ging in den VEB Arzneimittelwerk Dresden, als Bereichstechnologe für den Purinebetrieb in der Abt. Technologie. 1964 wechselte er in das Institut für Anwendung radioaktiver Isotope; hier war er zunächst wiss. Mitarbeiter der „Gruppe Technik“, seit 1965 dann wiss. Assistent in Lehre und Forschung (Arbeitsrichtung Dosimetrie). Im Sept. 1969 wurde er zum Dr.rer.nat promoviert. Seine Dissertation „Das System Kristallviolettleukocyanid/1,4-Dijodbenzol in Polystyrol – ein Farbstoffestkörperdosimeter für die Strahlentechnik“ war von Lieselott Herforth und Kurt Schwabe begutachtet worden. Im Juli 1987 promovierte er zum Dr.sc.nat. aufgrund der Dissertation B “Chemische Aspekte bei der Herstellung von Festkörperdetektoren für ionisierende Strahlung”. In seiner langjährigen Tätigkeit an der TU Dresden hat er im WB SSP diejenigen Querschnittaufgaben chemischer Natur bearbeitet, die auf dem Gebiete der Dosimetrie und des Strahlenschutzes anfielen. 1979 wurde er Oberassistent und 1986 stellv. Bereichsleiter des WB SSP. Seit 1970 war Konrad Prokert auf dem Gebiet der Zivilverteidigung tätig, und seit 1973 war er Leiter des Radiologischen Bezirkslabors Dresden. Für diese Tätigkeit wurde er wiederholt ausgezeichnet. Er war Autor oder Mitautor von 26 wiss. Arbeiten und Mitinhaber von fünf Patenten, darunter: K. Hübner, K. Prokert, W. Stolz: Schwellwertdosimeter auf Kunststoffbasis (12.10.70). Im FDGB und im Deutschen Turn- und Sportbund (DTSB) bekleidete er ehrenamtliche Funktionen und wurde mehrfach für seine Verdienste ausgezeichnet. In der Gemeinde Großerkmannsdorf, in der er seit 1974 mit seiner Familie lebte, wurde er 1978 zum Gemeindevertreter gewählt; er übte die (ehrenamtliche) Wahlfunktion des stellv. Bürgermeisters aus und war Vorsitzender des Ortsausschusses der Nationalen Front, die ihm 1984 ihre Ehrennadel in Gold verlieh. Konrad Prokert lehrte und forschte als wiss. Mitarbeiter im WB bzw. Institut SSP bis zum Eintritt in den Ruhestand im Jahre 2001. Aus der 1973 mit der Tierärztin Dr. Annemarie Prokert geschlossenen Ehe gingen zwei Kinder hervor. Konrad Prokert starb 2015.[494]

Klaus Konschak

Klaus Konschak, geb. am 10. Jan.1945, studierte von 1963 bis 1968 Physik an der TU Dresden und schrieb bei Lieselott Herforth am Institut für Anwendung radioaktiver Isotope die Diplomarbeit „Herstellen halbleitender Schichten für Kanalelektronenvervielfacher“, die von ihr und Manfred Frank betreut wurde. Er blieb bis 1972 als Assistent am Institut und erarbeitete die Dissertation „Physikalische Untersuchungen zur UV-Photostimulation und deren Ausnutzung zur wiederholten Auswertung von Thermolumineszenzdosimetern“ (Betreuer und Gutachter: Lieselott Herforth, Werner Stolz). Im Herforth’schen Institut wurden die ersten TLD der Welt entwickelt, mit ihnen konnte bis dreißigmal hintereinander ausgewertet werden; auf diesem Gebiet war Klaus Konschaks Dissertation thematisch angesiedelt. Von 1973 bis 1977 arbeitete er am Institut für Grafische Technik (IGT) Dresden, Wettiner Platz. Er war dort an Entwicklungsarbeiten zu optischen Messverfahren in der Polygrafie beteiligt, die zum Ziel hatten, den gesamte Offsetdruck für farbige Zeitschriften (wie etwa „Guter Rat“ und „Magazin“) zu optimieren. 1976, beim Absolvententreffen des früheren Instituts für Anwendung radioaktiver Isotope, machte ihn Lieselott Herforth mit Professor Ackermann vom Kraftwerksanlagenbau Berlin bekannt, der im Begriff war, an die Ingenieurhochschule Zittau (IHZ) zu wechseln, deren Rektor er dann wurde. An der IHZ wurden die Fachbereiche Kraftwerksanlagen, Energieumwandlung, Elektroenergieversorgung und Betriebswirtschaft vertreten. Von 1977 bis 1993 arbeitete Klaus Konschak an der IHZ. Zunächst war er am Aufbau des Zentralen Lehr- und Forschungsreaktors (ZLFR) beteiligt, der 1979 in Betrieb genommen wurde, und den er von 1979 bis 1985 leitete. (Der entsprechende Reaktor an der TU Dresden wurde neun Monate später eingeweiht; allerdings gab es vor dem der IHZ bereits am ZfK Rossendorf drei Reaktoren zu Ausbildungs- und Forschungszwecken, der erste davon war 1956 von der SU geliefert, die beiden anderen waren in Rossendorf gebaut worden.) Die IHZ, seit 1988 TH, wurde in den 70er Jahren zum zentralen Ausbildungsort für Kernenergetiker im Dreieck Dresden, Rossendorf, Zittau. Seit 1985 baute Klaus Konschak in Zittau das Lehrgebiet Dosimetrie und Strahlenschutz auf, 1988 wurde er zum Dozenten für dieses Lehrgebiet berufen und 1992 zum Professor für Strahlentechnik und Umweltschutz. 1993/94 arbeitete Klaus Konschak am Institut für Umweltschutz Lauchhammer, und von 1995 bis zum Eintritt in den Ruhestand 2010 bei der Firma „Gamma-Service Produktbestrahlung GmbH Leipzig / Radeberg“, seit 1997 als Leiter für Forschung und Entwicklung. Seine Arbeitsgebiete waren hier Strahlenschutz und Ausbildung im Strahlenschutz, Radonmessungen in Gebäuden, Auslegung von Abschirmungen und Komponenten von Bestrahlungsanlagen, Entwicklungsarbeiten zur Produktbestrahlung, dazu Projektleitung für die Elektronenbestrahlungsanlage GSE 80 in den Jahren 1998 bis 2002. Daneben war er Honorardozent an der Brandenburgischen TU Cottbus – mit den Vorlesungen „Radiation Safety“ und „Radioökologie“ – und an der Studienakademie Sachsen / Berufsakademie Riesa mit Lehrveranstaltungen für künftige Strahlenschutzbeauftragte. Professor Klaus Konschak lebt mit seiner Familie in Strehla. Hier war er 1991 Mitbegründer der „Gamma-Consult Strehla“. Seit 2010 ist er in freiberuflicher Tätigkeit in mehrere Projekte eingebunden.

Zwei Bezüge zu seiner Zeit bei Lieselott Herforth sollen noch genannt werden: 1984 wurde im Rahmen des Dokumentarfilmprojektes „Junge Wissenschaftler in der DDR“ durch das Studio für Dokumentarfilme der DDR unter der Regie von Peter Peterson ein Film über Klaus Konschak gedreht, an dem auch seine Hochschullehrerin Lieselott Herforth mitwirkte. Und mit einem Sprung über Zeiten und Gesellschaftsordnungen hinweg: 2007 hatte Professor Konschak ein „kurioses“ Erlebnis; ein junger Mann sprach über das Thema von Konschaks Dissertation, in der Überzeugung etwas Neues gefunden zu haben – ohne die Ergebnisse von Konschak zu kennen oder zu zitieren, und das über 30 Jahre nach dessen Promotion! Sollte das nur mangelhafte Sorgfalt sein oder doch Ignorieren der wissenschaftlichen Ergebnisse aus der DDR?[495]

Klaus Schillinger

Klaus Schillinger wurde am 22. April 1935 in Lützen bei Leipzig geboren, dort legte er 1953 das Abitur ab. Danach studierte er Physik an der MLU, wechselte jedoch 1956 an die Fakultät K der TU Dresden. Hier erwarb er 1959 den Abschluss „Dipl.-Ing. für physikalische Kerntechnik“. Seine Diplomarbeit „Der Einfluß von Gammastrahlung auf die elektrischen Eigenschaften von Transistoren“ entstand am Institut für Anwendung radioaktiver Isotope unter der Leitung von Prof. Dr.-Ing. Werner Lange, bei dem er als Assistent blieb, betraut u. a. mit der Aufgabe des Strahlenschutzbeauftragten der Fakultät K und für andere Bereiche der TH. Bis 1977 arbeitete er am Institut bzw. in der Arbeitsgruppe Experimentalphysik III und im WB SSP der Sektion Physik. Er forschte und lehrte auf den Gebieten Lumineszenzphysik, Strahlungsmesstechnik, Strahlenschutzphysik, seit 1971 als Dozent. 1966 wurde er zum Dr.rer.nat. promoviert, 1970 erhielt er die facultas docendi und 1976 erfolgte die Promotion B zum Dr.sc.nat. (1991 „umgeschrieben" in Dr.rer.nat.habil.). Die Dissertation „Vergleichende Untersuchungen zum Leuchten und Leiten pulverförmiger Kristallphosphore im Wechselspannungsfeld" war von Lieselott Herforth und Prof. Dr. phil. Ernst Rexer, Direktor des Dresdner Akademie-Instituts für Angewandte Physik der Reinststoffe, begutachtet worden. Die Dissertation B, „Grundforderungen an die Strahlenschutzmeßtechnik zur Begrenzung der inneren Strahlenbelastung des Menschen", wurde begutachtet von Prof. Dr. W. Burkhardt, SAAS, Berlin, Prof. Dr. V. Schuricht, Sektion Physik der TU Dresden und Dr.rer.nat. K.-H. Weber, VEB RFT Messelektronik Dresden. 1977 verließ Klaus Schillinger die TU Dresden, um eine verantwortungsvolle Tätigkeit am berühmten Dresdner Mathematisch-Physikalischen Salon zu übernehmen. Er war dort seit 1978 Stellvertretender Direktor und wurde bereits 1979 Direktor; aus dieser Funktion heraus trat er im Jahr 2000 in den Ruhestand.[496]

Johann Lingertat

Johann Lingertat wurde am 24. März 1939 geboren. Nach dem Abitur nahm er das Studium an der Fakultät K der TH Dresden auf und erwarb 1963 das Diplom am Institut für Anwendung radioaktiver Isotope der TU Dresden. Thermolumineszenzdosimetrie war ein wichtiges Arbeitsgebiet von Lieselott Herforth. Hier waren die Lingertatschen Dresdner Graduierungsarbeiten thematisch angesiedelt. Seine Diplomarbeit hatte er zum Thema „Untersuchungen zum Auswertegerät für Thermolumineszenzdosimeter und Erprobung des Dosismessverfahrens im Strahleninstitut der Medizinischen Akademie Magdeburg" verfasst. Rückblickend schätzte er ein, dass diese Aufgabenstellung typisch für Lieselott Herforth gewesen sei, denn „stets wollte sie Forschungsergebnisse möglichst schnell angewendet sehen, sie sollten schnell gesellschaftlichen Nutzen bringen". Unvergessen blieb ihm die nachhaltige Lehre, die sie ihm „vor dem Diplom" erteilte. Die Diplomarbeit hatte er, gerade in der bewegten Zeit der Familiengründung, in einer Woche ins Reine geschrieben und abgegeben. Bereits am nächsten Tag ließ Lieselott Herforth ihn zu sich rufen, doch statt der erwarteten lobenden Worte sagte sie ihm kritische: „Herr Lingertat, das habe ich nicht für möglich gehalten, dass gerade Sie mir so etwas anbieten. Wo sind die authentischen Messwerttabellen, wo die Fehlerrechnung, wo die Sorgfalt bei der Bewertung der Messdaten? Und überhaupt ist diese Arbeit von vorn bis hinten hingeschludert! Im übrigen habe ich keine Lust, Ihre Arbeit genauer zu lesen, bevor Sie sie nicht in ein ordentliches Deutsch gebracht haben. Das ist ja das reinste

Laborkauderwelsch.“ Sehr schnell stand er mit der Arbeit wieder im Korridor. Eine ähnliche Lektion hatte bekanntlich Lieselott Herforth von Hans Geiger bekommen, mit nachhaltigem Erfolg. Und auch bei Johann Lingertat ging alles gut, er erhielt sogar eine Aspirantur am Institut, die er 1967 mit der Promotion zum Dr.rer.nat. beendete. Die Dissertation „Untersuchungen zur Personendosimetrie mit Lithiumfluorid“ schloss thematisch an die Diplomarbeit an. Seit 1967 war Johann Lingertat Wiss. Mitarbeiter am Physikalisch-Technischen Institut der DAW. Er arbeitete zunächst auf dem Gebiet „Technische Zuverlässigkeit elektronischer Bauelemente“ und baute dann die Abteilung „Elektronische Datenverarbeitung“ (mit den Feldern Mikrorechner, Prozessautomatisierung, Echtzeitdatenverarbeitung) auf, die er von 1972 bis 1978 leitete. Seit 1978 forschte er auf dem Gebiet „Gesteuerte Kernfusion“, beginnend mit einem zweijährigen Arbeitsaufenthalt im Institut für Atomenergie „I.W. Kurtschatow“ in Moskau. An der AdW der DDR führte er danach bis 1991 experimentelle Arbeiten auf dem Gebiet des wandnahen Plasmas in Fusionsanlagen und Entwicklungsarbeiten zum Projekt „Anlage PSI-1“ zur Simulation der Plasma-Wand-Wechselwirkung in einem Fusionsreaktor durch, unterbrochen von mehreren Arbeitsaufenthalten im Ausland: wieder am oben genannten Moskauer Institut, aber auch am Plasma Physics Laboratory der Princeton University, USA, und am JET Joint Undertaking/Großbritannien. Mit seinem Forschungsteam erhielt er 1986 den Nationalpreis der DDR II. Klasse. 1987 erfolgten an der AdW der DDR die Promotion B und die Berufung zum Leiter des Bereiches “Plasma-Wand-Wechselwirkung“ am Zentralinstitut für Elektronenphysik, ein Jahr später wurde er Akademie-Professor. Mit der Abwicklung der Forschungsinstitute der AdW musste sich der Wissenschaftler umorientieren, dabei halfen ihm seine internationalen Kontakte. 1991 arbeitete er am MPI für Plasmaphysik in Garching, ging von dort an das JET (**J**oint **E**uropean **T**orus) Joint Undertaking/Großbritannien und kehrte im Jahr 2000 zurück an das MPI für Plasmaphysik, nun aber an dessen Teilinstitut Greifswald. In Greifswald wurde bis 2004 unter seiner Leitung das Stellaratorexperiment WEGA aufgebaut und betrieben, an dem wissenschaftliche und technische Fachkräfte für das im Bau befindliche Großexperiment Stellarator „Wendelstein 7 – X“ (W 7 – X) ausgebildet und trainiert werden. Nach dem Eintritt in den Ruhestand arbeitete er bis 2009 an technologischen Spezialentwicklungen für „W 7 – X“ mit, dem nach einem in Japan laufenden weltweit größten Fusionsexperiment vom Typ „Stellarator“. Bei der Kernfusion soll Energie wie auf der Sonne durch Verschmelzung von Atomkernen gewonnen werden. Nachdem die für Ende 2015 geplanten Experimente gelungen sind, ist die Menschheit der kohlenstofffreien Energiegewinnung aus nahezu unerschöpflichen Ressourcen einen großen Schritt näher gekommen. Die Jahre von 2000 bis 2004 waren die wissenschaftlich wohl fruchtbarsten in Johann Lingertats Berufsleben, in dieser Zeit entstanden über die Hälfte seiner insgesamt mehr als 150 Fachpublikationen.[497]

J. Lingertat noch einmal zu Lieselott Herforth und zu einem Triumph nach 30 Jahren: Johann Lingertat erinnerte sich an die Eigenschaften seiner „Doktormutter“: Sie war tolerant, nicht nachtragend, hatte Interesse und Mitgefühl für private Probleme ihrer Mitarbeiter und versuchte „allen Mitarbeitern den beruflichen Entwicklungsweg nach besten Kräften zu ebnen“. Wie sehr die Forschungen an ihrem Institut auf der Höhe der Zeit gewesen waren, wurde ihm 30 Jahre nach seiner Promotion vor Augen geführt. In seiner Dissertation hatte er gezeigt, dass Thermolumineszenzdosimeter geeignet sind, die für die Personenüberwachung üblichen Filmdosimeter zu ersetzen. Trotz vieler Bemühungen auch durch Lieselott Herforth konnte die Staatliche Zentrale für Strahlenschutz jedoch nicht dafür gewonnen werden. 1991 bei JET bekam er als „radiation worker“ ein Personendosimeter, das er neugierig genauer untersuchte. Und was fand er? Keinen Film, sondern ein Thermolumineszenzdosimeter. Solche Dosimeter wurden, wie sich herausstellte, in Großbritannien routinemäßig für die Personenüberwachung eingesetzt. Johann Lingertats Kommentar: „Am Ende ein Sieg für Lieselott Herforth und für mich, wenn auch (ein) später und in einem anderen Land.“ Lieselott Herforths „Erziehungsmaßnahme“ im Zusammenhang mit seiner Diplomarbeit wirkte bei ihm fort. Am JET unterzog auch er einen Doktoranden einer „Kur“, nur ging es nun nicht um gutes Deutsch, sondern um gutes Englisch und um präzise Formulierungen in einer wissenschaftlichen Arbeit. Und auch er hatte damit Erfolg: Die Verteidigung der Dissertation brachte dem Doktoranden eine Anstellung am MPI für Plasmaphysik in Garching.[498]

Helmut Abel

Helmut Abel wurde am 21. Juli 1928 in Berlin geboren, ging hier bis 1942 zur Schule und schloss 1945 eine Lehre als Feinmechaniker ab. 1946/47 lernte er an der Vorstudienanstalt der Univ. Berlin, wo er im Juli 1947 das Abitur ablegte. Er studierte Mathematik und Physik an der HUB, unterbrochen 1951/52 durch eine Lehrtätigkeit an der ABF der HUB, und erwarb 1954 den Grad Dipl.-Phys. mit einer Arbeit über Miniaturzählrohre. Diese schrieb er bei Robert Rompe und Walter Friedrich, sie wurde am Institut für Medizin und Biologie in Berlin-Buch von Lieselott Herforth betreut. So war Helmut Abel „der erste Diplomand“ von Lieselott Herforth. 1954/55 war er wiss. Assistent von Professor Walter Friedrich an dessen Institut für Strahlenforschung der HUB. 1955 bis 1967 arbeitete er am ZfK Rossendorf, hier baute er die Abteilungen für Dosimetrie und Biophysik auf und leitete sie. Daneben hielt er Vorlesungen über Dosimetrie und Mikrodosimetrie an der TU Dresden, gewonnen dafür von Kurt Schwabe, der Professor an der TU, aber auch Stellv. Direktor des ZfK war. In die Rossendorfer Zeit fiel seine Promotion 1962 an der HUB, der die Dissertation „Vergleichende Untersuchungen zur Dosimetrie schneller Neutronen“ zu Grunde lag. Er war Mitautor des Buches: Abel, Tolkendorf, Roßbander: „Strahlenschutz und Dosimetrie“, 1963 (Deutscher Verlag für Grundstoffindustrie). 1967 wurde Helmut Abel als Stellv. Direktor an das Institut für Biophysik in Berlin-Buch berufen, hier baute er einen Bereich Strahlenbiophysik zur Thematik „intrazelluläre Reparatur strahleninduzierter DNS-Schäden“ auf. Gleichzeitig begann eine mehrjährige Zusammenarbeit mit dem sowjetischen Genetiker Timoféeff-Ressovsky und dem Institut für Medizinische Radiologie in Obninsk bei Moskau.

Mit Timoféeff-Ressovskys Unterstützung gelang in den siebziger Jahren im VIK in Dubna der Aufbau einer Abteilung Biophysik als Außenstelle des Berlin-Bucher Bereiches Strahlenbiophysik. Damit waren Möglichkeiten für vergleichende Untersuchungen zellbiologischer Strahlenwirkungen in Abhängigkeit von der Strahlenart möglich geworden (Gammastrahlen in Berlin-Buch, Neutronen und Protonen in Rossendorf und energiereiche schwere Ionen in Dubna). 1974 habilitierte sich Helmut Abel an der HUB mit der Arbeit „Zur Variation der Strahlenqualität beim Studium der molekularen Wirkungsmechanismen ionisierender Strahlung“ und wurde im selben Jahr zum Professor für Biophysik an der AdW der DDR ernannt. Nach den politischen Veränderungen wurden die strahlenbiologischen Forschungen an der AdW 1991 eingestellt. Seit 1993 war Helmut Abel als Gutachter für Sanierungsvorhaben der Wismut tätig. Der Wissenschaftler wurde 1987 mit der Walter-Friedrich-Medaille der AdW der DDR geehrt. 1995 erfolgte seine Zuwahl in die Leibniz-Sozietät der Wissenschaften zu Berlin. Von seinen in den letzten Jahren erschienenen Veröffentlichungen sei genannt: Abel, Helmut und Gudrun Erzgräber: „Radioaktivität – von der Entdeckung bis Fukushima“, 2012 Berlin (trafo-Verlag)[499]

Gudrun Erzgräber geb. Haberer

Gudrun Erzgräber wurde am 22. Mai 1939 in Eberswalde geboren. Nach dem Abitur und einem praktischen Jahr in den Elektro-Apparate-Werken Berlin-Treptow begann sie das Physikstudium an der HUB und wechselte von dort nach Dresden in die Fakultät K. 1964 erwarb sie am Herforth'schen Institut für Anwendung radioaktiver Isotope das Diplom. Danach arbeitete sie bis 1968 als wiss. Mitarbeiterin im ZfK Rossendorf, und zwar in der Abteilung Strahlenschutz, die 1968 als Außenstelle in den Bereich Strahlenbiophysik des späteren Zentralinstituts für Molekularbiologie (ZIM) der DAW in Berlin-Buch eingegliedert wurde. Durch nebenberufliche Studien erwarb sie 1966 den Abschluss als Diplom-Ingenieurpädagogin mit Lehrbefähigung für Ingenieurhochschulen und 1968 den als Fachübersetzerin Englisch-Physik. 1968 begann ihre fruchtbare und intensive Zusammenarbeit mit dem russischen Genetiker Timoféeff-Ressovsky, der von 1927 bis 1945 am damaligen KWI für Hirnforschung in Berlin-Buch gearbeitet hatte. 1973 promovierte sie auf dem Gebiet der Strahlenbiologie mit der Dissertation „Inaktivierung von Bakteriophagen und Versuche zur theoretischen Interpretation". Am VIK Dubna baute sie seit 1976 das erste strahlenbiologische Labor auf, das sie bis 1983 leitete. Aus Dubna zurückgekehrt, wechselte sie in die Wissenschaftsorganisation des ZIM; von 1984 bis 1987 leitete sie das Wiss. Sekretariat des Direktors und war ab 1987 Stellv. Direktorin des ZIM. 1986 erfolgte ihre Promotion B auf dem Gebiet der Strahlenbiophysik aufgrund der Schrift „Biophysikalische Analyse der Wirkung ionisierender Strahlung unterschiedlicher physikalischer Charakteristika auf Säugerzellen". Seit 1987 forschte sie – neben der Tätigkeit am ZIM – wieder zur Strahlenbiologie im Zentralinstitut für Krebsforschung (Leitung: Prof. Dr. Helmut Abel). Nach der Abwicklung der Akademie-Institute orientierte sie sich erneut um. 1992 nahm in Berlin-Buch das Max-Delbrück-Centrum (MDC) für Molekulare Medizin seine Tätigkeit auf. Sie wurde Leiterin des Standortmanagements Campus Berlin-Buch im MDC und 1996 Geschäftsführerin. 2001 übernahm sie zusätzlich die Geschäftsführung der Berlin-Buch Management GmbH und im Juli 2009 die der ZELL GmbH. Die ZELL GmbH (ZELL-Zentrum für erlebnisorientiertes Lernen in den Lebenswissenschaften) hat sich das Ziel gesetzt, in Berlin-Buch ein „Life Science Center" zu etablieren. Für ihren hohen Einsatz und ihre herausragenden Leistungen wurde Gudrun Erzgräber 2008 mit dem Bundesverdienstkreuz und 2009 mit dem Verdienstorden des Landes Berlin geehrt. Frau Dr. Gudrun Erzgräber ist Mutter eines Sohnes. Von ihren Publikationen der letzten Jahre – oft gemeinsam mit Helmut Abel, mit dem sie langjährige Forschungsarbeit verbindet – sei genannt: „Radioaktivität – ein Reizwort, weil Krebs droht? – Versuch einer populärwissenschaftlichen Darstellung des Forschungsstandes", 2009 Berlin (trafo-Verlag).[500]

Anhang

Abkürzungen im Text

ABF	Arbeiter- und Bauernfakultät
AdW	Akademie der Wissenschaften
AKK	Amt für Kernforschung und Kerntechnik
AKW	Atomkraftwerk
ANSt	Arbeitsgemeinschaft Nationalsozialistischer Studentinnen
ao. (ao. Prof.)	außerordentlich (außerordentlicher Professor)
AP	Arbeitsproduktivität
Ass.	Assistent
BBS	Betriebsberufsschule
BDM	Bund Deutscher Mädchen
BRD	Bundesrepublik Deutschland
CAD/CAM	Computer Added Design / Computer Added Manufactoring
CSR	Tschechoslowakische Republik
CSSR	Tschechoslowakische Sozialistische Republik
DAW	Deutsche Akademie der Wissenschaften
DDR	Deutsche Demokratische Republik
DFD	Demokratischer Frauenbund Deutschlands
Dr.h.c.	doctor honoris causa
Dr.paed.	doctor paedagogiae
Dr.phil.	doctor philosophiae
Dr.phil.habil.	doctor philosophiae habilitatus
Dr.rer.nat.	doctor rerum naturalium
Dr.rer.nat.habil.	doctor rerum naturalium habilitatus
Dr.rer.techn.	doctor rerum technicarum
Dr.sc.nat.	doctor scientiae naturalium
Dr.-Ing.	Doktor-Ingenieur
Dr.-Ing.habil.	Doktor-Ingenieur habilitatus

DRV	Demokratische Republik Vietnam
DSF	Gesellschaft für Deutsch-Sowjetische Freundschaft
DSt	Deutsche Studentenschaft
EDV	Elektronische Datenverarbeitung
e. V.	eingetragener Verein
EOS	Erweiterte Oberschule
Fak.	Fakultät
Fak. E	Fakultät Elektrotechnik der TH/TU Dresden
Fak. K	Fakultät Kerntechnik der TH/TU Dresden
Fak. M	Fakultät Maschinenwesen der TH/TU Dresden
Fak. N	Fakultät Mathematik u. Naturwissenschaften der TH/TU Dresden
FDGB	Freier Deutscher Gewerkschaftsbund
FDJ	Freie Deutsche Jugend
FS	Frühjahrs-Semester
GmbH	Gesellschaft mit beschränkter Haftung
HJ	Hitlerjugend
HS	Herbst-Semester
HUB	Humboldt-Universität zu Berlin
IAEA	Internationale Atomenergie-Agentur
IaR	Institut für angewandte Radioaktivität
KMU	Karl-Marx-Universität Leipzig
KPD	Kommunistische Partei Deutschlands
KWG	Kaiser-Wilhelm-Gesellschaft
KWI	Kaiser-Wilhelm-Institut
LDPD	Liberal-Demokratische Partei Deutschlands
LPG	Landwirtschaftliche Produktionsgenossenschaft
math.-nat.	mathematisch-naturwissenschaftlich
MLU	Martin-Luther-Universität Halle-Wittenberg
MHF	Minister (Ministerium) für das Hoch- und Fachschulwesen der DDR (ab 1967)
NATO	North Atlantic Treaty Organisation (Nordatlantikpakt)
NE-Metalle	Nicht-Eisen-Metalle
NS	Nationalsozialismus, nationalsozialistisch
NSDAP	Nationalsozialistische Deutsche Arbeiterpartei
NSDStB	Nationalsozialistischer Deutscher Studenten-Bund
NVA	Nationale Volksarmee
OKH	Oberkommando des Heeres
ord. (ord. Prof.)	ordentlich (ordentlicher Professor)
PD	Privatdozent
PH	Pädagogische Hochschule
PI	Pädagogisches Institut

plm.	planmäßig
POS	Polytechnische Oberschule
Prof.	Professor
PSL	Pionier- und Spitzenleistung
RGW	Rat für gegenseitige Wirtschaftshilfe
REM	Reichsminister (Reichsministerium) für Wissenschaft, Erziehung und Volksbildung
SAAS	Staatliches Amt für Atomsicherheit und Strahlenschutz
sächs.	sächsisch
SBZ	Sowjetische Besatzungszone
SED	Sozialistische Einheitspartei Deutschlands
Sem.	Semester
SfH	Staatssekretär (Staatssekretariat) für Hochschulwesen (1951-1958)
SfHF	Staatssekretär (Staatssekretariat) für Hoch- und Fachschulwesen (1958-1967)
SPD	Sozialdemokratische Partei Deutschlands
SS	Sommersemester
SSP	Strahlenschutzphysik
SU	Sowjetunion
TH	Technische Hochschule
TLD	Thermolumineszenzdosimeter, Thermolumineszenzdosimetrie
TL-Dosimeter	Thermolumineszenz-Dosimeter
TU	Technische Universität
TuR	Transformatoren- und Röntgenwerk Dresden
UdSSR	Union der Sozialistischen Sowjet-Republiken
UGL	Universitäts-Gewerkschaftsleitung
UNESCO	United Nations Educational, Scientific and Cultural Organization
Univ.	Universität
UNO	United Nations Organization (Vereinte Nationen)
USA	United States of America
UV, uv	ultraviolett
VAR	Vereinigte Arabische Republik
VBE	Vollbeschäftigteneinheit
VEB	Volkseigener Betrieb
VIK	Vereinigtes Internationales Kernforschungszentrum des RGW
VKTA	Verein für Kernverfahrenstechnik und Analytik Rossendorf e. V.
VVB	Vereinigung Volkseigener Betriebe
WB	Wissenschaftsbereich
WBA	Wohnbezirksausschuss
wiss.	wissenschaftlich

WK	Weltkrieg
WS	Wintersemester
ZfK	Zentralinstitut für Kernphysik, Zentralinstitut für Kernforschung

PERSONENREGISTER

Bemerkung: Ist „Prof. Dresden", „Prof. TH Dresden" oder „Prof. TU Dresden" vermerkt, ist der Lebenslauf in (Petsch, 2003) zu finden. Dieses Buch ist auch online verfügbar.

Abel, Helmut (*1928), Kernphysiker, Strahlenbiologe in Rossendorf und Berlin-Buch, Prof.

Ackermann, Prof. in Zittau

Albring, Werner (*1914), Prof. TU Dresden: Strömungslehre, Energieumwandlung; 1946-52 SU

Allende, Salvador (1908-1973), 1970-1973 Präsident Chiles

Anlauf, Büroangestellte im Institut für Anwendung radioaktiver Isotope

Apel, Erich (1917-1965), Dr., Maschinenbauingenieur (Abschluss 1939 Ilmenau), 1946-52 SU, 1963-65 Vorsitzender der Staatl. Plankommission der DDR

Ardenne, Manfred von (1907-1997), Prof., Gründer und Direktor eines Forschungsinstituts in Dresden: Elektronenphysik, Kernphysik

Arnold, Wolfgang (1929-2016), Prof. TU Dresden: Berufspädagogik, Hochschulpädagogik

Bach, Johann Sebastian (1685-1750), Komponist, Organist

Backhaus, Georg (*1910), Prof. TU Dresden: Aerodynamik, Technische Mechanik

Barkhausen, Heinrich (1881-1956), Prof., gründete an der TH Dresden das erste deutsche Schwachstrominstitut

Barreau, Erika verh. Bruckmooser, Dipl.-Ing, Studienkollegin von L. Herforth

Barreau, Eugen, Dr.med, Vater von Erika Barreau

Barwich, Heinz (1911-1968), Prof. TU Dresden: Kernphysiker, 1945-1955 SU, Direktor des ZfK Rossendorf bis 1964, danach BRD/USA

Becke-Goehring, Margot (1914-2009), Prof.: Chemie, 1. Rektorin einer westdeutschen Univ.

Becker, Ilse („Illa") Becker geb. Stein, Cousine von L. Herforth

Berger, Arthur, Dr.-Ing., Kollege von L. Herforth in Schwarzenfeld

Berghofer, Wolfgang (*1943 Bautzen), 1986-90 Oberbürgermeister von Dresden als Nachfolger von Gerhard Schill

Bernal, John Desmond (1901-1971), Prof. in Großbritannien: Kristallograph, wiss. Leistungen in Physik, Chemie, Biowissenschaften; Wissenschaftsforscher und Friedenskämpfer

Bernhardt, Fritz (1913-1993), Atomphysiker, Geiger-Promovend, mit Gruppe von Ardenne bis 1955 SU, Prof. HUB

Bernhardt, Reinhold, Dipl.-Phys., Dr.rer.nat. (Forschungsstudent zur Lumineszenz, betreut von W. Stolz), Patentanwalt in Saarbrücken

Berndt, Georg (1880-1972), Prof. TH Dresden: Standardisierung, Messtechnik, Austauschbau

Berndt, Lothar (*1927), Dr. paed. habil, Prof. TH Magdeburg 1969: Ausbildung von Physiklehrern, Forschungen zur Begabtenförderung

Berthold, Horst (1913-1985), Prof. TU Dresden: Werkzeugmaschinenkonstruktion

Bewilogua, Ludwig (1906-1983), Prof. TU Dresden: Tieftemperaturphysik

Beyer, Kurt (1881-1952), Prof. TH Dresden: Bauingenieurwesen (Techn. Mechanik, Festigkeitslehre)

Block, Beate, Nichte von Nora Block, Tochter von Liesbeth und Rolf Block

Block, Emil (1884-1966), Leipziger Maler, Dozent an der Städt. Gewerbeschule Leipzig

Block, Liesbeth, Schwiegertochter von Magdalena und Emil Block

Block, Magdalena geb. Gaudlitz (1887-1945), Ehefrau von Emil Block, Schwester von Dora Herforth

Block, Nora, Tochter von Magdalena und Emil Block, Cousine von L. Herforth

Block, Rolf, Sohn von Magdalena und Emil Block

Blume, Renate (*1944), Schauspielerin

Böhme, Hans-Joachim (1931-1995), Pädagoge, Politiker, 1970-89 MHF, Prof. HUB seit 1970

Böhme, Martin (1906-1986), früher Promovend der TU Dresden

Böhmert, Victor (1829-1918), Prof. Dresden: Nationalökonomie und Statistik

Böll, Heinrich (1917-1985), Schriftsteller („Das Brot der frühen Jahre“, 1955, Erzählung)

Bopp, Fritz (1909-1987), theor. Physiker in Breslau, Berlin (Hechingen), München, Prof.; seit 1941 am KWI für Physik in Berlin am Atomforschungsprojekt beteiligt

Born, Hans-Joachim (1909-1987), Prof.: Radiochemie; Forscher in der SU, in Berlin-Buch, Dresden, München

Bothe, Walther (1891-1957), Kernphysiker, Prof. in Gießen, Heidelberg

Broser, Immanuel (1924-2013), Prof. TU Berlin: Festkörperphysik, Promovend von H. Kallmann

Broser-Warminsky, Ruth (*1926), Physikerin, Berlin, Promovendin von H. Kallmann

Bruchertseifer, H., IaR, Leipzig, Mitarbeiter am „Praktikumsbuch Herforth/Koch“

Brugsch, Theodor (1878-1963), Prof. an der Charité, 1945/46 Deutsche Verwaltung für Volksbildung

Burkhardt, Felix (1888-1973), Prof. TH Dresden, Univ. Leipzig: Wirtschaftsmathematik, Math. Statistik

Burmester, Louis (1840-1927), Prof. Dresden, München: Kinematik, Kinematographie, geometrische Optik

Cimander, Walter (*1930), Prof. TU Dresden: Informationstechnik, Mikroelektronik

Cotta, Heinrich (1763-1844), begründete 1811 die Forstlehranstalt in Tharandt

Curie, Marie geb. Sklodowska (1867-1934), Physikerin, Prof. an der Sorbonne, Erforscherin radioaktiver Substanzen, zweifache Nobelpreisträgerin

Debye, Peter (1884-1966), Physiker, Prof. in Zürich, Utrecht, Göttingen, Leipzig, Berlin, New York, 1935-40 Direktor des KWI für Physik in Berlin

Demus, Heinrich, Dr., Physiker, Ass. von L. Herforth in Merseburg, dann wiss. Tätigkeit an der MLU

Dieckmann, Johannes (1893-1969), Nationalökonom, Journalist, Präsident der Volkskammer und Stellv. Vorsitzender des Staatsrates der DDR (LDPD)

Dieterich, Mitarbeiterin in der Arbeitsgruppe Experimentalphysik III der Sektion Physik

Döpel, Robert (1895-1982), Kernphysiker (Uranprojekt), Prof. in Leipzig, Woronesch (SU), Ilmenau

Döpel, Klara (†1945), Dr., Kernphysikerin in Leipzig, Mitarbeiterin ihres Ehemanns R. Döpel

Dornberger, Katharina („Käthe") geb. Schiff (später Boll-Dornberger) (1909-1981), Prof. Berlin: Röntgenstrukturanalyse; Verfolgte des NS-Regimes

Dörschel, Birgit (1945-2003), Prof. TU Dresden: Strahlenschutzphysik

Dubrau, Hans-Joachim (*1931), Prof. TU Dresden: Kerntechnik, Informationselektronik

Ebert, Friedrich (1871-1925), SPD-Politiker, 1919-1925 Reichspräsident

Ebert, Friedrich („Fritz") jun. (1894-1979), Sohn des Vorigen, Opfer des NS, 1948-67 Oberbürgermeister von Berlin (Ost)

Einstein, Albert (1879-1955), Physiker, Prof. in Prag, Zürich, Berlin, Princeton; Opfer des NS („Jude")

Eiteljörge, Nils, Dr.rer.nat., Inst. für Anwendung radioaktiver Isotope, dann VEB Messelektronik Dresden, Ausreiseantrag, jetzt: Planungsgesellschaft für Einrichtungen des Gesundheitswesens (PEG) mbH, Bereich Medizintechnik

Ertel, Hans, Dr., Meteorologe, Prof. HUB, 1951-61 einer der Vizepräsidenten der DAW

Erzgräber, Gudrun geb. Haberer (*1939), Strahlenbiologin in Rossendorf und Berlin-Buch; Wissenschaftsorganisatorin und Geschäftsführerin, 2008 Bundesverdienstkreuz

Falkenhagen, Hans (1895-1971), Prof. TH Dresden, Univ. Rostock: Theoretische Physik, Hochfrequenzforschung

Fischer, Christian (*1916 Hartha/Sachsen), Prof.: Kernphysik; Prom. 1942 Leipzig mit Diss. „Kernumwandlung von Stickstoff durch schnelle Neutronen" (Gutachter: Gerhard Hoffmann, Werner Heisenberg)

Flachowsky, J., IaR, Mitarbeiter am Praktikumsbuch „Herforth/Koch"

Flügge, Siegfried (1912 Dresden-1997), Kernphysiker (Uranprojekt), Prof. in Königsberg, Göttingen, Freiburg, Marburg

Foerster, Fritz (1866-1931), Prof. TH Dresden: Elektrochemie, Elektrometallurgie

Franck, Heinrich (1884-1970), Dr., Prof., Direktor des Inst. für angewandte Silikatforschung der DAW, Prof. für Chemie HUB

Franck, James (1882-1964), Physiker, Nobelpreis gemeinsam mit Gustav Hertz, Prof. in Berlin, Göttingen, Baltimore, Chikago; Opfer des NS („Jude")

Francke-Grosmann, Helene geb. Grosmann (1900-1990), frühe Promovendin der TU Dresden, Forstwiss., Prof.

Frank, Klaus, Absolvent des Inst. für Anwendung radioaktiver Isotope, leitende Funktion in der Industrie

Frank, Manfred (*1934), Prof. TU Dresden: Kernphysik, Rechentechnik

Franke, Edith geb. Hartkopf (*1942 Cottbus), Dr., Dipl.-Ing.-Ök., seit 1971 Parteisekretärin der Sektion Physik der TU; 1995 Begründerin der Dresdner Tafel und der Tafelbewegung in Sachsen, Bundesverdienstkreuz

Friedrich, Frida geb. Strauß, Ehefrau von Walter Friedrich

Friedrich, Karl, Ingenieur, Vater von Walter Friedrich

Friedrich, Ursula verh. Bove, Tochter von Walter Friedrich

Friedrich, Walter (1883-1968), Prof.: Medizinische Physik, Strahlenforschung

Friedrichs, Rudolf (1892-1947), Dr., Staats- und Rechtswissenschaftler, Antifaschist, 1946/47 Ministerpräsident von Sachsen

Frühauf, Hans (1904-1991), Prof. TU Dresden: Hochfrequenztechnik, Nachrichtenübertragung

Fuchs, Klaus (1911-1986), Prof. TU Dresden: Kernphysiker, Stellvertr. Direktor am ZfK Rossendorf

Gadamer, Hans-Georg (1900-2002), Philosoph, Prof. in Marburg, Leipzig, Heidelberg

Gagarin, Juri Alexejewitsch (1934-1968), sowjetischer Kosmonaut, 1961 erster Mensch im Weltraum

Gaudlitz, Artur, Bruder von Dora Herforth

Gaudlitz, Hulda geb. Körnig (1865-1957), in 2. Ehe Karp, Mutter von Dora Herforth

Gaudlitz, Max, Vater von Dora Herforth

Geiger, Johannes („Hans") (1882-1945), Physiker, Prof. in Kiel, Tübingen, Berlin (Uranverein)

Gießmann, Ernst-Joachim (*1919), Prof., Physiker, 1962-67 SfHF, 1967-70 MHF

Ginzel, Ingeborg (1904-1966), angewandte Mathematikerin – Strömungstheorie, Luftfahrtforschung – in Göttingen (KWI), London, Baltimore (USA); frühe Promovendin der TH Dresden

Görlich, Paul (1905-1986), Physiker, 1946-52 SU; im VEB Carl-Zeiss-Jena: wiss. Hauptleiter (bis 1960), dann Direktor für Forschung und Entwicklung und Direktor des Instituts für Optik und Spektroskopie der DAW, Prof. Univ. Jena; 1932 Promovend der TH Dresden

Graffi, Arnold (1910-2006), Prof.: Krebsforscher in Berlin-Buch

Grandetzka, Willi (1927-1979), Mitglied der Volkskammer für die Demokratische Bauernpartei Deutschlands und hier 1. Stellv. des Vorsitzenden des Ausschusses für die Eingaben der Bevölkerung, von 1971 bis zu seinem Tod Mitglied des Staatsrates

Grimsehl, Ernst (1861-1914), Physiker, Gymnasialprofessor, Autor bekannter Lehrbücher

Groschupf, Harry (1929-1989), Dr., Stellvertreter des MHF

Große-Ruiken, Heinz, Chemiker, Radiochemiker, Dr.rer.nat.habil., Dozent TU Dresden

Großer, Lucie geb. Arnhold, Teilhaberin des Batschari-Verlags 1944-1947

Großmann, Gisbert (*1931), Prof. TU Dresden: Radiochemie, Strukturchemie

Grotewohl, Otto (1894-1964), 1949-1964 Ministerpräsident der DDR

Haber, Fritz (1868-1934), Chemiker („Vater des Gaskriegs"), Direktor des KWI für Physikalische Chemie und Elektrochemie bis 1933 („Jude")

Hahn, Otto (1879-1968), Mitentdecker der Kernspaltung, 1928-1946 Direktor des KWI für Chemie Berlin, nach dem 2. WK Pazifist und Gegner der nuklearen Aufrüstung

Hamel, Georg (1877-1954), Mathematiker, Prof. in Brünn, Aachen, Berlin, 1921 bis 45 Leiter des Mathematischen Reichsverbandes

Händel, Georg Friedrich (1685-1759), Komponist

Hanke, Brunhilde (*1930), Oberbürgermeisterin von Potsdam (1961-84), Volkskammerabgeordnete (1963-90)

Hänsgen, Herbert, Dr., Ass. am Institut für radioaktive Isotope

Harnack, Axel (1851-1888), Prof. Dresden: Mathematik

Hartmann, Werner (1912-1988): Kernphysikalische Elektronik, Fachrichtungsleiter Strahlenmesstechnik Fak. K, Technischer Direktor VEB Vakutronik, Begründer der Mikroelektronik in der DDR

Hasse, Maria-Viktoria (1921-2015), Prof. TH/TU Dresden seit 1954: Algebra, Graphen, Kategorien

Havemann, Robert (1910-1982), Chemiker, Kämpfer gegen den NS, 1945-47 Direktor des KWI für Phys. Chemie und Elektrochemie, seit 1950 Direktor des Inst. für Phys. Chemie der HUB, Systemkritiker (Berufsverbot, Hausarrest, Ausschluss aus der SED)

Haxel, Otto (1909-1998), Kernphysiker (Uranprojekt), Oberass. von Hans Geiger TU Berlin; Mitarbeiter am MPI für Physik Göttingen und Prof. Univ. Göttingen, Gegner der atomaren Bewaffnung der Bundeswehr

Heber, Gerhard (*1927), Prof. TU Dresden: Theoretische Physik

Heidebroek, Enno (1876-1955), Prof. TH Dresden: Maschinenkunde, Fördertechnik

Heiliger, Wolfgang, Dr., wiss. Mitarbeiter

Heisenberg, Werner (1901-1976), Physiker in Leipzig, Berlin, München

Hempel, Walther (1851-1916), Prof. TH Dresden: Anorganische und anorg.-technische Chemie

Herforth, Dora geb. Gaudlitz (1890-1973), Mutter von Lieselott Herforth

Herforth, Lieselott (1916-2010), Prof. TH/TU Dresden: Kernphysik; Politikerin, Rektorin TU Dresden

Herforth, Gustav (1866-1915), Lehrer und Organist, Großvater von L. Herforth

Herforth, Walter (1890-1956), Kaufmann, Verleger, Schriftsteller, Vater von L. Herforth

Herforth, Wilhelmine geb. Krebs (1868-1938), Großmutter von L. Herforth

Herforth, Wolfgang (1919-1943), Bruder von L. Herforth

Herrmann, Walter (1910-1987), Kernphysiker, 1946-55 SU, mit C. F. Weiss Begründer des IaR der DAW in Leipzig, Prof.

Hertz, Gustav (1887-1975), Prof.: Kernphysik, Nobelpreisträger; 1945-54 SU

Heyde, Wolfgang (*1926), Prof. TU Dresden: Sozialistische Betriebswirtschaft

Hildebrand, Hans-Joachim (1915-1989), Prof. TU Dresden: Energiewirtschaft, Ingenieurökonomie

Hindenburg, Paul von (1847-1934), Generalfeldmarschall, Reichspräsident

Hitler, Adolf (1889-1945), deutscher Politiker, Nationalsozialist, 1933-1945 „Führer“ des Deutschen Reiches

Hodgkin-Crowfoot, Dorothy (1910-1994), Biochemikerin, 1964 Nobelpreis für Chemie, 1987 Intern. Lenin-Friedenspreis

Hoffmann, Dieter (*1948), Dr., MPI für Wissenschaftsgeschichte Berlin und aplm. Prof. HUB

Hoffmann, Gerhard (1880-1945), Physiker (Radioaktivität, Kosmische Strahlung), Prof. in Königsberg, Halle, Leipzig

Hölder, Ernst (1901-1990), Mathematiker, Prof. in Leipzig und seit 1957 in Mainz

Holzmüller, Werner (1912-2011), Physiker, Prof. in Leipzig, 1959-66 Direktor des Inst. für Physik und Physikalische Chemie der DAW in Leipzig; 1946-52 SU

„Homagks“, Verwandte von Lieselott Herforth

Homagk, Renate geb. Stein („Nati“; 1926-2015), geb. in Eydtkuhnen, Cousine von L. Herforth

Honecker, Erich (1912-1994), KPD-Funktionär, Opfer des NS (10 Jahre Zuchthaus); FDJ-Vorsitzender, Generalsekretär des ZK der SED seit 1971 und Vorsitzender des Staatsrats seit 1973 (Rücktritt 18. Okt. 1989)

Honecker, Margot geb. Feist (*1927), Ministerin für Volksbildung 1963-1989, Ehefrau von Erich Honecker

Horn, Mitarbeiterin im Institut für Anwendung radioaktiver Isotope

Hoyer, Redakteur der UZ der TU Dresden

Huber, Dr., Geschwulstklinik Berlin-Buch

Hübner, Heinrich (1930-1991), Chemiker, Prof., seit 1956 Inst. für phys. Stofftrennung (bzw. für stabile Isotope, seit 1971 Teil des Zentralinstituts für Isotopen- und Strahlenforschung), langjähriger Chefredakteur der „Isotopenpraxis"

Hübner, Klaus (1940-1995), Prof. TU Dresden: Strahlenschutzphysik

Hülsse, Julius Ambrosius (1812-1876), Prof. Dresden: Mechanische Technologie, Volkswirtschaftslehre, Statistik

Hund, Friedrich (1896-1997), theor. Physiker, Prof. in Rostock, Leipzig, (bis 1946), Jena (bis 1951), Frankfurt/Main, Göttingen

Ilberg, Waldemar (1901-1967), Prof. Univ. Leipzig: Physiker

Irmer, Kurt, Dr., Physiker, Pirna-Copitz

Jendretzky, Hans (1897-1992), deutscher Politiker in der Weimarer Republik und in der DDR, Opfer des NS, 1963-65 Mitglied des Präsidiums und Sekretär des Bundesvorstands des FDGB, Mitglied der Volkskammer und seit 1965 Vorsitzender der FDGB-Fraktion

Jockisch, W., IaR, Mitarbeiter am „Praktikumsbuch Herforth/Koch"

Johannsen, Mitarbeiterin im Sekretariat von L. Herforth

Johne, Annemarie, Sekretärin von L. Herforth in Pirna-Copitz

Jordan, Pascual (1902-1980), Physiker, Prof. in Rostock, Berlin, seit 1947 Hamburg

Jung, Charlotte verh. Marquardt, Dr.med., Augenärztin in Badenweiler, Schulfreundin von L. Herforth aus der Zeit am Rückert-Oberlyzeum

Kallmann, Hartmut (1896-1978), Physiker in Berlin und den USA; Opfer des NS; Doktor-Vater von Lieselott Herforth

Kapp, Wolfgang (1858-1922), Politiker, putschte 1920 (mit anderen) gegen die Reichsregierung („Kapp-Putsch")

Karp, Hulda, geb. Körnig, gesch. Gaudlitz, Großmutter von L. Herforth

Kätzel, Forschungsstudent, FDJ-Vertreter

Kleindt, Gerhard (†2014), Werkstattmeister am Institut für Anwendung radioaktiver Isotope

Kleinstück, Karlheinz (*1929), Prof. TU Dresden: Metall- und Röntgenphysik

Kleint, Christian (1926-2007), Physiker (Promovend von G. Hertz), Physikhistoriker, Prof. in Leipzig

Klemke, Werner (1917-1994), Illustrator, Buchgestalter, Hochschullehrer in der DDR

Klinger, Livia, Altersfreundin von Lieselott Herforth

Klinkmann, Horst (*1935), Prof., Direktor der Klinik für Innere Medizin in Rostock, 1990-1992 letzter Präsident der AdW der DDR; seit 1992 Dekan der Internationalen Fakultät für künstliche Organe an der Univ. Bologna, Begründer mehrerer biomedizinischer Unternehmen um Rostock

Knipping, Paul (1883-1935), Physiker in München und Darmstadt

Knöner, Rudolf (1929-1990), Prof. TU Dresden: Tieftemperaturphysik

Koch, Hartwig (†1988), Radiochemiker, Dr., Prof., IaR, TH Merseburg, Zentralinst. für Isotopen- und Strahlenforschung, Mitautor „Praktikumsbuch Herforth/Koch"

Koch, Siegfried (1929-1978), Prof. TU Dresden: Isotopentechnik, Angewandte Kernphysik

Kockel, Bernhard (1909-1987), theor. Physiker, Prof. in Leipzig (1947-59) und Gießen, 1959 bis 1962 Aufbau und Leitung der „Arbeitsstelle für Theor. Chemie“ der DAW in Leipzig

Köhler, Bernd, Mitarbeiter im Institut für Anwendung radioaktiver Isotope

Kolditz, Lothar (*1929), Chemiker, Prof. in Merseburg 1957-1959, in Jena und Berlin, seit 1980 auch Direktor des Zentralinstituts für anorg. Chemie der AdW der DDR, seit 1981 Präsident des Nationalrates der Nationalen Front

Kölle, Dr., Mitarbeiter am Institut für Medizin und Biologie Berlin-Buch

Koloc, Kurt (1904-1967), Prof. TU Dresden: Betriebswissenschaften, Normung

König, Walter (1878-1964), Prof. TH Dresden: Farben- und Textilchemie

Königsberger, Leo (1837-1921), Prof. Dresden: Mathematiker

Konschak, Klaus (*1945), Kernphysiker, Prof. in Zittau

Körner, Hildegard, Angestellte im Institut für Anwendung radioaktiver Isotope

Kowalewski, Gerhard (1876-1950), Prof. TH Dresden: Mathematiker (natürliche Geometrie, Liesche Transformationsgruppen)

Kriegner, Liselotte, Angestellte im Institut für Anwendung radioaktiver Isotope; Eiskunstlauftrainerin beim SC Einheit Dresden

Krienes, Klaus (1914-1964), Prof. TU Dresden: Analytische Mechanik, Strömungslehre

Krischke, Kollege von Lieselott Herforth in Berlin-Buch, Mitautor

Krolikowski, Werner (*1928), u. a. 1960-1973 1. Sekretär der SED-Bezirksleitung Dresden, seit 1976 Mitglied der Wirtschaftskommission beim ZK der SED und 1. Stellv. des Vorsitzenden des Ministerrates der DDR

Krönig, Bernhard (1863-1917), Prof. für Gynäkologie an den Univ. Jena und Freiburg (1904-1917), Pionier bei der Strahlenbehandlung des Krebses

Krumbiegel, Johannes, Dr., u. a. am Zentralinstitut für Molekularbiologie Berlin-Buch

Kühn, Heidemarie, Dr., Erziehungswissenschaftlerin, HUB

Kunze, Paul (1897-1986), Prof. TU Dresden: Experimentelle Kernphysik, Entdecker des Positrons

Lahm, Wilhelm (1884-1959), Dr.med., Prof., Chefarzt der Strahlenklinik Chemnitz bzw. der Zentralen Röntgenklinik Karl-Marx-Stadt von 1931-1959, „Verdienter Wiss. des Volkes“

Landgraf, Günther (*1933), Prof. TU Dresden: Technische Mechanik, Plastizitätstheorie

Lange, Ingeburg („Inge“) geb. Rosch (1927-2013), Politikerin, seit 1961 Leiter der Abt. Frauen beim ZK, seit 1964 Mitglied des ZK der SED, Sekretärin des ZK für Frauenfragen, Mitglied der Volkskammer 1952-54 und 1963-89

Lange, Werner (1913-1992), Prof. in Dresden und Freiberg: Anwendung radioaktiver Isotope, NE-Metalle

Laue, Max von (1879-1960), theor. Physiker, Mitentdecker der Beugung von Röntgenstrahlen an Kristallen, Prof. in Frankfurt/Main, Berlin, seit 1919 KWI für Physik

Lehmann, Nikolaus-Johannes (1921-1998), Prof. TU Dresden: Nestor der elektronischen Rechentechnik und Informatik in Sachsen

Leibnitz, Eberhard (1910-1986), Chemiker, seit 1955 Prof. für Organisch-chemische Technologie in Merseburg, dort Rektor von 1955-58, seit 1953 ord. Mitglied der DAW, seit 1961 in verschiedenen Funktionen an der DAW in Berlin tätig, dazu seit 1971 Präsident der URANIA und seit 1972 Leiter des Nationalen Komitees der Pugwash-Bewegung in der DDR

Leibniz, Gottfried Wilhelm (1646-1716), gebürtiger Leipziger, Universalgelehrter, wirkte hauptsächlich in Paris und Hannover

Leistner, Manfred, Dr., Kernphysiker, Prof. in Zittau

Leonow, Alexei Archipowitsch (*1934), sowjetischer Kosmonaut (erster Außenbordeinsatz der Welt)

Liebscher, Fritz (*1914), Prof. TU Dresden: Ökonomie der Bauindustrie, Soz. Betriebswirtschaftslehre

Lingertat, Johann (*1939), Kernphysiker, Prof., zuletzt MPI für Plasmaphysik Greifswald

Löffler, Helmut (*1934), Prof. TU Dresden: Isotopenanwendung, Gruppe Technik

Lolic, B., Prof., Direktor am Institut „Boris Kidric" Beograd (Jugoslawien)

Lomonossow, Michail Wassiljewitsch (1711-1765), russischer Universalgelehrter

London, Fritz (1900-1954), Physiker in Berlin (Valenzstrukturtheorie), nach der Emigration 1933 („Jude") in Oxford, Paris, Durham (USA)

Lotze, Werner (*1934), Prof. TU Dresden: Längenmesstechnik, Maschinenwesen, Qualitätskontrolle

Ludendorff, Erich (1865-1937), Weltkriegsgeneral, einer der politischen Wegbereiter des Nationalsozialismus

Ludwig, Walther (1876-1946), Prof. TH Dresden: Darstellende Geometrie

Ludwig, Wilhelm, Assistent von L. Herforth in Merseburg

Lunze, Klaus (*1917), Prof. TU Dresden: Elektrotechnik

Luther, Robert (1868-1945), Prof. TH Dresden: Gründer und Direktor des Instituts für Wiss. Photographie

Lüttwitz, Walther Freiherr von (1859-1942), General des 1. WK, 1920 führend am Kapp-Putsch beteiligt

Macke, Wilhelm (1920-1994), Prof. TU Dresden: Theoretische Physik, Allgemeine Kerntechnik

Marquardt, Hans (1910-2009), Prof. Freiburg: Biologie-Cytoenergetiker, Strahlenbiologe (Auswirkung ionisierender Strahlen auf Keimgut), Ehemann von Jung, Charlotte, Freundin von L. Herforth

Martius-Franklin, Ursula (*1921), Physikerin, Opfer des NS, 1947 Kritik an der Deutschen Phys. Gesellschaft wegen mangelhafter Aufarbeitung der NS-

Vergangenheit ihrer Mitglieder, 1948 Prom. bei Hartmut Kallmann, seit 1949 Univ. Toronto, Prof.: Pionierin der Archäometrie, Technikfolgeabschätzungen, Friedensfragen

Matschke, Siegfried (1932-1996), Dr.sc.nat., Medizinische Physik, Leiter der Abt. „Klinische Strahlenphysik" der Robert-Roessle-Klinik in Berlin-Buch; unter seiner Leitung wurden in den 60er Jahren erstmals im deutschsprachigen Raum routinemäßig Computer zur Bestrahlungsplanung eingesetzt und in den 70er Jahren erstmals in Deutschland schnelle Neutronen in der Strahlentherapie angewandt

Meinhardt, G., Dr., Studienrat am Rückert-Lyzeum Berlin

Meißner, Harry (1926-2015), Dr., Prof. TU Dresden, Gesellschaftswissenschaftler, 1. Sekretär der SED-Kreisleitung der TU Dresden, von 1976 bis 1991 Prof. am Industrie-Institut der TU, seit 1984 dessen Direktor, seit 1989 sehr aktiv im Deutschen Freidenker-Verband

Mette, Hans-Joachim (1923-1989), Prof. TU Dresden: Forstnutzung

Meyer, Ernst von (1847-1916), Prof. TH Dresden: Organische und Org.-techn. Chemie

Michejew, N. B., Gastprofessor an der TU Dresden

Mittag, Günter (1926-1994), Promovend der HfV Dresden, Wirtschaftsfunktionär in der DDR, entwarf mit Erich Apel das „Neue Ökonomische System der Planung und Leitung der Volkswirtschaft der DDR" und schuf die theor. Grundlagen für die Bildung von Kombinaten 1980

Modrow, Hans (*1928), Dr., 1973-1989 Erster Sekretär der Bezirksleitung der SED in Dresden, 1989/90 letzter Regierungschef der DDR

Möglich, Friedrich (1902-1957), Prof. Univ. Berlin: theoretische Physik, Hochenergiephysik

Mörke, Joachim, Hauptredakteur der Zeitschrift „spectrum", Hrg. AdW der DDR

Mouton, Ingrid geb. Göbel, Mitarbeiterin im Institut von L. Herforth

Müller, Dr., MHF

Müller, Karin (*1940), Dr., Kernphysikerin TU Dresden

Müller, Paul Heinz (*1924), Prof. TU Dresden: Wahrscheinlichkeitstheorie, Mathematische Statistik

Münzner, Atomphysiker, Prof. am ZfK

Mußgnug, Reinhard (*1935), Rechtswissenschaftler, Prof. in Berlin, Mannheim, Heidelberg

Naas, Josef (1906-1993), Mathematiker, Mitglied der KPD, als polit. Häftling im KZ Mauthausen, 1946-53 Direktor der ADW, seit 1953 Prof. an der ADW, Direktor des Inst. für Reine Mathematik

Nernst, Walther (1864-1941), Mitbegründer der Physikalischen Chemie, Prof. in Göttingen und Berlin, 1922-1924 Präsident der Physikalisch-Technischen Reichsanstalt

Niese, Siegfried, Prof., Kernphysiker, Verein für Kernverfahrenstechnik und Analytik (VKTA) Rossendorf

Nikuradse, Alexander (1900-1981), Physiker, Prof. TH Berlin-Charlottenburg, seit 1941 auch Leiter „Kontinentaleuropäische Forschung" (seit 1943 Schwarzenfeld/Oberpfalz)

Nimtz, Angestellte am Institut für Anwendung radioaktiver Isotope

Noske, Gustav (1868-1946), SPD-Politiker

Novalis, eigentlich: Georg Philipp Friedrich von Hardenberg (1772-1801), Dichter der Romantik

Ostwald, Wilhelm (1853-1932), Prof. der Physikalischen Chemie in Leipzig, Naturphilosoph, vertrat einen „energetischen Monismus"

Oswald, Georg (*1919), Dr.paed., Mitarbeiter am Inst. für Anwendung radioaktiver Isotope

Otto, René, Dr., Radiochemiker, Leipzig

Pahl, Maximilian („Max") (1908-1992), Physiker, Univ. Freiburg: Prom. bei v. Hevesy, Ass. und Habil. bei Steinke, Kriegsdienst, seit 1943 beordert in das KWI für Physik, 1950-63 Forschungsstelle für Spektroskopie der MPG, 1963-66 in Kabul: Physikvorlesungen, seit 1966 Prof. für Atomphysik Univ. Innsbruck, 1978 emeritiert

Päsler, Max (*1911), Prof. für Theoretische Physik TU Berlin

Peschel, Horst (1909-1989), Prof. TU Dresden: Geodäsie, Kartographie

Pfrepper, Rosmarie, Dr., Radiochemikerin, Leipzig

Pieck, Wilhelm (1876-1960), Politiker der SPD, KPD, SED, 1933 von den NS ausgebürgert, Exil in Paris und Moskau; 1949-1960 Präsident der DDR

Pippel, Winfried (*1929), Prof. TU Dresden: Anwendung radioaktiver Isotope, Verfahrenschemie

Planck, Max (1858-1947), Physiker, Prof. in München, Kiel, Berlin

Pose, Heinz (1905-1975), Prof. TU Dresden: experimentelle Kernphysik, 1945-54 SU

Pretzsch, Gunther, Physiker, stud. in der SU, 1976 Dipl.-Phys, TU Dresden: 1976-88 Wiss. Mitarbeiter WB SSP (Gruppe Dörschel: Neutronendosimetrie), 1981 Dr.rer.nat., 1986 Dr.sc.nat.; 1988-90 SAAS, Leiter der Abt. Strahlenschutz und Notfallschutz; ab 1990 GRS (Global Research for Safety), seit 2003 hier Leiter des Bereichs Strahlen- und Umweltschutz

„Priedemuths", mit Lieselott Herforth gut bekannte Familie

Priedemuth, Evelin, Ehefrau von Günter Priedemuth

Priedemuth, Günter, langjähriger „Staatsratsfahrer" von Lieselott Herforth

Raith, Ella, tätig am Phys. Institut der Univ. Freiburg im 2. WK

Rajewski, Boris (1893-1974), Prof. Frankfurt/Main: Biophysiker, Strahlenforscher

Rambusch, Karl (1918-1999), Physiker, seit 1955 Leiter des AKK, leitende Funktionen bei Bau und Inbetriebsetzung der Blöcke 1 und 2 des AKW Lubmin

Rathenau, Walther (1867-1922, ermordet), deutscher Industrieller und Politiker, schloss den Rapallo-Vertrag mit der SU ab

Rätzsch, Margit (*1934 Teplitz-Schönau), Prof.: Physikochemie, 1981-89 Rektorin TH für Chemie Leuna-Merseburg

Recknagel, Alfred (1910-1994), Prof. TU Dresden: Elektronenoptik

Reiche, Karin (1948-2004), Dr., Physikerin, „Gleichstellungsbeauftragte an der TU Dresden“

Rennert, Dr., Sektionsgewerkschaftsleitung Physik der TU Dresden

Reuther, Rudolf (*1912), Prof. TH/TU Dresden: Photophysik

Rexer, Ernst (1902-1983), Direktor des Dresdner Instistuts für angewandte Physik der Reinststoffe der ADW, Prof. mit Lehrauftrag TU Dresden; 1946-55 SU

Rompe, Robert (1905-1993), Prof. HUB: Physiker, 1939-45 Biophysiker am KWI für Genetik Berlin-Buch

Röntgen, Wilhelm Conrad (1845-1923), Physiker, ord. Prof. in Gießen, Würzburg, München

Rosahl, D., Kollege Lieselott Herforths in Berlin-Buch, Mitautor

Roßbander, Werner, Atomphysiker, Prof., ZfK

Rust, Bernhard (1883-1945), Dr., NS-Politiker, 1934-1945 Reichsminister für Wissenschaft, Erziehung und Volksbildung (REM)

Sahre, Peter, Dr.: stud. Physik TU Dresden 1973-78 (Angew. Kernphysik), 1988 Prom. an der TU zur TLD; Rossendorf: 1978-91 ZfK, seit 1992 VKTA: Leiter für Sicherheit, seit 2002 Direktor, 2004 Honorar-Prof. Staatl. Studienakademie Sachsen

Schadewaldt, Hans (1923-2009), Dr.med., Prof., Direktor des Instituts für Geschichte der Medizin der Univ. Düsseldorf

Schäfer, Peter, Dr. phil. et med., Kollege von L. Herforth in Berlin-Buch

Schäffer geb. Starke, Anne-Marie, Leipziger Bekannte von L. Herforth

Schipanski, Dagmar (*1943), Physikerin, Prof. TU Ilmenau (1995/96 Rektorin), Politikerin der CDU: 1996-98 Vorsitzende des Wissenschaftsrates der BRD, 1999-2004 Ministerin für Wiss., Forschung, Kunst in Thüringen

Scheler, Manfred (1929-2014), Dipl.-Staatswissenschaftler, Politiker, 1963-1982 Vorsitzender des Rates des Bezirkes Dresden

Scheler, Werner (*1923), Pharmakologe, Prof. Univ. Greifswald, 1979-1990 Präsident der AdW der DDR

Schierhorn, Eike (1942-2015), Dr., Physiker, Wissenschaftshistoriker

Schill, Gerhard (1925-2000), Oberbürgermeister von Dresden 1961-86

Schillinger, Klaus (*1935), Kernphysiker, Dozent TU Dresden, Direktor des Dresdner Math.-Phys. Salons

Schintlmeister, Josef (1908-1971), Prof. TH/TU Dresden: Kernspektroskopie, ZfK Rossendorf; 1946-55 SU

Schlömilch, Oskar (1823-1901), Prof. Dresden: Mathematiker, Analytische Mechanik

Schmidt, Ulrike, Forschungsstudentin in der Arbeitsgruppe Experimentalphysik III

Schnadel, Georg (1891-1980), Schiffsbauingenieur, seit 1928 Prof. TH Berlin, 1945 komm. Rektor, seit 1952 Honorarprof. Univ. Hamburg

Schneider, E. J., Kollege von Lieselott Herforth in Berlin-Buch, Mitautor

Schreiber, Hans, Prof., Angewandte Radiologie, Univ. Berlin

Schubert, Andreas, komm. bzw. stellv. Leiter des Rechenzentrums der TU Dresden

Schubert, Johann Andreas (1808-1870), Prof. in Dresden; Technikwissenschaftler und angewandter Mathematiker

Schulze, Gustav Ernst Robert („G. E. R.“) (1911-1974), Prof. TH/TU Dresden: Röntgenkunde, Metallphysik

Schumacher, Dr., Kollege von L. Herforth in Berlin-Buch

Schuricht, Volkmar (1932-2003), Prof. TU Dresden: Strahlenschutzphysik; 1984-93 IAEA

Schützmeister, Luise (1915-1981) (verh. Meyer-Schützmeister), Dr., Physikerin, TH Berlin, Univ. Göttingen, Anfang der 50er Jahre Emigration in die USA

Schwabe, Kurt (1905-1983), Prof. TH/TU Dresden: Elektrochemie, Radiochemie, Stellvertr. Direktor ZfK

Selbmann, Friedrich („Fritz“) (1899-1975), für die KPD 1932/33 im Reichstag, während der NS-Zeit in Zuchthäusern, in der DDR Minister für Industrie, Minister für Schwerindustrie, Stellv. Vorsitzender der Staatl. Plankommissin und des Volkswirtschaftsrates, Schriftsteller

Sedlag, Ulrich (*1923), Prof. TU Dresden: Zoologie, Entomologie

Seeliger, Dieter (*1939), Prof. TU Dresden: Neutronenphysik

Seydewitz, Max (1892-1987), Redakteur und Herausgeber linker Zeitungen, Mitglied des Reichstages (SPD), Exil während des NS; 1947-52 Ministerpräsident von Sachsen, 1950-1987 Mitglied der Volkskammer, 1965-68 Generaldirektor der Staatl. Kunstsammlungen Dresden

Seydewitz, Ruth geb. Lewy (1905-1989), Ehefrau, Mitarbeiterin und Mitkämpferin von Max S., Gründerin des Verlags „Neues Leben“, Leiterin der Pressestelle der Landesregierung Sachsen, Schriftstellerin

Sieland, Entwicklungsingenieur, Kollege von L. Herforth in Berlin-Buch

Simon, Arthur (1893-1962), Prof. TH/TU Dresden: Anorg. Chemie, Brennstoffchemie

Simon, Johanna, Lyzealoberlehrerin am Rückert-Oberlyzeum Berlin, Opfer des NS („Jüdin“)

Sitzlack, Georg (*1923), Prof. Dr. Dr.hc., Präsident des Staatlichen Amtes für Atomsicherheit und Strahlenschutz (SAAS)

Soltau, Heide (*1949), Redakteurin, Schriftstellerin

Sommerfeld, Arnold (1868-1951), theor. Physiker in Königsberg, Göttingen, Clausthal, Aachen, München

Stahl, Henry (*1927), Dr.-Ing., Dr.sc.techn., Prof. für Elektronische Datenverarbeitung im Maschinenwesen, Direktor des Rechenzentrums der TU Dresden

Steenbeck, Max (1904-1981), Physiker, 1945-56 SU (Isotopentrennung); DDR: Prof. in Jena, Mitglied des Wiss. Rates für die friedliche Anwendung der Atomenergie, 1957-62 Leiter des Wiss.-Techn. Büros für Reaktorbau Berlin, seit 1957 Mitglied des Forschungsrates, von 1965-1978 dessen Vorsitzender; seit

1970 Präsident des Komitees für Sicherheit und Zusammenarbeit in Europa, Mitglied des Präsidiums des Friedensrates

Steiert, Arnold, Dr., Kollege von L. Herforth am Phys. Institut der Univ. Freiburg

Stein, Frieda geb. Herforth (*1894), Tante von Lieselott Herforth

Stein, Lothar, Cousin von Lieselott Herforth

Stein, Helga, dessen Frau

Steinke, Eduard (1899-1963), Physiker, Prof. in Königsberg, Freiburg, Stuttgart, Direktor der Schule für Kerntechnik an der Kernreaktor-Gesellschaft Karlsruhe

Steinitz, Wolfgang (1905-1967), Sprachwissenschaftler, Volkskundler; Antifaschist, Emigration während des NS (SU, Schweden); DDR: Prof. und Direktor des finnisch-ugrischen Instituts der HUB, 1951-53 Prorektor für die wiss. Aspirantur, 1954-63 Vizepräsident der DAW

Steuer, Joachim, Promovend am WB SSP

Stoll, Marianne, Sekretärin von L. Herforth, besonders für Staatsratsangelegenheiten

Stolz, Werner (*1934), Kernphysiker, Prof. BA Freiberg

Storbeck, Ingrid (*1937), Dr., Physikerin

Stranski, Iwan Nikolow (1897-1979), Physikochemiker, Prof. in Sofia, Swerdlowsk, Breslau; wiss. Mitglied der KWG seit 1944; TU Berlin: 1945-63 Prof. und Direktor des Inst. für Physikalische Chemie, Dekan, 1951-53 Rektor

Straub, Julius (Gyula), Prof., anorg. und analytische Chemie, seit 1950 TH Veszprém

Strauß, Franz Josef (1915-1988), 1961-1988 Vorsitzender der CSU, 1978-88 Bayerischer Ministerpräsident; im Bund: Minister für Atomfragen 1955/56, für Verteidigung 1956-62, für Finanzen 1966-69

Streubel, Gerd, Kernphysiker, Dr.rer.nat., Dr.sc.nat.; heute tätig auf dem Gebiet der energieeffizienten Anlagetechnik: TÜV SÜD Industrie Service GmbH, Region Nordost, Anlagentechnik, Dresden

Striebing, Lothar (1929-2015), Prof.: Philosophische Fragen der Naturwiss. und der Technik

Stubbe, Werner (*1914 Lauenburg, †1945), Physiker, Prom. von Geiger, Verlobter von Lieselott Herforth

Süss, Wilhelm (1895-1958), Mathematiker, seit 1934 – mit kurzer Unterbrechung 1945 (SA, NSDAP) – Prof. Univ. Freiburg, 1938-40 Dekan, 1940-45 und 1958 Rektor, 1938-45 Vorsitzender der DMV, Mitglied im Reichsforschungsrat, 1944 Initiator des Reichsinstituts für Mathematik in Oberwolfach, dessen Leiter bis 1958

Teller, Edward (1908-2003), Physiker, Prom. von Heisenberg in Leipzig, 1933 Emigration („Jude"): Großbritannien, USA – entscheidende Mitarbeit an der Entwicklung von Nuklearwaffen

Thibaud, Geigenvirtuose und Musikpädagoge in Genf

Thiessen, Adolf (1899-1990), Chemiker, 1935-45 Direktor des KWI für phys. Chemie und Elektrochemie Berlin; 1945-56 SU; DDR: 1956-64 Direktor des Inst. für phys. Chemie der DAW, 1957-65 Vorsitzender des Forschungsrates

Thur, G., Kollege von Lieselott Herforth in Berlin-Buch, Mitautor

Thürmer, Walter (1896-1971), Prof. TU Dresden: Mathematiker, Fern- und Abendstudium

Timoféeff-Ressovsky, Nikolai Wladimirowitsch (1900-1881), Genetiker, Mutationsforscher in Berlin-Buch 1925-45 und Obninsk (SU)

Timpe, Aloys (1882-1959), angewandter Mathematiker, in Göttingen, Danzig, Aachen, Münster, Berlin, seit 1927 Prof. TH Berlin

Tisch, Harry (1927-1995), seit 1963 Mitglied des ZK der SED und Abgeordneter der Volkskammer, seit 1975 Mitglied des Staatsrates und des Präsidiums der Nationalen Front, 1975-89 Vorsitzender des FDGB

Toepler, August (1836-1912), Experimentalphysiker (Schlierenmethode: „Er sah als erster den Schall."), Prof. in Bonn, Riga, Graz, Dresden

Trefftz, Eleonore (*1920), Tochter von Erich T., stud. Mathematik und Physik in Dresden und Leipzig, Okt. 1945 Dr.rer.nat. TH Dresden, wiss. Mitglied der Max-Planck-Gesellschaft, renommierte Astrophysikerin

Trefftz, Erich (1888-1937), Prof. TH Dresden: Technische Mechanik, Näherungsverfahren für Randwertaufgaben

Trefftz, Friederike, Dr., Ärztin in Dresden, Schwester von Eleonore T.

Truman, Harry (1884-1972), Präsident der USA 1945-1953

Ulbricht, Charlotte („Lotte") geb. Kühn (1903-2002), in der SU Arbeit für die Komm. Internationale; DDR: Mitarbeiterin ihres Ehemannes Walter U., Dipl.-Gesellschaftswiss., Mitglied der Frauenkommission beim ZK der SED

Ulbricht, Walter (1893-1973), Mitbegründer der KPD, Antifaschist, 1960-1973 Vorsitzender des Staatsrates der DDR

Vietz, Promovend

Vogt, Rudolf („Rudi") (*1934), Dr., 1. Sekretär der TU-Kreisleitung der SED bis 1990

Vollmer, Max (1885-1965), Chemiker; 1945-55 SU; DDR: Prof. für physikalische Chemie und Elektrochemie HUB, 1955-58 Präsident, 1958-63 Vizepräsident der DAW, 1957 Gründungsmitglied des Forschungsrates

Wagner, Herbert (*1948 Neustrelitz), Dr., CDU-Politiker, 1990-2001 Oberbürgermeister von Dresden

Warminsky, Ruth verh. Broser, Physikerin, Dr.-Ing. der TU Berlin, Ehefrau von I. Broser

Warmuth, Dr., Verleger, Bekannter von Walter Herforth

Weber, Karl-Heinz, Dr.rer.nat., VEB RFT Messelektronik „Otto Schön" Dresden

Wehner, Herbert (1906-1990), Kommunist, während des NS Exil in der SU und in Schweden; BRD: SPD-Politiker

Weiner, Suse (1894-1985), frühe Promovendin der TU Dresden (Math.)

Weinmeister, Johanna (1887-1940), 1913 erste Absolventin der TH Dresden mit abgeschlossenem Studium, Lehrerin für Mathematik und Physik an höheren Schulen

Weiss, Burghard (*1954), Dr., Prof., Physiker (exp. Kernphysik) und Wissenschaftshistoriker, in Hamburg, TU Berlin (1983-1995 und 2001-2006), Lübeck

Weiss, Carl Friedrich (1901-1981), Atomphysiker, 1931-45 am Laboratorium für Radioaktivität der Phys.-Techn. Reichsanstalt, 1945-54 SU, Gründer und Direktor des Instituts für angew. Radioaktivität Leipzig

Weiss, Cornelius (*1933), Prof., Chemiker, Politiker, Rektor Univ. Leipzig

Westphal, Wilhelm (1882-1978), Physiker, Prof. TH/TU Berlin

Weyde, Edith (1901-1989), Chemikerin, frühe Promovendin der TU Dresden

Wiegandt, Johanna (1893-1967), 1919 Promotion TH Dresden; erste Frau, die an einer deutschen TH mit einer math. Dissertation promovierte, Studienrätin, Dozentin im Fernstudium der TH/TU Dresden

Wiegandt, Gertrud (1896-1983), Schwester von Johanna W., 1924 Promotion an der TH Dresden, langjährige Assistentin bei Gerhard Kowalewski am Lehrstuhl für Reine Mathematik

Wiener, Otto (1862-1927), Physiker, Prof. in Gießen und seit 1899 in Leipzig

Willers, Friedrich Adolf (1883-1959), Prof. TH Dresden: angewandte Math., math. Maschinen und Instrumente

Winter, Herbert, Mitautor von Lieselott Herforth („Ultraschall")

Wölke, Inge (*1927), Jugendbekannte von L. Herforth, ihre Sekretärin in Leipzig und Merseburg

Young, Owen (1874-1962), US-amerikanischer Wirtschaftsführer, arbeitete den „Young-Plan" (1929) zur Regelung der deutschen Reparationen nach dem 1. WK aus

Zappe, Dietmar (*1941), Physiker (Strahlenphysik), Prom. WB SSP, jetzt Gesellschaft für Anlagen- und Reaktorsicherheit (GRS) mbH, Berlin

Zeppenfeld, Gisela, Dr., Kernphysikerin

Zeuner, Gustav (1828-1907): technische Thermodynamik, theoretische Maschinenlehre, Statistik und Versicherungswesen, Prof. in Zürich, Freiberg, Dresden

Zimmer, Hellmut (*1919), Prof. TU Dresden: Experimentalphysik

QUELLEN

Hinweis zur Benutzung und Abkürzungen:

Literaturangaben erfolgen in der Regel in der Form (Abcd, Jahr) bzw. (Abcd, Jahr), S. x-y, d. h. auf die ersten vier Buchstaben des Nachnamens des erstgenannten Verfassers folgt, durch Komma abgetrennt, das Erscheinungsjahr der Schrift und danach die Seiten- bzw. Blattangabe. Entspricht die Angabe (Abcd, Jahr) mehreren (aufeinanderfolgenden) Literaturangaben, so erfolgt die Durchnummerierung mit römischen Zahlen hinter „Jahr" gemäß der Reihenfolge im Literaturverzeichnis. Abweichungen von dieser Regel sind derart, dass in jedem Fall eine eindeutige Zuordnung zum Literaturverzeichnis möglich ist.

Abkürzungen im Literaturverzeichnis: WZTHD/WZTUD – Wissenschaftliche Zeitschrift der TH/TU Dresden, SZ – Sächsische Zeitung, BZ – Berliner Zeitung, WZ – Wissenschaftliche Zeitschrift, PV – Personalverzeichnis, PVV – Personal- und Vorlesungsverzeichnis, ND – Neues Deutschland, WZKMU – Wiss. Zeitschrift der Karl-Marx-Universität Leipzig.

Archivalien

Bundesarchiv Berlin (BA Berlin): R 9361/V, Nr. 21977; R 9361-II, Nr. 401903; DR/3/B, 11457; NY 4182/1491; DY/30/JIV2/3, 799; DY/30/JIV2/2J, 925; DY/24/23191; DR 3, 1. Schicht, 3304; DR 3, 1. Schicht, 5677; DR 3, 1. Schicht, 2139a; DR 3, 1. Schicht, 2167d; DR 3, 1. Schicht, 3432; DR 3, 1. Schicht, 1362; DR 3, 1. Schicht, 1276; DR 3, 1. Schicht, 2084; DR 3, 1. Schicht, 2109; DR 3, 1. Schicht, 191; DR 3, 1. Schicht, 2558; DY 30 – IV 2/2029; NY 4182/978; NY 4182/939

Archiv der Universität Freiburg: B0023/0447; B0015/0296; B0133/0222; B0001/2252; B 66 / 82; B 15 / 741; B 15 / 296; B 0034

Archiv der TU Berlin: NL Ebert 410, Sign. 2 (Befragung Nikuradse); Studierenden-Matrikel Band X, S. 41 (Werner Stubbe); 109-2, Sign. 169 (Kallmann); Fak. II Promotionen, Nr. 1 (Prom. Herforth); 301, Sign. 12 (Prom. Herforth 1943); 109-2 / 136: Fragebogen von „Military Government of Germany"; PA Lieselott Herforth

Archiv der MPG Berlin-Dahlem: I. Abt. Rep. 34, Akte Nr. 37/8 – 37/8 – 92; 1. Abt. Rep. 36, Akte 13/1-6 (-5-); I. Abt. Rep. 36, Akte 11/1-3

Sächs. Staatsarchiv Leipzig (SStA Leipzig): 20237 (Bezirkstag und Rat des Bezirkes Leipzig), Nr. 813

Sächs. Staatsarchiv Dresden: siehe Anmerkung 204

Universitätsarchiv Leipzig (UAL): PA 1201 (Lieselott Herforth); PA-A 4520; Phil. Fak. BI/14: 34, Bd. 2; online 2001: Liste der Promotionen und Habilitationen, an denen Heisenberg als Gutachter beteiligt war

Universitätsarchiv der TU Dresden (TU Dresden-Arch.): I/2; I/4; I/5; I/20; I/22; I/25; I/30; I/39; I/41; I/42; I/601; I/602; I/687; I/808; II / 11446 (PA Herforth); 013485 (PA Maria V. Hasse); II/017733 (PA Schuricht); 23293 (PA Dörschel); II/014200 (PA Hübner); 022484 (PA Prokert); 2257 (Prom. Schuricht); 2514 (Prom. A Dörschel); 1741 (Prom. A Prokert); FFB/6097 (Prom. B Dörschel); 4623 (Prom. B Hübner); 009985 (Prom. B Prokert); XI/176; XI/178; XI/182; XI/183; XI/188; XII/21; XIX/21; XIX/22; XIX/25; XIX/101; XIX/109; XIX/112; PVV 1960/61; PVV 1961/62; PV 1974; online: PVV 1960-PVV 1969

Landesarchiv Berlin (LA Berlin): A Rep. 342 – 02, Nr. 23523; Rep. Buch 13 / 107, Nr. 14; Rep. Buch 9, Nr. 578; Rep. Buch 85 / 871

Archiv der Berlin-Brandenburgischen Akademie der Wissenschaften (BBAdW-Arch): AKL (1945-1969), Naturwiss. Einrichtungen, Sign. 42; ebenda, Sign.

45; ebenda, Sign. 46; ebenda, Sign. 43; ebenda, Sign. 51; ebenda, Sign. 92; ebenda, Sign. 709; ebenda, Sign. 735; NL Walter Friedrich, Sign. 543; NL Walter Friedrich, Sign. 863; Bestand DAW – PA Lieselott Herforth; Bestand DAW – Ordentliche Mitglieder, Sign. 16420; NL Leo Stern, Sign. 180; Berlin-Buch, Inst. für Biophysik, Sign. A 895

Thüringisches Staatsarchiv Altenburg: Brief von Frau Baum vom 8.11.2012;

Seitenstraßen Verlag Berlin (Archiv): Chris Deutschländer gab mir in Emails vom 18.9.2012 und vom 21.9.2012 Informationen zu Veröffentlichungen von W. Herforth im „Magazin".

Nachlass Lieselott Herforth 1 – 42 (NLH 1-42)

NLH 1. Herforth, Lieselott: Streung von Mesonen in Blei gemessen mit Zählrohren, 1943

NLH 2. Herforth, Lieselott: Die Fluoreszenzanregung organischer Substanzen mit Alphateilchen, schnellen Elektronen und Gammastrahlen (Diss.), 1948

NLH 3. Sammlung zu Walter Friedrich: Mappe mit Veröffentlichungen von und über Friedrich

NLH 4. Vortrag von L. Herforth vor der Akademie zu Walter Friedrichs 100. Geburtstag – mit ihren Erinnerungen an Walter Friedrich, 1984

NLH 5. Erste Gedanken und Grobgliederung zu den geplanten „Memoiren" und „Vorspann" dazu 1987 (handschriftlich)

NLH 6. Arbeitstagekalender 1987 (Planung-Termine-Abrechnung)

NLH 7. Lohn- und Gehaltskontenbuch ab 1. Jan. 1955 bis 30. Mai 1980 (Inge Wölke, Johanna Lindner, – inliegend Lohnsteuertabellen)

NLH 8. Diätkost-Plan vom 25.10.1986 bis zum 31.12.1987 (handschriftlich, akribisch geführt und durchgerechnet, mit Notierung seltener „Sünden" wie „ganze Tafel Schokolade" oder „Mastkur" bei Besuch in Leipzig)

NLH 9. „Ahnenpass" (1935) von Walter Herforth, Dora Herforth geb. Gaudlitz, Lieselott Herforth

NLH 10. Beurkundungen von Geburten/Taufen, Heiraten, Sterbefällen (Familie Herforth und Vorfahren)

NLH 11. Anstellungsverträge, Beurteilungen, Gehaltssteigerungen, Werksverträge von Lieselott Herforth, Auszeichnungsurkunden u. a.

NLH 12. Berichte über die Tätigkeit als Mitglied des Staatsrates und Volkskammerabgeordnete 1963-1974 (Durchschläge der Schreibmaschinenoriginale)

NLH 13. „Partei. Volkskammerkandidat" (insbesondere 1962/63: Fragebogen für Parteiaufnahme und Volkskammerwahl (mit Angaben zur Ausbildung und Tätigkeit des Vaters), Diskussionsbeiträge vor der Wahl 1963 u. a. vor der Math.-Nat. Fak., Brief von Erika Barreau, weniges bis 1967/71 – oft handschriftlich, dann mit Maschine geschrieben, korrigiert) (inliegend, aber nicht eingeheftet, Materialien zur Parteiarbeit)

NLH 14. Briefe und Postkarten (K) von Walter Herforth an Lieselott Herforth am 30. Okt. 1944 und zwischen Okt. 1945 und Febr. 1946: 30.10.44, 11.10.45 (K), 11.10.45 (K), 25.10.45, 29.10.45, 31.10.45 (K), 1.11.45, 13.11.45, 14.11.45 (K), 15.11.45, 17.11.45, 18.11.45, 19.11.45, 22.11.45, 23.11.45, 26.11.45, 30.11.45, 1.12.45, 2.12.45, 6.12.45, 17.12.45, 19.12.45, 19.12.45, 20.12.45, 20.12.45, 30.12.45, 31.12.45, 3.1.46, 5.1.46, 5.1.46, 13.1.46, 14.1.46, 17.1.46, 19.1.46, 6.2.46; Inhalt von 1945/46 an Walter Herforth gesandten Päckchen, handschriftlich von L. Herforth; Briefe von W. Herforth an L. Herforth 1949, 1956

NLH 15. Briefe von ehemaligen Kollegen aus der Schwarzenfelder und Freiburger Zeit, von der Schulfreundin Charlotte Marquardt, von Erika Barreau (1948), von Anneliese Eigner, von Hulda Karp, Nora Block [...], auch nicht an L. Herforth gerichtete Briefe (an Dora H., Hulda Karp [...])

NLH 16. „Memoiren" betreffend: 6 kleine Geschichten; „Wie ich Gustav Hertz erlebte", 1987; „Erinnerungen an Kallmann und die Zeit der Entdeckung organischer Szintillatoren", 1989; „Erleben. Erfahren. Erkennen. Akademiemitglied Lieselott Herforth gibt zu Protokoll", 1984; Interview mit „Für Dich", 1989

NLH 17. Publizistisches betreffend (etwa 1987 bis Mitte der 90er: auch zu „Memoiren" Holzmüller, Praktikumsbuch Herforth/Koch, Seydewitz)

NLH 18. Vortrag Lieselott Herforths zum 100. Geburtstag von Otto Hahn (inliegend: (Krafft, 1978) und (Stolz, 1978 I))

NLH 19. Album: Kollektiv „Kernphysikalische Messtechnik" 1.11.1969 bis 4.10.1971 (196 Seiten)

NLH 20. Fotoalbum 1934-1938 (Schulzeit, Studienzeit)

NLH 21: Fotoalbum Berlin-Buch

NLH 22: Fotoalbum Leipzig 1956/57

NLH 23: Unvollendet gebliebene letzte Geschichte Walter Herforths (handschriftlich)

NLH 24: Walther Herforth: Erst in der zweiten Nacht (Novelle)

NLH 25: H. Schöffler: „50. Geburtstag ihrer Magnifizenz" – Fotoalbum

NLH 26: Zum 50. Geburtstag von den Kolleginnen und Kollegen des Instituts – Fotoalbum

NLH 27: Eindrücke vom 60. Geburtstag, von den Kolleginnen und Kollegen des WB gestaltet – Fotoalbum

NLH 28: Zwischen 60. und 65. Geburtstag: Zusammenstellung der Aktivitäten durch L. Herforth und Briefwechsel Schuricht-Herforth

NLH 29: Schüler (Sammlung von Verf.)

NLH 30: Anschriften und Daten von Bekannten aus Wissenschaft, Politik und Privatleben, die regelmäßig Grüße zum Neuen Jahr (N), jedem Geburtstag (G) oder nur zu jedem „runden Geburtstag" (GR) bekamen

NLH 31: Briefwechsel mit Verlagen, betreffend das „Praktikumsbuch", 1991 bis 1998: Hüthig GmbH an Herforth, 19.12.1991; Johann Ambrosius Barth – Lektorin Erika Arndt an Herforth, 17.7.1992, 25.11.1992, 5.2.1993, 6.5.1993, 24.9.1993, 20.5.1994; Herforth an Johann Ambrosius Barth – Erika Arndt,

4.10.1993, 28.5.1994; Herforth an Hüthig GmbH – Wolfram Hentze, Lektorat (zu den Verträgen vom 29.12.1988 und 10.12.1992 und zur Übergabe aller Vollmachten, das Praktikumsbuch betreffend, an Dr. Otto); Hüthig GmbH an Herforth, 4.6.1998; WILEY-VCH an Herforth, 3. Juli 1998; Geschichte des Praktikumbuches (Manuskript, 1989)

NLH 32 1. – 7.: Als Wissenschaftlerin und Zeitzeugin gefragt (Zusammenstellung von Verf.: 1991 – 2001)

NLH 33: 1) 1990/91 (92) – TU, Akademie, Isotopenpraxis; 2) April 1991 – Symposium SSP Gaußig; 3) 1991-1994: Rentensachen; 4) 1990-96: Bestellungen, Abbestellungen von Abonnements und Mitgliedschaften; 5) einige Heimsachen (u. a. Geburtstagsbrief für Klinger – Entwurf; 80. Geburtstag Herforth – Wagner)

NLH 34: 1) Briefe von früheren Klassenkameradinnen und Briefentwürfe von L. Herforth, 90er Jahre; 2) Briefe der Verwandtschaft, 90er Jahre

NLH 35: AdW – Gelehrtensozietät, Leibniz-Sozietät

NLH 36: 1989 – Bemühungen Lieselott Herforths um eine angemessene Wohnung für Schurichts

NLH 37: Bemühen Herforths um Nachfolge Hübner – Berufung Dörschel (auch Arbeitsplanung für Praktikumsbuch im Urlaubsort Teupitz)

NLH 38 (zugeordnet): Lebensläufe aus verschiedenen Quellen

NLH 39 1. – 9.: 1. Teilnahme X. Parteitag, Dank Honeckers, zum Ausscheiden aus Volkskammer und Staatsrat; 2. Brief an Schwabe, Tod Schwabes; 3. Zur EP von Sitzlack, SAAS; 4. 1982-84: FDGB, SED-Kreisleitung, Bürgschaft für eine künftige Genossin; 5. 1984: Lebensweg Herforth, von ihr selbst für einen Schüler verfasst; 6. 1986: Wissenschaftsbereich zum Intern. Frauentag, Glückwünsche zum 70. Geburtstag; 7. 1989: Zusammenstellung aller Veröffentlichungen von Herforth; 8. Kartenbestellungen für Oper und Konzert 1983-1989; 9. Regierungskrankenhaus 1981 (1980) - 1989

NLH 40 1.-3.: 1. Akademie 1973-1989; 2. Akademie 1990; 3. TU 1990 (Senat u. a.)

NLH 41: Fotos aus dem Privatbesitz von Lieselott Herforth, ergänzt durch solche aus dem Privatbesitz von Nora Block

NLH 42: Verschiedene Gratulationen aus den späten Jahren

Persönliche Mitteilungen

Block, Nora (Cousine von Lieselott Herforth): Mitteilungen zur Familie, Familienfotos (eingeordnet in NLH 41)

Demus, Heinrich: TH für Chemie Leuna-Merseburg: Personal- und Vorlesungsverzeichnis (PPV) Studienjahr 1958/59 – Herbstsemester, PPV Studienjahr 1959/60 – Herbstsemester; 2 Studienpläne der Fakultät Ingenieurökonomie der TH für Chemie; Telegramm von L. Herforth an H. Demus; Brief von L. Herforth an H. Demus; Teilnehmer des Kurses II/58 „Angewandte Radioaktivität" vom 10.3.-3.4.1958; Versuchsprotokolle des Kursteilnehmers Demus; Prüfungsthemen des Faches „Angewandte Radioaktivität"

Landrock, Konrad: Ausschnitte aus dem Studienbuch, Bescheinigung über Teilnahme am Praktikum für angewandte Radioaktivität, Bescheinigung über Teilnahme am Seminar „Anwendungen der Radioaktivität"

Stolz, Werner: Persönliche und briefliche Mitteilungen (u. a. Kurzvita) und private, beschriftete Fotos (2015)

Frank, Manfred: Mitteilungen im Gespräch 2015

Müller, Karin: Mitteilungen im Gespräch 2015

Konschak, Klaus: Informationen aus persönlichem Gespräch, Email vom 14.6.2015 mit Kurzvita

Schillinger, Klaus: Informationen vom Juni 2015

Lingertat, Johann: Email vom 30. Nov. 2015 mit Kurzvita

Abel, Helmut: Gespräch am 18. Juni 2015

Erzgräber, Gudrun: Gespräch am 18. Juni 2015

Weiss, Cornelius: Telefongespräch Dez. 2015 und Febr. 2016, Fotos von C. F. Weiss, L. Herforth u. a.

Literatur

Abele, Johannes: Kernkraft in der DDR. Zwischen nationaler Industriepolitik und sozialistischer Zusammenarbeit 1963-1990, Dresden 2000 (Hannah-Arandt-Institut für Totalitarismusforschung e. V. an der TU Dresden, Berichte und Studien Nr. 26)

Aweiler, Fuchs, Dorner, Petermann: Bildungspolitik in Deutschland 1945-1990. Ein historisch-vergleichender Quellenband, 1992 Opladen (Leske und Budrich)

(Beit, 1989) Beiträge zur Geschichte der Physik an der TU Dresden, 1989 Dresden

Broser, Immanuel und Ruth Warminsky: Zur Theorie der Lumineszenz und der elektrischen Leitfähigkeit von Kadmiumsulfidkristallen, in: Annalen der Physik (1950), Vol. 442, Iss. 6, p. 289-311

Broser, Immanuel: Fünfzig Jahre Szintillationszähler, in: Phys. Blätter 54 (1998), S. 935-937

BZ: Ein Leben für Fortschritt und Frieden, in: Berliner Zeitung, 18. Oktober 1968, S. 4 (über W. Friedrich)

DDR Revue 3/66: Wir stellen vor: Magnifizenz Prof. Dr.-Ing. habil. Lieselott Herforth, S. 56/57

Demps, Laurenz (Hrg.): Luftangriffe auf Berlin. Die Berichte der Hauptluftschutzstelle 1940-1945, 2012 Berlin (Christoph Links Verlag GmbH)

Dörschel, Birgit und Lieselott Herforth: Neutronen-Personendosimetrie, Berlin 1979 (VEB Deutscher Verlag der Wissenschaften)

Dörschel, Birgit: „Prof. Schuricht gestorben", in: Dresdner UniversitätsJournal vom 18.3.2003, S. 7

Drehmann, Ursula: Das kleine radiochemische Praktikum in Berlin-Buch, in: Chem. Techn. 11. Jg., Heft 1, Jan. 1959, S. 35/36

(Dres, 1966) Dresden aktuell 3/1966, S. 3 („Prof. Dr.-Ing. Lieselott Herforth")

Ehrhardt, Alfred; Karl Bräuer; August Wewerka; Richard Grammel; Kurt Bennewitz: „Zum Gedenken an Eduard Gottfried Steinke", TH Stuttgart 1965

Eidemüller, Dirk: „Der Traum von der Energie ohne Ende". Wendelstein 7-X läuft … – kommt nun doch die saubere Kernfusionsenergie?, in: ND, 6./7. Febr. 2016, S. 27

Frank, Manfred und H.-J. Dubrau, H. Lingertat, L. Herforth: Thermoluminescent Dosimetry with Lithium Fluoride, in: Kernenergie, 7. Jg., Heft 6/7, 1964, S. 570-573

Frank, Manfred und L. Herforth, W. Stolz: Integrierende Dosimetrie ionisierender Strahlen mit lumineszierenden Systemen, in: WZTUD 14 (1965) 5, S. 1119-1125

Frank, Manfred und Werner Stolz: „Festkörperdosimetrie ionisierender Strahlung", 1969 (bei Teubner in Leipzig und als Lizenzausgabe beim Verlag Chemie Weinheim) (1973 in russischer Übersetzung in Moskau erschienen)

Franke, Martin: Peter Joseph Wilhelm Debye (1884-1966), in: (Schrei, 1985), S. 67-69

Friedrich, Walter und Paul Knipping, Max von Laue: Interferenzerscheinungen bei Röntgenstrahlen (Theoretischer Teil M. v. Laue, Experimenteller Teil W. Friedrich und P. Knipping), vorgelegt von A. Sommerfeld auf der Sitzung der Bayerischen Akademie der Wissenschaften vom 8. Juni 1912

Friedrich, W. und K. Behne: Über die Bedeutung der Bestrahlungstechnik für die Stärke der biologischen Wirkung der Röntgenstrahlen auf das Uteruskarzinom, in: Strahlentherapie, Bd. XI (1920), S. 35-43

Friedrich, W.: Physikalische Grundlagen der Radiumtherapie (Referat), in: Verhandlungen der Deutschen Röntgen-Gesellschaft, Bd. XVIII, 1927

Friedrich, W.: Der heutige Stand der Radiumdosimetrie, in: Fortschritte auf dem Gebiet der Röntgenstrahlen, Bd. 52, 1935 (Kongressheft, Kurzfassung) (Fried, 1935 I)

Friedrich, W.: Änderungen der Erbanlage durch ultraviolettes Licht, in: Zentralblatt für Gynäkologie 1935, Nr. 27, S. 1575-1577 (Leipzig, Johann Ambrosius Barth) (Fried, 1935 II)

Friedrich, W. Die physikalischen Grundlagen der Radiumemanationstherapie, in: Zeitschrift für ärztliche Fortbildung, 33. Jg., 1936, Nr. 16, S. 460-464

Friedrich, W.: Über die biologischen Wirkungen der optischen Strahlung, in: Zeitschrift für technische Physik, 19. Jahrgang, Nr. 11, 1938, S. 372-376 (Leipzig, Johann Ambrosius Barth)

Friedrich, W.: Zur Geschichte des Instituts für Strahlenforschung der Humboldt-Universität zu Berlin, in: Friedrich, W. und Hans Schreiber (Hrg.): Probleme und Ergebnisse aus Biophysik und Strahlenbiologie, Leipzig 1956, S. 1-4

Fuchs, Klaus (anlässlich seines 75. Geburtstages im Gespräch mit Jörg Marschner): „Wissen, wo man hingehört – wie sonst kann man leben?", in: SZ, 29. Dez. 1986, S. 3

Grau, Conrad: Der Akademiegedanke in Berlin nach 1945 aus wissenschaftshistorischer Sicht, Okt. 1991 (Gelehrtensozietät der früheren AdW der DDR)

Guhr, Christel: Prof. Dr.-Ing. habil. Lieselott Herforth, in: Dresden aktuell 3/1966, S. 3

Gummel, Hans und Erwin Magdon: Forscher – Kämpfer – Humanist (Zum 80. Geburtstag von W. Friedrich), in: ND, 25. Dez. 1963, S. 5

Hafranke, Ursula und Karl-Heinz: Lieselott Herforth – Eine Physikerin, in: Für Dich, Nr. 26, Juni 1964 (Fotos: Richard Peter jun., Dresden)

Hampe, Eckard: Zur Geschichte der Kerntechnik in der DDR von 1955 bis 1962. Die Politik der Staatspartei zur Nutzung der Kernenergie, Dresden 1996 (Hannah-Arendt-Institut Berichte und Studien Nr. 10)

Heitzer, Heinz: DDR. Geschichtlicher Überblick, Berlin 1979 (Dietz)

Hennig, Reinhold: 50 Jahre gegen den Krebs (Gespräch mit Prof. Dr. W. Friedrich), in: BZ am Abend, 12. Jan. 1963

Herforth, Lieselott und Hartwig Koch: Arbeitsanleitungen für den Isotopenkurs im Institut für angewandte Radioaktivität Leipzig. – Berlin 1957 (VEB Deutscher Verlag der Wissenschaften)

Herforth, Lieselott und Herbert Winter: Ultraschall. – Leipzig 1958 (Teubner) (Herf, 1958 I)

Herforth, Lieselott: Besuch im Isotopenpraktikum, in: Wissenschaft und Fortschritt 8 (1958) 9, S. 333-335 (Herf, 1958 II)

Herforth, Lieselott: Messungen mit dem Szintillationszähler, in: Wissenschaft und Fortschritt 8 (1958) 10, S. 375/376 (Herf. 1958 III)

Herforth, Lieselott: Die Ausbildung im Institut für angewandte Radioaktivität Leipzig, in: Chem. Techn. 11. Jg., Heft 1, Jan. 1959, S. 36/37 (Herf, 1959 I)

Herforth, Lieselott: Absolute Aktivität radioaktiver Präparate, in: Wissenschaft u. Fortschritt 9(1959)2, S. 66-68 (Herf, 1959 II)

Herforth, Lieselott: Die Ausbildung von Radiochemikern für die chemische Industrie an der TH für Chemie Leuna-Merseburg, in: WZ TH für Chemie Leuna-Merseburg 2 (1959/60) 1, S. 57-60

Herforth, Lieselott und Manfred Frank: Thermolumineszenzdosimetrie mit LiF für Strahlentherapie und Strahlenschutzkontrolle, in: Czech. J. Phys. B 13 (1963), S. 219-221

Herforth, Lieselott: Das Physikstudium und seine Perspektiven, in: Was studieren – Professoren beraten Sie. – Berlin 1965, S. 4-9 (Herf, 1965 I)

Herforth, Lieselott und M. Frank, K. Werner, H. Lingertat: Erfahrungen bei der Erprobung des Auswertgerätes für Thermolumineszenzdosimeter „Lumimeter II“, in: Radiobiologia Radiotherapia, Bd. 6, 1965, Heft 3, S. 381-385 (Herf, 1965 II)

Herforth, Lieselott: Die Entwicklung des Instituts für Anwendung radioaktiver Isotope in den Jahren 1955-1965, in: Isotopenpraxis, Heft 3 / 1966, S. 126-130 (Herf, 1966 I)

Herforth, Lieselott: Erziehungsaufgaben müssen ständig im Mittelpunkt stehen (Referat auf dem 3. Konzil der TU Dresden, Auszug), in: UZ 3/1966, S.2 (Herf, 1966 II)

Herforth, Lieselott u. a.: Lehrbriefe für das Fernstudium: Grundlagen und Anwendungen der Radioaktivität 1 – 9 (Hrg. TH/TU Dresden, wechselnde Mitautoren: Schuricht, Volkmar (1), Stolz, Werner (2), Koch, Siegfried (3), Hartmann, Friedrich (4, 5), Irmer, Kurt (5, 6), Löffler, Helmut (7, 8), Pippel, Winfried (7, 8), Schillinger, Klaus (9))

Herforth, Lieselott: Erinnerungen an meinen „Diplom-Vater", in: spectrum 13 (1982) 11, S. 28/29 (Herf, 1982 I)

Herforth, Lieselott: Einführung, Schlussbemerkungen, in: Neutronen zur Lösung von Problemen in Wissenschaft und Technik (Sitzungsberichte der AdW der DDR 7 N), Berlin 1982, S. 5 und 139 (Herf, 1982 II)

Herforth, Lieselott: Erleben, Erfahren, Erkennen – Akademiemitglied Lieselott Herforth gibt zu Protokoll, 1984 (Herf, 1984 I) (in NLH 16)

Herforth, Lieselott: Vortrag auf dem Festkolloquium zum 100. Geburtstag von Walter Friedrich, 1984 (Herf, 1984 II) (NLH 4)

Herforth, Lieselott, K. Hübner und W. Stolz: Thermolumineszenz in Dosimetrie und Geowissenschaften, in: Annalen der Physik, 7. Folge, Bd. 42, Heft 4-6, 1985, S. 461-470

Herforth, Lieselott und Werner Stolz: Ein Doppeljubiläum der Strahlungsmessung: 60 Jahre Geiger-Müller-Auslösezählrohr, 40 Jahre Szintillationszähler, in: spectrum 19 (1988) 2, S. 26-27

Herforth, Lieselott und K. Hübner: „ Herforth/Koch: Praktikum der angewandten Radioaktivität und Radiochemie". Zur Geschichte eines Standardwerkes für die Ausbildung von Spezialisten auf dem Gebiet der Anwendung radioaktiver Nuklide, in: Isotopenpraxis 25 (1989) 11/12, S. 518-522 (Herf, 1989 I)

Herforth, Lieselott: „Erinnerungen an Kallmann und die Zeit der Entdeckung organischer Szintillatoren" (Vortrag Rossendorf), 1989 (in NLH 16) (Herf, 1989 II)

Hertrampf, Susanne und Uta C. Schmidt (Hrg.): POLITAIA – Der Historische Wochenkalender 2008: Frauenporträts aus der deutschen Zeitgeschichte, 2008

Hoffmann, D. und M. Walker (Hrg.): Physiker zwischen Autonomie und Anpassung, Berlin 2006, S. 91-138 („Die Ausgrenzung und Vertreibung von Physikern im Nationalsozialismus – welche Rolle spielte die DPG?")

Horlamus, Wolfgang (online): Chronik zu den Voraussetzungen und zur Geschichte der Kernenergiewirtschaft der DDR (1939 bis 1990), Bearbeitungsstand April 1994

„Isotopenpraxis", 12. Jahrgang, Heft 9/1976

Kannegießer, Karl-Heinz und Johannes Ranft: Werner Heisenberg (1901-1976), in: (Schrei, 1985), S. 70-73

Kehm, Barbara M.: Hochschulen in Deutschland: Entwicklung, Probleme und Perspektiven, in: Aus Politik und Zeitgeschichte, Heft B 25/2004 (auch online)

Kleint, Christian und Georg Otto: Gustav Hertz (1887-1975), in: (Schrei, 1985), S. 77-81

Kleint, Christian: Aus der Geschichte der Leipziger Uranmaschinenversuche, in: Kernenergie 29 (1986) 7, S. 245-251

Koch, H. und K. Bergmann: 30 Jahre Praktikum der angewandten Radioaktivität, in: Isotopenpraxis 22 (1986) 9, S. 324-327

Krafft, Fritz: Lise Meitner und ihre Zeit – Zum 100. Geburtstag der bedeutenden Naturwissenschaftlerin, in: Angew. Chemie 90 (1978), S. 876-892

Krause, Konrad: Alma mater Lipsiensis: Geschichte der Univ. Leipzig von 1409 bis zur Gegenwart, 2003 Leipzig (Leipziger Universitätsverlag, 647 Seiten)

Lange, Werner: Radiochemische Ausbildung an der Fakultät für Kerntechnik der TH Dresden, in: Chem. Techn. 11. Jg., Heft 1, Jan. 1959, S. 37/38

Lingertat, Johann: Lieselott Herforth zum 85. Geburtstag, in: Sitzungsberichte der Leibniz-Sozietät Band 55, Jahrgang 2002, Heft 4, S. 129-132

Lösche, Artur: Neubeginn und Wiederaufstieg der Physik in Leipzig nach 1945, in: (Schrei, 1985), S. 43-59

Niese, Siegfried: Die Entdeckung organischer Szintillatoren vor 50 Jahren durch H. Kallmann und L. Herforth, in: Strahlenschutzphysik 1 / 99, S. 46-47

Niese, Siegfried: The first paper about exciting of fluorescence of liquid biphenyl and phenantren by fast electrons by Lieselott Herforth and Hartmut Kallmann, in: Radiocarbon, Vol. 43, Nr. 1, 2001, p. 125-126 (Nies, 2001 I)

Niese, Siegfried: Scintillation of organic compounds discovered by H. Kallmann, L. Herforth and I. Broser, in: Journal of Radioanalytical and Nuclear Chemistry, Vol. 250, Nr. 3, 2001, p. 581 (Nies, 2001 II)

Petschel, Dorit (Bearb.): Die Professoren der TU Dresden 1828-2003, 2003 (Böhlau Verlag)

PH Dresden: Ehrenpromotion Manfred von Ardenne, 1982

Picht, Georg: Die deutsche Bildungskatastrophe, Freiburg 1964

PVV 1959/60: TH für Chemie Leuna-Merseburg: Personal- und Vorlesungsverzeichnis Studienjahr 1959/60 – Herbstsemester

(Rück, 1984) 75 Jahre Rückert-Schule. Nachforschungen – Erinnerungen – Einblicke, Berlin 1984

(Rück, 2009) 1909-2009: Hundert Jahre Rückert-Schule. Rückblicke, Überblicke, Ausblicke, Berlin 2009

Rürup, Reinhard: Schicksale und Karrieren: Gedenkbuch für die von den Nationalsozialisten aus der KWG vertriebenen Forscherinnen und Forscher, 2008

Schmidt, M.: Erfahrungen und Ergebnisse der Isotopenanwendung im Industriezweig Braunkohle (L. Herforth zum 60.), in: Isotopenpraxis, 12. Jg., Sept. 1976, S. 355-360

Schneider, Hans-Peter: Die Akademie der Wissenschaften als Gelehrtensozietät – Rechtliche Bemerkungen zu einem politischen Thema, Dez. 1991 (Gelehrtensozietät der früheren AdW der DDR)

Schreiber, Hans: Ein Leben für die Wissenschaft, in: Acta biologica et medica germanica, Bd. 2, Heft 4, 1959, S. 337-340

Schreier, Wolfgang u. a.: KMU Leipzig – Physik, in WZKMU, Math.-Nat. Reihe, 34. Jg. (1985), Heft 1 (mit Beiträgen von W. Schreier, K. Wappler/Ch. Zylka, W. Windsch/M. Franke, A. Lösche, B. Crell, K.-H. Kannegießer/J. Ranft, G. Klose/W. Weller, Ch. Kleint/G. Otto, W. Neumann, H. Winkler)

Schuricht, Volkmar: Laudatio für das Festkolloquium anlässlich des 60. Geburtstages von Frau Professor Dr.-Ing. habil. Dr. h.c. Lieselott Herforth, in: WZTUD 26 (1977) Heft 3 / 4, S. 635-637

Schuricht, Volkmar: Lieselott Herforth – 60 Jahre, in: Exp. Technik der Kernphysik XXIV, 1976, Heft 4, S. 321-322

Schwabe, Kurt: Immatrikulationsfeier-Ansprachen 1962-1965 (Universitätsreden Heft 13), Dresden 1965

Schwabe, Kurt: Das Studium der Wissenschaften verlangt den ganzen Menschen (Ansprache an das 1. Semester der Fak. für Math. und Nawi. der TU Dresden), in: UZ 18/1967, S. 6

Schweppe, Gisela: Der Strahlenforscher – der Mensch. Ein Bildnis Prof. Walter Friedrichs, des neuen Rektors der Berliner Humboldt-Universität, in: Roland von Berlin. Wochenschrift für Kultur, Politik, Wirtschaft und Berliner Leben, Heft 10, 1949, 6. März, S. 10-12

Seeliger, D. (Hrg.): Beiträge zur Geschichte der Physik an der TU Dresden, Dresden 1989

Simon, Heinz: Ihre Magnifizenz, in: Für Dich Nr. 46, 1965, S. 20-23 (Fotos von Lenske, Simon, Mohamed)

Spehl, Helmut: Ursprünge und Folgen der völkischen Cliquen-Physik im Dritten Reich: eine Sammlung von Dokumenten mit Hinweisen zur Einstellung der Freiburger Physiker Eduard Steinke, Gustav Mie und Alfons Bühl, 1988 (Selbstverlag)

Steiner, Helmut: Zum 100. Geburtstag von J. D. Bernal, in: Leibnitz intern, Nr. 8, 1. August 2001, S. 10-11 (aus ND, 12./13. Mai 2001)

Steinike, Ursula: Katharina Boll-Dornberger geb. Schiff. Persönliche Erinnerungen, in: Mitteilungen der Deutschen Gesellschaft für Kristallographie, Heft 24, Köln 2002, S. 62-75, und in: Geohistorische Blätter, Berlin 2004, 7 Heft, S. 1-11

Steinke, Eduard (Nachruf auf Steinke): „Alte Königsberger Burschenschaft Germania zu Hamburg“, in: „Das Ostpreußenblatt“, Jg. 17/ Folge 17, 23. April 1966, Hamburg, S. 19

Stolz, Werner: „Lieselott Herforth“, in: Freie Presse, 3. März 1967, S. 2

Stolz, Werner und R. Walter, A. Heidan, H. Mund: Thermolumineszenzdosimetrie mit manganaktiviertem Lithiumborat, in: Isotopenpraxis, 12. Jg., Sept. 1976, S. 335-338 (Stolz, 1976 I)

Stolz, Werner: Radioaktivität. Teil I: Grundlagen, Leipzig 1976 (Teubner) (Stolz, 1976 II)

Stolz, Werner: „Sind radioaktive Kernumwandlungsprozesse beeinflussbar?“, in: Wissenschaft und Fortschritt 28 (1978) 12, S. 455-457 (Stolz, 1978 I)

Stolz, Werner: Radioaktivität. Teil II: Messung und Anwendungen, Leipzig 1978 (Teubner) (Stolz, 1978 II)

Stolz, Werner und Lieselott Herforth: 50 Jahre künstliche Radioaktivität, in: Wissenschaft und Fortschritt 34 (1984) 12, S. 312-315

Stolz, Werner: Messung ionisierender Strahlung. Grundlagen und Methoden, Berlin 1985 (Akademie-Verlag)

Stolz, Werner und Lieselott Herforth: Sechzig Jahre Geiger-Müller-Zählrohr – Vierzig Jahre Szintillationszähler, in: Isotopenpraxis 24 (1988) 10, S. 394-398 (Stolz, 1988 I)

Stolz, Werner und Lieselott Herforth: Ein Doppeljubiläum der Strahlungsmessung, in: spectrum 19 (1988) 2, S. 26-27 (Stolz, 1988 II)

Stolz, Werner: Radioaktivität: Grundlagen, Messung, Anwendungen. – Leipzig 1990 (Teubner) (5. Auflage 2005) (Stolz, 1990 I)

Stolz, Werner und M. Krbetschek: Lumineszenzdatierung quartärer Sedimente, in Isotopenpraxis 26 (1990) 11, S. 506-511 (Herrn Prof. Dr. sc. nat. Heinrich Hübner zum 60. Geburtstag am 20. Okt. 1990 gewidmet) (Stolz, 1990 II)

Stolz, Werner und Peter Deus: Physik in Übungsaufgaben, Leipzig 1994 (B. G. Teubner) (4. Auflage 2005: Teubner Stuttgart/Leipzig/Wiesbaden)

Stolz, Werner: Grimsehl, Kohlrausch und B. G. Teubner. Mehr als ein halbes Jahrhundert Leser und Autor von Publikationen des Teubner-Verlages, 2010 (online, 21.2.2010)

Streubel, G.: 15. Internationales Symposium „Strahlenschutzphysik“ vom 8. – 11. März 1983 in Dresden (Tagungsbericht), in: Isotopenpraxis 20 (1984) 3, S. 109/110

SZ, 26. Jan. 1966: „Hoch- und Fachschulrat konstituiert“ (am 25.1. in Berlin), S. 1

TH Dresden: 10 Jahre wiss. Arbeit in Lehre und Forschung der TH Dresden 1949-1959, Fakultät für Kerntechnik, in: WZTHD 8 (1958/59) 6, S. 251-257

TH für Chemie Leuna-Merseburg: Personal- und Vorlesungsverzeichnis Studienjahr 1959/60 – Herbstsemester (PVV 1959/60)

Tobies, Renate (Hrg.): „Aller Männerkultur zum Trotz“. Frauen in Mathematik und Naturwissenschaften, Frankfurt/Main – New York 1997

Tobies, Renate: Mathematikerinnen und ihre Doktorväter. – In: (Tobi, 1997)

Tobies, Renate: Ingeborg Ginzel – eine Mathematikerin als Expertin für Wing Design, in: Seising, Rudolf, Menso Folkerts, Ulf Hashagen: Form, Zahl, Ordnung, 2004 (Franz Steiner Verlag), S. 711-734

(TU Dresden, 1962) TU Dresden 1962: Verleihung des Status einer Technischen Universität an die Technische Hochschule Dresden, Dresden 1962

TU Dresden 1974: Universitätsverzeichnis (PV 1974)

TU Dresden: Beiträge zur Geschichte der Physik an der Technischen Universität Dresden, Dresden 1989 (vgl. (Seel, 1989))

UZ 3/1966: „TU-Wissenschaftler für Dresdner Appell", S. 3; UZ 22/1967. S. 2

Vogt, Annette: Die Kaiser-Wilhelm-Gesellschaft wagte es: Frauen als Abteilungsleiterinnen, in (Tobi, 1997), S. 203-219

Vormum, Günther: „Zum 100. Geburtstag von Carl Friedrich Weiss", in: Sitzungsberichte der Leibniz-Sozietät, Bd. 42, Jg. 2000, Heft 7, S. 115-117

Voss, Waltraud: Die Schwestern Johanna und Gertrud Wiegandt promovieren in Mathematik. Einflussfaktoren auf ihre Karriere. – In: (Tobi, 1997), S. 159-179

Voss, Waltraud: Dresdner Mathematikpromovenden zwischen 1912 und 1945. – In: Hartmut Roloff und Manfred Weidauer: Wege zu Adam Ries, Augsburg 2004, S. 405-416

Voss, Waltraud: „ … eine Hochschule (auch) für Mathematiker …". Dresdner Mathematiker und die höhere Lehrerbildung: 1825-1945. Augsburg 2005

Voss, Waltraud: Von Dresden in die Welt. Frühe Promovenden der TU Dresden in Wirtschaft, Wissenschaft und Gesellschaft (Band I), Dresden 2007 (TUDpress)

Voss, Waltraud: Von Dresden in die Welt. Frühe Promovenden der TU Dresden in Wirtschaft, Wissenschaft und Gesellschaft (Band II), Dresden 2010 (TUDpress)

Voss, Waltraud und Anja Musiol: Lexikon früher Promovenden der TU Dresden, 2015 (online: Archiv der TU Dresden)

Wappler, Karl und Christian Zylka: Physik und Physiker an der Leipziger Universität im ersten Quartal des 20. Jahrhunderts, in: Wiss. Zeitschrift der KMU Leipzig, Math.-Nat. Reihe, 34. Jg. (1985), Heft 4, S. 20-29

Weiss, Cornelius: Chance und Verpflichtung, in: Leipziger Universitätsreden, Neue Folge, Heft 77, 1994, S. 17ff

Weizsäcker, Carl Friedrich von (im Interview mit Horst Hoffmann): Der Geist von Göttingen, in: Wochenpost, 35. Jg., 21. Okt. 1988, S. 13

Windsch, Wolfgang und Martin Franke: 1927-1945: Blütezeit und Niedergang der Leipziger Physikalischen Institute, in: (Schrei, 1985), S. 30-42

Zachmann, Karin: Mobilisierung der Frauen (Technik, Geschlecht und kalter Krieg in der DDR), 2004 (Campus)

Zimmer, Hans-Erhard: Ludwig Bewilogua – Begründer der Tieftemperaturphysik in der DDR (Abschlussarbeit zum Nachweis der marx.-len. Kenntnisse für das Promotionsverfahren A), 1986

QUELLENVERZEICHNIS DER ABBILDUNGEN

Erlaubniserteilungen zur Abbildung von Seiten aus Archivalien:

Frau Dr. Enke, Archiv der Berlin-Brandenburgischen Akademie der Wissenschaften, erteilte am 3.2.2016 die Erlaubnis zur Abbildung: Archiv der BBAW, Institut für Biophysik, Bu A 895: Brief des Transformatoren- und Röntgenwerkes Dresden an L. Herforth vom 30.4.1953.

Herr Dr. Alexander Zahoransky, Archiv der Universität Freiburg, erteilte am 4.2.2016 die Erlaubnis zur Abbildung: Archiv der Univ. Freiburg: B 0023 / 0447, Bl. 3 (Brief von L. Herforth an Phys. Inst.).

Herr Dr. Thomas Notthoff, Archiv der Max-Planck-Gesellschaft Berlin-Dahlem, erteilte am 5.2.2016 die Erlaubnis zur Abbildung: AMPG, I. Abt., Rep. 34, Nr. 37: Brief Herforth-Heisenberg vom 30.11.1942.

Außer den drei oben genannten aus Archiven sind einige Abbildungen den Herren Werner Stolz, Konrad Landrock, Heinrich Demus und Cornelius Weiss zu verdanken.

Alle anderen Abbildungen befinden sich im Nachlass Herforth, teilweise in Zeitschriften und Zeitungen mit Veröffentlichungen von ihr oder über sie und in Veröffentlichungen ihrer Schüler/innen.

Kap. I: Abb. I.1 bis I.9: NLH 41

Kap. II: Abb. II.1: NLH 41; Abb. II.2 bis II.10: NLH 20; Abb. II.11: NLH 11; Abb. II.12: NLH 20; Abb. II.13: NLH 41; Abb. II.14: AMPG, I. Abt. Rep. 34, Nr. 37; Abb. II.15: Archiv Univ. Freiburg: B 0023/0447 (als 3. Blatt eingeheftet, aber unnummeriert); Abb. II.16 bis Abb. II.17: NLH 11; Abb. II. 18 a, b: (Stolz, 1988), S. 395; Abb. II. 19: NLH 2

Kap. III: Abb. III.1 bis Abb. III.2: NLH 3; Abb. III.3 bis Abb. III.7: NLH 21; Abb. III.8: Archiv der BBAW, Institut für Biophysik, Bu A 895: Brief des Transformatoren- und Röntgenwerkes Dresden an L. Herforth vom 30.4.1953

Kap. IV: Abb. IV.1: Cornelius Weiss, privat; Abb. IV.2: (Herf, 1958 III), S. 376; Abb. IV.3 bis Abb. IV.4: (Herf, 1958 II), S. 334/335; Abb. IV.5: Konrad Landrock, privat; Abb. IV.6: NLH 22; Abb. IV.7: NLH 23; Abb. IV.8 bis Abb. IV.9: Heinrich Demus, privat

Kap. V: Abb. V.1: (Hafr, 1964), S. 12 (Foto von Richard Peter jun., Dresden); Abb. V.2: NLH 41 (Foto von Richard Peter jun., Dresden); Abb. V.3: NLH 41; Abb. V.4: (DDR-Revue, 3/1966), S. 57; Abb. V.5: (Herf, 1965), S. 384; Abb. V.6: (Hafr, 1964), S. 11 (Foto von Richard Peter jun., Dresden); Abb. V.7: (Hafr, 1964), S. 8 (Foto von Richard Peter jun., Dresden); Abb. V.8 und Abb. V.9: NLH 41; Abb. V.10: NLH 41; Abb. V.11 bis Abb. V.12: NLH 41; Abb. V.13: (Simo, 1965), S. 22, Foto: Leske, Simon, Mohamed; Abb. V.14: NLH 41; Abb. V.15: NLH 41; Abb. V.16 bis Abb. V.17: NLH 21; Abb. V.18 bis Abb. V.19: NLH 41; Abb. V.20: Werner Stolz, privat; Abb. V.21: NLH 19, S. 37; Abb. V.22: NLH 41; Abb. 23: NLH 19, S. 120; Abb. V.24: NLH 19, S. 49; Abb. V.25: NLH 19, S. 102; Abb. V. 26: NLH 19, S. 106; Abb. V.27 bis Abb. V.28: Werner Stolz, privat; Abb. V.29: NLH 11 und Kopie in TU Dresden-Arch: II/11446 (PA Lieselott Herforth)

Kap. VI: Abb. VI.1 bis Abb. VI.2: NLH 41; Abb. VI.3: NLH 5; Abb. VI.4: Praktikumsbuch 1992; Abb. VI.5 bis Abb. VI.7: NLH 41; Abb. VI.12: NLH 42

ANMERKUNGEN

1 Eine der Überschriften der von L. Herforth geplanten „Memoiren", in Kap. VI. 2 in der Gliederung der „Memoiren" unter (IV.13) zu finden.

2 Angaben, wenn nichts anderes vermerkt, aus NLH 9: Ahnenpass Walter Herforth, Ahnenpass Dora Herforth, Ahnenpass Lieselott Herforth, und aus NLH 10: Beurkundungen.

3 1938-1945 Eydtkau, jetzt Tschernyschewskoje in Rußland.

4 BA Berlin: R 9361/V, Nr. 21977: handschriftlicher Lebenslauf von Walter Herforth vom 19.4.1944.

5 Berufsangabe in der Geburtsurkunde von Lieselott Herforth.

6 Angaben zu den Vorfahren aus NLH 9: Ahnenpass Dora Herforth geb. Gaudlitz, Ahnenpass Lieselott Herforth, Ahnenpass Walter Herforth, und aus NLH 10: Beurkundungen.

7 Diese und die folgenden Angaben sind Mitteilungen der Cousine Nora Block, Tochter von Magdalena Block geb. Gaudlitz.

8 BA Berlin: R 9361/V, Nr. 21977: handschriftlicher Lebenslauf von Walter Herforth vom 19.4.1944.

9 BA Berlin: R 9361/V, Nr. 21977 und LA Berlin: A Rep. 342-02, Nr. 60219; A Rep. 342-02, Nr. 23523.

10 NLH 16: Antwort auf 13 Interviewfragen, 1984; Bl. 1.

11 Information von Nora Block.

12 Information von Lieselott Herforth („Geige") und Nora Block („Trompete").

13 Information von Nora Block.

14 NLH 13: Antrag von L. Herforth um Aufnahme in die SED, 10. April 1962, mit Angaben zum Beruf des Vaters, zu dessen Parteimitgliedschaft, zu den Wohnungen L. Herforths seit 1928.

15 BA Berlin: R 9361/V, Nr. 21977: Fragebogen für die Reichsschrifttumskammer, ausgefüllt am 19.4.1944.

16 (Voss, 2005), dort weitere Quellenangaben.

17 (Voss, 2005), S. 230-232 (mit Quellenangaben).

18 Ebenda, S. 235-236 (mit Quellenangaben).

19 Ebenda, S. 237-238 (mit Quellenangaben).

20 Ebenda, S. 281-285 (mit Quellenangaben).

21 Eine der Teilüberschriften der von L. Herforth geplanten „Memoiren", in Kap. VI. 2 in der Gliederung der „Memoiren" unter (IV.22) zu finden. – Beurteilung aus dem Abiturzeugnis von L. Herforth.

22 NLH 13: Bl. 16 (Fragebogen für Kandidaten der Volkskammer).

23 Archiv TU Berlin: 109-2 / 136: Fragebogen der „Military Government of Germany", Bl. 12 (Schulen).

24 NLH 15: vorhandene Briefe von Dr. Charlotte Marquardt an L. Herforth: 29.10.45, 16.12.47, 2.2.48.

25 (Rück, 1984), (Rück, 2009).

26 UAL: PA 1201: Zeugnis der Reife, vom 10. März 1936.
27 UAL: PA 1201: Zeugnis der Reife, vom 10. März 1936.
28 Archiv TU Berlin: 109-2 / 136: Fragebogen der „Military Government of Germany", Bl. 14 (BDM).
29 Untertitel einer der Überschriften der von L. Herforth geplanten „Memoiren", in Kap. VI. 2 in der Gliederung der „Memoiren" unter (IV.10) zu finden. – Ausspruch eines Wissenschaftlers der TH Berlin bei der Immatrikulation von L. Herforth.
30 NLH 16: Erleben-Erfahren-Erkennen. Akademiemitglied Lieselott Herforth gibt zu Protokoll, 1984; Bl. 1.
31 Archiv TU Berlin: 109-2 / 136: Fragebogen der „Military Government of Germany", Bl. 14 (BDM, DSt) und Bl. 15 (RAD, ANSt).
32 NLH 15: Brief von Barreau an Herforth 15. Juni 1948.
33 (Herf, 1982), S. 28.
34 UAL: PA 1201, Bl. 6.
35 (Herf, 1982), S. 29.
36 Ebenda.
37 Ebenda.
38 UAL: PA 1201, Bl. 7.
39 Archiv TU Berlin: Studierenden-Matrikel Band X, S. 41 (Werner Stubbe).
40 NLH 16: „Wie ich Gustav Hertz erlebte!", Bl. 1.
41 BA Berlin: Akte R 9361-II/401903: daraus Angaben und Zitate zu Wolfgang Herforth.
42 NLH 13: Bl. 16 (Rückseite).
43 BA Berlin: Akte R 9361/V, Nr. 21977: Fragebogen vom 19. April 1944.
44 NLH 10: Sterbeurkunde; Mitteilung von Nora Block (über die Krankheit).
45 Archiv MPG, Berlin-Dahlem: I. Abt. Rep. 34, Akte Nr. 37/8 – 37/8 – 92: Brief L. H. an Heisenberg; Antrag Heisenbergs auf Zustimmung zur Einstellung; Anstellungsschreiben.
46 (Kann, 1985): Über Heisenberg.
47 (Wind, 1985): Angaben zur Leipziger Physik hieraus.
48 (Klei, 1986) und (Wind, 1985), S. 40-41.
49 Archiv TU Berlin: Bestand 301, Signatur 12.
50 (Wind, 1985), S. 39-42, und (Schrei, 1985), S. 84.
51 Archiv MPG, Berlin-Dahlem: I. Abt. Rep. 34, Akte Nr. 37/8 – 37/8 – 92: Freigabebescheinigung – Vermittlung an Gerhard Hoffmann.
52 (Wind, 1985), S. 39-42.
53 Archiv Universität Freiburg: Akte B 66/82.
54 Archiv Universität Freiburg: Akte B 15/741: Nachkriegseinschätzung von Steinke.
55 Archiv Universität Freiburg: Akte B 0023/0447: Steinke an Universitätskasse am 9. Mai 1944.
56 Archiv Universität Freiburg: Akte B 0015/0296: Badischer Minister des Kultus und Unterrichts an Rektor der Univ. Freiburg am 4. Mai 1944.

57 Ella Raith, studentische Hilfskraft.

58 Jagdbomber.

59 NLH 15: Arnold Steiert an Lieselott Herforth am 18. April 1948. – Steiert war seit 1948, nach erfolgreicher „Entnazifizierung", wieder Lehrer für Mathematik und Physik an einem Gymnasium in Pforzheim.

60 Archiv Universität Freiburg: Akte B 15/741: Brief von Prof. Süss an Prof. Dr. H. Schardin vom 20.5.1946.

61 L. Herforth: „Messung sehr geringer Ionisationen mit der Strömungsionisationskammer nach G. Hoffmann", Annalen der Physik 1 (1947).

62 NLH 15: Dr.-Ing. Artur Berger, Schwarzenfeld, an Lieselott Herforth, 27. Dez. 1947.

63 BA Berlin: R 9361/V, Nr. 21977: hieraus Lebenslauf von Walter Herforth.

64 BA Berlin: R 9361/V, Nr. 21977: Brief Batschari-Verlag an Reichsschrifttumskammer vom 16. Febr. 1944.

65 (Demps, 2012), S. 72/73.

66 NLH 14: Brief von Walter Herforth an Lieselott Herforth vom 30.X.44.

67 BA Berlin: R 9361/V, Nr. 21977: Fragebogen vom 19.4.1944.

68 Archiv TU Berlin: Fak. II, Promotionen Nr. 1 (Lieselott Herforth; Lebenslauf).

69 Alle im folgenden zitierten Briefe aus NLH 14; Unterstreichungen von W. Herforth, andere gelegentliche Hervorhebungen von Verf.

70 W. Herforth war SPD-Mitglied von 1919 bis 1929; er war laut Fragebogen für die Reichsschrifttumskammer von 1944 weder Mitglied der NSDAP noch einer ihrer Gliederungen.

71 Inge Wölke, Schwester eines Freundes von Sohn Wolfgang Herforth, Sekretärin.

72 Ortsteil der Stadt Falkensee bei Berlin.

73 Frau Lucie Großer.

74 Dr. Werner Stubbe.

75 „Silberhochzeit" und „Alles um Eva" – siehe Brief vom 13. November 1945.

76 Mutter Wilhelmine Herforth und Sohn Wolfgang Herforth.

77 Gustav Herforth war bereits 1915 in Berlin verstorben.

78 Treuhändlerisch in Mariendorf.

79 Dora und Lieselott Herforth und Anneliese Eigner, Braut von Wolfgang Herforth, die es durch ihre Arbeit bei Kriegsende nach Bad Reichenhall verschlagen hat und deren Besuch in Schwarzenfeld geplant war.

80 Wolfgang Hinwegh.

81 Lucie Großer geb. Arnhold, noch Verlagsteilhaberin.

82 Anneliese Eigner, Braut des verstorbenen Sohnes.

83 NLH 13: Bl. 8 (Auflistung der Wohnungen von Lieselott Herforth seit 1932).

84 (Herf, 1984 I) („Erleben, Erfahren, Erkennen"), S. 3 (in NLH 16).

85 NLH 13: Bl. 8 (Auflistung der Wohnungen von Lieselott Herforth seit 1932).

86 LA Berlin: A Rep. 342-02, Nr. 23523, Bl. 2 (Januar 1947).

87 Ebenda, Bl. 17 (30.4.1975, IHK Berlin an Amtsgericht Charlottenburg/Handelsregister).

88 Angaben und Zitate aus: Archiv TU Berlin: Akte 109-2 / 169 (Bl. 4: Lebenslauf, Bl. 8: Auslandsreisen, Bl. 13, 19-21: Anstellung von Kallmann TH/TU Berlin) und aus: (Rüru, 2008), S. 236-238.

89 Diss.: „Die spezifische Wärme des Wasserstoffs nach neueren Molekülmodellen“, Habilitationsschrift: „Über die Isolation von Molekülen durch langsame Elektronen, ausgeführt an Versuchen im Wasserstoff“.

90 Archiv TU Berlin: Akte 109-2/169: Abwicklungsstelle des REM an Rektor der TH am 10.7.45.

91 Ebenda, Bl. 20.

92 Ebenda, Bl. 21.

93 (Herf, 1984 I), S. 3 (der maschinegeschriebenen Erinnerungen) (in NLH 16).

94 (Bros, 1998), auch (Herf, 1988).

95 Die genaue zeitliche Reihenfolge der zugehörigen Vorträge und Publikationen – einschließlich paralleler Entwicklungen in den USA – wurde von Siegfried Niese vor einigen Jahren publiziert.

96 Archiv TU Berlin: Fak. II Promotionen, Nr. 1 (Lieselott Herforth).

97 Archiv TU Berlin: Akte 109-2/169: Bl. 36 (Kallmann an Stranski, 21. Okt. 1948).

98 Archiv TU Berlin: Fak. II, Promotionen Nr. 1 (Lieselott Herforth).

99 Archiv TU Berlin: Akte 109-2, 169: Bl. 36/37 (Kallmann an Stranski, 21. Okt. 1948).

100 Dazu etwa: Martius, Ursula Maria: Videant consules …, Abschrift – in: Archiv der BBAdW: AKL (1945-1969), Naturwiss. Einrichtungen, Sign. 46.

101 (Herf, 1989 II), S. 14 (Das dort genannte Datum stimmt nicht mit dem in der Promotionsakte Herforth überein.).

102 Angaben und Zitate dieses Abschnitts aus: Archiv TU Berlin: PA L. Herforth, Bl. 5-10.

103 Angaben aus (Frie, 1912), (Frie, 1920), (Frie, 1927), (Frie, 1935 I), (Frie, 1935 II), (Frie, 1936), (Frie, 1938), (Frie, 1956), (Schwe, 1949), (Schrei, 1959).

104 „Die ständig wachsende Bedeutung der Radiotherapie, wie wir hier die Verwendung von radioaktiven Substanzen zu therapeutischen Zwecken kurz nennen wollen, mit und ohne Kombination mit der Röntgentherapie, veranlasste den Vorstand der Deutschen Röntgengesellschaft, die Tradition zu durchbrechen und zur diesjährigen Tagung in Wiesbaden eine Anzahl von Referaten über das gesamte Gebiet der Radiumtherapie auf die Tagesordnung zu setzen.“ In: Friedrich, W.: Physikalische Grundlagen der Radiumtherapie (Referat), in: Verhandlungen der Deutschen Röntgen-Gesellschaft, Bd. XVIII, 1927.

105 37. Jahrgang, 39. Heft, 23. Sept. 1933.

106 (Henn, 1963).

107 BBAdW-Arch: AKL (1945-1969), Naturwiss. Einrichtungen, Sign. 42: u. a. Brief Wende, DAW, an Sowjetische Militärverwaltung vom 3. Februar 1947.

108 BBAdW-Arch: AKL (1945-1969), Naturwiss. Einrichtungen, Sign. 46 (Brief vom 2. Sept. 46: P. Jordan mit seinen Vorstellungen zum Institut an R. Rompe).

109 BBAdW-Arch: AKL (1945-1969), Naturwiss. Einrichtungen, Sign. 42: (Abschrift) 25.11.1949, O. Grotewohl an die DAW.

110 BBAdW-Arch: AKL (1945-1969), Naturwiss. Einrichtungen, Sign. 709: 30.1.1951: „Technisches Projekt“, 17.3.1951: „Betriebswirtschaftliches Gutachten zum Investitionsplan 1951, Vorhaben 2 Buch“.

111 BBAdW-Arch: AKL (1945-1969), Naturwiss. Einrichtungen, Sign. 735: 2.12.54, Brief der Betriebsgewerkschaftsleitung Inst. für Medizin und Biologie Berlin-Buch an Verwaltungsdirektor der DAW zum Wohnungsproblem.

112 Die Univ. Berlin hieß seit 1949 Humboldt-Universität zu Berlin (HUB).

113 (Henn, 1963).

114 Zitiert nach: (Gumm, 1963).

115 BZ 1968 (Nachruf auf Walter Friedrich, BZ 18. Okt. 1968).

116 NLH 4: S. 1.

117 BBAdW-Arch: DAW – PA Lieselott Herforth, Bl. 5.

118 Die Währung der SBZ/DDR hieß vom 24.7.1948 bis 31.7.1964 Deutsche Mark (DM), vom 1.8.1964 bis 31.12.1967 Mark der Deutschen Notenbank (MDN) und vom 1.1.68 bis 30.6.1990 Mark (M) der DDR.

119 NLH 13: Bl. 15 (Umzug nach Buch) und NLH 4: S. 2.

120 Archiv der TU Berlin: PA Lieselott Herforth, Bl. 10 (1. Febr. 1949: Magistrat, Abt. für Volksbildung, Personalamt, an TU Berlin, Verwaltung).

121 Etwa: Annette Vogt: Die Kaiser-Wilhelm-Gesellschaft wagte es: Frauen als Abteilungsleiterinnen, in (Tobi, 1997), S. 217.

122 NLH 4: S. 1/2.

123 BBAdW-Arch: AKL (1945-1969), Naturwiss. Einrichtungen, Sign. 45: Brief vom 31.7.48 an die Deutsche Verwaltung für Volksbildung: Einstellung Dornberger.

124 Zu K. Dornberger auch (Steini, 2002).

125 BBAdW-Arch: AKL (1945-1969), Naturwiss. Einrichtungen, Sign. 46: „Jahresbericht für 1948“, 8. Dez. 1948.

126 Ebenda: „Jahresbericht für 1948“, 8. Dez. 1948.

127 NLH 14: Briefe von Walter Herforth nach Ahrenshoop, August 1949.

128 BBAdW-Arch: AKL (1945-1969), Naturwiss. Einrichtungen, Sign. 43: „Bericht über die wiss. Arbeiten [...]“, vom 26.1.1950, 1. Seite.

129 Ebenda: „Bericht über die wiss. Arbeiten des Inst. für Med. und Biol. der DAW für das Jahr 1950“ vom 26.1.1950.

130 BBAdW-Arch: AKL (1945-1969), Naturwiss. Einrichtungen, Sign. 709: Brief von Herforth an Naas, 11.10.1950, geleitet über Friedrich; alle Zitate daraus.

131 Ebenda: 22.12.1950, Brief des Referats für medizinische Wissenschaften an Herforth, geleitet über Friedrich; Zitate daraus. – Zu der Zeit erhielt L. Herforth als Aspirantin monatlich 400 DM neben ihrem Gehalt..

132 Ebenda: 4. Juni 1952, Brief des Verwaltungsdirektors an Herforth: EXI rückwirkend ab 1.1.1952.

133 Leuchtmassenzähler oder Szintillationszähler.

134 BBAdW-Arch: AKL (1945-1969), Naturwiss. Einrichtungen, Sign. 709: „Biophysik 1950-1951“, Bl. 1 und 2 des Berichts, alle Zitate und genannten Namen daraus.

135 BBAdW-Arch: AKL (1945-1969), Naturwiss. Einrichtungen, Sign. 51: Brief Lohmann i. V. an Präsidium der DAW vom 14.10.1952; und BBAdW-Arch: DAW – PA Lieselott Herforth: Brief Naas vom 22.10.1952 an die Koordinierungs- und Kontrollstelle für Unterricht, Wissenschaft und Kunst beim Ministerpräsidenten der Regierung der DDR.

136 BBAdW-Arch: AKL (1945-1969), Naturwiss. Einrichtungen, Sign. 43: Zusammenfassender Arbeitsbericht 1953 vom 31.12.1953, Abt. Biophysik, Labor Dr. Herforth; alle Zitate daraus.

137 Alle konkreten Angaben aus: BBAdW-Arch: Bestand Berlin-Buch, Inst. für Biophysik, Sign. A 895, unnumm.

138 BA Berlin: DR / 3 / B, 11457, Bl. 31-32: Vorträge; BBAdW-Arch: Bestand Berlin-Buch, Inst. für Biophysik, Sign. A 895, unnumm. (daraus: Brief Krumbiegel aus Leipzig wegen Einstellung in Buch an Herforth; 1952, Herforth an Ilberg wegen des Kurzabdrucks der Diplomarbeit von Krumbiegel, und Rückantwort von Ilberg; Herforths Vortrag in Leipzig 1952; Brief Herforth an Paul Kunze 1954 nach Rostock; Vortrag in Karl-Marx-Stadt 1954).

139 BBAdW-Arch: Bestand Berlin-Buch, Inst. für Biophysik, Sign. A 895: Brief Herforth an Fahrbereitschaft der DAW am 22.6.1953.

140 BA Berlin: DR / 3 / B, 11457, Bl. 33: Diplomarbeiten und Publikationen.

141 BBAdW-Arch: DAW, PA L. Herforth, Bl. 32-35: Brief vom 25.11.1954; AKL (1945-1969), Naturwiss. Einrichtungen, Sign. 709: „Bericht des Arbeitsbereichs Physik“ 1954-55.

142 Etwa: BBAdW-Arch: Bestand Nachlass Walter Friedrich, Sign. 543: Briefe L. Herforth an W. Friedrich vom 22.12.1954, 5.4.1960, 7.12.1965.

143 (Hamp, 1996), (Horl, 1994), (Heit, 1979), (Weiz, 1988).

144 „Erklärung der Göttinger 18“ vom 12. April 1957; zu den „18“ gehörten Fritz Bopp, Max Born, Otto Hahn, Otto Haxel, Werner Heisenberg, Max v. Laue, Fritz Straßmann, Carl Friedrich Freiherr von Weizsäcker.

145 NLH 13: S. 7 (Fragebogen für SED-Eintritt).

146 Vgl. etwa (Kehm, 2004) und (Picht, 1964).

147 (Lösche, 1985).

148 Ebenda, S. 45.

149 UAL: PA 1201, Bl. 8: Brief Franck an Herforth vom 18.5.1953.

150 Ebenda, Bl. 20: Brief von Ilberg an Herforth vom 29.5.1953.

151 Ebenda, Bl. 18: Brief Ilberg an Herforth vom 30.5.1953.

152 Christian Fischer, geb. 2.1.1916 Hartha (Sachsen), Ass. bei G. Hoffmann, Promotion Univ. Leipzig Juli 1942, Gutachter: Hoffmann, Heisenberg; Diss.: „Kernumwandlung von Stickstoff durch schnelle Elektronen".

153 UAL: Phil. Fak. B 1 / 14:34, Bd. 2, Bl. 91: Brief Ilberg an Rektor der KMU vom 25. März 1953.

154 UAL: PA 1201, Bl. 17: Brief Ilberg an Friedrich vom 17.6.1953.

155 UAL: PA 1201, Bl. 16: Brief Friedrich an Ilberg vom 10.7.1953.

156 Die Abkürzungen stehen für folgende Zeitschriften: Annalen der Physik, Zeitschrift für Naturforschung, Naturwissenschaften, Archiv für Geschwulstforschung, Archiv für experimentelle Pathologie und Pharmakologie, Wissenschaftliche Annalen.

157 UAL: PA 1201, Bl. 21-22: Wiss. Arbeiten, Kolloquiumsvorträge.

158 Ebenda, Bl. 23: Assistententätigkeit.

159 Ebenda, Bl. 27: Gutachten von Ilberg vom 3. Nov. 1953.

160 Ebenda, Bl. 28: Gutachten von Kockel und Unterschriften der Mitglieder des Lehrkörpers der Math.-Nat. Fak.

161 Ebenda, Bl. 29: Ilberg an Herforth am 14.11.1953 mit handschriftlich von L. Herforth notiertem Thema.

162 Ebenda, Bl. 31-33: Einladung zur öffentlichen Lehrprobe vom 26. Nov., Einschätzung dieser durch Ilberg vom 2. Dez., Mitteilung von Ilberg an Prorektorat für wiss. Aspirantur der HUB über Erteilung der venia legendi vom 15. Dez. 1953.

163 Ebenda, Bl. 34: Brief von Ilberg an Staatssekretariat für Hochschulwesen, Berlin, vom 15.12.1953.

164 BBAdW-Arch: Bestand DAW – PA Lieselott Herforth, Bl. 28; BA Berlin: DR / 3 / B, 11457, Bl. 41 (Antrag auf Dozentur vom 15.3.1954).

165 BBAdW-Arch: Bestand DAW – PA Lieselott Herforth, Bl. 29.

166 UAL: PA 1201, Bl. 55: Rektor Georg Meyer der KMU an Dekan Ilberg.

167 Vgl. Kap. III. 3.

168 (Klei, 1985), S. 77-81; siehe oben: „Wiss. Rat für friedl. Anwendung der Atomenergie", „Gelehrtenrat" in Dubna.

169 (Lösche, 1985), S. 50/51.

170 In NLH 16: Herforth, L.: „Wie ich Gustav Hertz erlebte!", 1987, S. 3-4.

171 UAL: PA 1201, Bl. 57: Brief Herforth an Rektor vom 4. Aug. 1955.

172 UAL: PA-A 4520, Bl. 6: Beurteilung durch Ilberg an die Kaderabteilung der KMU am 6. Okt. 1955.

173 Ebenda, Bl. 5: Beurteilung der SED-Grundorganisation Physik vom 15.11.1955.

174 NLH 13: Antrag für Mitgliedschaft in der SED: Fragebogen; NLH 16: „Wie ich Gustav Hertz erlebte!", 1987, S. 7.

175 SStA Leipzig: 20237, Nr. 813: Bl. 113: Einladung zur Rede von Leibnitz; Bl. 114-119: Protokoll vom 17.8.1956 der Rede von Leibnitz am 13.8.1956 vor Rat des Bezirkes und der Stadt Leipzig.

176 Angaben zu den Aufgabengebieten des Praktikums und Abb. IV.2 und IV.3 aus (Herf, 1958 II), Abb. IV.4 aus (Herf, 1958 III).

177 IAEA – Internationale Atom-Energie-Behörde; CEA – Commissariat á l énergie atomique (Französische Atomenergiebehörde).

178 TU Dresden -Arch: XIX, Nr. 109, Vertrauliche Dienstsachen: Bericht über die wiss. Arbeiten des Instituts für angewandte Radioaktivität Leipzig, Permoserstraße 15 (Weiss).

179 Konrad Landrock (privat): Praktikumsschein, Auszug aus dem Studienbuch.

180 Dr. Heinrich Demus (privat): "Vorschriften für das Arbeiten im radiochemischen Laboratorium (Für Kursteilnehmer im Institut für angewandte Radioaktivität)".

181 „Das Magazin" erscheint heute im Seitenstraßen Verlag; Chris Deutschländer gab mir in Emails vom 18.9.2012 und vom 21.9.2012 Informationen zu Veröffentlichungen von W. Herforth im „Magazin".

182 Propaganda-Ministerium.

183 Inge Wölke, in Berlin wohnend, Sekretärin (vgl. Kap. II. 5) – Sie war derzeit Mutter eines wenige Monate alten Kindes, also keinesfalls immer verfügbar.

184 Kollege aus Berlin-Buch.

185 Anneliese Eigner war einst die Braut von Wolfgang Herforth, des 1943 verstorbenen Sohnes.

186 NLH 14: Briefe von Walter Herforth an Lieselott Herforth, August 1956, und Brief von Inge Wölke.

187 Mitteilung von Cousine Nora Block.

188 BA Berlin: DR / 3 / B, 11457, Bl. 56/57: Gutachten von C. F. Weiss vom 18.6.1957.

189 Ebenda, Bl. 58/59: Gutachten von Eberhard Leibnitz

190 Ebenda, Bl. 65: 1.11.1957, Abt. Math.-Nat. des Staatssekretariat für Hochschulwesen zur Ernennung Herforth.

191 Ebenda, Bl. 66: Rambusch, Leiter des AKK, an das Staatssekretariat für Hochschulwesen am 18.11.1957.

192 Dr. Heinrich Demus (privat): Brief Herforth an Demus vom 21.2.58; Telegramm Herforth an Demus; Mitteilungen.

193 Dr. Heinrich Demus (privat): Liste „Teilnehmer Kurs II/58".

194 NLH 13: S. 7 (Fragebogen für SED-Eintritt).

195 PVV 1959/60, S.45.

196 PVV 1959/60, S. 52/53: Lehrveranstaltungen von Herforth.

197 Mitteilungen von Dr. H. Demus in Emails vom 7. und 14. Juni 2015 und in zwei Briefen vom Juni 2015; Heinrich Demus promovierte später zum Dr.rer.nat.

198 (Tobi, 2004), S. 714.

199 Unter den 2088 „frühen" (1900-1945) Promovenden der TU Dresden sind 50 Frauen. Dazu (Voss, 2015), wo die 2088 frühen Promovenden mit Kurzlebensläufen aufgelistet sind.

200 (Voss, 2010), S. 51-61.

201 (Voss, 2007), S. 80-84 (Weyde), S. 49-55 (Grosmann-Francke).

202 (Tobi, 2004).

203 (Voss, 2005), S. 197/198 (Weinmeister) u. (Voss, 1997).

204 Wichtigste Quelle der in V.1 folgenden Aussagen ist (Voss, 2005); dem Buch lagen umfangreiche Aktenstudien im Sächs. Staatsarchiv Dresden und im Universitätsarchiv der TU Dresden zugrunde, diese Quellen sind in (Voss, 2005) angegeben.

205 (Voss, 2005), S. 102-104, 124.

206 Ebenda, S. 212.

207 Ebenda, S. 209-210.

208 Ebenda, S. 166, 177.

209 Ebenda, S. 237-238.

210 Ebenda, S. 232-233.

211 Ebenda, S. 284/85.

212 TU Dresden-Arch.: I / 25, Bl. 333.

213 TU Dresden-Arch.: I / 2, Bl. 151-159.

214 TU Dresden-Arch.: I / 4, Bl. 19/20.

215 (Voss, 2005), S. 323-325.

216 Ebenda, S. 323/24.

217 (Voss, 2010), S. 108-115.

218 (Voss, 1997).

219 (Voss, 2015).

220 Im Zuge der Reform entstanden 1951 die ersten Pädagogischen Institute (PI), was nicht ohne Einfluss auf die den Universitäten und Hochschulen zugeordneten Aufgaben blieb.

221 TU Dresden-Arch.: I / 20, Bl. 2.

222 TU Dresden-Arch.: I / 22, Bl. 3.

223 Hampe, Eckard: Zur Geschichte der Kerntechnik in der DDR von 1955 bis 1962, Dresden 1996; „Fakultät für Kerntechnik", aus: 10 Jahre wissenschaftliche Arbeit in Lehre und Forschung der Technischen Hochschule Dresden 1949-1959, in: WZTHD 8(1958/59) 6, S.251-257; Beiträge zur Geschichte der Physik an der Technischen Universität Dresden, Dresden 1989, S. 15/16.

224 Frühe Beispiele dafür: Seit Herbst 1956 weilte Günter Ertelt, Assistent bei Werner Lange, zwecks Promotion an der Lomonossow-Universität in Moskau, am Lehrstuhl für theoretisch-organische Chemie betreut von den Professoren Nesmejanow und Rentow. – Im Juni/Juli 1959 war Langes Assistent Alfred Häßner (geb. 21. Jan. 1930 in Probstzella, Dipl.-Phys. Universität Jena 1954) am Katheder für Physikalische Chemie des Moskauer Stahl-Instituts, das unter Leitung von Professor A. A. Shuchowizki stand, um Methoden der Anwendung radioaktiver Isotope insbesondere in der Metallurgie und Metallkunde und bei der Untersuchung von Diffusionsvorgängen in Metallen kennenzulernen. (Angaben aus TU Dresden-Arch.: XI/182: Briefe zwischen Ertelt und Prof. Lange; Studienreisen Häßner, Ertelt). – Anfang 1958 wurden die Assistenten Helmut Helfer und Gerhard Liebmann, beide Dipl.-Physiker, zu Forschungsarbeiten nach Dub-

na geschickt. Helfer schrieb dort seine Dissertation bei M. G. Meschtscherjakow und kehrte zum HS 1961 an die TH zurück, und zwar an den Lehrstuhl von Professor Pose, da seine Dubnaer Arbeiten enge Verwandtschaft mit dessen Forschungen zu Nukleon-Kern-Wechselwirkungen hatten (TU Dresden-Arch.: XII/21, Brief Pose an AKK am 10.6.1961).

225 Nun St. Petersburg.

226 TU Dresden-Arch.: XIX/101: Antrag auf Höherstufung von Gisbert Großmann vom 7.5.1957.

227 SfH – Staatssekretariat für Hochschulwesen, 1951-1958; SfHF – Staatssekretariat für Hoch- und Fachschulwesen, 1958-1967; dann MHF – Ministerium für das Hoch- und Fachschulwesen der DDR.

228 Großmann war auch der Übersetzer des Buches „L. M. Michejewa / N. B. Michejew: Radioaktive Isotope in der Analytischen Chemie, 1962 Berlin (Akademie-Verlag)“ ins Deutsche.

229 TU Dresden-Arch.: II/11446 (PA Lieselott Herforth): Einzelvertrag vom 6.10.1960.

230 NLH 13: Bl. 15 (R) (Personalfragebogen für die Volkskammer, 1963).

231 TU Dresden-Arch.: PVV Studienjahr 1960/61; XIX/101: Brief an AKK mit den Namen der Beauftragten für Strahlenschutz und Isotope; XIX/21: Anstellung Irmers am Inst. f. rad. Isotope und Vorlesung Irmer und Schuricht.

232 TU Dresden-Arch.: PVV 1960/61 und PVV 1961/62.

233 NLH 13: Bl. 24 (Rechenschaft der Kandidatin zur Volkskammerwahl vor der Fakultät N).

234 Das „Praktikumsbuch Lieselott Herforth/Hartwig Koch“ wurde ständig überarbeitet, erweitert, auf den neuesten wissenschaftlichen Stand gebracht und mit den angemessenen Titeln versehen. Neue, jüngere Bearbeiter traten hinzu. Es wurde u. a. ins Russische übersetzt. Die vorerst letzte Auflage erschien 1992, gefolgt von mehreren Nachauflagen.

235 TU Dresden-Arch.: XIX/22: Antrag vom 27.9.1961.

236 TU Dresden-Arch.: XII/21: Brief Pose an AKK 10.6.1961, verschiedene Fernschreiben.

237 NLH 13: Bl. 1 (Antrag auf Aufnahme in die SED).

238 (TU Dresden, 1962), S. 34.

239 Ebenda: S. 43/44.

240 Ebenda: S. 44.

241 Ebenda: S. 46.

242 TU Dresden-Arch.: XIX/25, unnum.; I/687, Bl. 353.

243 TU Dresden-Arch.: XIX/109: Arbeitsplan des Wiss. Rates für 1961.

244 TU Dresden-Arch.: XIX/112: Zusammenfassung der Ergebnisse der 21. Tagung des Wiss. Rates am 11.5.1962 – alle Zitate daraus.

245 Derzeit war Peter Adolf Thiessen Vorsitzender des Forschungsrates, der 1957 gegründet worden war.

246 Abkommen vom 28. Dez. 1961 bzw. vom 10. April 1962.

247 TU Dresden-Arch.: PA 013485 – Hasse, Maria, Bl. 1-2, 69, 80, 89 (Willers an SfH), 96, 112, 120, 137 (Gesell. Tätigkeit), 138, 143.

248 NLH 13: Bl. 15 (R) (Personalfragebogen für die Volkskammer 1963).

249 Mit der Umbildung der Kommission konnte im April 1967, ihrem Wunsch entsprochen werden, sie von der RGW-Funktion zu entbinden. (TU Dresden-Arch.: XI/188, Brief vom 4. April 1967 Siebold an Herforth).

250 Sie war zu diesem Zeitpunkt noch Kandidatin der SED, Mitglied ab 1. Mai 1963.

251 TU Dresden-Arch.: PVV 1960 bis PVV 1969, online.

252 NLH 13: Bl. 27 (Rechenschaft der Kandidatin zur Volkskammerwahl vor der Fakultät N).

253 NLH 13: Bl. 25 (Rechenschaft der Kandidatin zur Volkskammerwahl vor der Fakultät N).

254 Ebenda, Bl. 27

255 TU Dresden-Arch.: I / 30, Bl. 35-62 (Rede Herforths am 29.10.1965, daraus die Ausführungen zu Lumineszensdosimetrie u. techn. Isotopenanwendung).

256 Vgl. dazu Kap. VI, 4: Lingertat.

257 TU Dresden-Arch.: I / 30, Bl. 35-62 (Rede zur Rektoratsübergabe am 29.10.1965).

258 Das Institut verfügte nicht nur über die „Gruppe Technik", sondern auch über eine Werkstatt mit gut ausgebildeten, sehr tüchtigen Meistern und Facharbeitern.

259 TU Dresden-Arch.: XI/183: Brief Herforths an Ziert, 18.4.1964.

260 TU Dresden-Arch.: II/11446, PA Lieselott Herforth: Gutachten von Heber, 10.2.1971.

261 Außerhalb des Instituts wirkte sie im Sommer 1963 als Vorsitzende der UGL und im RGW („Isotopenanwendung") und nahm die Tätigkeit in der „Kommission zur Gestaltung des künftigen Bildungssystems" beim Ministerrat auf. Sie gehörte noch nicht der Volkskammer und dem Staatsrat an.

262 NLH 13: Bl. 26 (Rechenschaft der Kandidatin zur Volkskammerwahl vor der Fakultät N).

263 NLH 7: Lohn- und Gehaltskontenbuch (I. Wölke, J. Lindner); Mitteilung von N. Block; (Hafr, 1964).

264 Die Abgeordneten der Volkskammer übten diese Tätigkeit neben der Berufstätigkeit aus und erhielten dafür lediglich eine Unkostenpauschale. Die Volkskammer repräsentierte in ihrer Zusammensetzung alle politischen Parteien und gesellschaftlichen Organisationen der DDR und damit alle Klassen und Schichten der Bevölkerung.

265 NLH 13: Bl. 75/76 (handschriftlich), Bl. 90.

266 Ebenda: Bl. 100, Bl. 98/99.

267 Sitzend (v. l.) Prorektor Prof. Hans Frühauf, Stellvertreter des Rektors Prof. Artur Bordag, Rektor Prof. Kurt Schwabe, 1. Sekretär der Parteiorganisation der TU Harry Meissner, Prorektor Dr. Gerhard Speer, Mitglied des Staatsrates Prof. Lieselott Herforth, stehend (v. l.) Prof. Kurt Pommer, Prof. Siegfried Hildebrand (Dekan der Fakultät Elektrotechnik), Prof. Georg Münter (Dekan der Fak. Bauwesen), Prof. Horst Berthold (Dekan der Fak. Maschinenwesen), Prof. Franz Bredendick (Dekan der Fak. Technologie), Prof. Helmut Heinrich (Dekan der Fak. Math. und Nawi.), Prorektor Dr. Heinz Kursitza, Prorektor Prof. Alfred Recknagel, Prof. Hans-Joachim Fiedler (Dekan

der Fak. Forstwirtschaft), Prorektor Prof. Werner Gruner, Prof. Fritz Liebscher (Dekan der Fak. Ingenieurökonomie), Peter Seifert (1. Sekretär der Kreisleitung TU der FDJ), Prof. Dietrich Hering (Dekan der Fak. Berufspädagogik und Kulturwissenschaften), Prof. Herbert Seidel (Direktor des Industrie-Institutes), Prof. Leopold Weil, Prof. Willibald Lichtenheldt, Werner Dux (Direktor der Universitätsbibliothek).

268 NLH 12: Bl. 4-7.

269 Ebenda: Bl. 7-9 und 25-27.

270 NLH 12: Bl. 19-25 (1. und 2. Bericht – Zitate daraus).

271 Diese bestanden bis 1952.

272 (Awei, 1992), S. 15-26.

273 BA Berlin: DR 3 – MHF – 1. Schicht, 3304, S. 1: Rektor der Friedrich-Schiller-Univ. Jena (FSU) auf dem Konzil der FSU vom 11. Jan. 1967.

274 BA Berlin: DR 3 – MHF – 1. Schicht, 2167d: Albring, Diskussionsbeitrag zu den „Grundsätzen [...]".

275 BA Berlin: DR 3 – MHF – 1. Schicht, 2167d: Brief von Fak. Berufspäd. und Kuwi. an SfHF vom 5.8.64.

276 BA Berlin: DR 3 – MHF – 1. Schicht, 2167d.

277 BA Berlin: DR 3 – MHF – 1. Schicht, 1276: „Anweisung Nr. 9/64 des SfHF zur Einrichtung von Spezialklassen an Math.-Nat. Fakultäten der Univ. und Hochschulen vom 20.8.1964".

278 BA Berlin: DR 3, 1. Schicht: in 191 (zum Einh. Soz. Bildungswesen).

279 TU Dresden-Arch.: I / 39, Bl. 43-59.

280 TU Dresden-Arch.: I / 602, Bl. 1 (Brief an Herforth vom 2.1.1967 und Fragebogen).

281 In der BRD hatte der Ehemann noch lange eine offizielle Einspruchsmöglichkeit.

282 BA Berlin: DR 3 – MHF – 1. Schicht, 1276 (Frauenkonferenzen).

283 TU Dresden-Arch.: I / 601, Bl. 99-108: Frauenkongress Berlin 1964, mit Anschreiben an Rektor Schwabe vom 2.7.1964.

284 BA Berlin: DR 3 – MHF – 1. Schicht, 1276, Bl. 25.

285 NLH 12: Bl. 32.

286 Dieser Beitrag erregte 30 Jahre und einen gesellschaftlichen Umbruch später das Interesse der Erziehungsgeschichte; vgl. Kap. VI. 3: „Als Wissenschaftlerin und Zeitzeugin gefragt".

287 NLH 12: Bl. 28.

288 Ebenda: Bl. 28/29.

289 Ebenda, Bl. 29.

290 Ebenda: Bl. 29/30.

291 Ebenda: Bl. 31/32.

292 TU Dresden-Arch.: I/30, Bl. 2-6: Immatrikulationsrede 29.10.1965.

293 TU Dresden-Arch.: II/11446 – PA Lieselott Herforth: Haft, Gutachten, 30.4.1965.

294 NLH 12: Bl. 44/45.

295 Erst 1969 hatte sich die Internatssituation entspannt.

296 20. Jahrestag des Kriegsendes: Befreiung des deutschen Volkes vom NS.

297 NLH 12: Bl. 45-48 (zur Auflistung).

298 Ebenda: Bl. 43/44 – für die beiden ersten der folgenden Beispiele.

299 Gespräch mit Gudrun Erzgräber im Juni 2015; Nachlass LH 12: Bl. 57 (Wohnungsfragen, 5. „Haberer").

300 TU Dresden-Arch.: I/30, Bl. 2-6: Immatrikulationsrede 29.10.1965.

301 Ebenda, Bl. 35-62: Rede zur Rektoratsübergabe 29.10.1965.

302 Der Spiegel 51/1965, 15.12.1965.

303 TU Dresden-Arch.: I / 601, Bl. 99-108: Frauenkongress Berlin 1964.

304 BA Berlin: DR / 3 / B, 11457, Bl. 56/57.

305 BA Berlin: NY / 4182 / 939, Bl. 85-86.

306 BA Berlin: NY / 4182 / 939, Bl. 87-92.

307 TU Dresden-Arch.: XI / 176: 10 Jahre Institut für Anwendung radioaktiver Isotope, Festveranstaltung.

308 Quellen zu E. Rexer, I. Storbeck, G. Zeppenfeld: (Petsch, 2003), S. 770 (Rexer); Online-Einträge zu Publikationen und Patenten; persönliche Mitteilungen von Frau Dr. Storbeck.

309 TU Dresden-Arch.: I / 39, Bl. 62-64.

310 Ebenda, Bl. 210-214 und 217/218.

311 Ebenda, Bl. 219-221.

312 Ebenda, S. 93-94.

313 Ebenda, S. 95-100.

314 Ebenda, Bl. 107/108.

315 BA Berlin: DR 3 – MHF – 1. Schicht, 3304, S. 15 (zitiert durch den Rektor der Friedrich-Schiller-Univ. Jena (FSU) vor dem Konzil der FSU am 11. Jan. 1967).

316 BA Berlin: DR 3 – MHF – 1. Schicht, 3304: Rede Herforths auf dem Konzil der TU am 17.12.1966 (Rede umfasst 21 Schreibmaschinenseiten, Zitate daraus: S. 5, 7, 20).

317 TU Dresden-Arch.: I / 41, S. 208-210.

318 NLH 25: Dieses Fotoalbum, das von H. Schöffler (TU Dresden) gestaltet wurde, belegt das eindrucksvoll.

319 NLH 26.

320 BA Berlin: NY / 4182 / 939: Bericht über die Rektorenkonferenz in Jena am 1. und 2. Nov. 1965, Bl. 70-82.

321 NLH 12: Bl. 61, 63, 48, 49 (alle Zitate daraus).

322 NLH 12: Bl. 53.

323 NLH 12: Bl. 56. – Lieselott Herforth selbst blieb in ihren Ansprüchen immer bescheiden. Mit ihrer Mutter gemeinsam bewohnte sie eine Dreieinhalbraum-Neubauwohnung, die sie später gegen eine Zweiraumwohnung in einem Zehngeschosser in Zentrumsnähe tauschte.

324 NLH 12: Bl. 57/58 und Bl. 59/60.

325 BA Berlin: DR 3 – MHF – 1. Schicht, 3304: Rede der Rektorin auf dem Konzil der TU Dresden am 17.12.1966.

326 BA Berlin: DR 3 – MHF – 1. Schicht, 3304, S. 17: Prof. Gießmann im ND vom 13.12.1966, so zitiert vom Rektor der FSU auf dem Konzil der FSU vom 11. Jan. 1967 (vgl. Anm. 315).

327 TU Dresden-Arch.: I / 39, Bl. 1 und 43-59; NLH 12: „Bericht" für 1966.

328 BA Berlin: DR 3 – MHF – 1. Schicht, 2558 (namentliche Auflistung).

329 BA Berlin: DR 3 – MHF – 1. Schicht, 2084.

330 TU Dresden-Arch.: I / 41, S. 61-65.

331 TU Dresden-Arch.: I / 41, S. 107/108.

332 Ebenda, S. 86.

333 Ebenda, S. 86/87.

334 Ebenda, S. 94.

335 Ebenda, S. 97-99.

336 TU Dresden-Arch.: I / 41, S. 121-131.

337 VEB Rafena-Werke Radeberg (Rafena: Radeberger Fernseh- und Nachrichtentechnik) fertigte seit 1967 auch EDV-Technik, wie den R 300. Seit 1969 als VEB Robotron-Elektronik Radeberg zum Kombinat Robotron gehörend.

338 Der VEB Kombinat Robotron (Robotron: Roboter und Elektronik) wurde 1969 – nach Vorläufern – begründet, ihm gehörten zuletzt über 60 VEB und viele Zulieferungsbetriebe sowie Handelsvertretungen in fast 30 Ländern der Welt an. Zu Anfang wurde „Rafena" als Stammbetrieb von „Robotron" genutzt, Anfang der 70er Jahre stand dann der neuerbaute Gebäudekomplex am Pirnaischen Platz in Dresden zur Verfügung.

339 NLH 12: „Bericht" für 1968.

340 Der noch gewachsenen Bedeutung der Wissenschaft innerhalb des „Neuen Ökonomischen Systems der Planung und Leitung der Volkswirtschaft der DDR" gemäß, wurde 1967 das Ministerium für Hoch- und Fachschulwesen gebildet, das an die Stelle des SfHF trat.

341 TU Dresden-Arch.: I / 42, S. 73/74.

342 TU Dresden-Arch.: I / 42, S. 63/64.

343 BArch: DR 3 – MHF – 1. Schicht, 3432: Informationsberichte der TU zur Lage an MHF 22. August bis 9. Sept. 1968.

344 An ihr arbeiteten 252 Professoren und Dozenten, 853 wissenschaftliche Mitarbeiter, Oberassistenten und Assistenten, 3856 Arbeiter und Angestellte; an ihr waren immatrikuliert 11105 Direktstudenten und 6388 Fernstudenten.

345 Ängste arbeitslos zu werden, gab es durchaus, besonders bei Kollegen, die bereits vor Kriegsende unter kapitalistischen Verhältnissen gearbeitet hatten. In geduldiger Aufklärungsarbeit in den Gewerkschaftsgruppen wurden sie im Vorfeld ausgeräumt.

346 TU Dresden-Arch.: I / 42, S. 60-62.

347 Dabei wurde natürlich der Umsetzungsfaktor von Studenten- und Aspirantenforschungsleistungen in volle Forschungs-VBE berücksichtigt.

348 In den 90er Jahren wurde der akademische Mittelbau, den es in dieser Stärke an den westdeutschen Hochschulen nicht gab, auf das dort übliche Maß reduziert.

349 TU Dresden-Arch.: I / 42, S. 173-215 (Referat von Lieselott Herforth auf der Erweiterten Senatssitzung vom 28. September 1968).

350 TU Dresden-Arch.: I / 5, Bl. 59; UZ Nr. 22/1967 vom 17.11.1967, S. 2 (Abberufung und Neuberufung).

351 TU Dresden-Arch.: PA 013485 – Hasse, Maria, Bl. 145 (Wiederaufnahme der Lehrtätigkeit am 1. Nov. 1976).

352 TU Dresden-Arch.: PA 013485 – Hasse, Maria, Bl. 132 (Haft an Heyde, 18.12.1967)

353 TU Dresden-Arch.: PVV 1974; „Beiträge zur Geschichte der Physik an der TU Dresden“, 1989, S. 20.

354 „Beiträge zur Geschichte der Physik an der TU Dresden“, 1989, S. 20.

355 Bitte des MHF an die Rektorin, „Ausbildungskonzeptionen für Kernphysiker und Kernkraftwerksingenieure, einschließlich der postgradualen Ausbildung“ erarbeiten zu lassen.

356 TU Dresden-Arch.: XI / 178: Brief MHF an Herforth vom 28.9.67; „Konzeption [...]“ (Abschrift) vom 16.11.67; 1. Bericht der Arbeitsgruppe vom 12.12.67; „Zwischenbericht über die Zusammenlegung der Institute für Anwendung radioaktiver Isotope und experimentelle Kerntechnik“; 6. Sitzung der Zusammenlegungskommission am 20.2.68: Lehrveranstaltungen für Physiker, Vorschlag.

357 NLH 12: Bl. 95.

358 TU Dresden-Arch.: II/11446 - PA Lieselott Herforth: Brief des Rektors Liebscher an Herforth, 11.11.68.

359 TU Dresden-Arch.: XI /188: Brief von Sektionsdirektor Heber an Herforth vom 11.12.1968.

360 TU Dresden-Arch.: II/11446 – PA Lieselott Herforth: Berufungsurkunde vom 1.9.1969.

361 Präsident der DAW war derzeit Prof. Dr. H. Klare.

362 BBAdW-Arch.: Bestand DAW, Ord. Mitglieder, Signatur 16420: Gutachten von C. F. Weiss vom 30.4.1969.

363 NLH 12: Bl. 94.

364 TU Dresden-Arch.: XI / 188: Brief von Liebscher an Herforth, 31.10.1968.

365 Ebenda: Brief an H. vom 1.12.1969.

366 NLH 12: Bericht 1968.

367 Ebenda: Bl. 112.

368 Ebenda: Bl. 100-104.

369 Ebenda: Bl. 105-106.

370 Sie war sicher „entgeistert“, wie immer, wenn sie von „merkwürdigem“ Verhalten gegenüber Frauen erfuhr. Das belegen u. a. Mitteilungen in ihren „Berichten“ an das Se-

kretariat des Staatsrats etwa über die Behandlung von Abiturientinnen, die sich für ein naturwissenschaftlich-technisches Studium entschieden hatten und dann „wegen Überfüllung des Studiengangs" erst einmal ein Jahr warten sollten.

371 Email von Frau Dr. A. vom 3.12.2015; Brief von Familie A. an Lieselott Herforth vom 20.12.1983.

372 NLH 19.

373 TU Dresden-Arch.: I / 602, Brief Herforths an Heber vom 22.11.1968.

374 Im folgenden auch kurz „VEB Messelektronik" oder „Messelektronik" genannt; der Betrieb gehörte später zum VEB Kombinat Robotron und hieß dann „VEB Robotron-Messelektronik Otto Schön".

375 NLH 19: S. 6-7.

376 Ebenda, S. 123.

377 Ebenda, S. 119.

378 Nun Promotion A und Promotion B; in der Mathematik und den Naturwissenschaften Promotion A zum Dr.rer.nat. und Promotion B zum Dr.sc.nat.; zusammen mit der Facultas docendi entspricht die Promotion B etwa der Habilitation.

379 NLH 19: S. 36-39 (Müller), S. 109-110 (Dörschel), S. 120-122 (Zappe).

380 NLH 19: S. 110.

381 (Ling, 2002), S. 131/132.

382 NLH 19: S. 111-113 (S. 113/112: Müller an Liebscher, 14.12.70, u. Liebscher an Herforth, 17.12.70).

383 Ebenda, S. 40, S. 137, S. 170.

384 Ebenda, S. 53-71 (Rechenschaftslegung 15.4.70), S. 127-158 (8.12.70), S. 166-190 (21.5.71).

385 Ebenda, S. 137 und S. 169.

386 Ebenda, S. 168.

387 Ebenda, S. 171.

388 Ebenda, S. 133 und S. 171-172.

389 Ebenda, S. 134-135.

390 In der DDR wurde Forschung, und insbesondere Grundlagenforschung, ganz wesentlich in den Akademieinstituten betrieben.

391 NLH 19: S. 139.

392 Ebenda, S. 169.

393 NLH 19: S. 147.

394 Ebenda, S. 149/150.

395 Ebenda, S. 43-44.

396 Ebenda, S. 159-163.

397 Ebenda, S. 46-48.

398 Ebenda, S. 97.

399 Ebenda, S. 74-82.

400 Ebenda, S. 83-89.

401 Ebenda, S. 92.

402 Ebenda, S. 101-108.

403 Ebenda, S. 192.

404 Ebenda, S. 192/193.

405 Mitteilung über die Position El Fikys in Ägypten und Fotos von Professor Werner Stolz.

406 Im „Universitätsverzeichnis 1974" (nach Stand vom 1. Sept. 1973, das heißt Stand von Beginn des Studienjahres 1973/74) ist noch von „Arbeitsgruppe Experimentalphysik 3" die Rede; 1974 wurde in der Sektion Physik die Bezeichnung „Wissenschaftsbereich" (WB) eingeführt.

407 TU Dresden 1974: Universitätsverzeichnis 1974 (PV 1974).

408 TU Dresden-Arch.: II/11446 – PA Lieselott Herforth: Urkunden; Ehrendoktorurkunde in Latein und Ungarisch.

409 TU Dresden-Arch.: II/11446 – PA Lieselott Herforth: Brief von Korff an Heber vom 28.1.1971; Gutachten Hebers vom 10.2.1971: Begründung für den Antrag, Frau Prof. Herforth mit dem Nationalpreis auszuzeichnen.

410 (Schu, 1977).

411 TU Dresden-Arch.: II/11446 – PA Lieselott Herforth: Emeritierungsschreiben vom 31. Mai 1977.

412 Viele Angaben in diesem Abschnitt stammen aus NLH 28; sie wurden von L. Herforth unter Nutzung ihrer Arbeitskalender in Vorbereitung ihres 65. Geburtstages für Prof. Schuricht zusammengestellt.

413 NLH 11: Vereinbarung vom 15.8.1977; Brief von Rektor Liebscher an L. Herforth vom 2.8.1979.

414 NLH 28.

415 Ebenda.

416 NLH 18.

417 (Herf, 1982 II), S. 5.

418 NLH 28.

419 Ebenda.

420 35. Jahrestag des Kriegsendes: Befreiung des deutschen Volkes vom NS-Regime.

421 NLH 28.

422 NLH 39.1: 12.4.81, Stellungnahme von Herforth zum Rechenschaftsbericht, Bl. 1 (handschriftlich).

423 NLH 39.1: Honecker an Herforth, 18.6.81 und 13.8.81.

424 Es handelt sich um die Professoren Volkmar Schuricht (Sektion Physik; (Petsch, 2003), S. 889/90 und Kap. VI. 4), Winfried Pippel (Sektion Chemie; (Petsch, 2003), S. 721/22) und Helmut Löffler (Sektion Informationsverarbeitung; (Petsch, 2003), S. 570/71).

425 NLH 28: Dankesrede am 65. Geburtstag, handschriftlich, S. 3.

426 NLH 39.1: etliche Briefe, Briefentwürfe, Notizen (etwa über Gespräche mit Dr. Sorgenicht) – und NLH 39.9: Behandlungen im Regierungskrankenhaus Berlin 1981-1989.

427 Alles in NLH 3.

428 „spectrum" war eine Monatszeitschrift, herausgegeben von der AdW der DDR.

429 NLH 17: Briefe von Seydewitz an Herforth vom 8.11.83, 13.1.84, 15.2.84; Brief vom Teubner-Verlag Leipzig an Seydewitz vom 25.9.84. – Das Buch erschien 1986 im Akademie-Verlag unter dem Titel: „Von der Art, hier und heute glücklich zu sein: Kurt Schwabe – ein Porträt".

430 NLH 17: Brief des Akademie-Verlags an Herforth vom 30.11.83; es handelt sich um (Stolz, 1985).

431 NLH 17: maschinegeschriebene Ausarbeitung: „Gedanken zum 35. Jahrestag der DDR".

432 NLH 6: Arbeitstagekalender 1987.

433 Sie notiert häufig „im Institut", wenn sie den WB SSP und ihr dortiges Domizil aufgesucht hatte (oder „ins Institut", wenn sie die Absicht hatte, es zu tun), nicht wissend, dass aus dem WB SSP wenige Jahre später wieder das Institut SSP würde.

434 Prof. Dr. Heinrich Hübner, Editor-in-Chief der „Isotopenpraxis", Zentralinstitut für Isotopen- und Strahlenforschung der AdW der DDR, Permoserstraße 15, Leipzig. Das IaR war 1969 im Zuge der Akademiereform in dieses Zentralinstitut eingegangen.

435 NLH 17: Brief Holzmüllers an Herforth vom 30.6.87; Brief Herforths an Holzmüller vom 18.7.87.

436 Edith Franke initiierte 1995 mit der Gründung der ersten „Dresdner Tafel" die Tafelbewegung in Sachsen. Sie ist Trägerin des Bundesverdienstkreuzes und der Sächsischen Verfassungsmedaille.

437 Lieselott Herforth gab ihre Manuskripte zur Reinschrift an frühere Sekretärinnen, bevorzugt an Marianne Stoll, aber auch an Frau Johannsen.

438 NLH 17: Brief von L. Herforth an H. Hübner vom 2. Dez. 1988.

439 Das eine Büchlein (NLH 8), das erhalten blieb, läuft von 1986 bis 1988, auf das folgende wird hierin verwiesen.

440 NLH 8: Diätkostplan 1986-1988.

441 Sie starb leider nach schwerer Krankheit viel zu früh bereits in den 1990er Jahren.

442 NLH 39.8: Kartenbestellungen für Konzert und Oper 1983-1989.

443 In NLH 16.

444 Diese Anekdoten liegen handschriftlich und maschinegeschrieben vor, gelegentlich sind Lücken gelassen worden, um später genaue Daten oder Bezeichnungen nachzutragen.

445 L. Herforth hat vorgetragen oder veröffentlicht bzw. Erinnerungen zu Publikationen beigetragen zu Hertz, Friedrich, Kallmann, Geiger, Hoffmann. Ihre Ausführungen zu Stuhlinger / Stubbe, Immanuel Broser / Ruth Broser geb. Warminsky und ihre Erinnerungen an Ursula Martius liegen nicht vor, sie böten sicher Neues.

446 (Herf 1984 I): Vorspann (in NLH 16).

447 Interview AdW-Herforth, in: NLH 16.

448 In NLH 16.

449 (Weiss, 1994), S. 21.

450 Wie richtig der Naturwissenschaftler Cornelius Weiss mit seiner Einschätzung künftiger globaler Probleme lag, erleben wir heute – nach nur wenig mehr als 20 Jahren!

451 (Weiss, 1994), S. 19/20.

452 Verf. erinnert sich, dass eines ihrer Kinder ihr nach einem solchen Besuch berichtete, einer der bettlägerigen alten Herren sei so bewegt gewesen, dass er mit Tränen in den Augen unbedingt 20 Mark für die Klassenkasse geben wollte.

453 Toiletten und Duschen waren über den Flur mit wenigen Schritten zu erreichen.

454 NLH 33.5: Briefentwurf Herforth an Klinger.

455 NLH 33.5: Wagner an Herforth, 13.9.1996; Antwort Herforths an Wagner (Urschrift); DNN vom 1.2.96, Leserbrief von Dr. Ingrid Grosse: „Die erste Rektorin hatte die TU Dresden"; Herforth an DNN, 14.3.96 (Urschrift).

456 NLH 33.2: Gästeliste und Programm des 23. Symposiums; Ankündigung des 24. Symposiums mit handschriftlichem Vermerk L. Herforths „nehme nicht teil"; NLH 33.1: H. an Rektor, 9.6.91.

457 Die beiden Physikalischen Gesellschaften der DDR und der BRD hatten sich am 20. November 1990 zusammengeschlossen.

458 NLH 35: Stellungnahme des Präsidenten der Gelehrtensozietät zum Entwurf des Staatsvertrages über die Berlin-Brandenburgische Akademie der Wissenschaften (Fassung vom 31.1.92) vor dem Ausschuss für Wissenschaft und Forschung des Abgeordnetenhauses von Berlin in der 18. Öffentlichen Sitzung am 17.2.92; Einladung zu den Sitzungen des Plenums und der Klassen am 12.3.92 und zu den Sitzungen der Klassen am 21.5.92; Festsitzung am 26.6.92 (Leibniz-Tag): Eröffnung, Festvortrag, Leibniz-Rede des Präsidenten Prof. Dr. Horst Klinkmann.

459 Das zeigt bereits ein Blick in den online-Auftritt der Leibniz-Sozietät.

460 NLH 35: Brief Herforths an Rapoport vom 5.1.96; Veranstaltungsplan März bis Juni 1996.

461 NLH 35: Brief Herforths an Wolfgang Eichhorn vom 29.4.96 (auch mit ihren Daten zur Veröffentlichung in der Mitgliederliste).

462 Ebenda: Brief Eichhorns an Herforth vom 23.12.1996.

463 (Ling, 2002).

464 NLH 33.1: Brief Redaktion „Isotopenpraxis" an Herforth, 27.3.1992; Klaus Fröhlich, IAEA: 60th Birthday Henry Hübner, in: Isotopenpraxis 26 (1990) 11, S. 505.

465 (Herf, 1989 I), S. 520.

466 Zitate aus NLH 31: Briefwechsel mit Verlagen, betreffend das „Praktikumsbuch", 1991 bis 1998: Hüthig GmbH an Herforth, 19.12.1991; Johann Ambrosius Barth – Lektorin Erika Arndt an Herforth, 17.7.1992, 25.11.1992, 5.2.1993, 6.5.1993, 24.9.1993, 20.5.1994; Herforth an Johann Ambrosius Barth – Erika Arndt, 4.10.1993, 28.5.1994; Herforth an Hüthig GmbH – Wolfram Hentze, Lektorat (zu den Verträgen vom

29.12.1988 und 10.12.1992 und zur Übergabe aller Vollmachten, das Praktikumsbuch betreffend, an Dr. Otto); Hüthig GmbH an Herforth, 4.6.1998; WILEY-VCH an Herforth, 3. Juli 1998.

467 Entsprechend der Lehrpläne der genannten Hochschulen (online); Mitteilung von Dr. J. Henniger (Febr. 2016).

468 NLH 32.1: Sendemanuskript; Herforth an Soltau.

469 NLH 32.2: Kleint an Herforth, 7.1.94, 25.1.94 und Einladung zum Kolloqium zum 100. Geburtstag von W. Ilberg; Herforth an Kleint 23.1.94 (Entwurf).

470 NLH 32.3: Entwurf von B. Weiss; Kontakt Herforth – Broser durch mehrere Briefe Brosers an Herforth 1991 belegt.

471 NLH 32.4: Kühn an Herforth, 10.1.95; Herforth an Kühn, 16.1.95 (Urschrift).

472 NLH 32.5: Herforth an Reiche, 3.2.97.

473 NLH 32.7: Hoffmann an Herforth, 20.3.1996; Herforth an Hoffmann, 10.4.1996.

474 NLH 32.6: Niese an Herforth am 5.8.1998, 2.4.2001, 4.12.2001; und (Nies, 1999), (Nies, 2001, I), (Nies, 2001, II); Satzung DGFS; Strahlenschutzpraxis 4/2001, S. 110-111(zur Gründung der DGFS).

475 (Hert, 2008), Vorwort.

476 (Hert, 2008), Blatt für die 16. Woche.

477 NLH 34.1: Briefe von früheren Klassenkameradinnen und Briefentwürfe von L. Herforth.

478 NLH 34.2: Briefe und Karten an L. Herforth von Ilse Becker, Homagks, Steins – 1992 bis 2001.

479 NLH 33.3: Recknagel an Herforth, P. H. Müller zitierend, 23.12.1991.

480 NLH 33.3: Vorschrift eines Briefes von Herforth an Ziemer, undatiert.

481 NLH 33.3: Vorschrift eines Briefes von Herforth an die Bundesversicherungsanstalt, Febr. 1992.

482 NLH 33.3: Brief an Herforth vom 26.5.94 und Antwort von Herforth vom 1.6.1994 und umfangreiche Sendungen vorher.

483 NLH 33.4: Kündigungen und Bestellungen von 1990 bis 1996.

484 Die Preise von „Purotex“ waren inzwischen stark angestiegen.

485 NLH 29: Frank an Herforth, 10.9.1980; Antwort Herforths an Frank, 22.9.1980.

486 (Petsch, 2003), S. 226/227; mündliche Mitteilungen von M. Frank; (Stolz, 2010).

487 „Wer ist wer?“; Persönliche Mitteilungen und private Fotos; NLH 19: S. 34; (Stolz, 2010); „Arbeitstagekalender 1987“ von. L. Herforth.

488 Quelle: NLH 19: S. 36-39 (Müller); Gespräch mit Frau Dr. Müller im Mai 2015.

489 TU Dresden-Arch.: II/017733 (PA, Vertrag zum IAEA-Einsatz), 2257 (Promotion); Birgit Dörschel: „Prof. Schuricht gestorben“, in: Dresdner UniversitätsJournal 18.3.2003, S. 7.

490 Die Todesfälle erschienen vor dem Hintergrund späterer Ereignisse – im Zusammenhang mit einer 2010 wegen Mordes verurteilten Dresdner Krankenschwester – mysteriös und ungeklärt. Dazu Thomas Schade: „Der Tod in ihrer Nähe“, in SZ-online 2010; Telefongespräch mit Thomas Schade 2015.

491 TU Dresden-Arch.: 2514 (Prom. A); 77 B Nr. 6097 (Prom. B); 23293 (PA).

492 Nach DDR-Recht hatte er als unter 60-Jähriger weder emeritiert noch abberufen werden können.

493 TU Dresden-Arch.: II/014200 (PA) und 4623 (Prom. B); (Petsch, 2003), S. 390.

494 TU Dresden-Arch.: 022484 (PA); 009985 (Prom. B); 1741 (Prom. A).

495 Informationen aus persönlichem Gespräch; Email vom 14.6.2015 mit Kurzvita.

496 Email vom 10. Juni 2015; NLH 19, S. 32.

497 Quellen: (Ling, 2002); Email von J. Lingertat vom 30. Nov. 2015: Kurzvita; ND, 1. Dez. 2015, S. 13: „Nach 19 Jahren ist die ‚Maschine' betriebsbereit" (zu W 7 – X); Dirk Eidemüller: „Der Traum von der Energie ohne Ende", in: ND, 6./7. Febr. 2016, S. 27.

498 Quellen: (Ling, 2002) und Email von J. Lingertat, 30. Nov. 2015. – Alle, mit denen Verf. sprach, äußerten sich ähnlich über die Persönlichkeit von Lieselott Herforth.

499 Quellen: online-Einträge und Gespräch mit Helmut Abel im Juni 2015.

500 Quellen: online-Einträge und Gespräch mit Gudrun Erzgräber im Juni 2015.

Gender Studies

Sabine Hark, Paula-Irene Villa (Hg.)
Anti-Genderismus
Sexualität und Geschlecht als Schauplätze aktueller politischer Auseinandersetzungen

2015, 264 Seiten, kart., 26,99 €,
ISBN 978-3-8376-3144-9

Yvonne Franke, Kati Mozygemba, Kathleen Pöge, Bettina Ritter, Dagmar Venohr (Hg.)
Feminismen heute
Positionen in Theorie und Praxis

2014, 400 Seiten, kart., 29,99 €,
ISBN 978-3-8376-2673-5

Mariacarla Gadebusch Bondio, Elpiniki Katsari (Hg.)
›Gender-Medizin‹
Krankheit und Geschlecht in Zeiten der individualisierten Medizin (unter Mitarbeit von Tobias Fischer)

2014, 212 Seiten, kart., zahlr. z.T. farb. Abb., 29,99 €,
ISBN 978-3-8376-2131-0

Leseproben, weitere Informationen und Bestellmöglichkeiten finden Sie unter www.transcript-verlag.de

Gender Studies

Mike Laufenberg
Sexualität und Biomacht
Vom Sicherheitsdispositiv zur Politik der Sorge

2014, 368 Seiten, kart., 29,99 €,
ISBN 978-3-8376-2841-8

Erik Schneider, Christel Baltes-Löhr (Hg.)
Normierte Kinder
Effekte der Geschlechternormativität
auf Kindheit und Adoleszenz

2014, 402 Seiten, kart., 29,99 €,
ISBN 978-3-8376-2417-5

Feminismus Seminar (Hg.)
Feminismus in historischer Perspektive
Eine Reaktualisierung

2014, 418 Seiten, kart., 29,99 €,
ISBN 978-3-8376-2604-9

Leseproben, weitere Informationen und Bestellmöglichkeiten finden Sie unter www.transcript-verlag.de

Gender Studies

Corinna Bath
Informatik und Geschlecht
Grundlagen einer feministischen Technikgestaltung
Mai 2018, ca. 460 Seiten, kart., ca. 35,80 €,
ISBN 978-3-8376-2129-7

Martina Tödte, Christiane Bernard (Hg.)
Frauensuchtarbeit in Deutschland
Eine Bestandsaufnahme
September 2016, ca. 250 Seiten, kart., ca. 32,99 €,
ISBN 978-3-8376-3285-9

Maria Heidegger, Nina Kogler, Mathilde Schmitt, Ursula A. Schneider, Annette Steinsiek (Hg.)
sichtbar unsichtbar
Geschlechterwissen in (auto-)biographischen Texten
2015, 290 Seiten, kart., 33,99 €,
ISBN 978-3-8376-2912-5

Myriam Rutschmann
Andere Weiblichkeiten
Biographische Geschlechter(re)-konstruktionen katholischer Ordensschwestern
2015, 340 Seiten, kart., 39,99 €,
ISBN 978-3-8376-3002-2

Hyunseon Lee, Isabel Maurer Queipo (Hg.)
Mörderinnen
Künstlerische und mediale Inszenierungen weiblicher Verbrechen
2013, 372 Seiten, kart., zahlr. Abb., 33,99 €,
ISBN 978-3-8376-2358-1

Elke Kleinau, Dirk Schulz, Susanne Völker (Hg.)
Gender in Bewegung
Aktuelle Spannungsfelder der Gender und Queer Studies
2013, 358 Seiten, kart., 33,99 €,
ISBN 978-3-8376-2269-0

Christian Schmelzer (Hg.)
Gender Turn
Gesellschaft jenseits der Geschlechternorm
2012, 226 Seiten, kart., 22,80 €,
ISBN 978-3-8376-2266-9

Sarah Dangendorf
Kleine Mädchen und High Heels
Über die visuelle Sexualisierung frühadoleszenter Mädchen
2012, 336 Seiten, kart., zahlr. Abb., 29,80 €,
ISBN 978-3-8376-2169-3

Stefan Paulus
Das Geschlechterregime
Eine intersektionale Dispositivanalyse von Work-Life-Balance-Maßnahmen
2012, 472 Seiten, kart., 36,80 €,
ISBN 978-3-8376-2208-9

Elli Scambor, Fränk Zimmer (Hg.)
Die intersektionelle Stadt
Geschlechterforschung und Medienkunst an den Achsen der Ungleichheit
2012, 210 Seiten, kart., zahlr. z.T. farb. Abb., 24,80 €,
ISBN 978-3-8376-1415-2

Udo Gerheim
Die Produktion des Freiers
Macht im Feld der Prostitution. Eine soziologische Studie
2012, 332 Seiten, kart., 29,80 €,
ISBN 978-3-8376-1758-0

Leseproben, weitere Informationen und Bestellmöglichkeiten finden Sie unter www.transcript-verlag.de